U0366846

思与行

我当全国人大代表十五年

张兆安 著

上海交通大学出版社
SHANGHAI JIAO TONG UNIVERSITY PRESS

内容提要

作为第十一届、第十二届、第十三届连任三届的全国人大代表,作者始终围绕中国经济社会发展的方方面面,尤其是针对一些热点、难点、焦点问题,共商国是,献计献策,忠实地履行了一名代表的职责。

在 2008 年 3 月至 2023 年 3 月的 15 年时间跨度之内,本书选取了作者在全国人代会上提交的 15 份议案和 75 份意见建议,5 次重要发言的内容,撰写的 7 份专题调研报告,4 篇个人的履职体会,以及 5 篇相关媒体介绍个人履职事迹的报道,以飨读者。

图书在版编目(CIP)数据

思与行:我当全国人大代表十五年/张兆安著. 一
上海:上海交通大学出版社,2023.6
ISBN 978 - 7 - 313 - 28601 - 7

Ⅰ.①思… Ⅱ.①张… Ⅲ.①社会科学－文集 Ⅳ.
①C53

中国国家版本馆 CIP 数据核字(2023)第 070365 号

思与行——我当全国人大代表十五年
SI YU XING——WO DANG QUANGUO RENDA DAIBIAO SHIWU NIAN

著　者:张兆安			
出版发行:上海交通大学出版社		地　址:上海市番禺路 951 号
邮政编码:200030		电　话:021 - 64071208
印　制:江苏凤凰数码印务有限公司		经　销:全国新华书店
开　本:710mm×1000mm　1/16		印　张:25.75
字　数:407 千字		
版　次:2023 年 6 月第 1 版		印　次:2023 年 6 月第 1 次印刷
书　号:ISBN 978 - 7 - 313 - 28601 - 7		
定　价:98.00 元		

版权所有　侵权必究
告读者:如发现本书有印装质量问题请与印刷厂质量科联系
联系电话:025 - 83657309

前　言

　　时间似流水一样飞逝,2022 年上半年已经过去。回想起来,在 2003 年被推举为第十届上海市政协委员的五年之后,2008 年我当选为第十一届全国人大代表,2013 年继续当选为第十二届全国人大代表,接着在 2018 年再次当选为第十三届全国人大代表。换一句话来说,作为一名连任三届的全国人大代表,我的全国人大代表任期已经进入第 15 个年头了。

　　此时此刻,不免会静下心来,对自己 15 年以来履行全国人大代表的职责情况作一个必要的梳理、归纳、总结。回顾这 15 年,从参加上海市人大以及全国人大组织的各类会议、学习、培训、调研、视察、座谈、研讨等一系列活动,到历年提交的数量众多的议案、建议,作为在沪全国人大代表调研组召集人并执笔撰写的调研报告,以及在每年全国人大全体会议期间的各次发言,接受境内外各类新闻媒体数百次的采访等,无数的人和事仿佛都历历在目,不禁感慨良多,难以释怀。

　　在全国人大代表履职过程中,我深切地感受到,要坚持和完善我国的人民代表大会制度,充分发挥好人大代表的主体作用。人大确实是一个重要的大平台。对我来讲,首先,是一个学习交流的平台。人大集聚着一大批来自不同领域、不同专业、不同层面的代表,对于同样一个问题会从不同视角提出真知灼见,看问题往往都是有观点、有思路、有建议、有对策,因此,通过参加人大组织的会议和活动,可以获取丰富的信息,得到很多的启发,也为履行人大代表职责提供了有利条件。其次,是一个团队合作的平台。人大组织的一系列视察和调研等活动都会有相应的成果,如专题调研最终形成的调研报告等,实际上都是代表们纷纷献计献策、贡献智慧的直接结果。还有,全国人大代表每年在全体会议上提交的各项议案需要有30名全国人大代表附议,实际上也在一定程度上反映出代表们的集体智慧。再次,是一个反映民意的平台。人大代表的一个重要职责,就是要高度关注广大人民群众最关心、最直接、最现实的问题,并且把这些热点、焦点、难点问题通过议案和建议的方式反映出来,提出自己的意见建议。最后,是一个发挥作用的平台。全国人大代表不是一个荣誉或头衔,而是一份责任,在人大这个平台上,可以充分发挥应有的作用,也可以不断地锻炼自己、提升自己。

对如何履行好一名全国人大代表的职责,这15年以来,我有五个方面的切身体会。一要有高度的责任心。人大代表要把国家和人民的利益放在首位,通过人大这个平台提出意见建议,从而不辜负人大代表这个光荣而神圣的称号。二要不断加强学习。人大代表要履行好职责,需要不断学习、不断积累,才能提出具有前瞻性、时效性及可操作性的意见建议。三要深入调查研究。人大代表要在深入调查研究的基础上提出意见建议,通过调查研究,掌握第一手资料和信息,汇集不同人士的观点和智慧,最终找到解决问题的方法和途径。四要注重倾听不同意见。人大代表需要倾听各个方面的不同意见,充分反映方方面面的声音,因而需要深入社会、深入实践、深入民众。五要坚持立足本职、发挥作用。人大代表熟悉本职工作涉及的情况,掌握信息,有发言权,因此可以立足本职发挥作用。只要围绕本职把人大代表的工作做好了,反过来对本职工作也将会是一个很好的推动。

在15年的全国人大代表履职过程中,我个人共计提交了15份议案、88份建议,担任了7次在沪全国人大代表专题调研组的第一召集人,共计撰写并统稿完成了8份专题调研报告。在提出立法修法的议案方面,有的已经成为开始实施的法律,有的成为法律修改的重要内容,有的列入了全国人大常委会的立法计划;在建议方面,有的得到了国家有关部门的采纳,有的被政府相关部门落实,有的作为政府部门重要的决策参考,所有的建议都起到了很好的作用。在每年全国人大组织的在沪全国人大代表调研中,我不仅每年都积极参加调研活动,而且7次担任了专题调研组的第一召集人,并且撰写完成了专题调研报告,得到了各位代表的大力支持和一致好评。此外,在每年3月召开的全国人代会上,我总是很积极地回应各类媒体的采访,2012年3月13日的《新民晚报》刊发了题为《人大代表:一届履职知无不言》的长篇报道,将我称为"问不倒的人大代表"。

在15年的全国人大代表履职过程中,我学习了很多,付出了很多,也收获了很多。我连续三届都被安排在上海代表团的第一组,在第十三届时还被推举为第一组的召集人。在第十一届、第十二届全国人大代表履职中,我被上海代表团连续两届推举为全国人大代表履职积极分子;在第十三届全国人大代表履职第一年的2018年和第二年的2019年,我又被上海代表团再次推举为全国人大代表履职积极分子。更值得记载的是,在2015年和2017年的第十二届全国人大第三次会议、第五次会议上海代表团审议《政府工作报告》时,我曾经两次与习近平总书记面对面,就"深入推进上海自贸区建设"和"深入推进崇明世界级生态岛建设"两大主题提出了意见建议;在2018年的第十三届全国人大第一次会议上海代表团审议《政府工作报告》时,我与中共中央政治局常委、国务院副总理汪洋面对面,就"深入推进长三角一体化发展"提出了意见建议;在2019年的第十三届全国人大第二次会议上海代表团审议《政府工作报告》时,我与中共中央政治局常委、书记处书记王沪宁面对面,就"推进实施长三角一体化发展国家战略"提出了意见建议。其中,一些意见建议得到了领导们的重视和采纳,我不禁感到由衷的高兴。

在15年的全国人大代表履职过程中,还要衷心感谢我的工作单位以及很多人给予我的无私帮助和大力支持,其中,来自民建上海市委以及很多民建会员的支持尤其难以忘怀。与连任三届全国人大代表任期相同步,我同样连续三届担任了民建上海市委副主委,其中有7年多时间还担任了市委专职副主委,因此,在我的全国人大代表履职过程中,民建上海市委领导、民建上海市委机关干部以及很多民建会员都给予了很大的支持,提供了大量的信息,作为我提出议案和建议的资料。在此,特别要对民建上海市委主委周汉民、民建上海市委调研部各位同仁,以及很多民建会员给我提供的帮助表示衷心的感谢。而上海社会科学院的一些领导及相关科研人员、博士研究生邵晓翀等也为我履行好全国人大代表职责提供了相应的帮助，在此也要表示衷心的感谢。同时，还要感谢时任或现任上海市人大代表工委杨佳瑛、郑海生、袁令莉、王建光等领导以及各位同志给予的大力支持。当然，还要感谢在我履行全国人大代表职责过程中，我的妻子、女儿、女婿以及外孙女等很多家人的大力支持。

总之，在我连任三届全国人大代表期间所取得的一系列履职成果，不仅是个人辛勤努力的结果，更是很多人的共同智慧。很遗憾的是，由于受到有些内容及本书篇幅等一些因素的局限，本书不可能完全收录我15年以来每年在全国人代会上提交的所有议案和建议，以及在履行全国人大代表职责期间所参与的所有活动的一些记录。

张兆安

2022 年 8 月 30 日

目　录

Contents

第一篇

参加第十一届全国人民代表大会的议案和建议

第一章
第十一届全国人民代表大会第一次全体会议

（2008 年）

关于加快制定"人民调解法"的议案

★ 案由

　　在建设社会主义法治国家的进程中,要使人民调解走上法制化、制度化、正规化的道路,加强人民调解制度的立法就显得尤为重要。改革开放以后,我国已经制定了一些有关人民调解工作的法律法规,初步形成了一个比较完备的人民调解法律框架(见附件)。这些立法成果为人民调解工作的稳定与发展发挥了重要作用。但需要指出的是,《宪法》与《民事诉讼法》对于人民调解的规定只是原则性的,缺乏具体立法与之相配套;《人民调解委员会组织条例》和《民间纠纷处理办法》也只是从某个角度对人民调解制度的某些具体方面进行了规定,而且比较简略;新颁布的《人民调解工作若干规定》与《最高人民法院关于审理涉及人民调解协议的民事案件的若干规定》虽然对人民调解工作做出了比较详细的规定,解决了一些制约人民调解工作进一步发展的难题,但由于它们只是部门规章与司法解释,适用范围有限、立法层级较低,从长远来看,也不能满足人民调解工作进一步发展的要求。随着社会、经济的发展,更多、更复杂、范围更广的民间纠纷不断产生,使人民调解面临许多新情况、新问题。实际上,这些矛盾纠纷除了可以通过法院的诉讼途径加以解决,人民调解也可以起到积极的作用。但是,人民调解现有的立法显然已不能适应这一发展的需要,迫切需要制定新的更完备、更高层级的人民调解法律。

★ **案据**

目前,全国人大尚未将"人民调解法"①列为正式立法,全国省一级人大也没有关于人民调解方面的立法。但是,从目前人民调解工作的实践来看,人民调解工作改革与发展的进程很快,相关法律法规已显得滞后。制定人民调解条例的条件已经成熟,主要表现为三点:

(1) 人民调解工作实践中已取得了许多成功的经验,比如人民调解协议书审核制、首席人民调解员制度、人民调解庭制度等,这些改革成果为"人民调解法"的制定提供了坚实的实践基础。

(2) 理论界已经积累了大量关于人民调解的研究成果,这些成果为"人民调解法"的制定做了充分的理论准备。

(3) 基层人民调解队伍与相关基层工作人员迫切需要一部完善全面的"人民调解法",希望用"人民调解法"来解决许多当前人民调解工作的难题,突破一些制度规定的瓶颈,明确人民调解工作的法律地位,带动人民调解的进一步发展。这表明,制定一部"人民调解法"已经是形势所需、条件齐备。

★ **方案**

一、"人民调解法"应当对五个原则性问题做出明确规定

第一,应当确认人民调解协议书具有合同的法律效力,可以由人民法院对人民调解协议进行审查;应当确认人民调解协议也具有证据的法律效力,可以使人民法院在诉讼过程中予以审核使用。这是人民调解制度能否进一步发展的关键。

第二,应当确认村民委员会、居民委员会下设的人民调解委员会与街道(乡镇)人民调解委员会以及其他类似的调解组织都是人民调解组织。应当明确规定人民调解组织的法律地位,肯定它们在化解民间纠纷、维护社会稳定方面的作用与职能。

第三,应当明确规定人民调解组织调解民间纠纷的范围,可以采用列举式

---

① 本书中的法律名称均以简称出现,省去"中华人民共和国"。

或者定义式的规定,也可以将两者结合起来规定。

第四,应当制定统一的实施办法,对所有人民调解委员会适用。这样可以保证人民调解制度的统一性。

第五,应当明确规定人民调解组织与人民调解人员的经费来源、物质条件保障以及相关的激励机制。

二、"人民调解法"的基本框架

第一章　总则

第二章　人民调解组织

第三章　人民调解人员

第四章　人民调解的民间纠纷调解程序

第五章　人民调解协议

第六章　人民调解工作的指导

第七章　附则

三、"人民调解法"的具体内容

1. 组织方面立法的完善

第一,加强人民调解组织的建设,完善人民调解组织。

我国原有的人民调解组织一般仅仅指村民委员会、居民委员会下设的人民调解委员会,有的地方还在厂矿企业、事业单位设立人民调解工作机构,还有的将两者结合起来设立了一些联合调解机构。近年来,随着我国经济的发展,我国社会也开始进入转型时期,民间纠纷已经不限于村民委员会、居民委员会范围内,而更多地出现在公民与企事业法人甚至国家机关之间;民间纠纷的种类层出不穷,标的额越来越大,社会影响面也越来越广,显然,仅仅依靠原先单一的人民调解委员会来处理这些新型纠纷,显得力不从心。"人民调解法"应当确认街道(乡镇)甚至区、市一级也可以设立人民调解组织。从法理上看,人民调解组织应当是基层群众性自治组织,而街道(乡镇)人民调解委员会完全可以由人民群众自我管理、自我约束、自我完善。原先人民调解委员会是属于村民委员会、居民委员会一级的群众自治组织,而确认街道(乡镇)甚至区、市人民调解委员会也是人民调解组织,实际上就是把群众自治的范围由村民委员会、居民委员会一级扩大到街道(乡镇)和区、市一级,这也完全符合扩大社会主义民主的原则。因为确认街道(乡镇)和区、市人民调解委员会为人民调解组织后,街道(乡镇)和区、市一级的人民调解组织则由街道(乡镇)和区、市的居民选举产生,而这必将在更大范围内提高人民群众民主参政的意识,培养人民群众的民主习惯。从我国《宪法》、法律的规定来看,确认多级人民调解组织也不违背《宪法》、法律。因此,人民调解的立法应当确认在居民委员会、村民委员会与街道(乡镇)和区、市下均可以设立人民调解组织。

第二,逐步实行人民调解员任职资格制度与人民调解员等级制度。

"人民调解法"应当规定各级人民调解组织的组成人员由选举产生,根据需要,也可以聘任或者聘用律师、公证员、法律服务志愿者来担任人民调解员;应当规定村民委员会、居民委员会下设的人民调解委员会主任、委员与街道(乡镇)和区、市一级的人民调解组织组成人员都是人民调解员;应当规定人民调解员的任职条件,并建立人民调解员任职资格制度与人民调解员等级制度。

第三,确认基层人民政府与基层人民法院对人民调解工作负有指导职责。

司法行政部门对人民调解组织负有指导职责,基层人民法院及其派出人民法庭对人民调解组织负有指导职责。司法行政部门应当与人民法院及其派出人民法庭密切配合,加强对人民调解工作的指导、帮助和监督,保证人民调解工作的健康发展。

2. 程序方面立法的完善

第一,人民调解程序。

关于民间纠纷的调解程序,"人民调解法"首先应当明确规定人民调解的纠纷受理范围,也就是明确哪些纠纷属于民间纠纷。"人民调解法"可以使用列举式的立法技术,也可以使用定义式的立法技术。我们倾向于将两者结合起来,人民调解立法可以先规定人民调解组织可以受理的纠纷种类范围,然后再规定不得受理调解的纠纷范围。这样既达到了立法精确的目的,又可以适应将来一定时期社会的发展。"人民调解法"应当规定民间纠纷的管辖,规定一般民间纠纷由所在地的村民委员会、居民委员会下设的人民调解委员会调解,疑难、复杂的民间纠纷由街道、乡镇和区、市的人民调解组织调解。"人民调解法"应当规定纠纷的受理方式与人民调解组织受理时应做的工作;应当明确规定民间纠纷当事人享有的权利与承担的义务,明确规定人民调解的调解纪律;"人民调解法"还应当规定人民调解的调解期限。

第二,人民调解协议。

关于人民调解协议的程序规定,这应当是"人民调解法"的重点之一。"人民调解法"应当明确规定,"经人民调解组织调解,采用书面形式订立的,具有民事权利义务内容的人民调解协议,双方当事人签字或者盖章,具有合同的效力,受《合同法》调整"。"人民调解法"应当规定,当事人一方以对方当事人违反人民调解协议向人民法院起诉的,人民法院应当予以受理;当事人一方向人民法院请求变更或者撤销人民调解协议,或者请求确认人民调解协议无效的,人民法院应当予以受理。"人民调解法"应当规定,人民法院经审理,在判决书中应当对当事人之间达成人民调解协议的事实予以表述,并在判决理由部分对人民调解协议的效力作出认定。"人民调解法"可以规定,人民法院审理涉及人民调解协议的案件,人民调解协议被人民法院判决变更、撤销,或者被确认无效的,应当以适当方式告知当地的司法行政机关或者人民调解组织;人民法院应当加强对人民调解组织的业务指导,并及时与当地司法行政机关配合,交流意见或者建议。"人民调解法"作出这项规定,必将大大提高人民调解的权威性,大大提高人民调解工作的效率,也必将有效地减轻人民法院的诉讼负担,更好地实现人民调解组织化解民间纠纷、维护社会稳定的职能。

3. 保障方面立法的完善

主要是指人民调解组织的经费与人民调解人员的报酬、奖励等规定。这是事关人民调解组织与人民调解人员切身利益的大事,妥善解决好这一问题,有利于稳定人民调解队伍,调动人民调解人员的工作积极性、创造性和责任心,提高人民调解工作的效率。《人民调解委员会组织条例》第十三条规定:"各级人民政府对成绩显著的人民调解委员会和调解委员应当予以表彰和奖励。"第十四条规定:"对人民调解委员会委员,根据情况可以给予适当补贴。人民调解委员会的工作经费和调解委员的补贴经费,由村民委员会或者居民委员会解决。"在实际工作中,各级组织通过许多不同的途径来解决人民调解组织的经费与调解人员的报酬,主要途径包括:由国家财政予以适当补贴;由村民委员会、村民小组的集体提留解决;由基层法律服务机构集资赞助;由附近的厂矿企业予以赞助。可以看出,以往的这些方法只能维持人民调解一时的保障,却无法长久稳定地给人民调解工作提供物质保障。"人民调解法"可以规定以下几种途径来解决人民调解组织的经费与人民调解人员的报酬问题：①将人民调解组织的经费与人民调解人员的报酬、奖励费用纳入各级人民政府的财政，由各级人民政府财政单列经费解决。这是解决人民调解工作保障问题较为理想的途径。具体方法可以是：市、区的人民政府负担市、区和街道（乡镇）的人民调解组织的经费及其组成人员的报酬、奖励费用；街道（乡镇）的人民政府或派出机关有财政能力的，可以负担村民委员会、居民委员会下设的人民调解委员会的经费及其组成人员的报酬、奖励费用；财政能力不足的，由其上一级财政负担。②"人民调解法"可以规定，鼓励社会力量设立人民调解工作基金或者奖励基金，倡导社会各界对人民调解工作给予支持，充分体现人民调解来自群众、为了群众的宗旨。

附件：

（1）《宪法》。

（2）《民事诉讼法》。

（3）《民法通则》。

（4）国务院《人民调解委员会组织条例》（1989年5月5日国务院第四十次常委会议通过。1989年6月17日中华人民共和国国务院令三十七号发布，自发布之日起施行）。

（5）《最高人民法院关于审理涉及人民调解协议的民事案件的若干规定》（2002年9月5日最高人民法院审判委员会第1240次会议通过）。

（6）司法部《人民调解工作若干规定》（2002年9月11日司法部部长办公会议通过，中华人民共和国司法部令第75号发布，自2002年11月1日起施行）。

关于实施长江战略，重振黄金水道的若干建议

当前，推动实施长江战略，充分发挥长江黄金水道作用，对于贯彻落实科学发展观，推进西部大开发，促进长江流域东中西部联动发展，实现长江流域沿江城市的共同利益，都具有十分重大的战略意义。

目前,制约长江黄金水道充分发挥作用的主要问题有:一是船舶非标准化,船型、机型复杂,性能良好的干支直达、江海直达的新型运输船相对稀缺;二是航道总体上仍然处于天然航道状态,黄金水道的优势难以发挥;三是港口功能单一,结构不尽合理,尤其是集装箱码头等专业码头数量明显不足;四是支持保障系统的设施与装备水平比较低;五是管理水平较低,经营服务不规范。

充分发挥长江黄金水道作用的核心,是要加快航运设施标准化和航运服务标准化建设,以及建立长江黄金水道的利益共同体。为此提出如下建议:

(1)抓紧制定长江黄金水道发展规划。长江黄金水道建设涉及多个国家专业管理部门和长江黄金水道流域的各个省市,其开发建设需要统一规划。建议由国家发改委、交通部牵头,研究制定长江发展规划,争取在"十一五"时期有所突破。

(2)建立长江黄金水道建设联席会议制度。长江水系涉及的中央和地方管理机构甚多,应借鉴国际经验,实行全流域管理,建议由国家发改委、交通部牵头,建立长江水系管理综合协调联席会议制度,统一协调长江黄金水道的建设和发展。

(3)加大长江黄金水道建设投入,加大航道疏浚力度。对于涉及长江航运发展的财政、税收、投融资等方面,建议从中央到地方给予积极的政策倾斜,长江沿岸各地也需要统一步调。

(4)加快相关立法工作。我国已经有《民航法》《铁路法》《公路法》《港口法》等,但是却没有"航道法"和"水运法"。建议国家有关部门加快立法步伐,推动长江黄金水道的有序开发。

(5)重点推进集装箱船舶标准化建设。长江航运发展潜力最大的是集装箱运输,为此建议推进内河船舶大型化,把集装箱船舶标准化作为船型标准化建设的重点。其标准化方向为:满足江海直达适航性,符合葛洲坝、三峡船闸的通航能力,适应长江干线桥梁的净空高度和通航净宽,适应疏浚加深后的长江航道的水深,符合经济性和系列化。

(6)加快航道、港口泊位标准化的建设。重点以船舶标准化建设为参照系,桥梁净空鉴于现状,也应成为设计标准船舶的重要参数。同时,要统筹长江干支线泊位建设,合理安排干支线班轮,加强干支线衔接。

(7)加快航运服务的标准化建设。重点是简化程序,推进长江航运流转单证的标准化,提高通关服务效率和信息化水平。长江流域各港口区要进一步完善服务,简化手续,加快转运。

（8）推动长江沿岸全方位合作向纵深发展。重点要推进长江沿线各主要港口、经营单位以及客户等方面的战略合作,尤其要推进码头、物流等方面的全方位合作,不断向广度和深度拓展。

第二章
第十一届全国人民代表大会第二次全体会议

（2009 年）

关于从速制定"国家考试法"的议案

★ **案由**

　　随着我国经济和社会的快速发展,各类考试已成为人们生活的一部分,除了高考、中考、研究生考试、成人高考、计算机等级考试、英语等级考试等各种教育统一考试外,还有公务员考、司法考、会计师考、建造师考等各类职业入门资格考,涉及社会方方面面。每年参加国家各种考试的人数近 4 000 万人。中国已成为名副其实的考试大国,考试不仅关系人民群众的安居乐业、学习工作,也已成为党和政府以及千家万户所关心的大事,其产业链已经形成。

　　但是,随着考试种类和数量的增多,其管理过程和操作程序所暴露出的问题也越来越多,社会影响也越来越大。如考试作弊呈规模化、集团化、信息化趋势;考前复习市场混乱,培训师资鱼龙混杂,教学质量参差不齐;从考务主管部门来看,有考题出错的,有试卷遗失的,更有试题提前泄密的。此外,在作弊认定处罚、面试成绩确定等一些具体操作程序及标准上,争议也较大。而且,涉及教育考试的诉讼越来越多,处理起来往往找不到法律依据,一些方面在法律上存在空白点。原有的一些部门规章显然已力不从心,其权威性、合理性、规范性和溯及力均受到质疑。

　　因此,将考试的社会功能导入健康有序发展的范畴,纳入国家法制化的轨道是国家考试立法的重要目的,也是全社会的期盼。

★ 案据

据了解,有关方面有过对考试立法的打算,也曾经组织人员起草初稿,但全国人大至今尚未将"国家考试法"列为正式立法。我们认为,从目前全国各类考试的实践来看,考试工作改革与发展的进程很快,制定全国性关于考试的权威法律的条件已经成熟,时机已经来临。主要依据如下:

(1) 教育部和有关部委已经在各种考务工作实践中积累了许多成功的经验和成熟的做法,制定了一系列规章制度,这些制度和经验为"国家考试法"的制定提供了坚实的实践基础。

(2) 相关的理论界、法律界已经积累了大量关于考试立法的研究、探索成果,这些成果为"国家考试法"的制定做了充分的理论准备。

(3) 全国各地涉及考试的基层工作部门和人员迫切需要一部全面完善的"国家考试法",社会各界也热切期盼。人们希望用该法来指导、解决许多当前涉考工作中的问题,规范考试的程序和内容,保障考试的公平公正;社会希望用法律来伸张正义和维护考生的合法权益,突破一些滞后制度、机制的瓶颈,明确国家考试的法律地位,推动最终建立起国家考试制度的威信和信誉。由此,制定一部"国家考试法"已经是形势所需、条件齐备。

★ 方案

(1) "国家考试法"应当是为适应国家经济和社会发展而建立的一项法律制度。应当是指导、规范、调节国家各类教育考试、公务员考试、司法考试、国家职业资格考试等的母法,是具有中国特色的国家考试的法律体系。

(2) 依法治考就是要克服执法的随意性。依法治考的内容要包括:考试职权法定,管理组织机构和人员法定,依照考试法办事;有权必有责,用权受法律监督,特别要加强监督、规范考试组织者和出题人的行为;要保障应考人的权利,对违法行为进行处罚,并有法律救济途径。

(3) 如果将国家考试分为教育考试和非教育考试两大类,则非教育考试类无论考试规模和考试的社会性均不亚于教育考试。各类非教育的国家考试在考试行为的规范、执行考试纪律、对考试违规者的处罚等方面,要与国家教育考试有相同的要求和标准,不能搞两套模式。

（4）对考试的设立原则要严格，要有可行性评估的要求，要看到考试的局限性，因此，法律对考试内容及考场设置，包括阅卷评分、公布考分、疑问查询等都要有原则的要求。同时，对涉及考试的一些衍生产业和服务，也要有规范的要求和禁入原则。

★ 基本框架

第一章 总则
概述立法必要、法律依据及授权，立法原则。

第二章 考试组织及人员
考试的设置应当由国家法律和行政法规规定，考试机构和应考人的权利与义务由法律规定，考试的组织与实施严格依法举行，避免考试行为的随意性。

第三章 考试的阅卷评分及查分·救济
国家级考试向全社会公开，包括通过法定的途径向社会发布考试信息，在法定的期限内向社会公布试题、参考答案和考试成绩，公开录用（取）结果等。"公平"是考试的生命线，是社会对考试的基本要求，其内含包括：坚持依法治考，体现考试面前人人平等，给公民以公平竞争的机会；通过多种手段保证考试过程的公平性和考试结果的准确性。"公正"原则要求符合报名条件的公民参加考试平等，获取考试信息平等，根据考试结果录取（用）的机会平等，因考试违规受到的处罚平等，申请考试争议裁决的权利平等，司法救济的途径平等等。

第四章 涉考产业的规范
各种国家级考试应当实行考用分离、考教（培训）分离，即考试由与考试结果使用无关的国家机关或者国家批准的社会组织独立组织实施，考试机构不得参加与考试内容相关的培训与教育等活动。

第五章 考试违法处罚
各类国家级考试不仅要建立健全自身的监督机制，还要通过相关的工作制度和工作程序接受主管部门、社会公众、应考人和社会其他方面的监督，将考试置于阳光下操作。明确违法处罚及量刑的种类。

第六章 附则
其他需要规定的问题。

【附件】

（1）我国《宪法》第 46 条指出：中华人民共和国公民有受教育的权利和义务。

（2）我国《教育法》第 42 条也规定了受教育者享有的权利，其中包括参加教育教学计划安排的各种活动。

（3）国务院在 1988 年颁布了《高等教育自学考试暂行条例》，是迄今为止我国层次最高的一部国家教育考试行政法规。

（4）公务员考试依据《公务员法》

（5）国家教育委员会 1991 年颁布的《普通、成人高等学校本、专科招生全国统一考试工作规则》、全国考委 1998 年颁布的《高等教育自学考试考务、考籍管理工作规则》。

（6）2004 年 4 月中共中央宣传部、教育部、公安部和国家保密局联合颁布的《国家教育类考试安全保密规定》和教育部颁布的《国家教育考试违规处理办法》。

（7）财政部 2001 年颁发的《注册会计师全国统一考试违纪作弊处罚规则》（后进行修改，于 2006 年 8 月 9 日发布《注册会计师全国统一考试违规行为处理办法》）、司法部 2005 年 7 月 29 日发布的《国家司法考试违纪行为处理办法》以及卫生部 1999 年发布的《医师资格考试违纪处理暂行规定》等。

（8）重庆市招生自考办公室按规定程序提出制定《重庆市国家教育考试条例》的申请，很快获得重庆市人大批准，并被列入当年的立法计划。在重庆市人大常委会和市政府及其有关部门的大力支持下，通过近两年时间的调研、论证，并通过网络听证、民意调查和印发该《条例》（征求意见稿）等方式，广泛征求社会和公众的意见，先后 21 次易稿，共计 8 章、49 条，于 2007 年 5 月 18 日由重庆市第二届人民代表大会常务委员会第 31 次会议审议通过，从 2007 年 9 月 1 日起正式施行。

关于加快振兴我国农村消费的建议

中国市场结构存在明显的二元结构,消费群体跨度很大,城市和农村落差很大,外需和内需很不平衡,从中间市场到终端市场的转化和传导机制并未形成,尤其是产业振兴到终端市场振兴缺乏传导机制,有效供给和有效需求处于非关联受控状态等,所有这些矛盾的焦点都会集中到农村市场,中国农村市场的振兴是决定中国经济命运的大问题。想象一下,如果一个农民增加消费1 000元,9亿农民就能增加消费9 000亿元。为此,应对农村消费振兴给予特别的关注,对农村市场开发应有重大建树。

一、大力改变农村消费市场长期被轻视的状态

消费市场的孰轻孰重辩证理念没有解决,农村消费市场长期被轻视。两年前国内相关机构对农村居民收入和消费模型的研究表明:农村固定资产投资增速每增加1%,农村居民人均纯收入增速提高0.289%,农副产品价格指数涨幅每提高1%,农村居民人均纯收入增速提高0.171%,农村居民新增收入的78%将投入消费,明显高于城镇的长期消费边际倾向,农村具有很大的消费发展潜力。但是,在这个问题上,主流氛围还是集中在城市中高端市场,轻视了农村的中低端市场开发,从而对农村市场体系的开发建设缺乏战略举措。对于中高端市场,世界发达国家都是有的,中国也是需要的,但这不是中国特色! 中国还是社会主义初级阶段,现阶段中高端市场不能解决中国的问题,广大的农村市场和即使在城市里的消费市场,量大面广的主流群体还是需要"适用技术、适用产品、适用市场"。因此,理应重塑我国的市场结构体系。

二、全面规划农村消费资源配置结构

要振兴农村消费,除了必要条件提高农民的收入之外,还要提高资源配置效率,保障消费资源的有效供给。要做到这一点,必须正确地把握农村的消费

结构。现阶段农村的消费结构总体上包括生产要素和生活要素两大方面,具体为:①农用资源类。包括种子、化肥、农药、饲料、农科、农具、农业加工等。②交通和通信类。包括基础设施和个人使用品等。③吃、穿、住等生活类。④家庭设备类。包括家电、家具等。⑤文教娱乐类。包括义务教育、公共文化、技能培训等。⑥卫生、医疗、保健类。包括公共卫生、防疫、医疗、预防等。⑦能源类。如太阳能利用等将来的增长空间较大。由于我国的城乡差距、东西差距、南北差距、地域差距、经济布局差异很大,如何做好有效的资源配置,应及早做出研究规划。

三、加快建立城乡产业梯度转移的大通道

当前,我国已经进入城市支持农村、工业反哺农业的时期。为此,除了要振兴农业外,还要振兴适合农村的工业,特别是农产品加工业以及农用要素的属地化生产企业,振兴农村商业服务业和农村卫生事业等。我国农村面广量大,滴水成河,积元成亿,新农村将是中国发展的蓄水池,这一点,必须形成共识。从这个角度来看,我国正在出台的产业振兴计划,应该是"移旧迎新",而不是"废旧迎新",把适用的转移出去,而不是抛弃一切。为此,建议把梯度转移作为产业振兴计划的重要组成部分,把转移点作为产业振兴的发展点。要形成一股巨大的声势,像20世纪80年代我国出现的大规模的横向联合那样,搞好这一次产业振兴的梯度转移。因此,在组织机制上要形成梯度转移服务组织体系和服务机制,形成城市的产业网、商业网和农村的转移网关联发展。

四、切实加强振兴农村消费网络体系建设

振兴农村消费,首先要振兴农村流通网络。20世纪50年代,以集体经济为主体的全国农村供销合作社系统网络的建立,对于新中国成立后国民经济和农村经济的迅速恢复功不可没,有了流通渠道,经济就活了,推动了产业的发展,形成了经济发展的正循环。当前,农村的流通网络必须进一步构建完善,形成一个资源流动和配置的新平台,不论国有、集体、个体,都在这个新平台上运作。做到村村有小店,乡乡有中心店,镇镇有综合店,有条件的还可建立超市和集市贸易。探索流通实现形式的多样化,如对要素市场,可以开设专业连锁专卖店,如种子、化肥等市场,有利于控制质量、便于打假,更便于实行配送服务。

还可以采用民间喜爱的形式,如庙会、展销会,可以定期、定点举行,也可以不定期、不定点举行。甚至采用肩挑"货郎担"、机动车"货郎担"等进行营销活动。

五、启动农村居民消费的即时项和潜力项

对农村消费资源配置内容进行优选比较,可以选择即时能够启动的类项和有潜力发展的类项先行启动,关键是要制定相应的消费政策和财政补贴政策。具体内容和建议如下:

(1)家电下乡。有的产品在农村已经普及,如彩电已下乡,但各种系列的平面电视和中型上下的平板电视,农村还是有巨大需求。有的产品在农村还不太被了解,如微波炉,由于柴火缺乏或农忙等原因,农民经常吃冷饭冷菜,有了微波炉加热,几分钟就可吃上热饭热菜,可以大力推广创造市场。

(2)汽车下乡。1.6升以下的汽车,特别是客货两用车,农村居民还是有向往的。目前,在农村大多使用拖拉机作运输工具,完全可以用客货两用车进行适度替代。

(3)通信无线化,手机下乡。农村地广、人居分散,如采用固定电话,布线成本高,夏秋季容易遭雷击,因此农村通信无线化可能是一种趋向。在农村大量适用的是2G手机。

(4)日用品和耐用消费品下乡。可以在农村进行大量、大批的促销和巡回展销,也可以建立地区性大市场。

(5)农村居民居住房消费。农民筹集一生积蓄就是为了造一次房子,这是中国农村典型的自然经济的表现。改革开放以后,农民比以前富了,改善生活居住条件的欲望更为强烈,造房的群体从年老一代转变为年轻一代,从被动需求转化为创造需求,已经成为农村生活趋向的一大亮点,正在形成中国农村经济发展的巨大需求。为此,应该关心、支持、扶植这种愿望,根据新农村建设的要求给予资源配置支持、信贷支持。更为重要的是加强农村规划,尽快出台相关政策,推进农村土地集约化、宅基地置换,在保障农民产权利益的前提下,进行财政补贴,使农民自觉走上农村居住集约化的道路。

(6)医疗保障事业的需求。对医疗保障的需求和欲望,城市居民和农村居民并没有重大区别,但在医疗保障的供给上却有重大差别,这就是城乡二元结构的一个重大弊端。要克服二元结构的影响,除了尽快发展农村经济外,更多

要依靠政策调整医疗保障事业的城乡差别。

（7）率先启动农村太阳能利用工程。如果说 20 世纪是石油的世纪，那么 21 世纪则是可再生能源的世纪、太阳能的世纪。目前，我国是世界上太阳能热水器生产量和销售量最大的国家，从事太阳能热水器研制、生产、销售和安装的企业达到 1000 多家，年产值 20 亿元，但从房屋的热水器安装率来说，以色列已达 80%，日本为 11%，我国为千分之几，说明太阳能热水器的推广应用潜力仍很大。太阳能热水器和太阳能热水器超导供暖系统都可以进入全国城乡千家万户，这个市场资源一定要保护好、开发好、应用好。如果太阳能热水器安装率在 3 年内提高 10 倍，将产生 200 亿元的年产值，如果在此基础上再提高 10 倍，热水器安装率达 30% 左右，年产值将达 2 000 亿元。为了发展农村经济，振兴农村消费，首先应在农村推广太阳能民生工程，然后再由农村包围城市，彻底实现我国生活能源的重大变革。

关于推进我国农村集体经济发展的建议

当前，在发展农村集体经济尤其是村级集体经济问题上，存在着认识不一致和重视不够等倾向，有人甚至还认为没有存在的必要。那么，是不是农村就不需要集体经济了呢？我认为，全国有 6.5 万多个村级组织，建设新农村，改善农村环境，提高农民生活水平，离不开村级基层的组织协调、农民群众的积极参与、经济财力的必要投入。村级组织掌握了一定的经济实力，才能有效推进各项工作；村级集体经济组织离农民最近、最了解农民，也最容易被农民了解，资产和劳动的联合有利于农村共同富裕、和谐发展。

发展农村集体经济的战略意义在于：一是农村生产力发展离不开集体经济。当前主要依赖两条途径，一条是以农民为独立主体的生产方式，即一家一户的小生产模式；另一条是以集体经济为主体的生产方式，即各种新型合作经济等组织化生产模式。这两种生产方式相互补充，缺一不可，但重要的是要提高农民的组织化程度，这就要求农村集体经济获得新的发展。二是农民收入稳定提高离不开集体经济。农村的发展实践证明,凡是农村集体经济发展健康稳定的地方,农民的收益就比较多,农民的生活也比较富裕,反之亦然。这说明,农村集体经济发展适应了农村发展的阶段性特征,所谓"强村富民"就是如此道理。三是农村各项事业发展离不开集体经济。在新农村建设中,要促进农村公共事业发展以及公共设施和基础设施的建设,改善农村的生活环境和村容村貌,满足农民精神文化需求等。尽管财政支持的力度在不断增强,政府职能也在逐步调整,但不可能立即到位,再加上目前农村集体经济组织与基层行政管理机构往往是重叠的,因而农村集体经济的作用不容忽视。四是农村基层组织建设离不开集体经济。在今后一段时期内,农村基层组织尤其是村级基层组织的凝聚力和战斗力,在很大程度上取决于集体经济的发展水平和发展规模。在城乡二元结构逐渐消除和公共财政结构逐步调整的过程中,如果离开了农村集体经济的发展,必然会影响农村基层组织的建设,而党在农村的执政基础也会因此受到削弱。五是农村和谐村镇建设离不开集体经济。维护农村稳定不仅需要加强农村精神文明建设,更需要农村物质文明建设作为重要基础,而农村集体经济发展是农村物质文明建设的重要组成部分,离开了这个物质基础,必然会影响农村平安建设以及构建和谐村镇。

实践证明,发展农村集体经济也是新农村建设的一项重要内容,忽视农村集体经济发展,必然会影响"三农"问题解决的程度和速度。改革开放以来,农村集体经济发生了深刻变化,对农村的稳定发展和农民增收起到了重要的作用,但农村集体经济发展趋缓、发展不平衡、承担了过多的社会职能、发展后劲不足等问题也逐渐显现。为此提出以下若干建议:

(1)统一思想,整体谋划农村集体经济的发展。在目前状况下,农民富裕、农村稳定、农业发展,还得在一定程度上依赖村级集体经济的发展。村级组织没有经济基础,缺乏凝聚力和号召力,工作和发展举步维艰。为此,首先需要各级领导和各级政府进一步提高认识,统一思想,整体部署好农村集体经济发展,并且把发展农村集体经济作为贯彻落实中央一号文件的一项重要工作来抓。

(2)理顺关系,减轻农村集体经济发展的负担。当前,由农村集体经济所承担的行政性和公益性摊派名目繁多,必须引起政府的高度重视。事实上,这种严重的政企不分现象在村级经济中依然存在,不适当、不合理、不应该地加重了村级经济的负担,应尽早予以纠正。为此,要清理债权债务,积极化解不良债务,使村级集体经济放下包袱,轻装上阵,并建立财务审计制度。同时,各级政府应该成为农村公共产品的最大责任者和提供者,加大公共财政对农村的支持力度,并完善农民利益的各种补偿机制。

(3)政策倾斜,推进农村新型集体经济发展。目前,农村已经涌现出一些合作经济组织,在利益合作方面有了新的探索。但不少参加者同合作社没有资金和劳动的联结,只是一种生产和销售方面的协作,所发挥的作用比较有限。应该看到,完善和发展"公司+基地+农户"等各种模式的农业合作经济组织,有很大的潜力,有积极的意义。各级政府要实行政策倾斜,支持农村合作经济组织的发展,并且推动农村股份合作经营,形成风险共担、利益共享、共同发展的农村新型集体经济实体。

(4)利益共享,规范与完善农村土地使用机制。深化土地使用制度改革,鼓励和促进土地向规模化经营流转,规范土地向非农产业流转,确保农民利益。建议设立农村土地收益的专项基金,基金的来源包括新增的土地使用权出让金以及历年来多占农民利益的财政补偿。此外,还可以培育土地事务中介机构和农地经营企业,形成共享、共赢的利益分配机制。随着农村城镇化推进,农民的身份终究要向居民转换,但这样的转换不应过快,更不能简单化操作,必须考虑至少让这一代离土农民的生活得到保障和有一定改善。

(5)聚焦重点,着力支持经济薄弱村的发展。农村集体经济发展的难点在于薄弱村,因此,要重点支持薄弱村的发展。一方面要加大财政支持力度,多予少取,还权于村,还利于村,由公共财政更多地承担起经济薄弱村的公共产品供给,并保证村级组织的日常运转和各项正常开支的费用。另一方面,要进行政策扶持,以开发扶助为主,通过扶持使农业生产从"补贴农业"成为"盈利农业",如发展"一乡一业""一乡一村",实行政府相关部门结对帮助等。

(6)配强班子,加强村级基层组织建设的力度。要紧密结合农村村级基层组织建设的实际,选优配强村班子,加强村干部的教育培训工作,建立健全奖惩激励机制。要注重加强农村集体经济发展所需要的各类经营人才、技术人才的培训,着力培育农村集体经济发展的领军人物。此外,还要积极开展与农村集体经济发展相适应的职业技能培训,提高农民专业技能,努力培育有文化、懂技术、会经营的新型农民,为农村集体经济发展提供人才资源的综合支撑。

关于推动我国职业教育健康发展的建议

最近,我国正在制定教育发展规划纲要,而职业教育也是一项重要的内容。改革开放以来,我国的职业教育得到了迅速发展,并且在经济社会发展中起到了重要的作用。但是,各级各类职业教育发展还存在着"四个不协调":一是职教和产业发展不协调,职教还不能满足产业发展需要。二是职教和普教不协调,职教冷而普教热,职教体系弱而普教体系强,职教投入少而普教投入多,职教生源差而普教生源好。三是不同类别职教发展不协调,还存在着目标差异、质量差异、专业差异、投入差异等。四是不同等级职教不协调,中低层次的职教分属教育、劳动、工商部门分头管理,高层次职教以高等教育管理部门管理为主,多头管理,目标各异,体制割裂,缺乏协调。五是企业和行业职教不协调,企业职教边缘化、行业职教松散化、职教教育公益化、人才使用短期化。六是公办和民办职教不协调,行政管理门槛设置多而乱、公办和民办教育资源不能共享、"二公办"大量挤占民办职教市场、教师待遇和学生补贴存在差异。

我国职业教育存在问题的主要原因是"四个不到位":一是外部协调机制不到位。目前的职教管理体制采用分头管理模式,看似把复杂的管理功能简单化了,但因此产生的弊端是管理的简单化弱化了职教管理的"一盘棋"效应,导致职教的无序和低效,呈现"群龙无首"格局,职教的长期性、系统性、实践性不能得到关注和重视。二是内部联动机制不到位。行政管理的多头化带来了职教管理的单一化和封闭化,进而导致了专业设置的趋同化、盲目化,造成职教和普教脱节,初级培训和中等教育脱节,中等教育和高等职业教育脱节,高等职业教育和高端人才教育培训脱节,院校人才培养和企业人才培养脱节等"龙骨脱节"现象。三是投资控制机制不到位。缺乏政府投资总量控制机制、政府投资职教方向决策机制、社会投资规划引导机制、社会投资综合平衡机制、龙头企业投资约束机制,以及企业职教投资的约束和激励机制。四是利益平衡机制不到位。一方面职教不受重视,教育资源严重短缺;另一方面职教的逐利化倾向明显,大量职教投资投向"短平快"领域和项目,基础性和长期性的领域和项目受到冷落,呈现典型的"冷热不均"现象。

为了更好地推进我国职业教育的健康稳定发展,特提出"四个完善"的对策建议。

一、完善外部协调机制

一要明确协调主体地位。完善职教行政管理体系,解决职教和产业发展的脱节。政府要把职教管理职能纳入产业发展管理职能,企业要把职教管理职能纳入企业生产管理职能。二要完善职教业务指导体系。改变职教横向由教育、劳动、工商等部门分头管理,纵向由普通教育、高等教育管理部门分段管理的模式。采用初等、通用职教培训由教育、劳动部门共同管理、指导模式;中等以上、专业化职教由教育部门和行业、龙头企业共同管理指导模式;高端人才教育培训由组织人事部门、高校、企业、科研机构共同管理指导模式。三要积极组建职教集团。建议相关层面政府重点协调院校、企业、行业、科研机构职教资源,组建相关职教集团。四要建立"产学研"一体化推进机构。在政府、行业、企业层面建立和相关科研机构相衔接的不同层次、不同项目和产品的"产学研"一体化推进机构,以职教为载体,以科研成果转化为目标,实现职教和科技成果转化的良性互动机制。

二、完善内部联动机制

一要建立开放的课程设置模式。建立职教和普教相互融合的课程体系,在普教的各个阶段,可以逐渐提高职教的比重。二要建立开放的师资使用、培养体系。加强院校和政府培训机构、企业的合作,强化"双师型"师资和复合型人才的教育培训;加强院校和科研机构、海外名校、名企合作,强化尖端教育人才培训;加强同级同类院校的校际合作,让职教师资水平和能力在交流中不断得到提高和充实。三要形成开放的招生模式。改变普通高校和职教高校同步招生的模式,建立普通高校和职教高校分开进行的二元招生模式。四要形成开放的评价考核体系。改变职教和普教同步的"一考定终身"制度,建立和职教特点相适应的文化、理论知识和实践、操作能力并重的二元评价考核体系。五要形成开放的办学模式。改变职教院校关门办学的模式,建立院校和企业、行业、科研机构的广泛合作。大力推进高等职教院校和海外名校、名企的教育合作。

三、完善投资控制机制

一要均衡职教和普教的政府投入。合理划分政府、社会、企业和个人的职责,政府首先保证教育投入的足额投入,确保职教投入的份额逐步上升。二要完善教育资源向职教倾斜机制。改造一批普教机构,使之承担起中、低端职教的任务;提升一批职教院校能力,使之能够承担更高层次的职教任务;合办一批高端职教机构,使之拥有培养具有国际视野和经验的高端人才的能力。三要均衡职教不同科别的投入。促进职教资源向重点领域集聚,职教投资向重点办学领域集聚,形成以行业划分的重点领域职教体系。四要兼顾主要产业和一般产业专业设置的合理比例。加大对重点职教机构的投入,推进职教品牌院校建设。政府投入的增量资金重点用于长线、冷门、低收益、高投入职教机构的补缺。开放一般职教专业、短期培训的民间投入。五要兼顾批量化、通用化和专业化、个性化的合理组合。完善职教向专业化、个性化领域倾斜的投资机制,建立一个介于传统的师傅带徒弟和现代批量化职教之间的特殊职教体系,尽量把传统职教的个性化带教扩大为小批量教育,把传统的日积月累式带教改变为高密度、强化性带教。六要均衡职教不同阶段的投入。政府和大型国企的职业教育投资应重点向高端教育培训阶段倾斜。

四、完善利益平衡机制

一要建立和学历教育并行的职教资格、资历认定体系。二要建立普教、职教学分互认机制。三要建立职教教学补贴机制,建立企业、个人接受职教的补贴机制。四要建立职教师资海外定期进修制度。五要制定吸引社会资金投入职教的政策和法规,完善企业职教投入约束、激励机制。六要建立民办职教院校市场份额保护机制;七要建立教育硬件资源合埋共享机制,建立同级同类职教院校硬件资源共享制度,重点解决公办、民办职教院校硬件资源共享难题。八要建立教育人才资源合理共享机制,重点解决职教行业内和行业外人才资源的共享难题。九要完善在职员工的继续教育保障机制。十要完善职教收益平衡机制,综合运用财政税收政策,以短线补长线,以高收益补低收益,以热门补冷门。

关于设立为中小企业服务的中国民众银行的建议

最近,我们针对中小企业面临资金困难进行了专题调研。改革开放 30 年来,以中小企业为主的我国民营经济在艰难跋涉中快速发展,已成为国民经济的重要组成部分。截至 2007 年底,全国中小企业超过 400 万家,占法人企业总数的 60% 以上,创造价值占 GDP 的 59%,上缴税收接近全国的一半,提供的城镇就业岗位占总数的 75%。特别在当前,中小企业发展对加快形成城乡经济社会一体化新格局,推动社会主义新农村建设发挥着越来越重要的作用,但遗憾的是,我国银行对中小企业的信贷支持却非常有限,2007 年小企业贷款仅占全部贷款的 17%。而中小企业通过股市、债市等直接融资手段获得的资金则更为有限。为解决资金紧张问题,许多中小企业不得不靠民间地下借贷,据人民银行统计,目前的民间贷款规模已达到 1.5 万亿元左右。民间借贷大多是高利贷,利率低则 20%,高则 40%~50%,有的甚至到 60%~70%,这不仅大大增加了企业财务成本,制约中小企业的长期发展,而且,如果控制不力、引导不当,将引发很多社会问题。

造成中小企业融资难的原因虽然是多方面的,但根本的原因在于我国银行体系存在缺陷。改革开放以来,我国银行业发展迅速,银行服务体系建设取得重大成果,已经形成国有控股银行占主导,股份制银行、城市商业银行、农村信用社及外资银行并存的多元化商业银行服务体系。但应该看到,除外资银行外,这些银行或多或少带有政府色彩,贷款业务目标客户多以国有或国有控股企业、政府为主,真正把中小企业作为目标客户的少之又少。而外资银行基于自身传统和业务特点很少涉猎中小企业。也就是说,我国目前还缺少在客户定位、所有制形式、公司治理、机构布局及业务模式等方面与中小企业发展相适应的专业化银行。

为此,根据党的十七大提出的"要推进金融体制改革,发展各类金融市场,形成多种所有制和多种经营形式、结构合理、功能完善、高效安全的现代金融体系"及十七届三中全会提出的"建立现代农村金融制度"精神,特建议在作为中国金融中心之一的上海设立一家服务于全国中小企业及农村的全国性民营银行(拟命名为中国民众银行),银行总部设在上海,全国各地设银行分支机构,从而缓解中小企业融资难,促进中小企业持续健康发展。

关于研究建立跨地区应急网络体系的建议

近年来,重大突发事件已呈现出较为典型的跨国、跨行政区划的特征。如印度洋海啸波及印尼、斯里兰卡、泰国、印度等国家;"卡特里娜"飓风涉及美国的密西西比州、亚拉巴马州、佛罗里达州等五个州;2009 年年初的低温雨雪冰冻灾害也严重影响了我国多个省(区、市)。在这种情况下,如何构建应对跨地区突发事件的高效能机制,成为需要加以研究的重大现实课题。

应该充分认识到,跨地区突发事件对按行政区划逐级分设的突发事件应对工作体制提出了挑战,同时,也提出了在我国构建跨地区应急网络体系的迫切要求。

(1) 构建跨地区应急网络体系有助于建立更好的国际、国内信息分享、监测与合作系统,便于各国、各地方政府协同开展应对工作。

(2) 各国在对跨地区应急网络体系的研究中,已提出了以本国的应急管理法律法规为基础,建立国内区域性应急联动指挥中心的设想(根据需要可以是常设的,也可以是因突发事件而临时成立的),以负责统一指挥、统筹协调按行政区划设立的常设机构。

(3) 从我国实践来看,2007 年,北京、天津和河北已签订了共同应对重大突发事件的协议。当前的三鹿奶粉事件也给我国提出了跨地区、跨国界突发事件应对的新课题。我国应在坚持属地化管理为主的同时,探索国际、国内的合作机制。

因此,为进一步构建我国应对跨地区突发事件的高效能机制,提出如下两个方面建议:

（1）建议国家和上海有关部门在推进"平安世博"的建设过程中,研究如何依托长三角,充分发挥区域应急网络体系在风险评估、监测、预警预报等方面的作用。

（2）建议国务院研究如何以长三角、环渤海湾、珠三角等区域应急网络体系为依托,逐步建立跨地区的协同指挥机制,构建以区域为主的、全覆盖的国家应急网络体系。

第三章
第十一届全国人民代表大会第三次全体会议

（2010 年）

关于从速制定"国家住房保障法"的议案

★ 案由

2009 年以来，房价上涨成为社会热点话题，住房保障已经成为党和政府及千家万户所关心的大事，也是衡量从中央到地方各级政府执政能力的主要标志，做好住房保障工作，已不是一般的民生问题，而是第一民生问题。

当前，各级政府对住房保障的重要性认识是到位的，解决问题的决心是大的，投入是可观的，但由于整体立法的滞后，工作仍然处于"摸着石头过河"的状态。住房保障谁来保？保多少？怎么保？保障房怎么造？造多少？给谁造？怎么分？政府、民众、企业，各自有哪些义务和权利？有哪些责任和收益？这些问题现在都没有一个权威的依据和标准。

原有的一些部门规章和地方法规，显然已力不从心，其权威性、合理性、规范性、公正度和溯及力均受到质疑。各地做了各种尝试，其中的经验教训已经充分显露出来。因此，尽快将国民住房保障导入健康有序发展的范畴，纳入国家法制化的轨道是国家立法的重要目的，也是全社会的期盼。

★ 案据

据了解，有关方面有过对住房保障立法的打算，也曾经组织人员起草初稿，但全国人大至今未将"国家住房保障法"列入正式立法计划。因此，从目前全国

各类住房保障的实践来看,制定国家层面关于住房保障的权威法律的条件已经成熟,时机已经来临。主要依据如下:

(1)国家建设部和有关部委及各地,已经在各种住房保障工作实践中积累了许多成功经验和成熟做法,各地也制定了一系列有关廉租房、经济适用房、解困房等的规章制度,这些制度和经验为"国家住房保障法"的制定提供了坚实的实践基础。

(2)相关理论界、法律界和实务部门已经提出了大量关于立法的研究、探索成果,这些成果为"国家住房保障法"的制定作了充分的理论和可行性准备。

(3)全国各地涉及住房保障的基层工作部门和人员迫切需要一部完善全面的"国家住房保障法",社会各界也热切期盼。人们希望用该法来指导、解决许多当前住房工作中的问题,规范住房保障的程序和内容,保证社会住房的公平公正;用法律来维护公民的合法权益,突破一些滞后制度、机制的瓶颈。由此,制定一部"国家住房保障法"已经是大势所趋、条件齐备。

★ 方案

(1)"国家住房保障法"应当是为适应国家经济和社会发展而建立的一项法律制度,要包含指导、规范、调节国民依照《宪法》的精神享受居住权利的母法,是具有中国特色社会主义的国家住房保障的法律体系组成部分。

(2)住房保障法的原则要包括:要保障全体城乡居民的住房权,实现民生住房、和谐住房、住有所居这个伟大理想和目标;政府应该成为住房保障的主体;对住房保障中的违法行为进行处罚,并有法律救济途径。

★ 基本框架

"国家住房保障法"草案建议稿

第一章　总则

第一条　为确保我国居民的住房权,提高居住水平和住房负担能力,改善住房环境品质,实现住有所居,特制定本法。

第二条　国家实行住房是准公共产品的基本国策和具有中国特色社会主义的住房建设模式与消费模式,在全国城乡普遍建立一户一宅的住房保障制度。

第三条　国务院和各级地方人民政府负责制定城乡居民住房保障的中长期规划,经本级人民代表大会讨论通过后予以实施。

第二章　城镇住房保障机构

第四条　住房保障决策协调机构为中华人民共和国住房和城乡建设部以及各级地方人民政府,负责制定国家和各地发展城乡居民住房保障的目标、方针、政策和年度规划,协调解决工作实施中的重大问题。

第五条　住房保障管理机构为中华人民共和国住房和城乡建设部以及各级地方人民政府住房主管机关,分别负责国家和地方的住房保障建设和管理工作。

第三章　住房保障原则要求

第六条　国家建立保障性住房制度,以廉租住房、经济适用住房和经济租赁住房保障城镇低收入家庭的基本居住条件。保障性住房的分配对象不受户籍限制,对已经在该城镇连续工作和居住一定年限的所有无房和住房困难的低收入家庭实行应保尽保。

第七条　申请保障性住房的资格条件、住房标准及保障方式,在各省、自治区、直辖市人民政府指导下,由市、县人民政府根据本地实际情况具体规定,分类实施,并实行动态管理,由市、县人民政府每年向社会公布一次。

第八条　保障性住房须在城镇各类地区与其他住房搭配建设,其基本设施和环境品质要符合城镇发展规划,满足单户独居的基本居住条件。保障性住房可以实行实物配租与货币补贴相结合的形式,其中廉租住房户型建筑面积不得超过 50 平方米,经济适用住房和经济租赁住房户型建筑面积不得超过 60 平方米。

第四章　保障住房的土地来源及建设

第九条　保障性住房采取政府划拨方式供地,由政府的和民间的非营利公益性建房机构及建筑开发商共同参与开发建设。

第十条　开发建设费用和房价包括以下五项:地价、通电通水通气等相关配套设施费用、建安费用、管理费用与微利,其中开发建设单位利润不得超过房价的 3%。

第五章　保障住房的退出机制

第十一条　保障性住房须建立准入退出机制,且只能用于申请家庭及其成员自住,不得转租、转借以及从事居住以外的任何活动。

第十二条　其中经济适用住房不得作为商品住房上市交易,若出售须由地方人民政府回购或在指定的经济适用住房交易平台进行交易,购买对象仅限于符合购买经济适用住房条件的低收入住房困难家庭。经济适用住房出售后5年内不得再申请。

第六章　公共住房(租房)制度

第十三条　国家同时建立公共住房制度,以准市场化的平价公共住房和公共租赁住房,保障城镇中等收入家庭的基本居住条件。

第十四条　公共住房和公共租赁住房的供应对象不受户籍限制,为符合当地政府规定的已经在该城镇连续工作和居住一定年限、有正当稳定经济收入的所有不具备居住保障性住房条件的无房和住房困难家庭。

第十五条　公共住房和公共租赁住房采取定地价、定建房标准、定税费率、定5%利润率,竞房价、竞建设方案,综合打分高者得的方式招标供地,由民间的非营利公益性建房机构和建筑开发商共同参与开发建设。

第十六条　开发建设费用和房价包括以下六项:地价、通电通水通气等相关配套设施费用、建安费用、管理费用、税费与利润,其中开发建设单位利润不得超过销售房价的5%。户型建筑面积不得超过90平方米。

第十七条　国家将房价收入比作为城镇中等收入家庭住房状况考核的重要依据,各级地方政府都要制定中心城区有正常收入的中等收入双职工家庭购买公共住房的房价收入比指标。以户型建筑面积90平方米为参照,一线城市须控制在8倍以下,二线城市须控制在7倍以下,三线城市须控制在6倍以下,小城市和建制镇须控制在5倍以下。

第十八条　购买公共住房后若出售,买方须符合准入条件,并在当地政府指定的公共住房交易平台进行交易,售价不得高于当地政府确定的该楼盘公共住房最高限价;出租须按公共租赁住房的租金限价收租。公共租赁住房只能用于申请家庭及其成员自住,不得转租、转借以及从事居住以外的任何活动。

第七章　商品住房制度

第十九条　国家建立商品住房制度,以商品住房保障较高收入家庭的住房需求。

第二十条　商品住房采取招拍挂的方式供地,由建筑开发商开发建设,户型、面积和房价由建筑开发商自主确定。

第八章　其他未尽事宜

第九章　附则

【附件】略

关于修改《中华人民共和国消费者权益保护法》增加网络消费权益保护内容的议案

★ 案由

随着我国经济社会的快速发展,以互联网为介质的电子商务异军突起。其中,网络购物这一新型购物方式正在人们的日常生活中悄然兴起,并有日益扩大的趋势。各种购物网站、网络商铺应运而生,消费者只要轻点鼠标就能享受送货上门的服务。

但是,电子商务的飞速发展并没有扭转传统消费者的弱势地位,相反经营者与消费者之间的力量对比更加悬殊,由于网络的虚拟性、隐匿性和跨地域性,消费者难以及时、准确地知悉与消费相关的真实情况,付款方式也存在着风险,消费者权益更容易受到侵害。仅从上海市消保委的统计数据看,对互联网销售的投诉是逐年递增的,现已占到消费投诉总量的三分之一。

而现行的《中华人民共和国消费者权益保护法》(以下简称《消法》)由于订立时间较早(1994年施行),对网络购物的发展预计不足,涉及网络消费保护较少,具体法律条款缺失。因此,为规范发展网络消费这一新生事物,保护网络消费者应有的权益,有必要尽快将其纳入健康有序发展的范畴,纳入国家保护消费者权益的法制体系中,这也是全社会的期盼。

★ 案据

据了解,目前网络消费投诉反映的主要问题:一是发布虚假广告低价诱惑,进行欺诈活动;二是产品宣传与实物不符,商品质量低劣;三是合同延迟、瑕疵、不当履行,且合同内容不规范,售后服务难以保障;四是网络支付有隐患,消费者财产易受损失;五是消费者享有知情权有限,无法获悉完整的产品信息;六是消费者隐私权受侵害,个人信息外泄。我们认为,尽管有关方面也有立法规范的打算,但从目前全国各类网络消费权益保护的实践来看,修改《消法》增加网络消费保护的法律条款的条件已经成熟,时机已经来临。主要依据如下:

(1)国家市场监督管理总局及各地消保委已经在各种消费者权益保护工作实践中积累了许多成功经验和成熟做法,一些地方已经制定了有关的规章制度,这些制度和经验为《消法》的修改提供了坚实的实践基础。同时,互联网技术的发展为法律的施行提供了可能。

(2)相关理论界、法律界和实务部门已经取得了大量关于网络消费立法的研究、探索成果,这些成果为《消法》的修改作了充分的理论和可行性准备。

(3)全国各地涉及消费者权益保护的基层工作部门和人员迫切需要一部与时俱进的《消法》,社会各界也热切期盼。人们希望用该法来指导、解决当前网络消费中的许多问题,规范网络消费权益保护的程序和内容,保证社会消费环境的公平公正;用法律来维护公民的合法权益,突破一些滞后制度、机制的瓶颈。由此,修改增补《消法》已是大势所趋、条件齐备。

★ 方案

(1)《消法》应当是为适应当前国家经济社会发展而建立的一项法律制度,要包含指导、规范、调节当前及今后社会消费环境及模式的内涵。

(2)修改增加的条款原则要包括:要保障网络消费者的合法、合理权益,实现买卖公平的目标;要明确网络消费中各相关方面的权利、责任和义务;要对网络消费中的违法行为进行处罚,并有法律救济途径等。

★ 基本框架

一、在原《消法》第三章"经营者的义务"中增加强化经营者的信息披露义务条款

要求经营者至少做到:①身份信息披露,包括经营者的登记名称、负责人姓

名、经营者主营网址和地理位置、有效联系方式等。②争议解决机制披露,包括认证机构的认证及社会团体、社会中介机构对产品或服务质量作出的承诺和保证。③交易信息披露,包括商品或服务的性质、种类、价格、付款方式、送货方式、售后服务等。通过建立广泛的、可接受的质量评估标准和行为规范来实现对消费者知情权的保护,而且在明确经营者的信息披露义务的前提下,也要规定违反该义务必须承担的责任,对经营者信息披露义务提出更为详尽、严格的要求。④持有营业执照的经营者应该在网上登记注册其营业执照的相关内容,自然人从事网络商品交易的,在网上登记注册应写明姓名、性别、身份证号码、经营范围、经营场所等明确经营者身份的事项。

二、在原《消法》第三章"经营者的义务"中设定网络销售方与网络营运商的连带责任条款

在某种程度上,可以将网络商品市场经营服务提供商看作"网络商场的业主",他们出租存储空间、传输通道等供网络交易活动使用,类似于出租"柜台",有责任管理其系统的网络交易活动情况,承担相应责任。因此:①要强化网络营运商的监管责任,明确网络营运商的义务,加强网络销售方与网络营运商之间的相互制约,网络营运商既要对销售商所发布的信息把关,对销售商履行合同监督,也要审查入网经营者资质,保留网上经营者档案和交易历史数据,保障网络交易安全。②可以明确网络营运商先行赔付,承担连带责任,对找不到网络销售商或事实清楚而销售商拒绝赔偿等情况,可要求网络营运商先行赔付,从而使网络营运商真正负起审查把关的责任。

三、在原《消法》第四章"国家对消费者合法权益的保护"中增加提高网络交易透明度的条款

对从事网络销售的企业应设置更高的标准:①建立严格的网络产品销售商准入登记制度,并加强审查和严格控制,要求网络营运商及经销商如实提供商家信息,予以备案登记并且将电子备案登记标识公示,便于发生消费争议后能迅速找到责任人。②对未经准入登记的个人在网络上发布的销售信息,可由网络营运商及时予以删除。同时对网络营运商要建立"网络营运档案"进行程序化管理,提高网络交易的透明度。

四、在原《消法》第四章"国家对消费者合法权益的保护"中增加建立纠纷处理保证金制度的条款

保证金的设立使购物网站虚拟的交易信用有了物质基础,使网上交易欺诈行为难以实现,使网上交易更加规范,不至于因商家逃之夭夭或关门而使维权失效。为此:①由行业协会或第三方筹建专项保证金,网络销售方必须向行业协会或第三方交纳一定的信用保险金,作为赔付消费者损失的保证金。②由相关部门进行监督和管理,在销售过程中出现侵权或消费者投诉时,行业协会或第三方在自行或配合相关部门查明或核实情况后,依据实际情况进行相应的赔付。

五、在原《消法》第七章"国家法律责任"中增加实行电子交易示范合同文本的条款

网络购物中,合同的缺失是举/取证难的关键。我国的《合同法》已明确规定了"数据电文"可以作为合同的书面形式。在网络交易过程中大量的电子数据服务大多由第三方提供,所以当事人往往不能提供有效的电子证据,即使提供,其证明效力也大打折扣。因此有必要规定:①提供网络交易服务的第三方有义务提供有关交易的证据。②建立网络销售的标准合同版本,以保存消费维权证据,使网上购物的格式条款清楚明白、通俗易懂,使商家难钻空子,避免侵犯消费者的合法权益。③工商行政管理机关负责电子交易示范合同文本的制定,宣传、督促经营者和消费者,在网络交易中积极使用示范文本。

六、在原《消法》第七章"国家法律责任"中增加对网络购物违法行为的处罚条款

工商行政管理部门积极开展网络交易市场的监管,明确网络交易主体的入市资格、权利和义务,明确网络交易相关方的举证责任,规制网络经营行为,落实网络销售企业注册情况公示制度,明确对违法行为处罚的种类及程度。

关于加快制定"公民信息安全保护法"的建议

当前,我国公民的个人信息安全问题已引起全社会的广泛关注。公民个人信息的泄露,轻者招致大量的骚扰电话,譬如,孩子刚出生,就有人打电话推销奶粉、尿不湿、百日照、胎毛笔等;儿童未到上学的年龄,就会有人打电话推荐各种学龄前的教育;购的新房尚未交付,就有人打电话询问是否需要装潢;刚买了一辆新车,就有人打电话推销各类保险;亲人故世,尸骨未寒,就有人打电话提供殡葬一条龙服务等。重者导致不少居民因一些上门推销者能正确报出住户姓名而疏于防范,购买各种所谓的保健品或保健器而上当受骗,甚至被境内外不法分子联手骗取巨额钱财,有些诈骗案虽已告破,罪犯也已锒铛入狱,但钱财至今仍无法追回,造成极恶劣的社会影响。

尽管我国《宪法》和《民法通则》都有保护公民个人隐私的原则和规定,但在变化多端的侵害行为面前,这些规定往往显得过于粗疏和笼统,不具备执行力。由于法规零乱,制定和颁布的主体不一,所以到目前为止,尚未建立统一、完善的法律体系,更不要说建立专门的公民信息保护法。与此相比,世界上大部分国家和地区均已建立了比较完善的个人信息保护法。为此提出如下建议:

(1)集思广益,建立统一法规。建议在已颁布的法规、规章及规范性文件基础上,取长补短地建立健全统一的"公民信息安全保护法"。既使公民个人信息得到全面、切实的法律保护,又能让执法者有章可循、有法可依,彻底告别以往一些模棱两可、隔靴搔痒、尴尬执法的局面。

(2)制定细则,加强监管力度。建议针对公民个人信息的采集、使用和保密等问题制定详细规定。如任何部门为某一目的采集的公民个人信息,未经本人许可,不得用于其他目的;公民有权知道自己被行政机关记录的个人信息及其使用情况,同时加强监管力度,注重个人信息采集的事前干预、事中控制和事后保密的措施。

(3)防患未然,设立准入制度。建议建立公民信息采集和使用的准入制度,在信息采集的源头方面,对采集主体设定门槛,规定其必须在事先履行核准和登记程序,对信息采集制定标准,使信息内容、使用范围和保密程度等事项达到规范化、标准化。

(4)群防群治,完善举报机制。建议加强宣传力度,进一步提高公民个人信息的自我保护意识,并公开举报中心电话及电子邮箱,对举报的侵害公民个人信息事件,经核查属实,无论是企业还是个人所为,均追究其相应的法律责任。

总之,要使公民个人信息安全得到全面、切实的保护,无论是刑法规范还是相关的法律,均要发展、完善和统一,应尽快制定、出台"公民信息安全保护法"。

关于"十二五"期间应高度关注民营经济发展的建议

我国经济社会发展的实践证明,通过大力发展民营经济,可以达到加快经济发展、改善经济结构、提高经济效益、增加民众就业,最终提高民众消费能力的目的。

从过去的五年规划内容来看,规划的重点大多聚焦政府投资项目和国有企业发展,对发展民营经济缺乏足够的重视和引导。因此,"十二五"规划要对未来五年民营经济发展做出必要的安排,党和政府的工作要针对民营经济发展特点作出相应的部署。为此建议如下:

(1)让出一定市场空间。"十二五"规划中,应该对目前国企占主导地位的行业中民营资本比重和民营企业进入规模做出一个合理的设计,扩大民营经济进入的市场领域。如在医疗、教育、养老、交通等公共服务领域,对民营经济所占比重要有量化指标。

(2)形成一些服务体系。民营企业以中小企业为主,缺乏完整的支持服务体系,需要各级政府设立整套公共服务体系予以扶持。这一服务体系主要包括信息搜集整理、政策宣传解读、市场动向指引、行业行为协调、贷款融资支持、员工教育培训等。

（3）培育一批龙头企业。民营经济龙头企业的数量、质量、规模和品牌关系到全国民营经济整体发展水平,也关系到经济发展方式的转变和自主创新能力的提高。为此,在"十二五"规划中,要对促进全国民营经济规模化、集约化、科技化和品牌化设定基本方向和目标。

（4）形成一套对话机制。民营企业家身处经济建设一线,对国内外经济形势和经济环境有最直接的感受,可以为主要领导及政府的决策提供重要参考和依据。为此,建议各级党委、政府的主要领导同重点骨干民营企业家建立对话机制。

（5）降低一点经济负担。当前,我国民营经济发展的一个重要影响因素,就是各地民营企业普遍面临的税赋负担偏重问题,尤其是对民营中小企业发展的影响更大。为此,在"十二五"期间,建议进一步降低民营经济的负担,并且制定一些实质性的政策规定。

（6）完善一套监管机制。目前,部分民营企业违法经营、欠薪逃债等行为时有发生,造成不良社会影响,这与政府监管体系的薄弱和监管的不到位有密切关系。为此,建议政府不断完善监管机制,包括民营企业家和中高级管理人员的教育培训机制、企业经营者行为监督机制、企业诚信考核机制、企业资金流动监管机制等。

（7）构建一个自律机制。民营经济的发展不应套用国企的组织和管理模式,要有和自身特点相适应的自律组织和体系。建议在各级党委的领导下,在有关团体的协助下,形成民营企业家代表大会制度,作为民营企业协调利益、加强自律的制度保障。

关于加快建立金融消费者保护机制的建议

近年来,金融机构和金融消费者的关系十分紧张。金融消费者对金融机构提供的服务不满,表达的途径和解决争议的办法各种各样。如 2006 年的五大银行 ATM 跨行查询收费事件、2007 年的"许霆案"都引起社会哗然。这表明,加快建立一套完整有效的金融消费者保护机制,对于保证金融市场规范、健康、有序地发展具有十分紧迫的现实意义。为此提出如下建议:

(1) 引入"金融消费者"理念,确立"金融消费者"保护的指导思想。

目前,全球重要的金融市场已普遍采用"金融消费者"的概念,而我国的金融行业仍然习惯将证券持有人或权利人称为"投资者"。在传统上,投资者与消费者存在微妙的差别:消费者是因生活消费需要购买、使用商品或者接受服务的个人;而投资者之目的是获得投资收益而不是生活消费,买卖证券等金融投资行为与个人生活消费全然无关。虽然金融消费者与其他消费者相比可能有其营利性的特性,但仍然符合消费者的三个基本特征:主体是个人;行为是购买、使用商品或接受服务,个人与金融机构之间的金融交易的实质是购买金融产品或接受金融服务;目的是为了生活需要,个人投资者购买金融产品或接受金融服务的目的是改善和提升个人或家庭生活质量。因此,随着科技的发展和社会的演化,人们的生活需求延伸到金融服务和金融投融资,金融消费已经融入人们的日常生活。金融消费者是消费者的一种类型,是消费者概念在金融领域的延伸。社会各界正在接受金融消费乃生活消费组成部分的崭新观念,而将金融消费者视为投资者,则容易忽视金融消费者的权利保护。在此背景下,我国应借鉴引入金融消费者的概念,从"投资者"向"金融消费者"转变,并确立金融消费者权益保护的指导思想。

(2) 抓紧启动相关立法工作,加强金融消费者的权益保护。

目前,我国对金融消费者保护的立法几乎是空白状态。一方面,《人民银行法》《商业银行法》《证券法》《保险法》《银行业监督管理法》等核心金融法律法规在保护消费者的目标上不够明确,有关金融法律法规迄今没有明确规定金融消费者保护问题或仅做原则性规定,缺少操作性。另一方面,我国于 1994 年 1 月 1 日起施行的《消费者权益保护法》,是针对一般商品和服务消费过程中保护消费者权益的专门法律,但由于金融产品和服务消费的特殊性和专业性,其适用性并不强。正是基于同样的原因,世界上越来越多的国家采纳专门立法为政府的积极干预和侧重保护金融消费者权益提供法律依据。因此,我们必须检讨金融产品、金融服务者和金融消费者三个基本范畴,并依此制定一部类似"金融服务法"或"金融消费者保护法"的专门金融法。唯有如此,才能最终落实保护金融消费者的合法权益,维护促进金融业稳定和健康发展,防范金融风险。

（3）设立专门保护金融消费者权益兼防范金融风险的监督管理机构。

我国于1984年12月成立了中国消费者协会和各级消费者协会，由于金融产品和金融服务相对复杂，由消费者协会来保护金融消费者权益往往力不从心。此外，世界上主要金融市场金融消费者权益保护机构往往还有一个重要职能，就是防范消费者金融风险的发生，这比简单保护消费者金融权益更加复杂，显然已经超出了中国消费者协会的职能和专业能力所在。同时，由于消费者协会处理消费纠纷的手段基本限于咨询和调解，其处理结果对金融机构不具有约束力，无法有效制约金融机构对金融消费者的侵犯。因此，在机构设置上，建议设立一个独立于中国消费者保护协会且横跨金融各业的专门监督管理机构，负责金融消费者保护、金融服务消费者教育以及金融系统性风险监控和监督。

（4）构建灵活、简便、高效、透明和公正的金融消费纠纷解决机制。

切实保护金融消费者的合法权益，必须建立一套具体有效的金融消费纠纷解决机制，形成对金融消费者的权益保护，对金融机构和金融活动的明确制约。金融产品和服务一般都拥有庞大的受众，涉及面广、社会影响大。因此，建立一套运作灵活、简便、高效、透明和公正的替代性的争议处理机制，迅速妥善处理金融纠纷，对维护金融消费者权益，防止事态扩大，维护金融秩序乃至社会和谐稳定都至关重要。在处理金融消费纠纷解决方面，英国金融服务管理局"事前控制—事中解决—事后弥补"的操作性极强的解决机制值得借鉴。以"事中解决"的英国金融巡查员制度争议处理为例，2008年金融巡查员制度共处理了2 902 825例纠纷案件，公正、高效、透明地解决了大量的金融产品争议案，大大缓解了法院的案件受理，大幅度降低了社会纠纷解决成本。这个数字也反映出公众更愿意采用金融巡查员制度来解决争议，保护自身的权益。为此，我们应借鉴英国金融服务管理局和金融巡查员的制度。

（5）加强金融消费者知情权保护，要求金融机构充分披露信息。

公开披露金融服务提供者的利益冲突和各种负债，增强信息的透明度，对维护消费者的权益和保护金融体系的稳定性至关重要。只有信息充分披露，金融监管机构和被监管机构的行为才能接受公众的监督，公众在维护自身利益时才是主动的，这样的金融制度才会被公众信任。在金融机构中建立信息披露制度，要求金融机构对其提供的产品和服务信息做到全方位披露和全程披露，以起到事前制约的作用。比如，银行在销售理财产品时，应将产品的结构、投资风格、市场潜在风险、免责条款等设置情况全面告知消费者,不能夸大产品收益,掩盖产品风险。信息不透明会造成金融机构在操作上缺乏监督,自主权过大,即使消费者认为是金融机构不合理,也无法拿到相应的证据向纠纷解决机关申诉。加强金融消费者知情权保护,还应要求金融机构对金融商品和金融服务采取通俗易懂的方式、适宜金融消费者理解的语言进行描述和公开,禁止不公平的陷阱。为保证金融机构的履责,应通过制度确保实施欺诈行为、伤害金融消费者的金融机构承担损失赔偿和惩罚责任。

(6)建立弱势群体的权益特殊保护和国家保护。

对弱势群体权益的特殊保护和国家保护,一直是发达金融体系中不可缺少的一部分。如美国的《社区再投资法》,联邦政府采取了多项措施,帮助银行服务不足的社区居民获得各项银行服务,包括社区居民的贷款需求,并且联邦政府会提供优惠,鼓励银行提供首个账户,以保证没有领取联邦福利以及未持有任何银行账户人士能获得账户。在服务问题上,英国将弱势群体纳入金融服务网内,包括推出基本银行账户,可帮助被银行拒于门外的消费者开设账户,无须提供信贷记录。为了给弱势的金融消费者提供保护,区别保护不同风险承受能力的金融消费者并建立合格消费者制度也显得非常必要,避免缺乏专业知识和风险承受能力的人进入高风险领域从而遭受损失。所谓合格消费者是指具有一定经济实力、有着丰富金融经验并能够自担风险的人士。合格消费者具有较强的风险承受能力和专业知识,其金融活动的后果应自负。

关于加强网络民意参与有序性的建议

近年来,网络民意作为一种舆论力量日益强大。网络这个信息流量极大、成本低廉、跨越时空限制的现代化信息平台,成为当前最为热门的民意表达渠道。同时网络民意参与也存在一些无序化现象,带来了一定的负面影响。对此,各级政府应当保持清醒的认识,加强引导并予以修正。

一、网络民意参与无序化的三种突出表现

1. 客观性难以认定,存在情绪化表达现象

近年来,极端民族主义、狭隘爱国主义倾向在网民中有所抬头,给中国的国家形象以及和平崛起战略带来了不容忽视的消极因素;"网络愤青""网络暴民"现象此起彼伏,对偶尔犯错的普通公民动辄动用"人肉搜索",采取网络围攻战术,影响其正常生活和社交,与和谐社会理念背道而驰;一些地方甚至出现了个别人或组织刻意操纵人手进行针对性发言和引导的现象。在此基础上形成的民意,难有客观公正,也不符合公共利益,政府不应依此调整具体施政方略。

2. 民主化参与的代表性不足

目前,真正有社会责任感的网民,尤其是习惯于关注国计民生、时事政治的网民,所占比例仍十分有限,绝大多数的平民百姓,尤其是弱势群体,往往受到各种主客观因素(经济条件、文化程度、公民意识等)的限制,而无法通过网络途径表达自己的意愿。"大多数网民的要求"未必就是真正意义上的民意,"网络民意"仅是"广泛民意"或"综合民意"的组成部分。所以,政府在倾听网络民意之时,一定要考虑到这种现实状况,注重"沉默的大多数"的观点。否则,就可能会犯滥用网络民意的错误。

3. 民意信息的筛选、吸纳和整合存在困难

网络表达的民意缺乏有序整合,带有很大的随意性和流动性。依据民意来施政,需要考虑依据哪方面的民意,如果是选择性倾听民意,就会出现依据喜好选择性施政和执法的现象,这与民主理念相悖;如果不加选择地全盘吸收民意,又可能会使行政机关疲于奔命,最后导致行政机关对网络民意的冷漠,或者走向让政府为民意所"俘获"的另一极端。可见,网络民意信息需要筛选、吸纳和整合。

二、提高网络民意参与有序性的几点建议

1. 发挥政府的网络把关人角色

政府应成立专门机构,招募政治立场正确、具有较高政策理论水平、能坚持社会主义核心价值观的人员,充当好网络民意把关人的角色,成为网络信息的引路人和监督人。网络把关人要设置好有关的话题或者议题,在交流中引导大

众舆论。吸引终端的个人参与公共话语,通过自由热烈的网络交互,及时的新闻报道,再加上详尽的事实背景材料,对不同空间的话语进行整合,形成正面的舆论导向。政府要出台相关政策,强化网络管理。为了抵制虚假有害信息及极端自由化言论,相关政策和规范性文件需要配套实施,而在涉及公民权益的重大决策和重要规范性文件的制定中,政府也可以网络征集意见的形式征求网民的意见。

2. 发挥政治精英和传统媒体的引领作用,引导和规范舆论意见领袖的言论

(1)人大代表、政协委员作为政治精英,具有引领作用。他们可以通过个人博客或论坛参与等方式收集群众意见,形成议案提交。这种贴近网络的制度设计,实现了民意表达的自由化以及民意征求、收集和采纳的有序化。

(2)传统媒体与网络媒体的联通,推动了社会舆论共识的形成。传统媒体本身所具有的公信力和权威性,可对网络舆论进行选择、过滤、放大,调控网络舆论的导向。

(3)引导和规范舆论意见领袖的言论。网络传播内容鱼龙混杂,但是传播中有一种权威法则,即社会上许多意见的形成是通过媒体流向意见领袖,再由意见领袖通过二级传播或多次传播后再流向社会中那些不大活跃的部分。充当意见领袖的往往是一些资深网友,他们具有很强的草根性、流动性和号召力,面对互联网上各种真假难辨的海量信息,意见领袖的言论更会受到青睐。政府可对这些意见领袖的言论进行引导和规范,并将其作为决策思想库的备用资源。

3. 建立收集、整理和整合民意的制度化渠道

(1)建立整合民意的制度渠道,健全网络舆情回复制度。政府应细化网络民意的收集、转办、答复、审核和监督程序,听取网络民意,并积极回应网民的问题,借助民众的力量,完善干部管理机制、纪律约束机制和司法惩戒机制,构建和谐的干群关系,从根本上保证社会稳定。

(2)畅通网络信息披露机制,建立完善网上新闻发言人制度。通过正式渠道的权威信息发布,平息网络民意中的负面因素,特别是当一个网络热点事件发生后,针对政府工作中存在的漏洞,及时发布政府应对的信息,体现政府纠偏的态度和效率。

(3)建立网络民意的预警应对机制。近年来,一些恶性公共事件引发的网络热点事件,往往涉及对政府公信力的质疑。政府在危机公关方面可借鉴突发事件应急处置的经验,由网宣办筛选网络热点事件,按照网民参与的广泛性、事件影响的恶劣性、事件本身的复杂性等变量进行预警分析,可将网络热点事件分为特别重大、重大、一般三类,再按照其程度建立相应的应对机制。

关于建立重大投资建设项目社会影响评估的建议

在我国大规模投资建设中,由于建设项目征地、拆迁安置补偿、失地农民就业、城乡差距扩大等一些不稳定因素的影响,社会维稳成本日益上升,而这些不稳定因素,如果处理不当,将会对社会的改革、稳定、发展和构建和谐社会产生不利影响。开展投资建设项目社会影响评估,可以最大限度地避免和消除项目可能导致的各种不利的社会影响,降低社会风险和成本,提高项目投资的社会效益,反之,将会使项目的建设和实施留下很多社会隐患,激化社会矛盾和风险,并最终影响经济发展的进程。

一、我国投资建设项目社会影响评估现状

社会影响评估在我国投资项目前期准备阶段的实际运用仍处于刚刚起步阶段,由于缺乏明确的法规或程序规定,尚未引起有关方面的足够重视。对于国内投资建设的项目,从政府投资管理部门的角度,一般不要求进行社会影响评估工作。但是,随着社会影响评估方法在我国的推广,在有关部门制定的投资项目经济评估方法中,已不同程度地包含了社会影响评估的内容。为了与国际接轨,完善中国项目评估的方法体系,原国家计委于2002年发布的《投资项目可行性研究指南》中,借鉴了国外社会影响评估的通常做法,结合我国投资项目的具体特点,提出了重大项目应进行社会影响评估的要求及开展社会影响评估的内容及方法,要求从投资项目可能产生的社会影响、社会效益和社会可接受性等方面判断项目的社会可行性,提出协调项目与当地的各种社会关系、规避社会风险、促进项目顺利实施的对策建议。这是我国有关部门批准推广使用

的文件中,首次提出在项目建设前期,将社会影响评估作为可行性研究的组成部分,但也仅作为可行性研究报告中一个章节来反映。

二、我国投资建设项目社会影响评估面临的问题

1. 对社会影响评估的重要性认识不足

国内投资建设项目的社会影响评估还仅仅局限于可行性研究等项目前期准备阶段,比较重视项目投资的财务效益、财务风险及建立适应市场经济要求的财务管理模式,对与项目投资有关的社会问题考虑较少。既没有单独的法律法规进行约束,也没有独立的机构进行管理,致使人们对社会影响评估的重要性未予以足够重视。

2. 社会影响评估工作的组织机构体系尚未形成

从事投资项目社会影响评估的机构薄弱、人才短缺。从中央投资管理部门(国家发改委等)到行业管理部门(建设部、农业部、水利部、交通部、铁道部等)都没有相应的机构进行投资项目社会影响评估的政策、标准、规范制定、资质审查和行业管理,地方各级政府也没有类似的管理机构。参与投资项目前期准备、规划设计、实施管理的机构也没有专业人员负责投资项目社会影响评估工作,缺乏社会影响评估的专门人才。

3. 缺乏社会影响评估的管理规定和操作规范

目前,缺乏全国统一的投资项目社会影响评估管理办法,缺乏各行业的社会影响评估的操作规范。虽然铁路、水利、民航等行业制定了相应的社会影响评估办法,但缺乏部门之间的协调规范,也不能准确地反映各行业社会影响评估的具体要求。

三、开展投资建设项目社会影响评估的若干建议

1. 建立健全社会影响评估机制,加强投资项目的宏观指导与调控

针对从中央到行业管理部门都没有相应的机构进行投资项目社会影响评估的政策、标准、规范制定、资质审查和行业管理,地方各级政府也没有类似的管理机构的现状,有必要建立和健全社会影响评估机制,从全社会的宏观角度考察投资建设项目对社会带来的贡献与影响,分析项目所占用或耗费的社会资源,分析项目对利益相关者的直接和间接、短期和远期、有形和无形、正面和负

面影响,使其成为项目层次贯彻可持续发展战略的有效工具,成为政府对社会投资活动的管理和宏观调控的有效工具。

2. 确立第三方独立评估体系,保证投资项目与社会环境的互适性

由于投资建设项目涉及面广、影响人群宽、需要社会调查研究分析的工作量大,因此应明确社会影响评估应由具有专业知识和理论应用研究能力的第三方进行调研并出具独立的社会影响分析评估报告,与可行性研究报告、环评报告、勘察设计报告一样成为重大项目投资建设决策的重要组成部分,以增强投资建设项目与所在地区社会环境的相互适应性,为保证项目与社会环境的协调发展,保证项目各方面目标的实现提供有力支撑。

3. 培养社会影响评估专业人才,提高项目决策的科学水平

尽管市场经济体制建立后,人们关注项目的投资回报,强调财务评估的重要性,但随着经济的发展和社会的进步,人们开始强调资源的优化配置,强调利用费用效益分析的方法进行经济分析;随着发展战略的转变,人们开始考虑投资项目的各种社会目标能否实现,认识到对项目进行全面评价对促进国家社会发展目标顺利实现的重要性。因此,应加快培养社会影响评估专业人才,提高项目决策的科学水平,完善项目评估理论及方法体系。

4. 明确社会成本纳入工程费用,降低社会风险和维稳成本

由于前期社会风险工作估计不足,而事后弥补要付出极大的社会成本,因此,应明确将投资项目建设中可能发生的社会成本纳入工程建设项目的费用。如此,对全面落实科学发展观,更好地维护群众的根本利益,促进经济社会协调发展,从源头上避免和减少损害群众利益现象的发生,从而避免因决策失误或决策不当引发社会矛盾,降低社会风险和维稳成本起到重要的作用。

关于加快城市商务楼宇节能改造的若干建议

2007 年 10 月 28 日,全国人大通过《节约能源法(修正)》,明确规定年综合能源消费总量 1 万吨标准煤以上的用能单位为用能重点监测单位,重点用能单位需要重点进行节能规划和节能改造,大型商业建筑基本都属于重点用能单位。同时,全国所有城市的商务楼宇不仅面广量大,而且都已成为城市服务产业发展的主要载体,因此,很有必要抓好城市商务楼宇的节能降耗。

由于城市商务楼宇建造年代不同、开发商投资规模不同、物业管理公司的理念不同等,节能现状存在着较大差异。据统计,大型商业建筑能耗极高,其单位建筑面积的能耗是住宅的 10～15 倍,有 25%～30% 的节能空间。因此,做好现有商务楼宇建筑的节能工作对实现城市节能降耗将起到重要作用。

当前,尽管建筑节能已形成共识,但是,城市商务楼宇节能仍然存在一些问题。一是投入产出回报低影响业主的积极性。目前,楼宇节能主要采用合同能源管理的方式,据企业反映,提供技术的一方主要通过技术服务、设备采购来获利,而业主的投入由于国家电费比较低而回报很低,因此积极性不高。二是潜规则影响物业公司的积极性。由于楼宇电费分解至租户,物业公司不仅无须承担,而且还能在分解电费过程中获取部分利益。如此不可公开的潜规则,使得物业公司对楼宇节能的积极性不高。三是政府政策影响高档楼宇节能的积极性。由于节能形势严峻,历史欠账较多,因此,政府的扶持政策比较注重对那些能耗较大,节能理念、手段、技术都相对较差的企业倾斜,目的在于尽快降低其能耗。但是,这也影响了部分节能做得较好的企业进一步采取措施降低能耗的积极性。为此提出如下建议:

(1)抓紧制定楼宇节能的规范。政府对楼宇节能要常抓不懈,并且使此项工作制度化、科学化。同时,政府应及时建立并逐渐完善楼宇节能的指标和规范,使节能工作有章可循,奖惩可据,并尽快向纵深发展,力图多方得益。

(2)建立楼宇能耗检测数据库。城市各级政府部门要建立起楼宇能耗检测数据库,通过这一数据库的建立,政府可以全方位地了解楼宇能耗状况并充分挖掘有关节能的信息,为科学决策提供依据。

(3)加大楼宇节能的推介力度。政府要推荐好的、见效快的节能方法尽快实施,对市场上的节能产品做一定的把关并加以推荐,避免用户盲目选择而造成经济损失,吃力不讨好同时影响节能效果。由于这些措施和改造相对简单,因此可获得立竿见影的效果。

(4)建立楼宇的节能专项资金。为了促进商务楼宇节能的积极性,政府不妨建立楼宇的节能专项资金,先节能先得益,显现政府的积极姿态和节能的迫切性,帮助资金匮乏者走出节能的第一步。

（5）选择典型楼宇进行节能改造。选择典型楼宇进行节能改造,可以产生示范效应并从中获取经验。对工程量较大、投入资金较多的工程,政府应给予财政支持,促其尽快产生节能效果,引导其他楼宇的节能改造。

（6）积极推动专业化节能进程。目前,市场上专业节能公司已经渐渐成长,政府应积极推行合同能源制模式。通过引入专业化的能源服务公司,形成市场化运作,保障供需双方的利益。

（7）关注节能投资与收益的衔接。由于成本原因,商务楼宇偏向于采用无成本或低成本的节能技术进行改造。从节能投资与收益比较而言,节能改造应该优先考虑主机房模糊变频控制系统、更换节能光源与灯具、冷却水节水技术以及安装改善电力品质的设备。对外墙保温结构的改造,因工程大、投资大、困难大,宜推后解决或视经济实力而定。

关于修改毛坯商品房初始配置标准的建议

目前,我国销售的住宅用房有装修房和毛坯房两种,而大部分还是毛坯房,这些毛坯房需要经过适当的装修才能用于日常居住。

从实践来看,毛坯房在销售后的装修、使用过程中一直存在两大问题:一是公用水电管道等初始配置标准偏低,使用年限较短,尤其是下水道,因现行标准仅对使用材料类型作出规定,而未对材料规格和使用寿命作出规定,开发商为降低建造成本而选用价低质次的材料,大大缩短了建筑物的整体使用寿命。一是因为考虑到装修施工人员和毛坯房的直接出租需要而要求配齐基本管线和设备,如水管、龙头、电线、房门、水斗、抽水马桶等。这些管道和配件虽然齐全,但档次、质量都不能满足实际需要,居民入住前装修时,需费时费力拆除这些实际不能使用的粗劣配件,这些配件未经使用即转化为大量的建筑垃圾,造成人力、物力、财力的极大浪费。

根据专业测算,毛坯房装修会造成建筑成本 1% 的损失,造成装修材料

30%以上的损耗。此外,室内装修每户因拆改产生的建筑垃圾达1.5~2吨,占建筑材料总量的5%~8%,加上来回运输的循环浪费,造成了能耗的成倍增长。2009年,全国商品房销售面积达9.37亿平方米,如每平方米浪费10元,就是近100亿元。这种不合适的"一刀切"初始配置标准,造成的浪费数量惊人,与当今提倡的节约型社会和低碳经济理念,无疑是背道而驰的。

为此,根据该高则高、该低则低的原则,建议对我国现有毛坯房的初始配置标准进行必要的修改。

一、提高公用隐蔽管道铺设配置标准

(1) 提高公用水电管道使用建筑材料的标准。除规定公用管道的材料类型外,还应对材料规格作出规定,以保证公用水电管道的使用年限达到住房年限,符合居民居住的实际需要,提高商品房使用的有效性,避免因反复修理造成对建筑物的多次伤害。

(2) 提高套内总电路铺设标准。根据不同地区气候条件和家用电器用量日趋增长的实际,把"浪涌保护"装置作为单户总配电箱的初始必需装置。

二、设立"低配"和"高配"两种毛坯房标准

(1) 对"高配"毛坯房,开发商应根据要求安装相应品牌和质量的电路管线及相关配件。对"低配"毛坯房,只需预留相应管孔而无须铺设管线及配件。

(2) 对"高配"毛坯房,开发商应根据要求安装相应品牌和质量的冷热水进水管线及相关配件,设计相应的菜单式施工方案供选择,并配齐一般生活必需设施。对"低配"毛坯房,取消对水管、套内门、马桶、水斗等配置标准的统一要求。

(3) 规定"低配"毛坯房和"高配"毛坯房销售价格差异(可设定在20~50元/平方米),以经济手段鼓励购房者选择节约型的"低配"毛坯房。

第四章
第十一届全国人民代表大会第四次全体会议

（2011 年）

关于制定"城镇集体企业法"的议案

★ 案由

城镇集体经济伴随着新中国的建立和发展,在改革开放前 30 年为我国社会主义经济基础的建立和巩固,为社会主义经济社会的发展发挥了不可替代的作用。改革开放以后,城镇集体经济在建设中国特色社会主义中,为巩固我国以公有制为主体、多种所有制经济共同发展的基本经济制度,满足城乡市场需求,支援大工业发展,又做出了其独特的重要贡献。当前,我国的城镇集体经济正处在十字路口,如能依法加以保护,它就会发挥乘数作用,得到新的发展壮大;如果继续使它处于无法保护的状况,就等于给它做减法,就是任其逐步消亡,并留下很多的后遗症。

目前,我国的企业存在四种形态,分别是公有制经济的国有企业和集体企业,非公有制经济的外资企业和私营企业。20 世纪 80 年代以来,国家先后对外资、乡镇、个人独资企业以及企业国有资产进行立法。1986 年 4 月 12 日,第六届全国人民代表大会第四次会议通过《外资企业法》;1996 年 10 月 29 日,第八届全国人民代表大会常务委员会第二十二次会议通过《乡镇企业法》;1999 年 8 月 30 日,第九届全国人民代表大会常务委员会第十一次会议通过《个人独资企业法》;2006 年制定《农民专业合作社法》;2008 年 10 月 28 日,第十一届全国人民代表大会常务委员会第五次会议通过《企业国有资产法》。这些法律的

049

制定和实施，有效地促进了我国国有经济、私有经济和外资经济的发展。然而，《宪法》中明确规定属于我国公有制经济形式之一的城镇集体经济，却至今没有一部自己的法律。

城镇集体经济法律缺失的结果：一是导致公有制经济理论缺失。公有制理论是马克思主义理论的重要组成部分，全民所有制和集体所有制则是公有制内不可分割的血肉联系，如果没有了集体所有制，公有制就会残缺不全。二是导致集体企业方向迷失。由于没有立法，改革中出现的新的集体企业难以进行工商登记，集体产权不清晰，集体企业和劳动群众的合法权益受到侵害。三是城镇集体资产流失。由于没有法律规范的保护和规制，因此，平调、侵占集体资产的现象时有发生，最终使企业职工利益受到损失。

★ 案据

1991 年 9 月 9 日国务院 88 号令发布了《城镇集体所有制企业条例》（简称《条例》）。城镇集体经济经过 30 多年改革发展出现很多新变化，尤其是市场经济中"劳动者的劳动联合和劳动者的资本联合为主"的集体经济，冲破了"一大二公三纯"公有制理论框架，集体经济组织产权制度改革，融入了合作制、股份制元素，因此，《条例》等法规已经滞后于多种形式的集体经济和合作经济发展的实践。2005 年国务院下发《关于同意东北地区厂办大集体改革试点工作指导意见的批复》（国函〔2005〕88 号），也仅限于一定范围的企业，在其他地区难以参照。

随着集体经济的发展和改革，《条例》中不少内容已经滞后。一是《条例》规定的企业形式发生很大变化。如《条例》规定的集体企业和联社与现今多种形式集体经济发展中出现的合作制、股份合作制、公司制、员工持股制、混合所有制等企业组织形式相比，成员范围、产权结构、决策方式、利益分配等都有了很大变化和多元化发展的态势。二是企业成员范围发生了变化，集体企业产权主体从单一集体资本变为多元投资主体，企业成员除了内部劳动者外，还包括与企业发展相关的外部自然人或法人股东。三是企业治理结构发生变化，企业最高权力机构有职工大会或股东大会，管理机构有理事会或董事会等。四是企业决策方式发生了变化，决策方式有"一人一票""一股一票"和附加表决权相结合的复合决策方式。五是分配制度发生新变化，职工参与企业剩余分配的方式有按劳取酬,有劳动和资本要素共享利益机制,还有养老福利保障制度等。六是资产分布发生新变化,集体资产从 90％集中在集体企业中变为 50％融入公司制等各种企业组织中。

据了解,全国人大至今未将"城镇集体企业法"列入正式立法计划。因此,从目前全国城镇集体企业的发展实践来看,制定国家层面关于城镇集体企业权威法律的重要性越来越凸显,时机已经来临。主要依据如下:

(1)国家有关部门及各地已经在城镇集体企业发展实践中积累了许多工作经验和成熟做法,各地也制定了一些城镇集体企业的规章制度,这些制度和经验为"城镇集体企业法"的制定提供了坚实的实践基础。

(2)相关理论界、法律界和实务部门已经提出了大量关于立法的研究、探索成果,这些成果为"城镇集体企业法"的制定作了充分的理论和可行性准备。

(3)全国各地涉及城镇集体企业发展的部门和人员迫切需要一部完善、全面的"城镇集体企业法",社会各界也热切期盼。人们希望用该法来指导、解决当前城镇集体企业发展中的许多问题,用法律来维护城镇集体企业的合法权益,突破一些滞后制度、机制的瓶颈。

★ 方案

(1)"城镇集体企业法"应当是为适应国家经济和社会发展而建立的一项法律制度。要包含指导、规范、调节多种形式城镇集体企业依照《宪法》精神发展的母法,是具有中国特色社会主义的经济领域的法律体系组成部分。

(2)"城镇集体企业法"的原则:根据现有的《宪法》《物权法》《乡镇企业法》《城镇集体所有制企业条例》《农民专业合作社法》等法律法规,新制定的"城镇集体企业法"要保障城镇集体企业依法得到健康稳定的发展。

★ 基本框架

"城镇集体企业法"草案建议稿

第一章 总则

第一条 城镇集体所有制经济是我国社会主义公有制经济的一个基本组成部分。为了保障城镇集体所有制经济的巩固和发展,明确城镇集体企业的权利和义务,维护其合法权益,规范城镇集体企业的组织和行为,制定本法。

第二条 本法所称城镇集体企业,是指城镇集体经济组织或者劳动者投资为主举办的自愿联合、民主管理、合作互助的各类企业。

前款所称投资为主,是指城镇集体经济组织或者劳动者投资超过50%,或者虽不足50%,但能起到控股或者实际支配作用。

第三条 城镇集体企业从事业务广泛,包括工业、手工业的销售、加工、运输、贮藏以及与生产经营有关的技术、信息等服务;城镇服务、社区服务等服务业。

第四条 城镇集体企业应当遵循的原则是:自愿组合、自筹资金,独立核算、自负盈亏,自主经营、民主管理,集体积累、自主支配,按劳分配、入股分红,互相合作、共同富裕。

第五条 城镇集体企业符合企业法人条件的,依法取得企业法人资格。可以采用公司制、合作制、股份合作制、员工持股制、混合所有制等企业组织形式。

第六条 城镇集体企业的集体财产包括国家扶持、他人捐赠以及依据章程合法取得的资产。城镇集体所有财产归本集体所有,依照现有法律法规,由本集体享有占有、使用、收益和处分的权利。

第七条 国家保护城镇集体企业的合法权益,任何单位和个人不得侵犯。

第八条 国家通过财政支持、税收优惠和金融、科技、人才的扶持以及产业政策引导等措施,促进城镇集体企业的发展。

第二章 设立和登记

本章参照《公司法》《企业法人登记管理条例》等有关法规,具体内容包括设立城镇集体企业应当具备的条件,如成员人数、章程、组织机构、企业名称和住所、成员出资等,设立大会以及职权;城镇集体企业章程应载明的事项;应具备的条件;应当向工商行政管理部门提交的申请设立登记文件等。

第三章 成员

具体包括规定城镇集体企业成员的权利和义务,以及成员资格终止等。

(1)具有民事行为能力、与城镇集体企业建立劳动关系、出资入股的公民,以及与城镇集体企业业务直接相关的企业、事业单位或者社会团体,承认并遵守城镇集体企业章程,履行章程规定手续的,可以成为城镇集体企业的成员。但是,具有管理公共事务职能的单位不得加入。

(2)城镇集体企业的成员中,内部劳动者至少应当占成员总数的50%以上。企业内部劳动者按照章程规定出资入股。集体资产或个人出资额至少应当占企业注册资产的 50％以上。

（3）城镇集体企业成员的权利。如按照企业组织形式可以实行一人一票制或者一股一票制。出资额或者贡献较大的成员按照章程规定，可以享有附加表决权。附加表决权总票数不得超过成员基本表决权总票数的 20％。享有附加表决权的成员及其享有的附加表决权数，应当在每次成员大会召开时告知出席会议的成员。章程可以限制附加表决权行使的范围。

（4）城镇集体企业成员的义务。

（5）成员资格终止及有关事项。

第四章　组织机构

具体包括规定城镇集体企业的权力机构、议事规则、企业负责人的条件等。

（1）城镇集体企业最高权力机构是职工（代表）大会或股东（代表）大会。行使的权力主要是：制定章程、选举和罢免企业经营管理者、决定企业经营活动重大事项、批准年度业务报告会后分配方案等。

（2）实行公司制、混合所有制的城镇集体企业最高权力机构是股东（代表）大会，设立董事会、监事会，聘任总经理及财务负责人等规定，具体职权与议事规则参照《公司法》《农民专业合作社法》等的有关规定。

（3）实行合作制、股份合作制、员工持股制的城镇集体企业最高权力机构是职工（代表）大会，设立理事会、监事会，聘任经理及财务负责人等，具体职权与议事规则参照合作制、股份合作制、员工持股制、公司制的有关规定。

（4）城镇集体企业董事长、理事长和管理人员的条件。

第五章　财产管理与收益分配

具体包括规定实行的会计制度，编制年度业务报告、盈余分配方案、亏损处理方案、分配制度、成员账户、监管方式等。

（1）城镇集体企业按照章程规定或者成员大会决议从当年盈余中提取公积金。公积金用于弥补亏损、扩大生产经营或者转为成员出资。每年提取的公积金按照章程规定量化为每个成员的份额。国家财政直接补助和他人捐赠的集体资产当年形成的财产收益可以按比例分配给成员。

（2）城镇集体企业按照章程规定或者成员大会决议从当年盈余中提取一定比例的互助合作基金，归集体所有，作为城镇集体企业成员共享利益、共同富裕的制度保障。

（3）提取公积金、弥补亏损以及互助合作基金的当年盈余后，对成员按照劳动和资本要素的贡献大小进行分配，贡献分配总量应当不低于可分配盈余的 60%。

（4）城镇集体企业成员设立个人账户，记录成员的个人出资额、量化的公积金份额以及国家财政直接补助和他人捐赠形成的集体资产量化到成员的份额等。成员离开企业时，可依本法带走个人账户的积累。

（5）城镇集体企业必须向成员公开财务，进行审计，审计结果应当向成员大会报告。也可以委托审计机构对企业的财务进行审计。

第六章　合并、分立、解散和清算

具体包括规定可以参照《公司法》《农民专业合作社法》《乡镇企业法》有关规定，明确城镇集体企业的合并、分立、解散以及清算。

在解散、破产清算时，国家财政直接补助和他人捐赠的集体资产，不得作为可分配的剩余财产分配给成员，处置办法由国务院另行规定。

第七章　扶持政策

具体包括规定国家支持、鼓励城镇集体企业发展。部分国家建设项目可以委托和安排有条件的城镇集体企业实施；中央和地方财政应当分别安排资金，支持城镇集体企业开展信息、培训、质量标准与认证、基础设施建设、市场营销和技术推广等服务；国家政策性金融机构应当采取多种形式，为城镇集体企业提供多渠道的资金支持；城镇集体企业享受国家规定的针对生产、加工、流通、服务和其他的税收优惠；支持城镇集体企业发展的其他税收优惠政策，由国务院规定。

第八章　法律责任

明确违反本法的法律责任。

第九章　附则

明确本法施行日期。

关于改进个人所得税制的三项建议

我国自 1980 年开征个人所得税以来,个人所得税收入逐年增长,在调节收入分配、实现社会公平、增加财政收入等方面起到了积极的作用。但是,现行的个人所得税制与经济社会的发展相比已显得相对滞后,进一步改革和完善个人所得税制显得尤为迫切。为此,提出以下三项改进建议。

一、提高个人所得税的起征点

从 1980 年开始,我国第一次出现个人所得税起征点,当时定为每月 800元;到了 2007 年,提高至 1 600 元;2008 年,又提高到了 2 000 元。

近年来,全社会对提高个人所得税起征点的呼声很高,尤其是普通工薪阶层更是如此,因此,很有必要进一步提高个人所得税的起征点。其理由:一是随着我国物价水平的整体提高,物价上涨的幅度远远高于我国前两次个人所得税扣除额上调的幅度,物价提高对普通工薪阶层的生活产生了一定的影响,为此,应该采取必要的措施,适当减轻工薪阶层的税负。提高个人所得税起征点,不仅可以直接增加人民群众的收入,而且对推动我国消费增长也有很好的刺激作用。二是我国 1980 年开始设置的个税,只是为仅占总人口 0.001% 的富人们设置的税种,到了 2009 年,国家统计局于当年 4 月 10 日发布的数据显示,2008年全国城镇单位在岗职工平均月薪已达到 2 436 元。2 000 元的个税起征点已能将全国所有的城镇单位在岗职工一网打尽,个税的纳税主体成为工薪阶层。因此,适当提高个税起征点,的确能让 4 亿工薪阶层受惠。三是自金融危机以来,国际上已经有一些国家提高了个税的减免额,这对保障工薪阶层的基本生活和促进国内消费增长都起到了一定的作用,同样受到金融危机影响的我国也可以借鉴。

二、调整个人所得税税率级次

目前,个人所得税是按月征收,适用的是9级超额累进税率,税率为5%～45%。其中起征点以上不超过500元,以5%税率计;超过10万元的,以45%税率计。自1994年以来,我国只进行了费用扣除标准的调整,并未对税率和级数进行调整。

从当前的现实和长远的发展来看,建议个人所得税税率级次应该向低税率、少级距的方向调整,将目前的9级超额累进税率进一步缩减到5级或6级,同时,还可以适当降低45%的最高边际税率。其理由:一是实行较低的个人所得税税率符合国际惯例,不仅有利于减轻普通工薪阶层的负担,而且也有利于壮大我国的中等收入阶层,也就是加快形成橄榄型的社会结构。二是实行较低的个人所得税税率有利于人才的开发和引进。目前,我国正在实施科教兴国和人才强国的战略,尤其要加快服务业的发展,都需要大量的人才,如果个人所得税税率过高,不利于留住人才和发挥人才的作用。三是适当降低最高边际税率对减少偷逃税也会产生一定的影响,事实说明,较高的税率可能会助长偷逃税的倾向,较低的税率甚至可能增加税收。

三、改进个人所得税计征方式

我国现行个人所得税的计征单位是个人,虽然计征方式简单,但不能反映家庭收入的整体状况。现行费用扣除标准的规定过于简单,没有考虑纳税人赡养人口的多少以及通货膨胀、医疗、教育、住房等因素,而是按照统一的标准实行定额或定率扣除。这种"一刀切"的计征方法对于那些收入相同但家庭必要支出较多的纳税人来说无疑是不公平的。

因此,很有必要改进现行的个人所得税计征方式,实行以家庭为单位征收个税。其理由:一是在社会生活中,每一个公民背后都有一个具体的家庭,家庭是最基本的利益共同体,家庭的收入状况比个人更能全面反映纳税能力。以家庭为计算单位,可以实现相同收入的家庭相同的个人所得税负的横向公平,不同收入的家庭不同税负的纵向公平。二是我国已逐渐进入老龄化社会,一个家庭赡养多个老人的情况将越来越多。以家庭作为个人所得税核算单位,才能体现税负公平原则。在个税征收上,忽略公民家庭的存在,仅仅将公民个人作为税收对象,有损于公平公正,也不够人性化。三是世界上多个国家针对纳税人的家庭状况加以区别缴税,我国香港地区也采用"夫妻联合申报"或"家庭申报"的征税方式,这些都是值得借鉴的经验。四是我国已经建成了覆盖全国的以户籍管理为依托的人口信息系统,并已经为银行等系统提供认证服务,税务部门也已经建设了庞大的信息网络,只要政府重视,实现跨部门的信息协作是可能的。也就是说,家庭收入作为个税计税条件是可行的。

关于化解我国中小企业融资难的七项建议

当前,中小企业融资难依然是一个大问题。究其原因:一是内生原因,即一些中小企业内部存在着企业经营不稳定、财务制度不健全、担保及抵押难、信用程度低、融资风险大等现象,使得中小企业融资成本偏高,融资额度有限。二是外部障碍,即金融资源配置不合理,资本市场结构不尽合理,金融体系不完善,体制机制不配套,进而影响到中小企业的融资。为此,提出以下七个方面建议。

一、完善中小企业发展的法律法规体系

应该尽快完善和细化《中小企业促进法》可操作性的措施和办法,建立健全中央及各级政府为中小企业发展服务的主管机关,建立健全各级政府和地方各级中小企业服务机关应该分别向各级人民代表大会及其常委会的汇报审议制度。同时,加快制定与中小企业发展相配套的制度和规范,以形成一个具有系统性、可操作性和规范有序的中小企业法律体系。

二、建立专门的政策性担保信贷金融机构

从国外经验来看,建立担保信贷金融机构,是政府干预金融市场、弥补市场缺陷、矫正市场失效的重要手段。建立中小企业政策性担保信贷金融机构,不仅可以有效地贯彻国家产业政策,弥补商业性投融资活动的不足,还可以较少的政策性资金投入吸引更多的社会资金。政策性担保信贷金融机构有利于积

累中小企业融资和服务监管经验,通过特殊贷款等手段进行政策引导吸引民间资金介入,并对商业和民间金融进行补充的领域提供资金或进行政策引导。

三、允许民间资本发展区域性中小银行

放松金融市场的准入管制,允许民间资本发展面向中小企业的区域性中小金融机构,解决中小企业融资过程中的"所有制歧视"和"规模歧视",从根源上解决中小企业融资难问题。因此,要鼓励发展中小金融机构,引导国有大银行通过分支机构向社区银行转变,满足广大中小企业的融资需求,同时,也有利于银行业调整信贷结构,降低信贷集中度,形成新的利润增长点。此外,还要规范民间借贷,促进民间借贷阳光化。对于银行信贷来讲,它仅仅是个补充,不会对传统银行业务产生根本性影响。

四、促进融资租赁业的发展

"融物"代替"融资"的融资租赁具有独特的功能和优势,也是科技型中小企业中固定资产投融资的融资方式和渠道。但是,由于融资租赁公司定位错位、资金来源短缺、配套优惠政策缺失以及租赁市场不规范等,许多租赁公司相继发生经营困难,经历了行业的整顿和公司的重组。因此,我国的融资租赁业迄今未能像在西方主要发达国家那样成为中小企业融资的主要渠道之一。经过行业整顿和重组后,尽管 2008 年开始融资租赁业进入快速发展阶段,但仍然还处于起步阶段,建议尽快出台"融资租赁法"和有关配套政策,以促进融资租赁业持续稳定发展。

五、建立健全中小企业的信用担保体系

目前信用担保体系存在的主要问题有:信用担保立法滞后、多头管理和监管推诿并存、缺乏信用担保机构准入和退出机制、风险分散分摊及补偿机制尚未建立、金融征信信息共享机制滞后、担保机构的规模小实力弱、担保放大倍数低、政策性担保机构存在较多的行政干预等。为此,一要构建合理的风险分担机制。发达国家多数信用担保机构的风险覆盖比例为 60%～80%,信贷金融机构相应承担 20%～40% 的风险,建议我国信用担保业承担 80%～90% 的风险,在 80%～90% 的风险中,由省级政府以上的再担保机构承担 30% 的担保风

险。二要建立中小企业信用担保机构退出机制,清理整合规模过小、效率低下的地方政府出资的中小企业信用担保机构,并提高担保放大倍数。三要建立有效的再担保和保险机制。建议成立一个多层次的再担保体系,由中央政府完全出资的全国性再担保机构和地方省/市担保机构组成的再担保机构组成。借鉴意大利担保公司的做法,以承保项目 75％的额度向瑞士再保险公司购买再保险,由再保险机构承担部分风险。四要减少政府干预。尽管提出要减少行政干预,实行专业化独立运作,但仍然存在领导定项目,担保项目决策失误造成呆坏账,拖垮担保机构的情况。五要对信用担保市场的准入和退出、谨慎标准、信用担保公司的公司治理机构、运作管理、风险管理措施和财务管理的制度,明确法律法规和监管机构。

六、推进完善中小企业集群融资渠道和平台

在一些产业园区,中小企业在地域空间上形成了专业化产业集聚体,也就是企业集群。中小企业集群,由于产业内相互之间通过分工协作或地域空间而结成稠密的联系网络(如地缘关系、产业链关系等)以及基于本地的"根植性",无论在向市场直接融资还是向银行间接融资中,比一般游离的中小企业具有优势。就中小企业集群融资渠道和平台而言,可以根据成熟程度选择不同模式。例如,"园区推荐、银行融资、第三方担保"(如上海浦东新区张江高科技园区企业"易贷通模式"),"政府补贴、园区贴息、银行融资、第三方担保"(如上海浦东新区金桥开发区的"金桥直贷通模式"),以及更进一步的政府补贴、银行融资、小贷融资、直接投资、第三方担保等多种间接融资和直接融资相结合的融资方式。

七、充分发挥政府提供公共产品的优势

政府应该在创建一个更有利于中小企业发展的融资环境方面发挥特殊作用。一是完善电子政务平台,为中小企业提供更好的信息服务。政府可以开发中小企业融资信息平台,发布和汇集有关中小企业融资和扶持的政策法规、办事流程、服务资源,使企业及时了解有关政策信息,提供政府采购、技术合作、产品销售的信息服务。二是发挥政府协调作用,构建企业与金融机构的交流平台,为中小企业、银行、担保机构以及风险投资机构提供交流和沟通的机会。三

是建立中小企业融资服务专家评审团。目前,金融机构和中小企业特别是科技型中小企业之间存在较大的沟通障碍,组建一个包括行业专家、金融从业人员以及政府官员在内的专家评审团,有助于金融机构识别中小企业的项目风险,提高金融机构提供融资的意愿。四是持续跟踪调查中小企业融资状况,动态掌握中小企业融资发展态势和融资环境评价等,为评估和完善中小企业融资政策提供依据。

关于推动节能减排工作标准化的建议

节能减排是我国的一项长期基本国策,当今,举国上下都在研究节能减排,实践节能减排,节能减排成为全社会最重要的任务之一。在此背景下,节能减排的新技术、新方法奔涌而出,身怀绝技的节能减排专家、奇思妙想的节能减排产品不断涌现,各类检测能效的机构遍布于市,大家都在为完成节能减排的目标而努力。在这个时刻,我们必须透过一派熙熙攘攘、热火朝天的现象,在科学发展观的指导下,通过落实国家节能减排的目标要求,加快经济发展方式的转变,提高经济社会发展的质量和效益。为此,建议以标准化来规范节能减排、促进节能减排,将节能减排作为当前一项紧迫而重要的任务。

一、节能减排的成果必须通过标准化来实现社会共享

节能减排作为一个理念,有明确的定义。但是,节约能源、降低能源消耗、减少污染物排放是一个量化的过程,必须按照科学的方法、依托技术手段方能实现。而标准化就是在经济、技术、科学及管理等社会实践中,对重复性事物和概念,通过制定、发布和实施标准达到统一,以获得最佳秩序和社会效益的途径。因此,借助节能减排标准化的过程,使节能减排的目标、指标通过标准中的限量加以控制,节能减排的技术成果通过标准加以固化、推广应用,节能减排的各种措施、方法通过标准加以规范,以此实现节能减排成果的社会共享。

二、标准化的过程本身就是推动节能减排理念的落实

技术标准是指具有共同性和重复性,并经公认机构批准的技术事项在一定范围内统一规定的规范性文件。通过制定、发布和实施标准达到统一是标准化的实质,获得最佳秩序和社会效益则是标准化的目的。随着科学发展、技术进步和社会经济实践的进展,标准化是一个不断演进的动态过程。个体的、局部的方法与手段,经过群体乃至社会的实践与判断后,不断提炼形成量化的标准,再来指导、规范大家的行为。有效开展节能减排标准化工作,就是一个节能减排的理念演绎及去伪存真、正本清源的过程,也有利于节能减排目标的实现。

三、建立健全节能减排的标准体系任重道远

建立以技术标准、管理标准和工作标准为主要内容的节能减排标准体系,是以标准化手段促进节能减排工作的基础。据统计,我国现行资源节约与综合利用标准近 1500 项,其中国家标准近 650 项,行业标准近 500 项,地方标准约 350 项,由节能、节水、节材、节地等八大重点领域构成的资源节约与综合利用标准体系框架已初步形成。当前,我国大量的高耗能产品能耗限额强制性标准和大型公共建筑能耗限额标准、主要耗能行业节能设计规范正在拟定和编制之中,主要用能产品(设备)能效标准以及节水、节材、废弃物回收与再利用等标准,完善清洁生产审核标准和重点行业污染物排放标准、水污染治理技术规范等正处于起步阶段,建立健全我国节能减排的标准体系是一个漫长而艰巨的过程。

因此,我国开展节能减排工作,让标准引领节能减排,以标准化来规范节能减排,应该成为强化节能减排的一项重要基础工作,标准化是推动节能减排深入进行的基础与目标。同时,在国家还没有建立完善的节能减排标准体系的外部环境下,依靠技术进步实现节能减排,是推动我国经济发展方式转变的重要抓手和突破口。因此,建议发挥企业的市场经济主体作用,使广大实践节能减排理念的企业参与制定相关技术标准,借助技术标准的推广,增强企业参与节能减排工作的积极性。

关于科学预测和防范各类自然灾害的建议

我国属于各类自然灾害多发的国家,近年来频频受到各类特大自然灾害的侵扰。按照我国目前的科技水平,基本上能够对诸如风灾、雨灾、雪灾、汛灾、泥石流灾害及森林火灾等做出较为准确的预报(每天晚上的央视气象预报都做了对全国各区域自然灾害可能发生的防范告示,准确度也比较高),只是对大地震的预测,人们还在进一步科学研究之中。但是,为什么事前已经知道了可能会发生某种自然灾害,结果又造成许多地方人民群众的巨大损失?主要原因在于,预测仅仅是"可能发生",不能真正引起人们的足够重视,因而不断地付出由于防灾减灾准备不足所造成的惨重代价。为此提出以下五个方面的建议。

一、增强防灾减灾意识,明确防灾减灾目标

在制定我国"十二五"规划时,国家有关部门应该把国家防灾减灾目标写入规划之中。因为只有实现了既定的防灾减灾目标,国家在"十二五"期间的经济社会发展目标才能真正实现。因此,在"十二五"期间,对所发生各类灾害所付出的资金、物资、交通、医疗等均作为 GDP 扣减项目处理。对地方由于不重视防灾减灾工作所造成的巨大损失,必须实行行政问责。同时,每次救灾后都要认真总结自省,能否在事前防灾减灾方面采取更有效的方法,让国家和人民群众的损失降到最低程度。

二、提高科学预测水平,健全预测评价体系

目前,我国气象、地震、水务管理等部门虽对各类自然灾害已进行了全方位的科学研究和即时预报,但准确率还需大大提高,要进一步从目前的"可能发生",提高到"极可能发生""会发生"的水准上。同时,也很有必要建立健全对我国气象、地震、水务管理等部门预报工作准确率的评价考核机制,杜绝一切不负责任、含糊其词、模棱两可的预报出现。

三、加强防灾工作职责，落实目标责任要求

目前，各地方政府都设有防灾减灾委员会等部门，但有的防灾减灾委似乎变成了救灾委员会。实际上，各地方防灾减灾委员会应根据我国气象、地震、水务管理等部门发出的各类自然灾害预报情况，提前做好各项积极应对自然灾害的具体准备措施，比如及时组织劳力加固防洪大堤、提前动员民众撤出危险区域等。因此，应加快各级防灾减灾委工作要求和职能的转型，落实事先防范的目标责任制，以前端应对的落实，来真正达到防灾减灾工作的基本要求。

四、加强科学调查研究，摸清易发险情地貌

四川省汶川大地震发生之后，许多地方又遭自然灾害重创，损失巨大。例如，在一些干旱地区，许多山坡出现明显的土质断层巨大裂痕或裂缝，只要一下大暴雨，就会引发坍方、滑坡、泥石流灾害发生。因此，地质部门要加强实地的科学调查研究，摸清全国易发各类自然灾害的险情，会同气象、水务、地震等部门一起配合国家防灾减灾委员会，携手做好"十二五"时期的防灾减灾重要工作。

五、开展全民防险教育，提高公众减灾能力

目前，我国公众的防灾减灾思想意识相当淡薄，只有灾难出现了，人们才会去考虑救灾和恢复生产的问题。因此，政府有责任、有必要对公众开展全民防灾减灾教育活动，各类新闻媒体也要加强防灾减灾知识和工作的宣传。只有广大人民群众都树立了防灾减灾的思想意识，才能使大家都成为积极防灾减灾的模范。例如，大家都有了居安思危的防灾减灾意识后，见到河流堰塞，就会自觉动员起来，想办法疏通河道。

关于化解废旧节能灯环保隐患的建议

近年来,节能灯由于具有显著的节能优势,受到了上至政府下至用户的共同青睐。2009 年中央财政拨付了 6 亿元的专项补贴,推广高效节能灯 1.2 亿个,而普通用户在购买灯具时也更多地把目光转向了节能灯,节能灯使用的范围迅速扩大,从而对节约能源起到了推动作用。

随着节能灯走入寻常百姓家,大量废旧节能灯所隐含的巨大环境污染风险也开始显露出来。根据目前的制造工艺,一个普通节能灯平均含汞量约为 0.5 毫克(只有少数名牌产品约为 0.25 毫克),而 1 毫克汞浸入地下就会造成 360 吨水污染。这意味着,如果仅以 2009 年推广使用的 1.2 亿个节能灯计算,相当于向全国各地输送了约 6000 万毫克汞,理论上可污染 216 亿吨水资源。因此,节能灯报废以后,如果得不到可控的、有效的处置,将对我国的环境形成巨大的威胁,并且付出无以估量的环境代价。

与污染威胁相对照,废旧节能灯的处置现况却令人十分担忧,基本上处于"不知、不问、不做"的"三不"状态——用户几乎不知道废弃节能灯存在汞污染,随意丢弃;政府相关部门对节能灯污染问题基本不过问,放任自流;生产厂家和销售商家未被要求设立回收机制,少有作为。其结果是废旧节能灯被随意丢进垃圾桶,而后被当作普通垃圾进行焚烧或填埋。但是,不管是焚烧还是填埋,节能灯内的汞都会对环境造成极大污染,一部分汞会渗入地下形成水污染,另一部分释放出来的汞会以甲基汞蒸气的形式进入大气,很容易进入食物链。因此,这些隐藏在水中和空气的隐形杀手,将使人们处在重汞环境下,并对人体造成严重的危害。

具体来说,目前废旧节能灯处置中存在三个主要问题。一是法律规范方面的空白。2008 年,环境保护部和国家发改委颁布实施的《国家危险废物目录》第六条明确规定家庭生活中产生的废荧光灯管"可以不按照危险废物进行管理",而政府也没有对企业在废旧节能灯的回收与处理环节上做出相关规定,而国外都有相关的立法。二是回收处理体系方面的缺失。由于缺乏废旧节能灯的回收处理体系,无论是单位还是居民家庭,报废节能灯的归宿就是垃圾箱,基本上是作为普通垃圾或生活垃圾进行处置,形成对水和空气的污染,成为看不见的"杀手"。三是人们在认知方面的不足。由于节能灯是近几年才大规模得到推广使用的,人们更多的只是认识到它显著的节能效果,而对其报废后可能对环境产生的巨大危害缺乏充分的认识。

为此,各级政府和全社会必须高度重视废旧节能灯的巨大环境污染风险,采取切实有效的措施来化解生态隐患。

(1) 加快制定或完善相应的法律法规。建议尽快修改《国家危险废物目录》,将含汞节能灯列入"必须按照危险废物进行管理"的范围,实施强制的回收机制,分别明确生产者、销售商和使用者的回收责任。

(2) 加快推出技术标准并鼓励改进生产技术。国家应该加快制定并出台照明电光源含汞量的使用标准,还要鼓励生产企业改进技术,按照技术水平进行分类扶持,对于能够生产含汞量更少的产品的企业加大政策倾斜的力度,最大限度地减少每个节能灯中的汞含量,从而从总量上降低汞污染源。

(3) 加大节能灯含汞及其危害的知识宣传。通过各类社会媒体,采取各种知识传播方式,包括在节能灯外包装上展开广泛的宣传活动,使人们认识到随意丢弃废旧节能灯的危害性,提高公众的环保意识,逐渐养成回收的良好习惯。

(4) 建立畅通的回收和处理体系。例如,在超市和商场设立废旧节能灯回收点,政府适当补贴进行以旧换新等。又如,规定只有建立节能灯回收系统的生产企业才能投产,只有建立节能灯回收系统的品牌才能进入市场销售等。同时,还要建立废旧节能灯处置中心或在已有的危险废物处理厂中建立专门的处理车间,并由专门部门负责对回收和处理各个环节进行监控。

(5) 加大推广不含汞的节能照明产品。建议推广不含汞的节能照明产品,逐步替代现在含汞的节能灯,比如 LED 光源等(节能灯的使用寿命为 2 500~5 000 小时,LED 灯则可以达到 50 000~100 000 小时,其耗电量为白炽灯的 1/10。目前的缺点是价格贵、对温度和气候的要求高),最终从源头上实现节能与环保之间的完美结合。

关于高度关注退休老年职工安度晚年的建议

关心退休老年人安度晚年是重大的民生工程。据统计，到 2009 年底我国 60 岁以上退休老年人已经达到 1.67 亿，而且每年以 1 000 万的速度增加。这些退休老人中大多数都曾在各自的岗位上辛勤工作，都曾对社会做出无私的奉献，为国民经济的飞跃发展打下了基础。

为了保障这些退休老年职工的生活，使他们真正实现老有所养、老有所乐，能够安度晚年，当前，尤其要积极关心民生稳定物价，关注养老金缩水问题，重视退休老职工的生活问题。为此，提出如下五项建议。

一、积极扩大养老金的规模

随着我国老龄化进程的加快，全社会都在高度关注"十二五"规划时期的老龄化民生工程。应该清醒地看到，除了对老龄化民生工程予以重视之外，关键是要进一步扩大养老金规模。截至 2009 年底，我国养老金总规模为 2.25 万亿元人民币，占当年 GDP 的 6.62％，而有的发达国家养老金占 GDP 的比重达到了 40％～50％。因此，应该认真研究，以政府为主导，鼓励全社会参与，积极做大养老储备基金，逐步扩大养老金的规模。

二、提高企业退休职工的养老金

目前，企业的退休金与行政事业单位的退休金差距很大，尽管政府有关部门已经考虑到这个问题，并且采取措施做出了一定的改善，但是，面对当前的通胀压力，改善的效果不太明显。因此，建议积极创造条件，进一步增加退休老年人，特别是企业退休老年人的养老金。

三、扩大普及社会养老机构

目前，城市老龄化问题突出，"四二一"家庭模式激增，传统家庭的养老功能弱化,老年人养老和日常生活照顾很难得到保障。据统计,截至 2009 年,全国各类养老机构只有 38 060 个,床位 2 662 万张,不到老龄人口的 2%,养老资源严重不足。据测算,要满足我国当前的养老需要,至少急需补充 300 万张床位。因此,建议政府有关部门努力构建公益性社会福利养老院,满足普通民众的养老需要,尤其要注重失智老人的关怀。

四、改善老人的居家养老服务

目前,最广泛的养老方式还是社区居家养老,它能满足老年人不愿离开熟悉生活环境的需要。但是,社会需要创新居家养老模式,使老年人既能够享受到居家养老的舒适和自由,又能得到专业养老机构的服务。因此,建议由各个城市的区、街道、社区三级组织成立居家养老社区网络指导站,构建老人服务指导工作组,面向居家老人开展助老爱心服务,改善和提高老年人的生活质量。如老人日托、老人食堂和餐饮配送、文娱室、家政服务、陪护等。

五、化解老人"看病贵""看病难""看病烦"等问题

看病问题对于老年人来说尤为重要。一方面,由于年龄大,活动不便,子女工作忙碌,看病时需要更多的帮助;另一方面,大多数老年人日常医药费用的承受能力较弱,但是老年人的身体往往更加脆弱。因此,全社会应该更加关注老年人看病的问题,建议为老年人提供更多的优惠和帮助,充分体现我国医疗保健事业的公益性、社会性和重要性。

关于高度关注儿童用药市场的建议

近年来,我国儿童饮食、医疗、健康等方面的问题层出不穷,这其中有药物生产企业的原因,有相关监管部门管理不到位、信息公开程度不够的原因,也有部分父母未严格遵守医嘱或用药不当的原因。

当前,儿童用药市场的主要问题有:一是儿童用药市场庞大,儿童剂型比例

偏小。据统计,我国现有儿童 3.6 亿,儿童用药市场规模巨大。但是,在我国3 500 多个药物制剂品种中,儿童使用的药物剂型仅有近 100 种。又有资料显示,我国患病儿童占总患病人数的 20% 左右,但我国 90% 的药品没有儿童剂型,只能把大人药缩量给孩子吃。"儿童酌情减半或遵医嘱"这句药物包装上的提醒说明,是儿童用药使用过程中唯一模糊的安全保证。二是国内药企研发能力偏弱,儿童药物需求失衡。目前,儿童版药品不仅主要由进口、合资药占据市场,而且药品主要集中在呼吸系统和消化系统两大领域,剂型有干混悬剂、滴剂、颗粒剂、分散片、合剂、口服液等多种类型。相反,中国药企依然缺乏替代国际儿童药物品牌的能力。据专家分析,儿童药研发时间长、生产成本大、加工复杂,厂家不愿生产,而儿童药缺乏临床试验志愿者,也使得开发研制困难。

儿童用药市场存在的问题,各级政府及全社会都要予以高度的关注。为此提出如下建议。

一、根据儿童可用的成人药物专门生产儿童剂型

由于没有儿童专用药,医院常将成人药用于治疗儿童常见疾病(感冒、发烧等),开出一些半片、三分之一片甚至四分之一片的药,让家长拿回家自己分,半片还好分,三分之一或四分之一实在难分,有的药片一碰就碎,根本就没法分。还有一些口服液、颗粒冲剂等,也常常只能给孩子服用半支或半包,实在不好掌握。特别是三岁以下的幼儿,药量多一点都可能出问题。为此,建议按照不同年龄段,药品生产厂家直接生产小剂量的儿童专用药片药剂,这也可以作为药品企业的创新和产业升级。

二、政府部门对专门生产儿童剂型给予必要的支持

针对儿童专用药片药剂研发能力不足,以及利润少、加工复杂、很难激励医药企业投入儿童药生产的现状,政府有关部门应该有所作为,采取必要的政策和措施,推动儿童专用药片药剂的生产和使用。为此,建议对儿童专用药片药剂的研发和生产给予必要的资金支持,或者在税收政策方面给予必要的优惠,激励药品生产厂家直接生产小剂量的儿童专用药片药剂,从而在根本上保障我国儿童的用药安全和身心健康。

三、进一步提高儿童用药突发事件信息公开化水平

在一些儿童用药的突发性事件中,虽然违规违法企业得到了制裁,但政府监管部门也难脱其责。有时候,官员想方设法阻挠新闻媒体曝光事件,甚至通过公关封锁新闻报道。且不谈这种做法是否合法,从主观动机和结果来看,只会适得其反,民众对问题的想象会越来越趋于极端。短期来看,封锁消息可以减少社会舆论关注;但从长远来看,民众只有在一个完全平等、透明、健康的环境里把技术问题搞清楚,还原真相,才不会因无知而产生恐慌、恐惧、怀疑和不信任。为此,对于儿童用药的突发性事件,建议进一步提高信息公开化水平。

关于进一步规范"临界食品"销售的建议

2007 年 10 月 29 日,国家工商总局颁布并实施的《规范食品索证票制度和进货台账制度的指导意见》(简称《指导意见》)中明确提出:商家在销售即将到保质期的食品时,应在销售场所集中陈列出售,并向消费者做出醒目的提示和告知。

《指导意见》实施以来,在有关部门的监管下,"临界食品"的销售状况有所改变,但实际情况却不容乐观。例如,在一些城市的大中型超市及商场内,随处可见的是:面包"买一赠一",咖啡买大袋送小袋,牛奶、酸奶特价促销,真空熟食和冷冻食品降价酬宾,等等。琳琅满目的降价食品,确实让人们心动不已,吸引了不少顾客消费。这说明,《指导意见》的相关规定并没有得到很好的贯彻落实。反观欧美的许多国家,"临界食品"设专场专柜销售已成常态,并深受消费者的青睐。

常言道:"买的没有卖的精。"有多少消费者知晓,在这些降价促销的食品中,有不少是已接近保质期的食品,如不赶快出售,逾时就不能再上柜销售,商家就会有所损失。因此,商家会采取各种促销手段和方法,以求让这些"临界食品"早日出手,达到既减少企业的损失,又能为企业赢得美誉的目的。然而,虽

有许多消费者不知"临界食品"的潜规则,但也有不少消费者为此与商家进行交涉或向有关部门投诉,矛盾和纠纷事件时有发生。从这个角度来看,促进"临界食品"堂堂正正地销售,有利于保障食品安全和人民群众的身心健康。为此提出如下三条建议。

一、依法经商,规范销售

各食品销售商家必须严格按照《指导意见》的规定,对"临界食品"实行集中陈列销售。同时,政府有关部门和社会各界要进一步推动将《指导意见》作为商业企业的道德规范和行为准绳,并在此基础上营造诚信守诺、买卖公平、文明经商的购物环境。只有如此,《指导意见》才能不再名存实亡,各级法律法规的严肃性和权威性才能真正地体现出来。

二、诚信经营,改进服务

根据《消费者保护条例》,消费者购买商品有知情权,商家必须明白无误地告之商品所有信息。据调查,几乎所有消费者都赞同《指导意见》的规定,认为商家与其费尽心思地诱导消费者购买这些"临界食品",不如光明磊落地设专柜打折销售,让消费者既事先知情又能直观地选购,从而满足不同消费层次的需求,同时有效地缩短人们选择商品所需的时间,提高消费满意度,商家何乐而不为之呢?

三、依法执政,加强监管

政府有关部门应该严格按照《指导意见》中的相关规定,积极开展依法执政活动,有法必依,执法必严。同时,政府有关部门也可以结合食品安全工作,适时开展规范"临界食品"市场销售的检查工作。具体来讲,可以由工商管理部门牵头,行业协会参与,商家积极配合,使"临界食品"专柜规范化、常态化和制度化。

第五章
第十一届全国人民代表大会第五次全体会议

（2012 年）

关于中小企业发展政策要把好"七个关"的建议

近年来，从国家层面到全国各地，各级政府和各个部门都出台了一系列推动中小企业发展的政策措施。这些政策措施的推出，对广大中小企业应对严峻的经济形势和健康稳定发展都发挥了十分重要的作用，也得到了广大中小企业的普遍欢迎。

但是，再好的政策措施关键还是在于能够得到很好的贯彻落实。从以往推进中小企业发展的政策措施实施情况来看，还存在一些有待改进和完善的地方，尤其是在中小企业政策措施的落实难方面还需要下更大的功夫。

应该充分认识到，推进中小企业发展的政策措施的落实难问题，也许存在着很多原因，但其中有三个因素是最值得关注和重视的。一是政策措施的部门协调不得力，或者是政策配套的操作细则不完整，使得政策措施在落实过程中打了折扣。二是政府部门的行政方式与中小企业的需求特征出现了脱节，或者是工作人员机械办事，思想感情上和中小企业存在着一些隔阂，使得政策措施在落实过程中碰到了障碍。三是政策措施在制定之前缺乏深入细致的调研，政策措施的针对性和操作性不够到位，使得政策措施本身存在一些缺陷，进而影响到政策措施的落实。

当前来讲，中小企业在整个国民经济发展中的作用越来越重要，所做出的贡献也越来越大，因此，如何改进和完善中小企业发展的扶持政策，具有十分重要的现实意义。怎么去改进和完善？关键是要把好以下七个"关"。

其一，把好政策的"出台关"。目前，在一定程度上存在政策不实或政策难以执行的情况，因此，要完善政策制定的机制。例如，可以让中小企业更多地参与政策制定的过程，让政策相关方都能表达意见。又如，由一个政府部门单独出台的政策，凡是会牵涉到其他政府部门协调的，应事前协调好，事后不能协调的不应轻易出台。

其二，把好政策的"协调关"。政策出台之后，政策落实的部门协调是至关重要的。因此，由一个政府部门牵头几个部门联合出台的政策，牵头的政府部门有责任加强统筹协调，其他政府部门不仅要积极配合，还要充分发挥各个政府部门的各自优势，为政策的落实形成合力。

其三，把好政策的"节奏关"。政策是多了好，还是少了好，当然不能一概而论，关键是能够落实最好。因此，政策出台也不宜一哄而上，过于密集，过于频繁，还是要把握好节奏。同时，出台政策的政府部门要相对集中，不宜过于分散，以便于中小企业了解，便于政府部门操作。

其四，把好政策的"宣传关"。中小企业的特点是面广量大，获取信息的资源不多，渠道不多，信息化手段也不强，因此，各级政府除了要加大政策的宣传和解读力度之外，还要动员社会各界的力量做好政策的宣传工作，尤其要充分发挥各类新闻媒体和行业协会的作用。

其五，把好政策的"受众关"。中小企业扶持政策的落实操作和审批体系，可以由审批制改为准入制，导入量化指标作为享受政策的条件，减少人为因素。同时，所有审批环节应在网上运行，审批结果网上公示，通过信息化促进规范化，严控自由裁量权，杜绝各类暗箱操作、享受政策成本高的现象。

其六，把好政策的"反馈关"。要加强政策出台后的反馈机制建设，提高政策的及时纠错和进化能力。同时，要对政策投入成本和施行效果进行跟踪评估，适时调整政策，可委托中介机构和行业协会展开政策效果评估调查，强化扶持政策的跟踪评估工作，以协助政府及时发现问题。

其七，把好政策的"融资关"。对于中小企业融资难问题，政府不能缺位。政府要建立健全为中小企业融资服务的机构或担保基金，国有银行应有专门的贷款指标，行业协会也可作为中间人或担保人而有所作为。要继续推进并完善中小企业税费减免政策，并且对小额贷款公司在发展初期给予相关的政策优惠。

关于合理调整我国进口高档消费品税率的建议

近年来,社会各界围绕要不要降低进口高档消费品关税进行了讨论。一方认为,高额的进口税使得国际品牌产品在境内的售价远远高于境外,促使大量消费者纷纷出境购买,境内消费力外流,不利于扩大内需。另一方认为,调低进口关税不但会造成国家财税收入减少,而且也未必能促使高档商品在境内降价,境外消费力也不一定回流,还会冲击境内制造同类商品的企业,鼓励人们盲目攀比的奢侈消费习惯。显然,仁者见仁、智者见智,各有各自道理。

那么,目前我国高档消费品的消费情况如何呢? 国家旅游局的统计数据显示,中国 2010 年出境旅游人数 5 400 万人次,旅游花费 480 亿美元,人次支出约合人民币 5 800 元,是国内旅游人次支出的 11 倍。以购物支出占旅游总支出的比重 50%计算,出境购物的花费达到 240 亿美元。再根据 2010 年度中国电子商务市场数据监测报告,2010 年境外代购的市场交易规模达到了 120 亿元,其中尤以化妆品、相对低价值的奢侈品居多。又据世界奢侈品协会的统计数据,2012 年春节期间,中国人境外奢侈品消费累计高达 72 亿美元。种种迹象表明,中国即将成为全球奢侈品消费的中心之一。

这表明,高档消费品的消费在我国已呈现出突飞猛进的势头,这与我国经济稳定发展、人们生活水平稳步提高有着密不可分的联系,尤其是出境旅游蓬勃发展,极大地带动了高档消费品的消费势头。有统计显示,中国奢侈品消费人群已达到总人口的 13%以上,并且还在不断增加。因此,如何把这股消费力转化为推动我国经济发展的动力? 建议相关部委综合考虑各种因素,适时调整相关税率,适度下调相对低价值的奢侈品关税,以促进消费力回流,拉动国内消费需求。

其一,奢侈品是一个动态的概念,不能一成不变。改革开放初期,我国经济发展水平还很低,人们主要解决的是生活温饱问题,超此范围的生活用品都被归类为奢侈品或高档生活品,对其开征高昂的消费税或进口关税。改革开放

30多年来,人们的收入和消费水平都在不断提高,当时的某些超出人们生存与发展需要范围的高档消费品现在已经变成了日常生活品,这就需要对高档消费品目录进行动态的调整。哪些仍然属于奢侈品?哪些已经不再属于奢侈品?应该及时进行新的定义,实行分类指导。仍然属于奢侈品的税率可以维持不变或少变,不再属于奢侈品的就应该下调税率。如进口的照相摄像设备、某些品牌的手表、化妆品,以及一些品牌奶粉等已经可以视为日常生活用品了,应该及时下调关税,既可以避免出现人们出境抢购的窘状,又可以有效留住实实在在的消费购买力。因此,坚持税率维持不变或者要求下调所有奢侈品税率的观点,实际上都有失偏颇。

其二,奢侈品消费作为一种社会经济现象,古今有之。经济越发展,奢侈品消费就越普及。人们为了体现一定的自我价值会适当地配置一些奢侈品,但这绝不表明他们一定属于富裕人群了。实际上,人们的消费行为由很多因素驱动,包括爱好、虚荣、炫富、送礼等,尤其是中国人较为注重面子,而经济条件只是消费行为的其中一项决定因素。从现实来看,我国的奢侈品消费者的确是构成复杂和人数众多,首先出现在先富裕起来的阶层,形成了一种示范效应;然后,白领和小老板等逐步开始加入;接下来,独生子女群体开始踏入社会,形成了新的消费观念,也推动了奢侈品消费,一些家庭即使不很富裕,也会适当满足独生子女的消费愿望,这是特有国情所决定的。相关调查显示,我国奢侈品消费人群呈现年轻化的特征,主要集中在25~40岁的人群中,40岁以上的中老年消费者不到总数的30%,与西方发达国家40~70岁的中老年人才是奢侈品消费的主力有着明显的不同。因此,不能僵化地用国外经验看待我国的奢侈品消费现状,应当适度下调相对低价值的奢侈品关税,以有利于留住当前这股强劲的消费购买力。

其三,我国境外旅游的飞速发展,拓宽了奢侈品的购买渠道。高额的进口关税一向被认为是国际品牌产品在境内售价远远高于境外的主要因素,按照2011年初实施的《进境物品税调整方案》,包括电器、手表等部分奢侈品的进口关税为10%~30%,烟、酒、化妆品的进口关税更高达50%。商务部的一项调查显示,手表、箱包、服装、酒、电子产品五类产品的20种品牌高档消费品,在境内的市场价格要比美国与法国分别高出51%和72%。强烈的比价效应促使前往境外旅游的人们即使本来没有购买奢侈品的计划也不愿放弃购买的机会,现在去境外旅游的人有多少是不带上一两件奢侈品回来的?

其四,奢侈品消费是一种正常的市场经济行为,本身并无褒贬之分。对待奢侈品消费,不能简单地划分为健康消费观念和不健康消费观念,目前我国的奢侈品消费增长也是与经济发展相适应的。当然,由于部分国人有较强的攀比心理和强烈的虚荣心,在购买奢侈品时一味地跟风、炫富,满足自己的虚荣心,确实存在某些人即使没有足够的消费能力,仍然对奢侈品趋之若鹜。这种非理性的消费行为不值得提倡,但要改变这种行为需要社会方方面面的协同努力,如果只是简单地依靠高额进口关税,在如今开放的消费环境下,不但不会打消他们的购买念头,反而会促使他们穷则思变,国内卖得贵就让出境旅游的同事、朋友到国外买,或者干脆通过网络代购购买,反而对国人涌往境外购物起到了推波助澜的作用。

其五,国外奢侈品消费对国内企业会产生影响,但更会倒逼国内企业提升竞争能力。奢侈品消费,不一定要消费国外的品牌,诚然目前中国人消费的奢侈品还是以国外品牌为主。但是我们应该看到,面对巨大的市场,我国企业正在努力赶上。据有关报道,全球奢侈品有60%是在中国生产的,这说明我国企业已经参与了奢侈品的生产环节,只是还处在整个奢侈品价值链的末端。因此,迫切需要国家帮助这些企业提升在价值链上的地位,同时,奢侈品品牌的产生有着历史和文化两个方面的积淀,需要长久打磨,如果单纯依靠高额进口关税来减少国外奢侈品的消费,在目前开放的消费市场环境下,不仅不可能,而且也无法长久地起到保护国内企业的作用。

关于强化我国标准化工作的建议

一个国家的标准化程度,体现了该国对科技研发进步、产品质量控制和服务体系优化的管理意识和水平。改革开放30多年来,尽管我国的标准化水平有了长足的进步,但同发达国家相比差距很大,与我国经济的快速发展也极不相称。主要表现在以下三个方面。

一、标准化水平落后

目前,ISO 国际标准也仅仅代表了国际上中等偏上的水平,但即使这样,我国的国家标准中等同采用 ISO 标准率也非常低,高于国际标准的更是寥寥无几。这充分说明,我国的标准化水平还很低。标准化水平低,与相关制定标准的组织有关。一般情况下,标准制定者会在相关行业中组织调研,然后组织一些有代表性的企业单位共同参与起草,如果能够达到国际标准,就会完全等同采用,稍差一点则参照采用,但实际情况是,我国的很多企业产品测定数据与国际标准数据相差甚远,制定标准者不可能搬起石头砸自己的脚。因此,在这种情况下制定出的标准水平可想而知。例如,最近出台的牛奶标准便是一例。

二、标准化工作滞后

按照规定,标准应该每 3～5 年修订一次,以适应不断发展的用户需求。然而,在现实中不难发现,有些 20 世纪 70 年代的标准还在正常使用,既不作废,也不修订,都已经 30 多年了,这说明,我国的标准化工作严重滞后,同时,标准修订慢,使用期限长,反映了我国标准化工作的不到位、管理的不到位。可以设想,用 70 年代的标准来套用现在的产品质量,这个产品质量还能满足使用要求吗? 可想而知,这些标准已经严重背离了经济社会发展的需要,而标准化工作的落后也是产品质量和管理水平的退步。

三、标准化服务缺失

在实践中,有的国家标准按期限到时作废了,不仅没有新的替代标准,而且有时还会让各企业根据实际情况制定相应的企业标准。如此变通的办法,实际上不仅行不通,而且容易造成混乱,因为各企业按照自己实际生产质量水平定出的指标肯定五花八门,无法统一,会导致各企业的产品质量差异较大,除非另附加协议,否则会产生纠纷。当然,标准作废了,没有新标准进行代替肯定有多种因素,应该在国家的标准网上进行说明和公示,否则在商务谈判中,尤其在与外商洽谈中,外商就会对我们的质量控制产生怀疑。

应该充分认识到,由于我国的标准化工作存在不少问题和漏洞,直接导致了很多产品的质量低下,也是目前我国存在众多假冒伪劣产品的原因之一。为此提出如下四项建议。

（1）高度重视我国的标准化工作。标准化工作是一个国家的一项长期、严肃而谨慎的工作，必须引起国家有关部门的足够重视。只有把标准化工作做好了，其他工作才有了规范和约束，标准化工作不做好，在与外商进行商务洽谈时会处于被动和不利的局面。没有标准或标准化工作滞后，对国家是损失，对企业的损失会更大。因此，国家应该投入更多的必要资源，推进标准化工作的开展。

（2）强化我国的标准化管理工作。标准化管理工作的重要性不言而喻，在当前情况下，一定要加快等同采用 ISO 国际标准的步伐，国家标准化委员会下设的各分技术委员会要对现有标准逐个清理审查，能够强制性地等同采用国际标准就一定要等同采用，不能因为少数企业达不到要求而牵强附会，放低要求。对于年久失修的标准要尽快进行修订或者重新制定，不能继续使用老标准。

（3）提高我国的标准化管理水平。标准化工作有一套严格的程序，到期就应该审查，不能违反，即使继续采用也要用新的年份予以确认，老标准不能无限制地使用下去，这既不合规矩，也不合逻辑。如果某个标准作废了，国家的标准服务网应该注明新的替代标准的年份和标准号（有的新标准不一定沿用原来的标准号，有的把几个标准进行合并启用了新的标准号等，诸如此类的情况要加以说明）。有的标准既已作废又无新的代替标准，也要在网上对该标准进行注明，免得查询者耗费更多精力漫无目标地搜寻。

（4）国家标准制定过程引入博弈机制。从近年来的一些事件可以看出，如果标准制定缺乏博弈机制，就有可能出现"国家标准被大企业绑架"的现象。在我国，虽然标准制定和修订属于行政机关的职责，但承担具体工作的往往是科研院所和该行业的个别大企业，很多标准的制定经费都是由个别大企业全额或是部分赞助的。因此，个别大企业的利益就有可能成为标准制定的出发点和归结点。应该认识到，国家标准是国民经济和社会发展的重要技术支撑，标准制定过程中大企业、中小企业和消费者之间博弈的缺失，不仅损害了消费者的利益，而且还阻碍了技术进步和打乱了优胜劣汰的市场规则。由于标准落后，低端产品充斥市场、高端产品遭遇逆淘汰，以致企业把钱都投在广告宣传和产品包装上而不是技术升级上，造成市场竞争在低水平重复。因此，建议修改相关法律，建立标准制定过程中各方能公平参与博弈的机制。这个机制应该包括标准制定经费的财政全额保障,由独立第三方进行标准的起草,以及标准所涉及的大企业、中小企业和消费者的谈判平台,而行政部门的责任就在于提供资金、信息和时间上的保障。

关于大力发展文化产业的建议

党的十七届六中全会作出了推进我国文化大发展大繁荣的决定,并明确提出要加快文化产业发展。文化产业是一项以精神生产和精神需求为目标的产业,它的优越性在于无须以消耗宝贵的物质资源为代价,又可以满足人们对精神文化生活的需要。作为一个拥有最古老历史和最多人口,受物质资源制约最严重的国家,发展文化产业理应是最佳选择。

但是,我国作为一个文化遗产最丰富、消费人口最庞大的国家,与之相适应的文化产业发展却严重滞后,这背后一定有着深层次的瓶颈问题和制约因素。这些瓶颈问题和制约因素主要表现在以下五个方面。

一、文化产业资源的垄断

物质生产中的垄断基本处于相对垄断状态,尽管企业为追求超额利润而本能地追求垄断,但政府为了维护市场整体利益而必须限制、反对垄断。长期以来我国的文化事业大多隶属于公共服务领域,而文化产业资源的主要部分基本上由政府掌控,或者主要由国有资本来运作,结果必然导致文化产业的民营化程度很低,体制机制比较僵硬,运作效率也很低。

二、文化产业市场的垄断

与物质产品市场存在一定范围的垄断相比,文化产业的市场垄断更为明显和严重。目前,在我国文化产业的市场进入中,还存在着各种各样的限制和门槛,同时,先前的市场进入者往往会与管理部门结成利益联盟,竭力争取在市场份额中分得最多,甚至是全部的蛋糕,本能地阻止后续的市场进入者的市场扩张,并尽可能压制其利益诉求。在这种情况下,文化产业市场的透明度不高,市场竞争的公开、公正、公平难以体现。

三、文化产业生产的管制

由于物质产品一般不涉及政治和意识形态,所以物质产品的生产过程由企业自行设计和管理,而一部分文化产品的生产可能涉及政治和意识形态,因此,除了政府行政管制(如价格管制等)之外,还增加了宣传部门的意识形态管制等。在这种情况下,我国一部分文化产品的生产过程中,实际上存在着全流程的双重管制。

四、消费需求市场的能力限制

精神文化消费属于物质产品消费层次之上的消费,其必要性排在衣、食、住、行、医、教之后,在收入水平呈现严重不均衡的情况下,大量低收入群体或被动、或主动地被排除在文化消费市场以外。一场高层次的演出门票,其价格超过一个低收入者一个月的收入总和,还有偏高的各类文化消费价格,都在一定程度上抑制了人们精神文化消费的需求。

五、文化产业的地域化限制

从物质产品生产的规律看,产品的市场占有率高低同该产品使用环境的兼容程度有关,兼容性越高,市场占有率就越高。文化产品的核心是文化理念,其本质是意识形态。目前,我国一部分文化产品,由于独特的文化理念和意识形态,很难进入全球市场;还有一部分文化产品,由于国内外消费习惯、生活方式以及审美角度不同,也很难进入全球市场。因此,我国文化产品"走出去"的阻力是物质产品所无法比拟的,也在一定程度上决定了文化产品市场的地域性。

在推动文化大发展大繁荣的形势下,针对我国文化产业存在的主要瓶颈和问题,必须采取相应的对策予以解决。为此建议:

(1)提高公共文化平台资源的开放程度,尤其是标志性场馆的开放程度。通过提高利用效率降低运行成本,从而整体降低平台进入的经济成本。

(2)在文化基础设施建设上要防止简单地靠行政命令,一哄而上,也要防止寻租行为的产生,要一切在法律的框架内进行,做到决策的民主化、科学化、法治化。

（3）减少文化产业项目行政审批的程序和环节，以对文化项目主体责任制取代对文化项目责任制，以主体审批取代主体、项目双重审批制度。

（4）以"舆论引导、批评监督"取代内容审批限制，着手重建或完善能够充分体现社会主义核心价值观的文化鉴赏和批评的理论体系和传播体系。

（5）把政府投入的重点用于"心灵温饱安居工程"，对低收入群体的文化消费进行定点、定量、定向补助。

（6）必须注重知识产权保护，不论是传统文化产业还是新兴文化产业，其灵魂就是创新，因此，对于侵犯知识产权的行为必须依法严厉打击，不能为了文化产业的短期发展，纵容侵犯知识产权。

（7）从传承人类共同文化遗产中寻找我国民族文化发展的空间和领域，充分发挥海外华人群体的影响力，在中华文化的大旗下，积极推动文化"走出去"。

关于产业转型应当重视再制造产业的建议

再制造是指运用高科技对机电产品进行专业化修复或升级改造，包括对废旧汽车零部件、工程机械、机床等进行专业化修复，使其恢复到像新品一样或优于新品的批量化制造过程，是循环经济再利用的高级形式。

2010 年 5 月，国家发改委等 11 部门联合发文宣布，我国将以汽车发动机、变速箱、发电机等零部件再制造为重点，扩大汽车零部件再制造试点范围。2011 年 9 月，国家发改委办公厅下发了《关于深化再制造试点工作的通知》，将扩大再制造产品种类和试点范围，加大政策支持力度，加快编制《再制造产品目录》。

在发达国家，再制造是一个正在崛起的庞大产业，并已成为一些国家经济体系的重要组成部分。据悉，目前全球再制造产业总规模超过 1 000 亿美元。其中，美国再制造产业规模最大，产值超过 750 亿美元，拥有 7.3 万家企业；日本的工程机械再制造已达到世界领先水平,60%的产品为日本国内用户使用,30%以上出口国外,其余拆解后作为配件出售。与新品相比,再制造产品可节约成本 50%、节能 60%、节材 70%,对环境的不良影响与制造新品相比显著降低。

目前,虽然越来越多的企业开始涉足再制造领域,但最先进入的再制造企业由于不同程度遭遇到管理、资金、税收、流通等环节的问题,盈利困难,发展举步维艰,部分企业的回收网络更是欠缺,再制造的相关产品销售存在一定的障碍。因此,在当前加快转变经济发展方式和加强节能减排的形势下,应该把产业转型升级与再制造产业发展有机地结合起来。为此建议着重在以下几个方面加大推动。

(1) 以再制造产业为抓手实现结构升级。值得注意的是,产业结构升级当以西方国家为戒,随着产业结构的去工业化和服务业的发展,美国丢失了制造大国的地位,经济霸权地位随之动摇。可以说,美国的经济竞争力并没有随产业结构的升级换代而不断增强,相反却是一路下滑。同样,欧元区为债务危机所笼罩,也与制造业萎缩和衰败有关。先进的产业结构应保证实现充分就业及国家竞争力的提高,再制造产业是制造与修复、回收与利用、生产与流通的有机结合,是充分就业的重要支撑,使制造企业有能力投入更多精力进行新产品研发和设计,也有利于竞争力的提高,形成良性循环,对推动产业结构调整十分有利。

(2) 推动政策支持及发挥中介组织的作用。适时出台废旧汽车、电子电器等的国家和地方性条例,以公共财政专项资金带动民间资金尽快投资这些领域,推动其产业化发展,鼓励政府机关、事业单位优先采购和使用再制造产品。充分发挥中介组织在政府与企业之间的桥梁和纽带作用,开展再制造产业发展预测分析、提供咨询服务、加强技术推广、宣传培训和国际交流与合作。

(3) 对再制造理念进行公益性宣传。虽然政府强力推进再制造产业的发展,但是作为一个新兴的产业,再制造无论是产品还是理念仍然很难被消费者完全认同,人们对再制造产品的接受程度仍存在一定的可提升空间。在现阶段顾客对翻新产品的认识不够,即使再制造产品价格便宜,但顾客购买时对翻新产品的性价比仍抱有怀疑。再制造产品对用户来说是一个全新的概念。尤其在产业发展初期,对再制造理念进行公益性宣传有利于助推再制造产业发展。

（4）**建立有效的再生资源回收商业模式。**再制造无疑是再生资源产业发展的新亮点,以加快再生资源加工利用的下游产业(再制造)发展为突破口,建立回收和利用环节紧密联系的商业模式,是缓解资源能源危机的有效途径之一。例如,可以充分利用网络在线收购废品,结合互联网及物流网搭建,形成一种全新的商业模式。同时,一些大中城市有必要集中各个区、县回收物资资源,建造废弃电子电器物、废钢的分拣处置加工中心,重点加快建立汽车零部件再制造基地及试点企业,包括废旧汽车精细拆解和高效分拣装备领域。

（5）**完善再制造、再循环技术和管理体系。**再制造技术是实现资源再生的一种有效保证,除了优先将成熟的再制造技术、工艺、设备和产品纳入国家鼓励的相关名录之外,未来一段时间还可以率先突破基于信息技术、微纳米技术、生物技术等具有自主知识产权的先进自修复和再制造的关键技术群,突破具有自适应、自修复功能的先进材料研究和产业化制备技术,突破先进的智能自修复检测和控制技术。

关于加强旅游市场监管的建议

近年来,随着我国经济社会的迅速发展和人们生活水平的日益提高,旅游业不仅得到了快速发展,而且逐步成为新的支柱产业,但旅游市场也出现了一些问题。例如,虚假宣传,名不符实;低价竞争,最后指定强迫消费;违规操作,不按程序规范实施;管理混乱,存在挂靠转卖现象;诱骗消费,高额返还消费回扣;服务低劣,从业人员素质不高等。究其主要原因有:市场监管体系不够协调完善;地方利益和急功近利;旅行社准入门槛过低;旅行社和导游雇佣关系存在问题;部分不法旅行社、导游、商家互相勾结谋取暴利;对违法违规现象处罚不严等。

目前,从国家到各级地方政府已相继出台了一系列整顿和加强旅游市场监管的法律法规,有关监管部门对旅游市场各种违法违规现象也进行了必要的处理。但是,从我国旅游业健康发展的要求出发,进一步加强旅游市场的监管也显得越来越重要。

一、建立完善统一的旅游市场协调监管体系

旅游市场的监管涉及多个政府部门,还有相关的协会团体,迫切需要建立统一的旅游市场协调监管体系。建议建立由各级政府牵头,旅游主管部门、工商、税务、物价、质监、劳动人事、商务委、公安、交通、环境卫生、外汇管理等部门及消费者协会、有关行业协会和旅游景区管理部门等参与的统一的旅游市场协调监管体系,明确各自职责,强化协作运行机制,不断提高监管执行能力。

二、进一步改革和规范旅游行业的管理体制

各级政府旅游主管部门,包括作为政府派出机构的各风景区管理部门,是旅游市场监管的主要职能部门,应实行严格的政企分开、政事分开和管办分离。要将加强旅游市场监管的职能作为政府旅游主管部门的主要职责,也可以将所属、所管的企业或事业性质的旅游经营单位实施剥离脱钩。此外,也可以参照其他政府部门的监管体制模式,一些地区的政府旅游主管部门也可以实行垂直管理,便于对旅游市场开展易地交叉检查和监督。

三、各级地方政府应主导旅游市场健康发展

旅游业与人们生活密切相关,旅游市场的健康发展事关人民生活质量和幸福指数。因此,各级地方政府应根据本地旅游业发展的实际情况,制定旅游产业发展的长远目标和规划,克服急功近利的思想,改变只顾眼前利益和地方利益的状况,营造良好的旅游发展环境,积极主导支持旅游市场健康有序地发展。

四、指导促进旅游行业运行体制机制的改革

旅行社和导游体制机制的改革十分重要。应对旅行社实施大、中、小分类管理,指导旅行社根据自身的实际情况,实施不同的目标经营模式,逐步改变大旅行社下分支机构挂靠承包的情况,鼓励支持有实力的大旅行社整合资源,发展集旅游经营、购物、餐饮、交通、住宿等于一体的旅游综合服务体。应建立规范的旅行社和导游的雇佣关系,指导旅行社建立保障导游基本利益的薪酬制度,确保导游的基本工资、津贴和合理补贴。应由旅游主管部门制定有关标准

和指导意见,规范旅游购物、餐饮、交通、住宿等消费返还回扣的管理,可以将这部分费用作为补贴集中返还旅行社,严禁导游个人私自拿回扣。

五、完善对旅游经营单位的资质审批考核工作

旅行社、导游、旅游景点及旅游购物、餐饮、交通、住宿等经营单位是旅游市场监管的主要对象,应区分不同情况实施有针对性的监管。对旅行社及导游,旅游主管部门应加强准入管理,按照大、中、小分类以及经营情况和承接业务范围的不同,在原有基础上制定更详细的标准和条件,实施不同的资质审批,实行严格的定期和不定期考核,适当提高旅游行业的准入门槛。对旅游景点及旅游购物、餐饮、交通、住宿等经营单位,各有关监管部门应该按照各自职责,在统一协调的基础上,进一步加强资质审批监管工作。

六、依法严厉打击旅游市场的违法违规现象

对旅游市场的违法违规现象,特别是无证经营、无证导游、诱骗游客、强迫消费、榨取暴利等行为,在查清事实、确定证据的前提下,应该按照有关法律法规及规定,予以迅速处理和严厉打击,并追究相关人员的法律责任。同时,应该积极依靠社会和新闻媒体的力量,加强监督,共同促进旅游市场的健康发展。

关于政府文化项目进行公开招标的建议

目前,我国正在推进文化大发展大繁荣,并且把文化产业作为一个支柱产业来发展。但是长期以来,各级政府都把文化作为一项事业来对待,缺乏必要的市场培育,以至于目前我国的文化产业市场化程度仍然很低,尤其是政府办文化的现象还很突出,政府垄断了文化市场上大部分的资源,不仅使得依靠市场生存的文化企业的发展受到了限制,而且对文化产业的长期发展也十分不利。

(1)政府垄断了大部分文化资源,不利于文化产业的市场体制建立。政府

办文化,对社会效益的追求远大于对市场效益的关注,原本应该成为市场主体的广大需求者的消费意愿得不到尊重。文化企业都忙于迎合政府的宣传需求,很少能顾及真正的文化消费者的需求,这样的恶性循环使文化产业成为政府的附庸,难以建立真正的市场经济体制。

(2)政府独自办文化容易脱离市场的实际需求,而沦为面子工程。虽然在政府部门从事文化事业的有很多是专业人士,但是他们毕竟不是创作第一线的人员,对于消费者的需求并不敏感,而身为政府工作人员,却容易受到政府做事风格的影响,容易为了政绩而办文化,把文化项目变成了面子工程。例如,目前全国各地办了很多的这个节、那个节,实际上就是这种思维的产物。

(3)政府垄断文化市场资源,容易滋生腐败。文化项目不像其他生产领域,在结果评估上存在一定困难,所以给了权钱交易以空间。个别负责政府文化项目的工作人员,不是从文化事业本身来思考如何做事,而是把项目给了自己的亲朋好友、关系户,甚至用于权力寻租,为自己谋取私利。这同样也扰乱了正常的市场竞争,让其他文化企业的市场生存空间越来越小。

鉴于以上种种不利于文化产业发展的因素,建议对文化项目实施采取公开招标的方式,作为推动我国文化产业发展的一项具体举措。

(1)重大文化项目公开招标。政府的主要职能是制定规划,而不是做具体事务,把具体事务性的工作交给市场去做,这样可以扩大文化市场的规模,有利于文化产业做大做强。

(2)文化项目招标应主要考察创意效果,降低资金、设备门槛。文化企业最核心的竞争力是智力,尤其中小型文化企业,在资金、设备等方面没有优势,但是在创意方案方面和大企业是平等的,甚至有许多创新的想法都来自中小企业。因此,政府在进行文化项目招标的时候,应该更多地考虑方案的创新性,尽量降低竞标的资金、设备门槛,这样才能让更多的有活力的中小型文化企业有更广的发展空间。

(3)文化项目的方案评标不同于生产型企业,除了需要专家进行专业性评比外,还应该充分考虑社会影响和社会效果的因素,因此,最终消费这些文化产品的消费者应该也有投票权。这是因为,政府的这些文化项目归根结底花的是纳税人的钱,名义上是为了丰富老百姓的文化生活,所以应该充分考虑最终消费者的意见。

关于进一步完善政府微博功能作用的建议

如今，微博已经无处不在，亲朋好友、报刊媒体、央视春晚、名人明星无一例外地都已经加入织"围脖"的行列，越来越多的政府部门也相继开通微博，利用这一媒体新宠发布信息，与民众互动。以国内最流行的新浪微博为例，经过认证的政府部门微博大到省、市级政府及委办局，小到区、县级政府及街道办事处都可以被找到。应该看到，政府部门积极运用微博的举措值得肯定，也体现了政府部门顺应信息时代发展趋势的态度。

不过，开微博容易，用好微博难。目前，绝大多数政府部门的微博只注重信息发布功能，开设微博的也往往是政府新闻办公室，实际上微博变成了又一个政府信息发布平台，既没有发挥微博的优势，又和上一波政府触网浪潮的产物——政府公众信息网的功能重复。例如，有的政府微博发布的内容基本都是领导开了什么会、出席了哪些活动等枯燥的新闻内容；有的政府微博为了完成规定的发布数量，直接剪切粘贴了大量工商办事指南等规章条例和程序文件，对于网友的留言也往往不做回复或仅仅做机械的回答。这样的微博只是重复政府公众信息网已有的新闻发布、规章制度查询、办事指南查询等功能，而且由于微博的字数限制，同样的内容在微博上不得不分成多个片段发布，内容碎片化，效果反而大打折扣。

其实，要想利用好微博，就必须要充分了解并利用好其特性。微博作为一种新媒体，具有信息浓缩、传播速度快、传播范围广、互动性强等优势。为此建议政府微博应在以下四个方面加以完善。

第一，简短明确。 每条微博有字数限制，必须长话短说、直达要点，这也使用户可以便捷地快速阅读。政府部门在发布微博时也需要保持简短明确的风格，长篇大论不适合微博发布，将博文分割成多个片段依次发布更是不可取。即使有必要发布大篇幅的文字，在微博中也只需以几句话概括中心内容、提出观点，然后附上全文的链接，供有兴趣的读者详细阅读。这方面，"香港政府新闻网"的微博做得比较好,虽然该微博只以发布新闻为主,但其发布的微博都以一两句话概括新闻要点,在最后附上全文的链接。

第二,注重时效。快速及时是微博广受欢迎的主要原因之一,而微博对突发事件的报道总比搜索引擎或新闻网站更快。如2011年日本大地震,在短短几分钟内微博上便有大量用户发布来自现场的文字和图片等报道。因此,政府部门发布的微博内容也必须有很强的时效性,类似规章制度、办事流程等内容更适合在公众信息网发布。这方面,上海公安局2011年在微博发起的"清明安全出行"活动值得提倡,该活动充分利用微博信息传播快的特点,发布各条扫墓线路的即时交通状况并附上监控摄像头的截图,十分受欢迎。此外,在突发事件中,政府微博的作用特别值得重视。遇到突发事件,如果官方没有及时表态,谣言或虚假信息将会迅速充斥整个网络,如果能在第一时间发布准确的信息,则能解答民众的疑惑。因此,微博使用得当,既能避免虚假信息传播,又是政府进行突发事件危机管理的重要手段。在日本核电站泄漏危机出现后,不明真相的群众听信谣言纷纷抢购食盐,在微博上也有食盐供应紧张的信息被转发,但微博系统及时发出辟谣通知,并注册了"微博辟谣"专用账号,及时发布官方真实信息,避免了谣言的继续传播和进一步的社会恐慌情绪。

第三,创新形式。微博传播的范围广、速度快,且没有地域限制,用户发布的一条微博其粉丝会收到即时通知,粉丝如果转发立刻又会传递到下一层粉丝,假设每个用户平均有100个非重叠粉丝群,第二层粉丝数目就有1万,第三层就有100万,可见一条受欢迎的微博传播范围轻易就能达到百万甚至千万用户的数量级。但是,一条微博要被层层转发,就必须要有吸引人的内容或创新的形式。在内容方面,由于政府部门在发布时不如个人微博那么随意,可选择空间比较小,因而可以在形式上进行创新。例如,云南省人民政府新闻办的官方微博"微博云南"在"云南青年五四奖章"评选活动中采用了有奖征稿,只要按要求原创的相关微博内容被转发超过20次以上就有机会中奖,而且奖品是当时流行的某款智能手机,此举措充分激起了群众参与的积极性,达到了广泛传播和宣传该活动的目的。

第四,双向沟通。每条微博都可以被任何人评论和回复,相关用户还会即时收到通知,因此微博的互动性非常强。这一特点有利于政府部门加快转变职能,加快建设责任政府和服务型政府。因此,除了政府部门的新闻发布机构外,还应该将更多直接面对人民群众的窗口部门结合到微博的平台上来,将微博从单一的信息发布转变到政府部门发布信息、群众提出疑问或建议、政府部门解答疑问并改善服务的良性循环上来。

关于对信息犯罪和不实信息零容忍的建议

随着信息化技术应用的日趋广泛,利用现代信息技术从事违法犯罪活动或者一些不实信息广泛传播的现象也日益增多。人们的手机中每天都会收到各种从事违法犯罪活动的短信,如贩卖假文凭、假发票,贩卖非法跟踪技术,提供非法金融信息,以及公民个人信息买卖十分猖獗,大量的公民个人信息被当作商品买卖,使得人们不时地受到电话、短信骚扰,甚至还会被少数犯罪分子利用作案,存在极大的安全隐患。同时,一些不实信息在网络上传播,口水仗不断,甚至以讹传讹,使得人们难以辨别真假,而传播不实信息者也得不到应有的处罚。

由于现代信息技术的覆盖面极广,信息传播速度极快,传递成本极低,因此,利用现代信息技术从事违法犯罪活动,不仅欺骗性大、后果严重,而且容易演化成为严重的社会问题和社会不安定的因素。在这种情况下,打击信息犯罪活动,杜绝不实信息传播,不仅应该露头就打,而且应该实行零容忍。为此提出如下建议:

(1) 对从事违法信息传播的个人和机构,要始终保持零容忍的高压态势。在现实中,凡有此类违法行为的信息工具,一律采取封号的行动,并对相关的个人和机构进行严惩。

(2) 不断推进信息工具实名制进程,在此基础上实行严格的黑名单制度,一旦实名制制度下的个人、机构从事违法信息传播活动,即列入黑名单,并据此对其后续行为进行严格管制和限定。

(3) 加大对从事违法信息传播行为的处罚力度,极大提高其违法成本,对有多次不良记录的主体,以累计法统计其违法行为造成的后果,据此追究其法律责任。

（4）建立违法信息传播主叫号码投诉处理记录体系,确保被投诉的号码不再重复出现,以此提高民众参与打击信息犯罪的积极性。同时,强化网络警察对此类行为的监督和限制职能。

（5）公安部门应加大对公民个人信息买卖市场的打击力度,与此同时,也应像宣传防止电信诈骗那样宣传防止公民个人信息泄露,要形成声势,以提高公民对保护个人信息重要性的认识。

（6）对于在网络上传播不实信息的人员或者机构,一旦发现应该一查到底,决不姑息,要坚决按照相关的法律法规对传播不实信息者进行必要的处罚,并且记录到个人的诚信档案。

（7）对相关机构的工作人员要加强职业道德教育,不可随意泄露公民个人信息,坚决抵制那些通过获得个人信息来牟利的不良行为,一经发现,严肃查处,情节严重的应移送司法部门惩处。同时,公民个人在生活中要做好防范工作,也不要随意泄露个人信息。

第二篇

参加第十二届全国人民代表大会的议案和建议

第六章

第十二届全国人民代表大会第一次全体会议

（2013年）

关于修改《拍卖法》部分条款的议案

★ 案由

近年来，全国的拍卖行如雨后春笋般冒出，全世界的拍卖行加起来不敌中国的十分之一，但全国几万家拍卖行的诚信度不如一家国外拍卖行的信用。假拍，拍假，骗取鉴定费、图录费、佣金费等行为时有发生。同时，现行《拍卖法》的部分条文与社会公共伦理相悖，为拍卖行业造假、售假提供了机会。因此，尽管《拍卖法》对我国拍卖行业的发展起到了积极的推动作用，但是《拍卖法》的一些具体规定同形势的发展也出现了不相适应的情况。

★ 案据

目前，我国的拍卖行业发展很快，人们对拍卖行的依赖也越来越多。同时，人民群众对净化拍卖市场的呼声很大，各类艺术品投资者迫切需要规范拍卖行为。因此，为了杜绝和减少赝品横行，推动整个艺术品拍卖市场健康有序地发展，对《拍卖法》部分条款进行必要的修改，不仅可以适应拍卖市场发展的形势，而且进行修改的时机已经到来。

★ 方案

一、修改《拍卖法》第 61 条第二款,原规定为拍卖行业造假、售假提供了空间,应当予以修改

《拍卖法》第 61 条第二款规定:"拍卖人、委托人在拍卖前声明不能保证拍卖标的真伪或者品质的,不承担瑕疵担保责任。"因此,只要拍卖行事先声明对拍卖品的真伪或品质不承担瑕疵担保责任,即使买家拍买到赝品,拍卖行也无须承担法律责任。于是,有人利用该法律漏洞进行欺诈,将赝品当真品进行拍卖,不仅给受害人造成巨大损失,而且给整个拍卖市场造成了极大的诚信危机,最终扰乱了拍卖市场的健康发展。

同时,这一条款与《消费者权益保护法》第八条、第二十条规定消费者的知情权和经营者的诚实信用义务规定也相抵触。《消费者权益保护法》第八条规定:"消费者享有知悉其购买、使用的商品或者接受的服务的真实情况的权利。消费者有权根据商品或者服务的不同情况,要求经营者提供商品的价格、产地、生产者、用途、性能、规格、等级、主要成分、生产日期、有效期限、检验合格证明、使用方法说明书、售后服务,或者服务的内容、规格、费用等有关情况。"根据第二十条规定,经营者应当向消费者提供有关商品或者服务的真实信息,不得作引人误解的虚假宣传。

尽管古玩交易不同于一般的商品交易,很难做出保真,国际上也没有对拍卖行做出保真要求。但是,不能据此就放任其任意损害买家的合法权益。因此,建议《拍卖法》第 61 条第二款规定修改为"拍卖人、委托人在拍卖前不知道拍卖标的真伪或者品质的,不承担瑕疵担保责任。但拍卖人、委托人在拍卖前事先知道并故意隐瞒真伪或者品质、瑕疵,给买受人造成损失的,承担相应的刑事责任和民事责任。拍卖人、委托人在拍卖前恶意串通的,承担连带责任"。

二、修改《拍卖法》第 56 条第三款,流拍不得约定收取任何拍卖费用,对阻止拍卖行业造假、售假意义重大

《拍卖法》56 条第三款规定:"拍卖未成交的,拍卖人可以向委托人收取约定的费用;未做约定的,可以向委托人收取为拍卖支出的合理费用。"目前,拍卖行利用不能保证不拍假,任何专家也不能保证不走眼为由,进行假拍、拍假,骗取鉴定费、图录费、佣金费。因此,《拍卖法》的修改应从收费处入手,借鉴居间合同中居间不成的,中介公司不得收费的办法,通过立法规定拍品不成交不准收取任何费用,拍品只有成交后才能收取图录费、鉴定费等。这样,在市场经济规则下,任何企业不能够只赚不赔,而有诚信、有能力的拍卖行才能生存和发展,企业诚信的建设才能有动力。由此,建议第56条第三款修改为"拍卖未成交的,拍卖人不得向委托人收取任何费用"。

三、建立文物鉴定资质资格管理制度,并加快制定"文物评估认定条例"

据了解,目前国内的各级文物鉴定机构基本上不对社会公众开放,而是主要为文博单位提供服务,一般公民很难找到专业的、公正的文物鉴定机构。因此,建议省级以及以下的文物鉴定机构对普通公民开放,建立文物鉴定资质资格管理制度并制定"文物评估认定条例"。在条例中明确规定,对鉴定专家实行"一票否决制",即从专家库中摇号选取数名专家,让这些专家分别鉴定拍卖品,禁止专家之间互相通气等。

关于《城乡养老保险制度衔接暂行办法(征求意见稿)》的四项建议

党的十八大报告提出,要坚持全覆盖、保基本、多层次、可持续方针,以增强公平性、适应流动性、保证可持续性为重点,全面建成覆盖城乡居民的社会保障体系。人力资源社会保障部网站于2012年11月26日发布关于《城乡养老保险制度衔接暂行办法(征求意见稿)》公开征求意见的通知,并公布了《城乡养老保险制度衔接暂行办法(征求意见稿)》。

"征求意见稿"的推出,十分符合实际的需要。自城镇居民社会养老保险制度于2011年7月实施以来,在实践中,有一部分人已连续缴纳社会保险费一定年限,但又无力继续缴纳,不能满足退休条件。办理居民养老保险又意味着放弃已缴纳的社会保险费,因此面临两难的选择,处于无法办理的局面。因此,实现职保和城居保的衔接有着非常重要的实际意义,符合人民群众的实际需求,是一件大好事,也标志着我们国家的社会保障体系又前进了一步。为实现职保和城居保更好地衔接,提出如下建议:

(1)"征求意见稿"只规定了个人账户储存额的转移,没有提到工龄的折算问题,而在实践中,遇到较多的是有一定年限的工龄,但是职保没有缴金或缴金年限不够,无法办理退休。因此,建议在转入城居保时,要制定工龄如何转移计算,这是因为在职保中工龄是视同缴费的。应该认识到,工龄的折算问题实际上涉及许多人的实际利益。

(2)对于"征求意见稿"第八条中参保人员若在同一年度内重复参加职保、新农保或城居保的,其重复时段(按月计算,下同)只计算职保缴费年限,清退新农保或城居保重复时段缴费,并将新农保或城居保重复时段相应个人缴费(含集体补助)金额退还本人。但是,个人缴费的清退在实际操作中比较难以操作,也容易引起投保人的反感。为此,建议改成和第五条的规定一样,把新农保或城居保个人账户全部储存额并入职保个人账户,新农保或城居保缴费年限不累计计算或折算为职保缴费年限。这在实际操作中相对容易操作,而且投保人容易接受。

(3)针对目前城居保的缴费积极性普遍不高的现象,建议城居保个人账户储存额在转入职保账户中的时候,同时转入一部分的国家补贴(例如同时转入政府补贴的10%),希望通过这一措施提高居民参加城居保的积极性。

(4)针对目前城镇居民社会养老保险待遇在缴费和领取待遇期间都没有医保待遇,因此,建议政府部门尽快考虑城居保的医保待遇问题。

关于适时推行"弹性退休年龄"的建议

自 20 世纪 70 年代起,我国退休年龄定为男性 60 周岁、女干部 55 周岁、女工人 50 周岁,这个规定执行迄今约 40 年没有变过。目前来看,一方面,随着我国人民平均寿命的提高,一些老人仍然以各种方式在贡献着余热;另一方面,我国于 1999 年开始迈入人口老龄化社会行列,至 2011 年末,全国 60 岁及以上老年人口的数量已经占全国总人口的 13.7%,随着老龄化程度不断提高和老年人口数量不断增加,其影响正在社会生活各个层面显现,其中社保远期支付的压力和资金缺口将越来越大。

在如此大背景下,适当推迟我国公民的退休年龄是大势所趋。但是,推迟退休年龄是一件事关我国公民宪法权利,特别是涉及劳动者的劳动权和休息权的大事,必须慎重再慎重。为了使我国公民退休年龄政策调整的社会效益最大、矛盾最小,建议适时推行"弹性退休年龄"的政策。具体建议如下:

(1) 政府不以"一刀切"的方式实施公民退休年龄的延长,但可以适度进行鼓励延长退休年龄的舆论宣传。目前的退休年龄可以成为法定最早的退休年龄,这个年龄也非提早退休年龄。

(2) 政府对延迟退休年龄做一些硬规定,但是必须由劳动者本人自主决定是否延长退休年龄,如有延长意愿,与用人单位协商,取得一致后即可延长。选择何时退休,放权给劳动者和用人单位,是因为岗位对人的任职和能力要求有所不同,例如以脑力劳动为主的岗位更适合延长退休年龄。

(3) 劳动者超过法定最早退休年龄后继续就业,社会保险的缴费基数可以为上一年社会平均工资水平,以降低员工和用人单位的社保负担。

(4) 国家逐步健全和完善配套的保障机制,如老龄劳动者加班的限制、工作环境及条件的保证、劳动强度的适应机制、体检及医疗报销等福利保障。

(5) 如果延迟退休的劳动者的规模达到一定的比重,可以适当提高晚退劳动者的养老金发放标准,以提高劳动者选择晚退休的积极性和接受度。

(6) 在社会较广泛接受的情况下,国家可以制定新的法定退休年龄。但是,延迟退休年龄的政策取向,既要听专家的意见,也要听劳动者的意见,男女老少都要涉及,各行各业各地均要有所顾及,尤其要把群众真实的想法反映到政策调整中。

(7) 调整制定新的法定退休年龄的时候,一定要通过全国人大的授权,才能推出实施。

关于我国困境儿童救助的建议

社会上需要救助的未成年人一般被称为"困境儿童"。具体说来,困境儿童包括残疾儿童、弃婴或孤儿、流浪儿童、被拐卖的儿童、童工、遭受性剥削的儿童、遭受暴力的儿童(包括身体暴力、精神暴力和性暴力等)、药物滥用或吸烟的青少年或儿童、受到艾滋病影响的儿童、贫困家庭的儿童、来自犯罪人员和吸毒人员家庭的儿童,以及犯罪或正在接受改造的青少年等。目前,国内困境儿童的救助主要体现在孤儿和流浪儿童的救助。

民政部称,近期各地民政部门正在对个人和民办机构收留孤儿情况进行全国性大排查,在排查基础上,对个人和民办机构收留孤儿分类安置。民政部还表示,下一步将积极推动修订完善相关法律制度,进一步鼓励公民收养;推动出台儿童社会福利条例,健全儿童福利保障体系;继续实施"儿童福利机构建设蓝天计划",在人口大县建设一批儿童福利机构,其他县在社会福利中心建设儿童福利部,全面提高孤儿收留养育能力。为此,提出如下建议。

(1)在立法上进一步明确政府机构、个人和民办机构之间的相应责任关系,同时推进少年审判庭的受案范围,将受案范围普遍拓展到涉及未成年人权益或违法犯罪行为的民事和行政案件。

(2)在国家和省地级政府预算中,应明确困境儿童救助和权利保障方面的经费预算,并根据具体情况逐渐调整到合理的范围。

(3)根据国际上通行的做法,各级儿童救助和权利保障机构应与其他民政机构形成相对的独立性,并在此基础上,实现各级各类机构的充分设置。

(4)对非政府组织的设立,需要降低门槛、减少审批程序,在做好监督的前提下尽量减免社会企业的税收(包括对捐赠物资的征税),扩大补助范围和力度。

(5)在发展数量的前提下,各级各类机构的专业化水平也要相应提升。当前国内儿童救助和权利保障机构多侧重于残疾儿童,在专业化的过程中应进一步惠及父母无工作的儿童、存在家庭问题和心理问题的儿童以及有违法犯罪行为的未成年人等。同时,要加强对各级各类机构相关工作人员的专业化培训,提升工资福利以及社会地位。

(6) 在各级机构与其他民政机构相对独立的同时,保证它们与民政、卫生、社保等政府机构的协调合作,同时建立完善将医保、社保划入各类机构定向运作的体系,而无须再单独发放孤儿基本生活费或单独申请低保。

(7) 建立信息更为完整、公开、透明的数据库,设置国家和省市级网站,将相关法规上线,提供在线咨询,设立儿童和家长求助咨询电话等。

(8) 在受救助的儿童成年后,根据目前国家的孤儿保障制度,他们的就业、住房是有制度安排的,需要在此基础上加强他们的知识学习、职业培训,并对他们融入社会进行积极引导,避免区别化待遇,防止受救助儿童成年后社会交流的狭隘和能力的单一。

(9) 解决好困境儿童救助和权利保障,不仅仅是民政系统的工作,还会涉及"三农"问题、城市外来人口问题、民族问题、教育问题,最主要的还是经济发展带来的社会结构改变的问题。因此,需要政府各部门的统筹协调。

关于加强废旧手机回收管理的建议

我国作为世界上最大的手机生产国和消费国,手机用户已超过 10 亿户,手机更新换代以及人们更换手机频率的加快,导致每年报废的手机数量十分惊人。这些旧手机放在家里没人用,扔掉又觉得可惜,卖给一些流动回收的小摊贩,担心旧手机当中的个人信息会泄露,又担心随意处置废旧手机会对环境造成极大的危害。据资料显示,一块手机电池中的铅、汞、镉等化学物质流失进入土壤会污染环境,其污染量相当于 100 块普通干电池,可严重污染约 6 万升水。但是,由于观念、技术和管理等原因,我国废旧手机回收率极低,仅为 1% 左右。全国各地的网络运营商曾开展过手机回收活动,但国民反应冷淡,回收的手机寥寥可数,大量废旧手机被随意丢弃或流向二手市场,对环境、资源和社会造成不利影响。为此,提出如下建议。

(1) 建议采用两种模式的高效、规范的回收机制。 第一种,市政模式。由环保部门与手机制造企业联合举办专门的手机垃圾定期或不定期回收活动,将回收的废旧产品运往指定的加工再循环企业进行资源回收。第二种,销售商模式。由制造商通过其销售网点和售后维修网点,利用以旧换新、有偿回收的方式开展废旧产品的回收。目的是建立一个比较完善的、更系统的回收体系,同时还要完善废旧手机回收处理的实施细则。

(2) 建议协调好政府、制造商、零售商与用户间的利益关系。 政府应尽快研究并建立手机以旧换新回收机制,逐步扩大手机回收规模,鼓励组建专业的废旧手机回收处理公司,并且实行市场化运作。同时,鼓励手机企业相互协作,推动产业化回收,促进手机生产、销售、回收及再利用的良性循环。鼓励以有偿原则为主的多元回收。比如,用户每交来一部废旧手机,运营商给其一定数额的充值卡,或在使用满一定年限后免费以旧换新,或可通过和手机厂商、运营商一起合作,加大废旧手机的补贴力度。

(3) 建议政府研究制定各类限制条例及扶持政策。 可以建立废旧手机专项回收资金,专项资金既可用于废旧手机回收处理各个环节的参与者,还可用于支持废旧手机处理的技术研发和技术改造。同时,禁止未经有关部门认定的机构、个人自行收购和收集电子垃圾;禁止未经环保部门批准、不具备条件的企业,特别是小工厂对电子垃圾进行有害处理,扶持专门的电子垃圾无污染回收再利用企业的发展。

(4) 建议建立二手手机的认证制度和二手手机市场。 在英国、德国等许多发达国家,有专门的二手手机制造公司处理回收的废旧手机,能用的进行翻新,不能用的进行无害化处理。因此,可以积极创造条件,建立废旧手机回收利用的处理规程、二手手机的再制造与销售,以及正规专业的二手机市场,从而避免二手手机流入非法商贩手中而造成环境的破坏,这对解决我国废旧手机这个"鸡肋"大有裨益。

(5) 建议建立废旧手机的公共回收平台。 政府或手机生产商可以充分利用网络平台的优势和便利,建立统一的废旧手机回收平台,设定便捷的回收热线电话。任何有废旧手机的用户,均可以登录该平台或者拨打热线,留下个人联系方式及地址,到时候由专门的机构统一回收,进一步解决废旧手机回收和个人处理废旧手机的困难。

（6）**建议加强社会组织的宣传工作。**通过社会公益组织在中、小城市以及城镇、农村进行阶段性的宣传，可在社区或居委会公告栏上贴海报做宣传，在人群集中点进行宣传，提高居民的环保意识，鼓励民间环保组织开展废旧手机的回收宣传活动，从而使得手机回收的概念能够深入人心。

第七章
第十二届全国人民代表大会第二次全体会议

关于制定"清洁空气法"的议案

★ **案由**

近年来频繁出现的雾霾天气，不仅给大气污染防治敲响了警钟，而且对大气污染立法工作提出了新要求。

★ **案据**

现行的《大气污染防治法》已经执行了近 14 个年头，在立法的指导思想、防治措施、公民的参与度、违法行为惩处力度等方面已不能适应现实需要，亟须修订完善。

★ **方案**

一、将《大气污染防治法》更名为"清洁空气法"具有现实性和紧迫性

《大气污染防治法》顾名思义就是对大气可能产生的污染进行防止，防止其产生污染，只要污染不超标即可，指导思想是防御性的；而"清洁空气法"顾名思义不仅对大气可能产生的污染进行防止，而且要对污染可能产生的温床进行治理，从改善经济结构和转变经济发展方式的高度来治理大气污染。

从我国的现实来讲，仅仅靠防御来治理产生的污染远远不够，治标不治本，只有对污染可能产生的温床进行治理，唯有用"重典"才能从根本上改变我国现在的严重大气污染情况。因此，将《大气污染防治法》更名为"清洁空气法"，并对立法的指导思想、防治措施、公民的参与度、违法行为惩处力度等方面进行全面修改，这对解决我国严重的雾霾天气具有重大的现实意义和紧迫性。

二、向大气排放污染物的单位，不仅要依法进行申报，而且要公示，接受社会的监督

《大气污染防治法》第十二条中应增加一个条款："上述申报内容必须依法公开，接受社会的监督。任何公民、单位、团体有权向县级以上地方人民政府环境保护行政主管部门提出建议或意见，县级以上地方人民政府环境保护行政主管部门依法对向大气排放污染物的单位进行调查、处理，对调查、处理结果予以书面答复。"

增加该条款的目的就是为了增强公民和全体社会成员积极参与环境保护的意识以及参与的途径，监督大气排污单位更好地履行法定环保义务。

三、建设项目的环境影响报告书，应评估对周边居民产生的影响并接受监督

《大气污染防治法》第十一条规定："建设项目的环境影响报告书，必须对建设项目可能产生的大气污染和对生态环境的影响作出评价，规定防治措施，并按照规定的程序报环境保护行政主管部门审查批准。"应修改为"建设项目的环境影响报告书，必须对建设项目可能产生的大气污染和对生态环境及对周边居民的影响作出评价，规定防治措施，并按照规定的程序报环境保护行政主管部门审查批准"。

建设项目可能产生的大气污染对生态环境影响很大，但直接影响最大的是周边居民。周边居民与建设项目有直接的利害关系，因此，增加对周边居民的影响作出评价内容，且让周边居民参与监督生态环境的保护，对防范可能产生的大气污染具有十分重要的现实意义。

四、法律责任条款中应当提高超标排放、违法排放、大气污染事故等违法事项法律处罚的上限

有关提高超标排放、违法排放、大气污染事故等违法事项法律责任条款"责

令停止违法行为,限期改正,给予警告或者处以五万元以下罚款"应修改为:"责令停止违法行为,限期改正,给予警告或者行政处分,并处以二十万元以下罚款。"

《大气污染防治法》对违法者的处罚力度太低,造成违法成本低,使得《大气污染防治法》没有得到很好的贯彻,因此,只有加大对违法者的处罚力度,才能使大气污染得到有效控制。

五、建议在立法中增设专项条款,支持因大气污染而提起的公益诉讼

在环境受到或可能受到污染和破坏的情形下,为维护环境公共利益不受损害,公民或者法人(特别是非政府组织)出于保护公益的目的,针对损害公共环境利益的行为,可以向法院提起的环境公益之诉。

国外大量的实践证明,这项制度对于保护公共环境和公民环境权益起到了非常重要的作用,因此,在我国目前大气雾霾严重的情况下,引入环境公益诉讼非常有必要。

关于加快制定"农村集体经济组织法"的建议

★ 案由

农村集体经济组织是我国社会主义公有制的有效实现形式之一,承载着保障9亿农民基本经济权益,促进农业稳步发展、农村和谐稳定的重大经济社会功能。党和政府长期坚持发展农村集体经济的政策取向,但这一政策预期在实践中未能很好地落实,究其原因主要是缺乏法律保障。上海、北京、广东、江苏、浙江等地的实践表明,如不尽快采取有力措施加快立法进程,健全农村集体经济组织,将使亿万农民丧失维护自身合法经济权益的法律保障,丧失长久获得农村集体资产收益分配的合法权利,丧失以清晰产权归属为前提巩固农村基层政权和执政基础的基本载体。

★ **案据**

当前,加快农村集体经济组织立法进程,赋予农村集体经济组织法人地位,营造与其他所有制经济主体同等受法律保护和支持的体制机制、政策环境,对于维护亿万农民基本经济权益、稳步探索农村集体经济有效实现形式都有重大的意义。

一、巩固劳动群众集体所有制,稳定完善农村基本经营制度的需要

我国《宪法》等法律法规明确规定了农村集体经济组织的所有制性质、经营体制、管理权能。《宪法》第六条第一款规定:"中华人民共和国的社会主义经济制度的基础是生产资料的社会主义公有制,即全民所有制和劳动群众集体所有制";第八条第一款规定:"农村集体经济组织实行家庭承包经营为基础、统分结合的双层经营体制。农村中的生产、供销、信用、消费等各种形式的合作经济,是社会主义劳动群众集体所有制经济";第八条第三款规定:"国家保护城乡集体经济组织的合法的权利和权益,鼓励、指导和帮助集体经济的发展";第十七条第一款规定:"集体经济组织在遵守有关法律的前提下,有独立进行经济活动的自主权。"《物权法》第五十九条规定:"农民集体所有的不动产和动产,属于本集体成员集体所有。下列事项应当依照法定程序经本集体成员决定:(一)土地承包方案以及将土地发包给本集体以外的单位或者个人承包;(二)个别土地承包经营权人之间承包地的调整;(三)土地补偿费等费用的使用、分配办法;(四)集体出资的企业的所有权变动等事项;(五)法律规定的其他事项。"

我国现行农村基本经营制度是实行以家庭承包经营为基础、统分结合的双层经营体制,其组织基础是以特定行政区划集体经济组织作为资产所有者和管理经营者,将包括土地等自然资源在内的集体资产发包或承包经营,这是坚持社会主义劳动群众集体所有制,适应社会主义市场经济体制,符合农业生产特点的现行制度安排、政策导向的出发点和落脚点,是党的农村政策的基石,必须毫不动摇地坚持。发展壮大农村集体经济,加快集体经济组织立法进程,对于落实社会主义市场经济平等保护原则,落实党的十七届三中全会关于"要稳定和完善农村基本经营制度"和"发展集体经济、增强集体组织服务功能"的基本要求,意义重大。

二、维护亿万农民基本经济权益，加强和创新农村社会管理的需要

农村集体经济组织是维护农民基本经济权益的组织载体。《物权法》第五十九条规定："农民集体所有的不动产和动产，属于本集体成员集体所有。"第六十三条规定："集体所有的财产受法律保护，禁止任何单位和个人侵占、哄抢、私分、破坏。"《农村土地承包法》第五条第一款规定："农村集体经济组织成员有权依法承包由本集体经济组织发包的农村土地。"《土地管理法》第四十九条规定："被征地的农村集体经济组织应当将征收土地的补偿费用的收支状况向本集体经济组织的成员公布，接受监督。"从以上规定可以看出，现行法律对于农村集体资产的产权主体规定是十分明确的，即本集体所有成员共有，而不是任何其他组织或个人所有。对于集体财产的占有、使用、收益和处分等权能的行使，都应通过集体经济组织成员，而不是包括村民会议在内的其他任何组织或个人。"集体经济组织成员"这一概念的基础是所有制关系。在 20 世纪 50 年代中期的农业合作化运动中，农民自愿联合，将各自所有的生产资料（土地、较大型农具、耕畜）投入集体所有，由集体组织农业生产经营，农民从事集体劳动，各尽所能，按劳分配，从而形成了现行《宪法》中劳动群众集体所有制的原型。由此来看，集体经济组织成员身份的认定与其和集体财产之间紧密联系在一起，应当是指农村村组共有土地等集体资产，并分享其经营收益的经济主体。由于历史变迁、辖区变更、人口变动、资源确权，特别是随着城乡一体化的发展，城乡人口流动性增强，集体经济组织成员与村民已经不能重合，两者的权利、义务也不相同，集体经济组织成员资格的确认已成为社会广为关注的焦点，甚至是矛盾纠纷的重点。而要确认和维护农村集体经济组织成员享有的土地承包经营权、宅基地用益物权和集体经济收益分配权三大经济权利，其前提是应有健全的集体经济组织和成员资格认定的法律依据。

2010 年新修订的《村民委员会组织法》第十三条将村民选举资格明确为：（一）户籍在本村并且在本村居住的村民；（二）户籍在本村，不在本村居住，本人表示参加选举的村民；（三）户籍不在本村，在本村居住一年以上，本人申请参加选举，并且经村民会议或者村民代表会议同意参加选举的公民。换言之，村委会事实上拥有了集体经济组织的管理经营权，而如果简单按照上述村民选举资格的三条规定执行，势必扩大原有村民（集体经济组织成员）资格的范围，进而

很有可能侵犯"名副其实"的集体经济组织成员的利益,与原有村民形成利益冲突,影响农村社会稳定。因此,加快农村集体经济组织立法进程,明确法人地位,明晰成员的组成结构和资格的取得、退出机制,是切实保障亿万农民基本经济权益的基础。

三、建立完善农村基层组织治理结构,促进基层党风廉政建设的需要

农村集体经济组织与村"两委"属于性质不同、权能不同的组织。村级党组织是执政党在农村的基层组织,《中国共产党农村基层组织工作条例》第二条规定:"乡镇党的委员会(以下简称乡镇党委)和村级党组织(含总支、党委,下同)是党在农村的基层组织,是党在农村全部工作和战斗力的基础,是乡镇、村各种组织和各项工作的领导核心。"第九条第三项规定:村级党组织的职责之一是"领导村民委员会、村集体经济组织和共青团、妇代会、民兵等群众组织,支持和保证这些组织依照国家法律法规及各自章程充分行使职权"。第十一条第四项规定:"村级党组织领导和支持集体经济组织管理集体资产,协调利益关系,组织生产服务和集体资源开发,逐步壮大集体经济实力。"村民委员会是以办理公共事务为重点的基层组织,新《村民委员会组织法》第二条规定:"村民委员会是村民自我管理、自我教育、自我服务的基层群众性自治组织","办理本村的公共事务和公益事业,调解民间纠纷,协助维护社会治安";第八条规定:"村民委员会应当尊重并支持集体经济组织依法独立进行经济活动的自主权,维护以家庭承包经营为基础、统分结合的双层经营体制,保障集体经济组织和村民、承包经营户、联户或者合伙的合法财产权和其他合法权益。"

农村集体经济组织是以土地等集体所有资产为纽带,承担土地承包、资源开发、资本积累、资产增值等集体资产管理经营服务等经济事务的基层组织,具有村级党组织和村民委员会的不可替代性。现实中存在的村集体经济组织不健全、由村民委员会代行其职能的状况,是深化农村改革发展亟待解决的问题。《物权法》等法律之所以作出"属于村农民集体所有的(资产),由村集体经济组织或者村民委员会代表集体行使所有权"的规定,主要是从适应农村集体经济组织不健全的实际、为巩固农村基本经营制度和农村社会稳定而明确的,但绝不意味着要取而代之。因此,进一步明确农村集体经济组织及其成员的权利义务,明确村级党组织、村民委员会、村集体经济组织三者的职能,依法保障其有

效运行,有助于建立"分工协作、各司其职"的村级组织治理结构,在保证村党支部的领导核心地位和村委会依法独立行使村民自治职权的同时,尊重村集体经济组织的经营管理权,既独立运作、相互合作,又相互制约。

促进基层党风廉政建设,是健全农村基层民主、维护农村社会稳定的重要基础。《中共中央办公厅 国务院办公厅关于健全和完善村务公开和民主管理制度的意见》强调,要"加强对农村集体财务的审计监督",重点"要加大对集体土地征用、集体企业改制、'村改居'和并村过程中集体资产的处置"等事项的审计力度。从近年来的农村信访情况看,许多是由于越俎代庖擅自处置属于集体经济组织的土地等财产引发的,在很大程度上是由于集体经济组织不健全、集体产权归属不清造成的。因此,加快农村集体经济组织立法,明确集体资产产权关系,将有效减少镇村干部越权违法违纪等行为的发生,从法律上促进农村基层党风廉政建设。

四、发展壮大农村集体经济,构建新型农业社会化服务体系的需要

根据有关法律,农村集体资产主要包括:法律规定属于农村集体所有的耕地、水面、滩涂等自然资源,农村的宅基地等的产权,通过公共积累、投资投劳所兴办的集体企业资产和兴建的建筑物、构筑物以及购置的交通运输工具、机械、机电设备等财产,各级农村集体经济组织及其企业所拥有的现金、存款、有价证券等。相对40多万亿国有资产而言,集体所有制资产是中国最大的资产,如果进行科学评估,很可能将数倍甚至数十倍于国有资产。然而,这些庞大资产的所有者、管理者——集体经济组织却长期面临法人地位缺失甚至名实皆无的窘境:无法在工商部门登记取得经营资格并独立开展经济活动,不能在国家质量技术监督部门取得组织机构代码证,难以从金融部门获得贷款和在税务部门申请购买税票,等等。这些都限制了农村集体经济组织的民事权利和行为能力,难以合法地作为市场主体独立从事经营活动而稳步发展壮大。因此,加快农村集体经济组织立法进程,明确集体经济的市场主体地位势在必行、迫在眉睫。

★ 方案

结合上海等省市区的实际,推进农村集体经济组织立法的基本思路是,先由国务院制定"农村集体经济组织条例",在此基础上根据实施情况修改完善,

最终形成"农村集体经济组织法"。立法的主要内容如下。

一、明确法律地位

要将村民自治组织和农村集体经济组织分开,并分别赋予不同的法人主体地位。村民自治组织不是政权组织,尽管接受委托办理某些事务,但是以乡镇政府的名义办理,是一种行政委托关系,不是直接行使行政权。所管理的村事务,法律已明确为公共事务和公益事业。因此将村民自治组织定义为,是指依法办理与村民利益相关的村内公共事务和公益事业,协助基层政权办理部分委托事务,实现村民的自我管理、自我教育、自我服务和自我发展的组织。而考虑到农村集体经济组织发展的历史继承性,可以明确农村集体经济组织的定义为,是在农村集体所有制基础上建立的,以土地为核心、以资产为纽带的集体生产资料所有权的代表者,是农村集体经济的组织载体,也是独立的经济组织实体。

二、明确职责权限

自治组织和集体经济组织的职能是完全不同的。前者是农村公共事务管理者,而后者则是农村集体经济的经营者,两者的性质、宗旨都不同。作为公共事务者,自治组织受村民授权的宗旨是从事公益事务,不具有营利性,不承担市场风险。而农村集体经济组织拥有农村集体资产,其目的是用集体资产实现农民的生产和福利,会开展经营活动并承担一定的市场风险,它与村民自治组织不应当存在管理与服从的隶属关系。农村集体经济组织是经济组织,其法人财产完全按市场法则运作,有其独立的运营模式;村民自治组织是准行政组织,其运行遵循政治规则。农村集体经济组织以利润最大化为目标,村民自治组织以服务村民、贯彻执行党和政府的政策法规为目标,这些应在立法中予以明确规定。同时应修改《村委会组织法》第五条的规定,删除村民自治组织有经济职能的规定。

三、规范运行机制

一是按照"因地制宜、区别对待、制定规则、稳步推进"原则,实事求是地确定农村乡镇、村(组)集体经济组织成员认定标准。二是建立健全农村集体经济组织产权制度,通过明确组织与成员的财产关系,建立以产权联结为纽带、成员共享发展成果、激励成员齐心协力共同发展集体经济的长效机制;明确农村集体经济组织乡镇、村(组)三级产权关系、其成员在各级农村集体经济组织存量财产上的关系和集体经济组织资本扩张管理制度、集体经济组织财产外部监督管理制度等方面的规定。三是明确农村乡镇、村(组)集体经济组织的机构设置、表决制度、"三资"管理制度、重大事项公开制度、章程制度等管理制度。同时,还应明确农村集体经济组织的收益分配制度。

四、优化发展环境

一是加强国家对农村集体经济组织的政策支持。要实施财政、金融、税收、用地、项目等扶持政策,在财政支持项目上向农村集体经济组织实行倾斜和整合;要按照公共财政的要求,将乡村发展进一步纳入公共财政支持体系,剥离农村公共服务职能,减轻负担,使农村集体经济组织轻装上阵。二是理顺农村集体经济组织与村"两委"的关系。要将职能、机构、财务、资产等分开,以保障集体经济组织的独立运作。三是发挥政府及农经监管服务机构在促进集体经济发展中的职能作用。主要包括:明确农经管理部门负责农村集体经济组织的业务指导、服务和监督工作,以及农村集体经济组织证明书的颁发、审验、变更管理等工作;明确农经管理部门负责集体经济组织选举换届工作,实施"一对一"的个性化指导;强化农经管理部门对农村集体经济组织"三资"进行监督,抓紧开展清产核资,摸清家底;落实专管职能,强化农经管理部门对农村集体经济组织实施经济事务监督的责任;农村集体经济组织还应接受年度和阶段性审计,以确保财务情况的真实性。

关于推进我国家庭农场发展的八个方面建议

近年来,中央1号文件和三中全会都明确提出将家庭农场作为新型农业经营主体予以扶持发展。据农业部统计,至2012年底全国30个省、区、市(不含西藏)共有家庭农场 87.7 万个,经营耕地面积达 1.76 亿亩,占全国承包耕地面积的 13.4%。实践表明,家庭农场对于解决"谁来种地、谁来务农"问题、坚持和完善农村基本经营制度、建立和健全新型农业经营体系、提高劳动生产率与土地产出率以及农业经营主体市场竞争力都有重要作用,因此,家庭农场应该成为我国构建现代农业经营体系的骨干力量。

但家庭农场的发展应注意几点:一要避免行政推动。要坚持引导而不强迫,支持而不包办,更不能定任务、下指标、搞翻拍,一哄而上。二要因地制宜探索发展模式。各地根据资源禀赋、农业传统、现代化水平,合理确定家庭农场的适宜规模,防止"一刀切"。三要注重不同经营主体扶持政策的协调。各类扶持政策应兼顾平衡,避免厚此薄彼。为此提出以下八个方面的建议。

一、准确把握家庭农场内涵特征

主要有三个:一是以家庭为生产经营单位。以家庭成员为主要劳动力,以家庭为基本核算单位,雇工不超过家庭务农劳动力数量,主要为农忙时临时性雇工。二是以农业为主要经营对象。主要从事种植业、养殖业生产或种养结合的生产模式,以农业生产经营为主要收入来源。三是以适度规模经营为基础。应该与家庭成员的劳动能力相匹配,与取得相对体面的收入相匹配,与不同的行业、种植品种等相匹配。

二、准确把握家庭农场发展条件

主要条件:前提是农村劳动力转移,基础是土地有序规范流转,关键是农业机械化程度,后盾是地方财力不断增强,保障是农业社会化服务体系。

三、加大对家庭农场的支持力度

一是每年将良种补贴、农资综合补贴和农机具购置补贴的增量向种粮家庭农场倾斜,探索向种粮家庭农场免费供应良种、优惠价格直供农资,并优先提供农机具购置补贴,激励其购置农业机械和设备,从事农业专业化经营。二是加大对种粮以外家庭农场的补贴力度,将禽畜良种补贴、能繁母猪饲养补贴、动物防疫补助、测土配方施肥补助等政策,向专业家庭农场倾斜,加大补贴补助力度。

四、加强对家庭农场的农业保险支持

一是加强各个层面协调，在地方层面，鼓励制定支持家庭农场参加农业保险的特殊政策；在国家层面，实行差异化农业保险扶持政策，把家庭农场的设施农业以及大型农机具等纳入中央财政保险补贴覆盖范围，并加大补贴力度。二是探索建立政策支持的农业巨灾风险补偿基金，建立和完善农业巨灾风险分散机制，并且适当放宽风险补偿的条件。

五、解决家庭农场的设施农用地问题

一是有效利用好耕地和非耕地的使用，在现有土地存量上做好文章。二是提高农村建设用地使用效率。通过村庄规划和整治，坚持"农民地、农民用"原则，利用村庄内闲置地、节约的建设用地或复垦的土地，建设农机库、仓储设施等。三是地方政府在修订土地利用总体规划时，充分考虑到农业长远发展带来的设施农用地需求。四是探索仓库租赁或粮食银行等模式，解决种粮主体的储粮问题。

六、加大农业基础设施项目扶持力度

一是促进家庭农场规模经营的土地整理。国土资源部、财政部、农业部等多家实施的土地整理项目应该实行有效统筹，进行高标准农田建设，为家庭农场提供农业发展的基础条件。二要在农业综合开发、农田水利设施建设等项目安排方面，向家庭农场进行必要的倾斜，特别是针对基本农田开展灌溉排水、土壤改良、道路整治、机耕道、电力配套等工程建设，使其具备规模经营条件。

七、加快家庭农场人才培养和引进

一是大力加强新型农民培养。从国家层面制定中长期新型农民培养规划，大力发展农业职业教育，组织多种形式的农业技术培训，培养大批农村适用专业人才。二是探索建立职业农民资格认定办法、农业行业准入制度，并制定相应的扶持政策，引导农民参加培训、提升能力。三是加大外部人才引进力度。从政府补贴、社会保障、项目扶持、金融服务、土地流转、职称评定、上升通道、社会评价等方面创新制度和政策，吸引大中专毕业生和专业技术人员献身农业。

八、改善家庭农场发展外部环境

一是促进土地流转关系保持稳定。要研究完善土地承包权和经营权可分离的政策和法律,在保障土地承包权的同时,对土地经营权实行合法保护,《土地承包法》修订应该增加相关条文。二是对农民土地承包权实行物权化保护,消除农民对土地经营权流转的担心和顾虑,并辅以社会保障、非农就业、流转收益等方面的支持措施,让农民长期稳定地转出土地承包经营权。三是强化重点环节农业生产性服务。鼓励各类合作社、专业公司、公共服务机构等组织为家庭农场提供技术推广、农资配送、机械作业、统防统治、抗旱排涝、信息服务、产品销售等专业化服务。

关于推进我国跨境电子商务进口的建议

近年来,我国居民出境旅游、境外购物和代购国外商品正日益兴起。根据对外经济贸易大学奢侈品研究中心、财富品质研究院发布的《2013 中国免税报告》,2012 年国内居民境外旅游人数超过 8 300 万,购物消费金额达 1 020 亿美元,人均购物消费约为 7 300 元,且出境游人数和购物消费额都在以年均 20% 以上的速度增长,其中线上购买海外消费品的交易额为 600 亿元,年均增幅约为 100%。同时,境外购物的商品主要为皮具、名表、珠宝、香水、化妆品以及奶粉等奢侈品和日用消费品。

种种迹象表明,我国跨境电子商务呈现出强劲的发展势头。其主要原因有:一是相较于传统外贸,跨境电子商务具有海量商品信息库、个性化广告推送、口碑聚集消费需求、支付方式简便多样等优势,并且面对的是全球,市场潜力巨大。二是对消费者而言,基于电子信息技术和经济全球化的发展,人们坐在家里点点鼠标选择自己喜爱的商品,就可以通过跨境电子商务平台轻松地将其从国外带入自己家中,其便利性让人们对跨境电子商务的未来有很大的信心。三是对企业来说,可以通过互联网的创新模式,从在线供应链中获取新的生命力和利润空间。从这个意义上说,跨境电子商务不仅可以成为我国外贸创新的重要原动力,也是实现我国外贸转型升级的有效途径。

从跨境电子商务的发展势头来看,一是可以扩大进口,解决顺差过大的情况。目前,我国贸易顺差过大,不仅带来了人民币升值压力,而且对宏观经济运行和国际收支也带来了压力,因此,采取措施扩大进口,有利于控制贸易顺差过大、促进对外贸易健康发展和争取良好外部环境。二是可以满足国内消费者的合理需求。随着我国居民生活水平的逐步提高,对海外商品的需求已经变得越来越大,而通过个人物品方式进行的贸易量也非常巨大。本来,有很大一部分的消费和税收有可能留在国内,但目前的客观环境导致了国内外商品价格的巨大差异,消费者只能选择跨国消费。三是可以带来贸易增量。网络零售不仅能替代线下消费,还能大幅度释放新增消费潜力。根据 2013 年 3 月麦肯锡发布的《中国网络零售革命:线上购物助推经济增长》研究报告,约 61% 的线上消费确实取代了线下零售,剩余的 39% 则是如果没有网络零售就不会产生的新增消费。目前,跨境电商主要解决的是国内买不到、低价的问题,是贸易增量。四是可以给予消费者高效便捷的消费体验。一般贸易从海外到国内,要经过出口单据、发票、箱单、运输等多个程序,其高成本与低效率无法满足国内消费需求。网络交易平台通过整合商品成交信息、用户支付信息、跨境物流信息打造了一个服务于个人用户的全球网络直购平台,实现面向国内用户实施透明、阳光和便捷的跨境购物体验。

鉴于我国跨境电子商务发展迅速,现行管理体制、政策、法规及环境条件需要进一步完善。为此提出如下六项建议。

(1) 加快制定跨境电子商务进口的规划和政策。加强对发展跨境电子商务进口重要性的认识和发展战略的研究,并把发展跨境电子商务进口上升到新型产业发展的战略高度,并予以推动。同时,尽快制定形成发展我国跨境电子商务进口的整体规划,并及时出台一系列相关的配套政策。

(2) 实施"保税进口,行邮出关"的税收政策。企业以货物方式申报进口,进入保税区进行保税仓储,待网络订单生成后,以个人物品方式申报出口,由企业办理申报并缴纳行邮税。该办法将减少中间物流环节,提升物流速度,规范海外代购,满足消费者需求。由于行邮税平均税负较低,对跨境进口个人用品征收行邮税,有助于扩大进口量,更好地满足国内消费者的需求,并提高电子商务的服务效率。

（3）进一步优化进口环节管理。 要清理进口环节的不合理限制与措施，降低进口环节交易成本。要加快自动进口许可电子数据与海关的联网核查进程，提高联网核查效率，实现科学监管、有效监管。要加快网上跨境贸易平台与海关数据对接，利用电子商务天然的对于资金流、物流、商流的掌控能力，与电子商务企业共同建立统一的标准和流程。

（4）完善海关特殊监管区域和保税监管场所进口管理。 要鼓励企业在海关特殊监管区域和保税物流中心设立采购中心、分拨中心和配送中心，促进跨境贸易健康发展；要支持企业通过海关特殊监管区域和保税监管场所扩大相关商品进口。同时，要进一步规范海关特殊监管区域的流通秩序，营造公平的竞争环境。

（5）加快推动进口与国内流通衔接。 要鼓励支持国内流通企业参与国际贸易，支持具备条件的企业整合进口和国内流通业务，减少中间环节。要鼓励国内互联网企业建立跨境电子商务平台，参照国际通行做法，完善相关法律法规，支持跨境电商业务发展。对检验检疫合格的进口商品，进入国内市场流通后，国内其他单位不再检验、检测。

（6）适当调整部分商品进口关税。 在进一步扩大进口的背景下，应该根据国内经济社会发展需要，适当降低部分与人民群众生活密切相关的生活用品的进口关税，进一步扩大零关税商品范围。

第八章
第十二届全国人民代表大会第三次全体会议

（2015 年）

关于在《民事诉讼法》中增加特别程序以
确认独生子女继承法律地位的议案

★ 案由

1980 年我国决定实行独生子女政策，从第一批拿到独生子女证的孩子开始算起，他们已经是 70 后、80 后社会的主力军了，而他们的父母也逐渐到了退休年龄，甚至有的已经去世。对于父母均已去世的独生子女而言，存在着普遍的继承问题，但现行的法律空白造成独生子女的继承诉讼遇到司法救济难等法律障碍，而且这种情况今后还有进一步凸显的趋势。

★ 案据

目前，我国在独生子女继承方面的现行法律还存在着一些空白，突出表现在以下三个方面。

（1）无法确定被告，因而无法起诉立案。我国民诉法规定，立案的条件之一就是要有明确的被告。但独生子没有其他同为继承人的兄弟姐妹，父母又都去世了，他可以作为原告，但找不到对应的被告，因此，独生子女的继承案件无法立案起诉。

（2）无法通过诉讼途径，无法查明遗产继承。如果继承人是一个独生子女，又没有其他法定继承人的，还不清楚父母财产信息的，由于独生子女的继承案件无法立案起诉,因此,想通过诉讼途径查明遗产继承,几乎是不可能的。

(3) 独生子女继承只能公证不能诉讼是法律的不公平。遗产继承一般可以通过公证或者诉讼解决,而现实中独生子女继承只能公证而无法通过诉讼解决。独生子女作为平等诉讼的主体,理应享有与其他子女一样同等的诉讼主体资格,而事实上由于独生子女找不到对应的被告,因此,独生子女的继承案件无法立案起诉即丧失了诉权,这是法律对独生子女的不公平。

★ 方案

目前,我国民诉法规定的特别程序虽然可以没有被告,但也仅限于选民资格案件、宣告失踪或宣告死亡案件、认定公民无民事行为能力或限制民事行为能力案件和认定财产无主案件几类,对确认继承人继承身份的程序存在法律空白。在民诉特别程序中增加确认独生子女继承案件条款有利于独生子女依法享有继承诉讼权利,也是为此,建议在特别程序一章中增加相应的条款,即对于独生子女继承人难以通过法律途径查询父母遗产的特殊情况,我国民事诉讼法律应当增加对当事人法律地位确认的特别程序,以充分体现法律面前人人平等。具体条款如下。

第十五章　特别程序

第一节　一般规定

第一百七十七条　人民法院审理选民资格案件、宣告失踪或者宣告死亡案件、认定公民无民事行为能力或者限制民事行为能力案件、认定财产无主案件、确认调解协议案件和实现担保物权案件、确认独生子女继承案件,适用本章规定。本章没有规定的,适用本法和其他法律的有关规定。

第一百七十八条　依照本章程序审理的案件,实行一审终审,但确认独生子女继承案件除外。选民资格案件或者重大、疑难的案件,由审判员组成合议庭审理。其他案件由审判员一人独任审理。

第一百八十条　人民法院适用特别程序审理的案件,应当在立案之日起三十日内或者公告期满后三十日内审结。有特殊情况需要延长的,由本院院长批准。但审理选民资格案件、确认独生子女继承案件除外。

第八节　确认独生子女继承案件

第一百九十八条　独生子女继承人依法向被继承人所在地人民法院提出

申请,人民法院受理申请后,经审查核实,符合独生子女条件和明确的诉讼请求,应当予以立案。

确认独生子女继承案件的审限适用本法和其他法律的有关规定。

关于农村土地流转需要把握好八个"度"的建议

在我国农村深化改革中,最核心之一是土地制度改革;在土地制度改革中,土地流转是重要的内涵之一。目前,土地制度改革的试点开始展开,将会对农村带来十分深远的影响。从以往的经验教训来观察,为防止以往一再出现的"一窝蜂"现象,很有必要事先设定宏观控制或者操作规范的一些规定,以保证农村土地流转的规范、有序、可持续。为此,需要着重把握好以下八个"度"。

第一是把握土地经营规模的"度"。

中央文件明确提出土地经营要"规模适度",因此,全国各地应该根据具体情况,寻找到这个"适度"的具体坐标。这是因为我国的耕地分布、水资源分布和人口分布存在着巨大差异,为此土地流转中要特别注意因地制宜,尤其要防止出现一味追求规模越大越好的误区。要支持各地根据资源禀赋、农业传统、现代化水平,合理确定土地经营的适宜规模,防止"一刀切"。从世界农业经营模式来看,地广人稀的北美农场规模较大,欧洲以中型农场为主,而人多地少的日本和中国台湾地区以小型农场为主。出于如此的考虑,土地经营可以根据各地各种资源禀赋状况,采取小、中、大三种规模形式。例如,在中心城市周边的农场应以小规模为主,人多地广的农业区应以中型农场为主,而在地广人稀的粮食主产区可以大型农场为主。

第二是把握土地流转租期的"度"。

改革开放30多年来,我国经济社会发展发生了翻天覆地的变化,从未来发展看,我国农村变化的速度将会加快,农业发展方式转变也会加快,在这种情况下,土地流转的租期时间越长,不可知、不可控的因素也将越多。因此,总体上来讲,目前土地流转的租期时间不宜设定得过长,尤其是在人多地少的发达地区,一般开始阶段可以 3～5 年的短期租约为主,逐渐向 10～20 年的中期租约过渡,在弃耕比例较高的边远地区,可以允许 30 年左右的长期租约,但也要控制在适当比例内。

第三是把握土地流转规范的"度"。

对于农村土地流转,制定好发展规划和操作规则可以避免行政推动。总体上来讲,要坚持引导而不强迫,支持而不包办,更不能定任务、下指标、搞翻拍,一哄而上。同时,要对土地流转方式进行必要的规范,例如,有的地方按照依法、自愿、有偿的原则,村民与村委会签订统一格式的土地流转授权委托书,再由村委会与土地经营者签订统一格式的土地流转合同。在土地流转之后,要注重不同经营主体扶持政策的协调。种养大户、家庭农场、农民合作社、龙头企业的扶持政策应兼顾平衡,避免厚此薄彼。此外,还要建立相应的考核退出机制。对一定时期内考核不合格的,将经营土地转包、转租的,故意拒交、拖欠土地流转费的,应该取消其土地经营者资格。

第四是把握外部因素介入的"度"。

外部因素的介入,主要是指行政力量和社会资本的介入。在我国农业现代化的进程中,需要改变农村传统的自然经济模式,需要加快转变农业发展方式,当然也需要行政力量和社会资本的外部介入,但是,这种外部介入需要把握好一个度。从实践角度来看,行政力量的介入,主要是要推动提高农业的组织化程度;社会资本的介入,主要是要推动农业的集约化程度。但二者介入的度,都必须充分尊重农业发展的规律,充分尊重农民的主体地位,尤其要确保在农民自愿以及可接受的范围内,以不发生强拆强迁和群体性事件为限。

第五是把握农田种植品种限制的"度"。

应该清醒地认识到,在实现了土地流转之后,由于新土地经营者的利益驱动,有可能导致农田的种植品种结构发生重大变化。总体上的情况,收益比较低的粮食种植面积可能会进一步缩减,收益比较高的蔬菜瓜果和经济作物种植面积将有可能不断扩大,还会有一部分农田可能被改为经济性林木种植。对于这种可能出现的新情况,需要在宏观层面上把握好种植品种结构调整的尺度,对农田流转以后的种植品种予以一定的要求或者限制,当然,既要考虑农田经营者的经济利益,也要确保粮食和农产品供应的安全。对长周期经济作物和林木种植,应该有明确的发展规划或者予以非常严格的限制。

第六是把握农田产出和修养比例的"度"。

我国连续十几年的粮食增产,对保障我国的粮食供应和安全起到了十分重要的作用,但是,农田地力下降的问题也需要引起社会各界的高度关注。目前,我国农田特别是大中城市周边的农田,普遍急需一定程度的治理和修养,以提高这些地区的农田地力。可以设想,一旦快速实现大比例土地流转集中,承包方将可能不遗余力地加强对土地的使用和榨取以获得更多的收益。为此,应对不同地区农田流转设定不同的底线,在大中城市周边,应设立农田轮换修养制度;在一般地区,应实行农田定期修养制度。

第七是把握经营性土地占比的"度"。

目前,农村土地流转尤其是集体经营性土地的外部介入方,主要看中的是农村土地可产生的经营性收益,一旦实现了土地流转,原先的农民宅基地和农村原有的集体经营性土地限制将可能被不断突破。例如,类似目前这种大规模的小产权房现象,如果控制不当将有可能遍地开花。为此,应该稳妥推进农村土地制度改革试点,在鼓励社会资本进入农村的大前提下,对于大资本、大规模的土地承包商或服务商,应该实行非常严格的"进入前承诺"制度,并设定严苛的惩罚性规定。

第八是把握由土地流转引发的人口流动的"度"。

改革开放以来,巨量的农村劳动力向城市流动,为我国城市经济社会发展做出了巨大的贡献。当前,一方面由于不断加剧的"城市病"以及特大型城市人口规模的控制,表明我国农村人口向城市单向流动的速度将逐渐减缓。另一方面一旦因土地流转速度过快、力度过大而引发人口流动的急剧变化,将有可能引发城乡社会秩序的急剧变化。为此,对进入土地流转市场的大资本、大公司,需要予以一定的农村人口安置责任限定。

关于实施"互联网+"战略推动传统产业升级的建议

"互联网+"是指以互联网为主的一整套信息技术(包括移动互联网、云计算、大数据技术等)在经济社会各个部门、各个领域的扩散、应用过程。互联网作为一种信息技术,与 100 年前的电力技术、200 年前的蒸汽机技术一样,将对人类经济社会产生巨大、深远而广泛的影响。

目前,全国已经有 6.3 亿网民,近 5 亿的智能手机用户。通信网络的进步,互联网、智能手机、智能芯片在企业、人群和物体中的广泛安装,为下一阶段的"互联网+"奠定了坚实的基础。以互联网为代表的信息技术不断成熟,经济性、便利性和性价比越来越高,并作为一种基础设施被广泛安装在数亿人群和产业中间。在应用方面,继传媒、广告、零售业之后,交通、物流、本地生活服务、批发和产业集群、制造业、农业、金融、房地产等会逐渐地在线化、数据化。

推进"互联网+"战略比较容易突破的领域有:一是行政垄断比较少、市场化程度比较高的领域,如零售业、餐饮、物流行业。二是供需发生转换,供大于求的领域。如果房地产供求发生反转,也会加速互联网化。三是问题较多、老百姓不满意,信息化水平低的行业,如城市交通、医疗领域。以前出租车行业被认为是信息化落后的行业,但过去一年发生的变化让我们瞠目结舌,在北上广杭等城市,出租车行业几乎成为移动互联网渗透率最高的行业,达到 80%～90% 的水平。比较难突破的领域有:行政垄断壁垒高的行业,比如金融服务、能源行业(例如汽油零售);通信行业取决于改革的进程。

一、实施"互联网+"战略存在的主要问题

1. 制度不适

目前信息生产力还未最大限度地发挥作用,主要是受到原有基于工业经济的生产关系的束缚,具体体现在制度安排上的落后。比如,没有促进信息(数据)的流动与共享的政策;只有 IT 投资预算制度,没有购买云服务的财政支持制度;互联网金融监管方面,不能适应信息技术发展的需要等。

2. 观念落伍

目前,我国的传统产业存在较为严重的观念固化的现象,具体表现在因袭原有的信息化老路,对云计算、大数据等基础设施建设和服务缺乏必要的了解和应用,也没有适应消费者作为主导的商业格局的转变。

3. 基础设施滞后

与美国、欧洲、日本、韩国等发达国家和地区持续获得进步相比,我国在宽

带、现代物流等方面存在很大差距。同时,在城乡发展之间,特别是在中西部存在着的数字鸿沟,严重制约了我国信息经济的深入普及和应用。

4. 技术创新体系陈旧

当前,我国的技术创新体系仍然主要倚重传统的高校、科研机构以及国有企业,相关的产业扶持资金没有得到很好的利用,发挥的作用也不显著,尤其是一些依赖补贴的企业创新动力不足、技术进步效果不佳。

5. 小微企业环境欠佳和活力不足

尽管小微企业在解决就业、促进创新和经济增长上做出了重大贡献,但对小企业的重视仍然不够,扶持政策和措施仍然难落地。在我国经济降速转型形势下,"大众创新"越发受到重视,而承担"大众创新"的主体正是小微企业。

6. 人才匮乏和教育体系比较落后

目前,与低技能的劳动力相比,适应信息经济发展的相关专业人才非常短缺,人才结构不尽合理。比如,在电子商务、移动互联网、互联网金融等领域,人才的培养方式、培养机制与市场需求严重脱节。

二、推动实施"互联网+"战略的若干建议

1. 高度重视互联网经济

互联网经济不是一个靠刺激内需的短期投资思维,而是内生驱动的经济体,是解决我国经济长期发展问题的新范式。与传统的工业经济相比,基于互联网的信息经济的生产要素、基础设施、经济形态、竞争规则都在发生重大转变。在全球市值最大的五家互联网公司中,我国已经占了两家。在新的国际竞争形势下,我国有可能实现"弯道超车",取得先机,甚至成为规则的制定者。因此,建议要高度重视互联网经济的战略地位和发展前景。

2. 宽容互联网经济创新

我国互联网经济过去十年快速发展的一个重要原因是具有一个较为宽松的发展环境。随着互联网经济发展壮大,不可避免对传统垄断行业利益形成冲击,因此出现了一些急于规范的情况。例如,法规密集和零散,监管大于扶持,行政许可过于繁杂,重复许可、许可审批不透明等。因此,建议对互联网经济要确立"先发展、后管理,在发展中逐步规范"的原则,对已经出台的相关政策进行必要的梳理,加快制定"电子商务法"。

3. 积极扶持小微企业成长

在电子商务平台上99%都是小微企业,但互联网的小微企业小而不弱,充满创新和变革活力,将来必然会涌现出与阿里巴巴、腾讯齐名的创新型企业,为国家经济繁荣和社会稳定做出更大贡献。在这个关键性的发展阶段,建议在电子商务治理中,政府仍要遵循最小干预原则,让市场充分竞争和有效自律,对电子商务小微企业在工商、税收、市场监管等方面采取"放水养鱼"态度,扶持小微企业做大做强。

4. 制定国家云计算、大数据发展战略

同欧美各国加快制定云计算、大数据战略,采取积极行动相比,我国仍缺乏国家层面的云计算、大数据战略。特别是在教育、医疗、交通、政务、金融等行业的云计算及大数据应用,在发达国家已经成为发挥价值的最重要领域。但在国内,长期以来存在的职能条块分割格局,信息系统建设的"孤岛"现象,在促进云计算建设、加速数据流动中仍然是非常大的障碍。因此,建议政府在这些领域打破原有的利益格局,普及云计算服务和大数据应用,减少资源浪费,促进效率的提升。

5. 提升移动智能终端的安全性和可控性

重点是要支持国内自主品牌操作系统的研发和推广,这就需要政府在产业链协调和市场推广应用方面提供大力的支持和帮助。在产业链打造方面,建议政府加强部门及企业之间的协调,以产业政策、技术政策、行业标准等措施切实促进相关发展。在市场推广应用方面,建议政府协调运营商率先推广自主品牌的操作系统,并积极促进在经济社会发展的各个部门、各个领域推广使用。

关于严格管理城市高危地下管线的建议

城市地下管线包括供水、排水、燃气、热力、供电、通信、管沟、工业管线等,共有八大类30多种,被称为城市的"生命线"。地下管线尤其是油气管道管理,关乎国家安全和民生大计。

前有青岛石油管道爆炸，后有台湾高雄地下燃气管道爆炸，造成的财产损失之严重难以估量，而人员伤亡之惨重更是令人扼腕。近年来，涉及油气管道的各类大小燃爆事件连续不断，2010—2014年，仅大连就发生8起油气燃爆事件，被称为"四年八爆"，其中七次燃爆事件和中石油有关。当下，随着天然气进口增加，城市天然气管道分布数量和复杂程度急剧提高。此外，社会治安问题的增加，各种恐怖势力的渗透，更加大了高危地下管道维护保护的难度。由此带来的管道安全问题，绝非传统简单的管理模式所能胜任，急需未雨绸缪，从严、从细予以考虑安排。

一、传统地下管线管理模式存在诸多缺陷

1. 体系缺陷

我国的企业分为央企、地方国企和其他各类市场主体，央企和部分大型企业的地下管道管理采取的是各自负责、分头管理的模式，地方政府相关主管部门对这些企业无直接管辖权。在我国当前的体制下，掌握油气资源的央企具有高于地方政府的行政级别，也就需要与地方政府形成合力。

2. 技术缺陷

与地方政府以追求社会安全为主要利益诉求不同，为了追求经济利益最大化，一些企业往往缺少增加各种技术手段和设施提高安全系数的内在动力，由此就导致了求快求省、通过降低技术投入以增加短期利益的行为。

3. 制度缺陷

企业和政府在地位上的错位，导致数据割裂、信息标准不统一、管理各自为政，管线数据不能有效共享，地下管线单位不重视地下管线档案的形成，无规范档案可交；地下管线管理混乱，缺乏统筹规划，各产权单位各自为政，如管线权属单位掌握管线信息、工程管理部门掌握工程信息等，相互之间缺乏有效的组织与联动。

4. 法律体系缺陷

一是缺乏地下管线综合性管理法规。尚没有一部专门的法律法规来调整城市地下管线的规划、建设与管理。二是现有法规只规定了城市地下管线管理的规划、设计、施工、档案管理等环节的城市政府行政主管部门，而其他环节尤其是城市地下管线建设主管部门却没有规定；三是有关地下管线监管、探测、竣

工测量、运行管理、信息管理与共享应用以及城市应急管理等环节的操作流程尚不完善。

5. 财务管理缺陷

地下管线的规划、设计、建设、维护各个环节都有制度安排,唯有地下管线铺设最后的验收和数据入档这一关键性环节的制度安排存在遗漏,在现有项目财务管理栏目中,地下管线建设结束时的验收、数据入库等开支无法进入财务管理目录。

二、严格管理城市地下管线的建议

1. 整合条块管理

建议提高政府在地下管线管理中的权重和责任,建立地方政府为第一管理主体的地位,所有企业,不论所有制、规模大小,其地下管线工程档案管理必须纳入地方政府主导的综合管理平台。行政级别再高的企业,在地方也必须接受当地政府的管理监督。

2. 明确管理责任

建议明确地方政府主管部门为地下管线信息管理的第一责任人,负责本区域全部地下管线数据的整合、统一、储存、使用。所有企业的现有数据必须纳入当地政府统一管理平台,各类企业数据体系标准必须兼容和统一。

3. 强化技术标准

建议设置专门针对城市区域内管线,尤其是高危管线铺设的技术标准。这一标准必须设有针对恐怖活动的专用技术防范设施。例如,外部,接入公安监管体系的外部监控体系;内部,在管道内部增加流量实时监控设备;并可继续沿用在燃气中添加具有味觉刺激作用化学品的技术措施。

4. 建立验收制度

建议建立地下管线的强制性验收制度,建立健全地下管线规划建设管理的法律法规,严格执行城市规划部门审批制度。在地下管线综合性管理法规中变“应当”为“必须”。

5. 完善财务管理

建议完善相关的财务管理制度,在建设工程财务管理目录中,把地下管线竣工验收、数据收集、整理、报送、归档等发生的费用,纳入工程项目财务管理目录。

关于完善成年人监护制度的建议

在我国,已经以司法解释的形式完善了未成年人的监护制度,但监护制度还面临着另一个问题,由于各种原因导致的限制或无行为能力的成年人包括老年人的监护问题。例如,成年病人应该出院而出不了院,或是监护人不愿意接收病人回家;或是病人的合法财产被侵占了,有的病人身无分文无家可归;或是病人自身不愿意离院,等等。这表明,对于成年人、老年人的监护,在立法和司法层面都存在缺失,亟待完善。

一、我国成年人监护制度存在的主要问题

1. 监护对象的范围比较狭隘

我国监护制度的规定主要在《民法通则》第二章"公民"之第二节,将监护分为对未成年人监护、对精神病人监护两种。在现实社会生活中,这种监护对象的范围,存在着不周延的问题。除了未成年人和精神病人外,还存在大量由于疾病、智力或年老而无行为能力或限制行为能力的成年人,无法纳入监护制度,无法受到法律的规范和保护。

2. 监护内容的规定比较粗疏

监护内容一般可分为监护事务与监护责任等部分。监护事务又可分为人身监护与财产监护。《民法通则》对监护人享有的权利义务设定得过于原则粗疏,仅在第18条规定:监护人应负保护被监护人的人身、财产及其他合法权益的责任,不履行职责造成损害时应赔偿。相比之下,各国民法普遍对监护人的权利、义务、责任作详细的规定,具有可操作性。如监护人是否享有报酬请求权,我国立法没有明确规定,而瑞士、日本、法国均明确规定监护人享有报酬请求权。此外,我国法律没有明确规定监护人对被监护人的侵权标准,没有明确规定有权对监护人侵权行为提起诉讼的主体资格,使监护人侵权责任的规定流于形式。

3. 缺乏监护人的选定程序

从监护人设立方式来看,我国基本上采取的是放任主义,没有监护人设立登记和撤销登记制度,也没有被监护人财产登记制度。同时,监护人履行职责也没有期限规定,对被监护人和监护人双方而言,都十分不利。特别是成年人监护,在没有第一顺序监护人配偶的情况下,父母成为第二顺序监护人,但此时成年人的父母往往年事已高,不具备相应的监护能力,而其他顺序有监护资格和能力的人如果愿意担任监护人时,如何有效确立自己的监护人身份,才能够得到法律的认可,并不明确,难以落实。

4. 解决监护争议的规定不科学

《民法通则》第 17 条第 3 款规定:对担任监护人有争议时,由被监护人的所在单位或者住所地的居民委员会、村民委员会在近亲属中指定,对指定不服提起诉讼的,由法院裁决。这一规定也有不合理之处。首先,指定权授予相关组织行使是不妥当的。随着我国社会转型,原来的"单位人"已经变成"社会人",单位不再承担社会职能,没有意愿也没有能力承担指定监护人这样的事务。其次,有指定权的主体多元化,在实践中容易造成相互推诿或者各自指定不同的人担任监护人的问题。最后,监护诉讼必须以对指定不服为前提,即"指定前置"的规定弊大于利。因为法律上缺乏对指定期限的规定,相关组织不履行指定监护人的职责时,也没有相应的制裁措施,这就导致监护人长期不确定,诉讼程序也迟迟无法启动。

5. 监护监督机关的规定不合理

我国民法虽然规定了监护监督机构的内容,但不完备也不合理。目前监护监督机关与监护权力机关是合二为一的,都是由居(村)民委员会和法院来充任,但由于其本身有更为重要的职能工作,监督职责又没有落实到具体的人或部门,这样的监督几乎形同虚设。同时,由于立法过于原则,没有对监督机构如何行使监督权作出可操作性的程序安排,监督机关的作用难以发挥。现实中监护人滥用监护权侵害被监护人利益的事情发生时,监督机制形同虚设。

二、完善我国成年人监护制度的六点建议

1. 对监护对象进行重新定义

建议立法扩大监护制度的覆盖范围,将完全或部分丧失能力的成年人全部

纳入监护制度的适用对象范围。境外的相关立法可资借鉴,如日本的《关于修改成年人监护制度纲要试行法案》,直接使用"成年人"作为监护对象的用语;中国香港的《精神健康条例》,也是以"精神上无行为能力的成年人"作为监护对象的称呼。这种表述是比较恰当的。

2. 细化监护人种类,建立多级监护制度

成年人监护与未成年人监护相比,有其特殊性。主要表现在,"需要被监护的成年人",通常是由"完全民事行为能力人"过渡到"无或限制民事行为能力人",甚至有的只是轻度的痴呆或精神障碍,也就是说"需要被监护的成年人",其自我判断的能力或多或少是存在的。因此,单纯的设置以"监督和保护"为目的的监护制度,似乎过于单一,不仅加重监护人的职责,而且忽略了对被监护人自我意愿的尊重。因此,建议借鉴日本的"三级监护制度",其做法是:针对"禁治产人"(类似我国的无民事行为能力人)设立监护人制度,针对"准禁止产人"(类似我国的限制民事行为能力人)设立保佐人制度,而对智力障碍、精神障碍的人设立辅助人制度。这种多层次的监护制度不仅能细化监护事务和职责,而且既保护了被监护人的利益,又充分尊重他们的自决权。

3. 监护人权利、义务和责任的规定要具体化

在人身监护方面,应设置监护监督人,督促监护人尽到监护义务,保障被监护人身心健康。在财产监护方面,注重对被监护人的财产监护,建立被监护人的财产账册制度,作为被监护人接受监护时既有的财产状况证据,从制度上保障被监护人的财产权益。应规定监护人的责任:①在监护开始阶段,造具并向监护监督机关提交被监护人财产清单;②妥善管理被监护人财产,但未经监护监督人同意,不得处分之;③禁止监护人受让、承租被监护人财产或接受该财产的抵押、质押;④定期向监护监督人报告被监护人财产状况;⑤当被监护人恢复行为能力时向其移交财产。同时,建议规定监护人的责任,并要求在监护期间对监护人提起损害赔偿诉讼时,由监护监督人充当被监护人的代理人。法律还应规定监护人报酬请求权,有关机构应根据被监护人的财力或国家负担费用原则,给予监护人必要报酬。

4. 法律要明确监护人的选定程序

主要包括两个方面内容:一是当成年人发生了丧失行为能力的事实,而法院尚未宣告其为无或限制民事行为能力人时,临时监护人的选定。二是当法院已宣告其为无或限制民事行为能力人时,正式监护人的选定。这两种选定都应在有监护资格的人范围内进行,可以由社会组织、律师或公证机构担任选定程序见证人,选定以登记备案为有效方式。

5. 应取消监护诉讼中的指定前置程序

从上述关于指定前置弊大于利的分析来看,建议直接由人民法院受理和解决监护争议,设立指定前置实属没有必要,既给妥善解决监护争议增加难度,又不符合司法效益原则,应当取消监护诉讼的指定前置。

6. 设立专门的监护监督机构

为了监督监护人忠实地履行义务,各国民法都有监护监督人、监护决定机构的规定,同时还规定了对监护事务具有决定权的机构:德国是监护法院,瑞士是监护官厅,法国是亲属会议,日本是家庭法院。因为监护的产生不以亲属关系为必要(德国甚至规定每个被法院选定的公民都必须接受担任监护人),监护人不积极履行职责,在处理被监护人事务上不尽应有的注意,或者其他违反法定义务侵害被监护人的利益时,应当有专门的机构和人员进行监督纠正。建议由各级民政部门成立专门的监护监督委员会,作为代表政府的监护监督机关,参与选任监护人、听取监护人的报告、检查监护人履职情况,以及在必要时作为代埋人代理被监护人起诉监护人等事宜。

第九章
第十二届全国人民代表大会第四次全体会议

（2016 年）

关于制定"饮用水安全法"的议案

★ **案由**

近年来,我国饮用水污染事件频发,不安全饮水直接威胁着城乡居民的身体健康,也影响着经济稳定发展以及和谐社会的构建。据不完全统计,仅在2014 年 1—4 月全国范围内曝光的自来水问题事件就高达十余起,平均下来几乎每周一起。尤其是 2014 年 4 月的兰州自来水污染事件,将饮用水水质问题再度置于聚光灯下。因此,饮用水安全问题已经成为全社会广泛关注的焦点,特别是在人口稠密的大城市。

造成我国饮用水污染事件频发的直接原因之一,是我国饮用水质监管法律制度的不健全。在这个背景下,应该借鉴国外的先进经验,结合我国的实际情况,从严提升城市饮用水水质标准执行力度,加强饮用水安全监管建设,让公众能喝到放心饮用水。为此,亟须通过制定"饮用水安全法",作为我国饮用水安全监管领域的基本法。

★ **案据**

目前,尽管我国已经制定了不少的相关法律法规,其中一些内容涉及生活饮用水的安全,但是,这些相关的条款和规定一般都分散在其他的法律、部门规章中,如环境、卫生、建设等法律法规,而各法律法规之间内容不配套、标准不统一,互相之间有矛盾,特别是存在涵盖范围不全面、法律规定不具体等问题,直接影响到各级政府有关生活饮用水安全法律法规的规范化制定。再如,目前颁发施行的水源质量标准有环保部门、建设部门、卫生部门分别制定的多种法规性文件,且存在着明显矛盾。因此,没有统一的法律规定,执法主体各行其是,执法随意性较大,法律解释不一致,具体执行中也无所适从。因此,尽快制定"饮用水安全法"已经迫在眉睫,必须加快进行立法。

★ 方案

在制定"饮用水安全法"过程中,建议根据以下几个方面的基本原则进行立法。

一、坚持保护优先的原则

新环保法已经规定"保护优先"原则,即无须重复厘清经济社会发展与环境保护之间谁优先的问题,在"饮用水安全法"中,该原则同样适用。

二、保护公民身体健康与生态平衡相结合的原则

保护公民身体健康的原则是指每个人都依法享有改善卫生条件、身体健康不受危害的权利。保护公民身体健康与生态平衡相结合,是国际环境与水安全立法的指导思想。

三、预防与谨慎性相结合的原则

预防原则是指在损害发生以前,采取政治、经济、技术和行政等各种手段,防止损害发生,即防患于未然。饮用水环境污染对人体健康的影响常常是滞后的和不可逆转的,因此,必须采取预防为主的原则。谨慎性原则是与预防原则相关联的一项环境法原则,它是国际社会针对某些存在科学不确定性的环境问题而提出的一项原则。因此,离子水、磁化水等功能水与健康效应在没有明确评估前,不应草率许可可以饮用。

四、国家监督与动员全社会参与相结合的原则

饮用水安全监督单纯依靠行政机关,特别是一个行政机关部门进行监管,

被多年来行政管理的实践证明是行不通的,只有与动员全社会参与相结合才能提高监管的效率。因此,饮用水的监管机关应该是省、市、县政府,具体由同级卫生行政部门负责饮用水安全监督工作的综合协商,中央政府负责立法和标准的制定。成立由政府机关(卫生、环境保护、建设、水利、国土资源等部门)、研究单位(国家疾病预防控制中心等)、消费者协会、环境卫生法律工作者等组成的全国饮用水安全委员会,统一规划饮用水安全立法和标准的制定等工作。建议饮用水标准由国家卫生部门或者环境保护部门来制定,卫生部负责制定新的饮用水国家标准,环境保护部负责制定水源的保护标准。建设部负责水处理工艺的经济学分析、最佳适用技术的推荐和论证。全国及省的消费者委员会每年公布全国或者省的饮用水水质安全报告。

五、行政处罚与行政指导相结合的原则

行政指导是行政主体基于国家的法律、政策的规定而做出的,旨在引导行政相对人自愿采取一定的作为或者不作为,以实际行为管理为目的的一种非职权行为,它是行政法中民主精神与发展的结果,也是现代市场调节失灵和政府干预双重缺陷的一种补救办法。现有的行政法都仅仅规定了行政处罚,需要补充行政指导的规定。建议立法规定省级卫生行政部门负责饮用水安全的技术指导、水厂管理人员的培训和水质监测实验室或检测机构的认证。

六、健全常态化应急预案机制,加强信息公开,鼓励公众参与

新制定的"饮用水安全法"与最近新修订的《环境保护法》的相关规定相衔接,即公民对环境评判有相应的知情权、参与权。因此,在建立健全饮用水安全监管方面,公众的知情权和参与权不可忽视。具体措施为:第一,政府必须为公众参与城市饮用水保护创造条件,缩小政府对公开内容的自由裁量权,让公众有更多机会参与到保护城市用水的各项活动中。第二,引入环境公益诉讼。根据新颁布的《民事诉讼法》增加的公益诉讼的相关规定,对污染环境、侵害众多消费者合法权益等损害社会公共利益的行为,法律规定有关机关和组织可以依法向人民法院提起诉讼。第三,建立饮用水行业公众监督委员会。选择一些专业人士和具有一定社会地位的人组成饮用水行业公众监督委员会。定期或者不定期举行相关会议,代表广大公众对饮用水的使用、开发进行监管。并对广

大公众进行相关知识的普及，让保护饮水安全变成公众的自觉行为，增强其责任感和使命感。这样从政府到相关组织再到公众个人形成一个保护饮用水的良好环境。

关于修改《循环经济促进法》的议案

★ 案由

据有关媒体报道，中国十大污染城市集中在利用矿产资源最多的河北、山西两省，致使京津冀成为污染重灾区。为保护环境，大批企业被关闭，极大地影响了人们的就业和生活。因此，实现经济与环境的协调发展，不仅关系到京津冀地区，而且关系到全国经济的可持续发展。但我国从资源问题的源头解决环境问题的立法却极为滞后。

国内废旧物品回收体系建设滞后制约着生态文明发展步伐

目前，国内在回收废旧物品方面存在两个方面的制约因素：一是回收体系的不规范性和随意性。国内各类废品收购点缺乏环保意识，家庭式作坊等严重危害着社会的生态文明建设。二是废旧物资回购没有形成流向监督管理法治制度。保护环境、控制污染必须从源头抓起，废旧物资收购后的流向管控是关键，树立环保法治意识必须从收购后的物品流向严加管控，终端处置必须由环保达标的企业进行才是发展更高层次循环经济的前提条件。

由于现行的《循环经济促进法》在一定程度上还不能完全解决我国的资源不合理利用问题，而最基本的废物回收体系也没有十分明确，因此在解决资源高效利用、合理利用方面仍然几乎是无法可依。从近年来循环经济试点的情况看，问题也很多，不但没能解决资源不合理利用问题，发而造成了更大的资源浪费。应当通过总结试点经验，评估试点工作找到出路。目前国内的废品回购站非常普遍，回购后不分类、乱堆乱放的家庭式作坊到处可见，在一定程度上影响了社会生态文明建设,应当通过修改《循环经济促进法》,建立资源回收体系,依法解决资源浪费问题。

★ **案据**

一、依法解决资源利用问题是生产力发展到一定阶段的必然选择

目前世界上存在着两种产业结构。一种是 300 年前矿藏极其丰富时期形成的开采→产品→废弃的线性经济模式;另一种是资源可反复利用的产品→废弃→再生产品的资源循环利用模式。

随着资源枯竭、环境恶化,线性经济已不可持续。但物质是不灭的,300 年的掠夺式开采使全球 80％的矿产资源从地下转移到地上,并以垃圾(应叫"再生资源",我们称之为"城市矿产")的形态堆积在我们周围,对环境造成严重污染。但从另一个角度考虑,这些垃圾完全可以取代地下的矿产资源,并且大大降低生产成本。据商务部统计,利用废金属、废塑料、废橡胶等再生资源的污染、能耗、成本仅为矿产资源的 1/5。年产优质钢 3 000 万吨、主要利用废钢的"钢都"张家港,被评为全国首个"环境模范市";被称为"铜都"的广东清远,每年从废电器中回收优质铜 60 万吨,不仅发展速度连续 6 年排广东第一,而且能耗及环境代价仅为我国最大的贵溪铜矿的 1/10。事实证明,转变发展方式,向资源循环转型势在必行。

二、废弃物再生利用是解决发展与环境矛盾的根本出路

钱学森同志说过:如果搞好废弃物的再生,两个世界难题(资源与环境)就同时找到了解决的途径。据调查,我国每年消耗 60 亿吨矿产资源的制造业排放的三废、消耗的能源占全国的 70％,是节能减排的主要目标。如能大量利用污染小、能耗低的再生资源发展经济,这一问题将迎刃而解。

据统计,生产同样的产品,利用再生资源比利用矿产资源的污染、能耗、成本低 80％。我国的长三角、珠三角地区,扬人力资源、再生资源之长,避装备落后、矿产资源匮乏之短,不仅发展速度大大超过了资源丰富、装备先进的东北老工业基地,大量廉价原料还使我国用了 30 年时间便由自给尚且不足而一跃成为全球最大的出口国,同时还形成了出口→回收→再出口可持续的国际大循

环。发展经济的同时，最大限度地保护了环境。

三、国外立法经验值得借鉴

以德国为代表的欧洲国家，以日本为代表的一些亚洲国家和以美国为代表的北美国家，在高效利用、循环利用资源立法方面均有很多成功的经验。如德国制定了《物质闭路循环与废物处置法》，日本制定了《循环型社会法》，美国制定了《资源回收法》等。这些国家的法律均明确了资源回收利用的各项制度和机制，明确了以生产者为主的各方责任，建立了科学合理的资源回收管理体系和废物再利用体系。这些立法经验为我国修改《循环经济促进法》提供了重要的依据。

★ 方案

建议修改《循坏经济促进法》，完善以下内容：

（1）建议对循环经济概念做明确定义，或者将法律名称改为《资源循环法》或者《资源综合利用法》。

（2）依法建立资源回收体系，对于那些小而乱、脏而差的废品收购点，明确政府有关部门监督、跟踪、管控废旧物资流向及加强控制污染源、改善京津冀及周边地区环境的职责。

（3）明确回收体系的规划、建设、政策和力度等扶持措施，明确回收体系建设的标准、技术规范等。

关于加强长江流域水资源保护和水污染防治的建议

当前，在推进长江经济带发展国家战略的进程中，必须加强长江流域水资源保护和水污染防治。近年来，长江流域水资源保护建立了法律法规体系，编制了流域规划体系，实施了最严格的水资源管理制度，加强了水资源统一调度和配置，构建了水资源保护监测体系，但仍然存在很多问题，需要得到进一步解决。

一、长江流域水资源和水环境面临的突出问题

1. 流域综合管理体制机制亟待建立

一是区域行政分割与职能交叉导致无法实施流域统一管理。行政管理上分割管理、各自为政,地方政府以本地发展为重,不够重视甚至不顾下游的环境利益。有些地区将化工、石化、造纸、印染、制药、农药、皮革、电镀等污染严重的行业布局在地区边界,存在上游排污、下游取水的情况,特别在省界更难协调。还有些边界水环境功能不匹配,水质标准不一致。部门管理上"多龙管水、多龙治水",水利部门负责水量水能管理,环保部门负责水质和水污染防治管理,市政部门负责城市给排水管理等。在水资源保护规划与水污染防治规划、水功能区划与水环境区划、水资源与水环境管理的监测体系与标准、数据共享等方面,缺少有效协调,甚至存在明显冲突。

二是流域管理机构职能单一有限,无法有效承担综合协调与监督管理职责。长江水利委员会和太湖流域管理局是流域性管理机构,尽管《水法》明确了流域与区域管理相结合、监督与具体管理相分离的新型管理体制,但由于都是水利部派出事业单位,职能单一,主要实行水利单项管理,不能根据流域和生态系统的整体性进行综合管理,也无法承担跨部门、跨区域的综合协调任务,对各地区的监督职能有限。例如,长江水利委员会在水资源保护上主要涉及专业规划、监测,对流域内越权管理、违反流域规划的行为、跨行政区的水污染事件缺乏行政制约手段。又如,2009 年太湖流域管理局牵头建立水环境综合治理信息共享平台,希望实现流域产业发展布局与规划、污染源、基础设施、监测和事故等信息的共享,但上平台的信息有限。

三是流域管理法律法规体系不健全,责任机制和强制力度不足。根据《水法》,流域综合规划和水资源保护等专业规划由国家水利部门组织编制并实施,专业规划应服从综合规划;根据《水污染防治法》,流域水污染防治规划由国家环境保护部门编制并组织实施。现行法律没有明确同一流域的综合规划与水污染防治规划的关系,以及水污染防治规划与综合规划、水资源保护规划如何协调。同时,根据《水法》,流域管理机构承担流域监测、流域规划和水功能区划定、流域水资源开发利用监督管理等具体工作,而其他监督管理职责采用了水

利部授权的方式。机构定位的局限性导致机构缺乏主动作为的积极性,以及监督机制和配套惩治措施缺失。当地区经济利益与流域整体利益发生冲突时,当地政府往往会违反流域规划,过度使用或破坏水资源,或者对企业违法行为执法不力,这些仅靠协调难以解决实质问题,需要有强有力的约束机制和惩罚手段。

四是经济手段和市场机制在水资源管理中未充分发挥作用。水资源既有公共属性,也有很强的市场属性。长期以来水资源产权不明确,使得政府、企业和个人对水资源所有权和使用权等方面的权、责、利不清,无法建立水资源合理开发与利用的市场机制。水价仍未能按其资源成本和工程成本合理定价,未反映水资源的真实价值,不利于水资源的合理配置和高效利用,也不利于污染减排和治理。

2. 流域水资源缺乏统一规划和严格管理

一是长江上游地区三峡及干支流水库群的调节库容不断扩大,已超过600亿立方米,梯级水库群蓄泄矛盾日益尖锐。急需统筹协调、科学调度,消除对中下游水文情势的不利影响;中游地区南水北调工程中线刚刚投运,上游水库群和中游洞庭湖水系、鄱阳湖水系控制性水库的建设运行引发两湖水系水文情势、江湖水量交换关系深度调整,两湖地区水资源供需矛盾日益凸显。同时,长江流域上、中、下游规划了云南"滇中引水工程"、陕西"引汉济渭工程"、湖北"鄂北水资源配置工程"和"引江济汉工程"、安徽"引江入巢济淮工程"等区域性水资源配置工程,仅下游长江干流就有600多处引江调水工程,跨流域调水与流域内用水、流域与区域用水矛盾日益尖锐。

二是这些蓄水、调水、引水、取水工程的规划和建设往往是单个项目论证,未充分考虑其叠加效应和综合效应。长江中下游地区近年不断加剧的季节性缺水、水质恶化和河口咸潮入侵等问题,都暴露出长江水资源缺乏统筹管理的弊病。迫切需要建立统筹协调电网、取用水户、水力发电工程、航运、跨流域调水的水资源调度会商制度和跨部门、跨行业、跨区域的流域水资源统一调度制度,协调好水电站的生产、生活和生态用水,形成电调服从水调的水资源调度秩序。

3. 流域协同治污效果有限,生态安全问题日渐突出

一是重化工产业沿江密布,废污水排放量急剧增长。沿江分布着五大钢铁基地(上海、武汉、攀枝花、马鞍山、重庆),七大炼油厂(上海、南京、安庆、九江、

岳阳、荆门、武汉），以及上海、南京、仪征等地的石油化工基地，正在建设或规划的化工园区还有 20 多个，沿岸已集聚约 40 万家化工企业。以重化工为主导的产业结构特征，使长江流域废污水年排放总量一直呈急剧增长态势，20 世纪 70 年代末仅为 95 亿吨/年，80 年代末为 150 亿吨/年，90 年代末达到 200 亿吨/年，2007 年超过 300 亿吨/年，2013 年则达到 336.7 亿吨/年，已接近黄河年均流量。

二是农村生活污水处理率低下，农业面源污染和畜禽养殖污染突出。长江流域一带的农村基本上以粗放型的方式排放生活污水，随意排放现象严重。同时，长江流域是我国重要粮食生产基地，长期以来农业生产存在着化肥施用量过高、流失严重和肥料配比不合理等问题，尤其是氮肥的实际利用率仅为 1/3，近 2/3 氮肥通过挥发和降雨径流进入大气和河湖水网，加剧了流域面源污染。此外，长江流域的养殖业广泛散布在农村地区，畜禽粪尿以及生产过程中产生的废弃污染物对流域水体环境也造成严重威胁。

三是重化工企业偷排、漏排现象严重，突发性水污染事故频发。自 2004 年以来，长江流域因重化工企业有毒有害废水偷排、漏排等行为引发了近 20 起重大的突发性水污染事故，如 2004 年四川沱江氨氮污染事件、2006 年湖南湘江镉污染事件、2006 年湖南岳阳砷污染事件、2009 年江苏盐城酚污染事件等，流域内城市供水安全受到严重威胁。仅 2014 年上半年，就接连发生了三起重大的突发性饮用水污染事故，分别为上海崇明岛陈家镇水厂取水口水源苯酚污染事故、湖北武汉饮用水源氨氮污染事故，以及江苏靖江饮用水源异味事故。这一系列突发性事故表明，长江流域饮用水安全已面临极大风险。

四是长江流域中下游城市江段岸边污染带不断扩展，重金属、持久性有机污染物、内分泌干扰物等"隐形污染"问题风险凸显。长江流域沿岸城市废污水排放基本上均以岸边排放为主，城市江段各类排污口分布密集，污染影响相互叠加，而岸边水域相对水深小、流速低，水体稀释扩散能力有限，几乎成为全部入江污水的接纳处，造成岸边污染带。长江干流沿岸 21 个主要城市岸边污染带长度不断增加，1982 年为 428.5 千米，1992 年增加到 570 千米，到 20 世纪初上升至 670 千米左右，近几年仍在 600 千米左右。水体中除生化需氧量、氨氮、总氮、总磷等常规污染物严重超标外，重金属、持久性有机污染物、内分泌干扰物等 300 余种微量的有毒有害污染物检出频率和超标浓度近年来呈不断上升趋势,直接危及长江沿岸近 500 个取水口水质。

4. 航运事故对水源安全构成重大威胁

长江是我国横贯东中西部地区的黄金水道,承担了沿江地区 85% 的大宗货物和中上游地区 90% 的外贸货物运输量,在促进区域经济社会协调发展中发挥了重要纽带作用。同时,长江也是沿江地区重要的水源地,沿线共有生活和工业等各类取水口近 500 处,涉及人口约 1.4 亿人。近 500 处取水口大多为开放式水源地,抗风险能力较差,一旦发生危险化学品泄漏等安全事故,将直接危及沿江居民饮用水安全,影响生态环境和沿江经济发展。

根据长江海事局统计数据,1988—2009 年,其辖区内共查处船舶污染事故 367 起,其中重大事故 23 起、大事故 20 起、一般事故 22 起、小事故 302 起。在重大事故中,发生油类污染事故 16 起、化学品污染事故 7 起,导致溢油近 1500 吨、化学品泄漏 1400 多吨。这其中还未包括各类船舶因随意向长江倒泄垃圾、油污引起的水体污染。大量的污染物集中排放不仅危及长江水环境质量,更对长江沿线近 500 个取水口造成直接威胁。近年来,较为突出的长江航运污染事故有 2012 年 2 月因货轮苯酚泄漏造成的江苏镇江水污染事件、2013 年 5 月乳山万吨轮碰擦南京长江大桥沉没事件、2013 年 11 月湖北荆州油船泄油致城区停水事件,都对沿江饮用水安全造成了直接影响。

二、加强长江流域水资源保护和水污染防治的建议

1. 尽快研究制定"长江法"

建议全国人大抓紧启动立法调研,尽快制定"长江法",明确流域管理的目标、原则、体制、机制,确定流域管理机构实施流域综合管理的主体地位,明确相关部门的职责与任务,建立流域综合规划、流域水资源管理、水资源保护、水生态保护、水污染防治、河道管理、防汛抗旱、水工程管理的各项制度和措施,规范长江流域水资源开发、利用、节约、保护的各项行为,明确长江流域综合管理的经济、技术等保障措施。通过法治有力推动流域经济发展方式的转变,促进经济社会发展与水资源和水环境的承载能力相适应,保障流域经济社会可持续发展,维护防洪安全、供水安全、生态安全。

2. 建立长江流域综合协调和管理机构

建议借鉴欧洲莱茵河流域、美国田纳西河流域综合管理的成功经验,在国

家层面建立长江流域的综合协调机构。主要协调内容为：一是制定统一的发展规划和环境标准。对流域重点城市和区域明确经济发展和环境功能定位，促进区域发展布局调整，制定更加严格的污染物排放标准和环保准入制度，形成保护优先、结构优化的局面。二是建立流域综合管理与治理的协调机制。建立由长江流域相关地区、国家相关部门负责人参加的协商议事决策平台，协商确定流域可持续发展战略，统筹协调流域综合规划、综合治理计划，流域开发、利用、治理、保护的重大政策，流域管理、治理目标，及时协调解决影响流域综合管理的重大问题，并组织考核。三是实施流域水资源优化配置和统一调度。建立长江流域、长江干流及重点支流取水总量双控制，在保证干支流的合理流量基础上，平衡和协调各地用水需求。要避免水库、水电站蓄水与下游生产、生活、生态争水，统筹各行业取用水需求；要通过制订防洪和水资源调度方案，结合年度来水预测，由流域管理机构对长江及重点支流主要水工程进出水量进行有效控制，实行防洪、供水、改善水生态及发电的统一调度。四是建立统一信息公开与通报机制。推进开发建设、水文水质、环境监测、执法监管、研究评估等信息共享，以便及时把握流域经济社会发展和水环境变化趋势，做好科学决策；完善突发事件的应急通报和协同处置机制，特别是上游发生航运、企业事故性排放时，及时将有关信息通报下游有关省市，以便采取措施确保饮用水安全，维护社会稳定。

3. 探索长江流域综合协调和管理机构的模式

建立长江流域的综合协调机构，不仅必要，而且具有迫切性。从操作层面上来讲，综合协调机构可以采取两种主要模式：一是在长江流域统筹建立"中央主导、地方参与、流域机构主管"的"1＋1＋X"的协调监管机制，即国务院建立省部级流域综合协调委员会。由国务院领导牵头，成员为国家发改委、环境保护部、水利部、交通部、建设部以及相关省市人民政府，统筹协调全流域产业布局、航运发展、水电开发、防洪、信息共享、水资源调配、水源安全保障和水污染防治等工作。二是改造现有的流域管理局，调整长江水利委员会为国务院派出机构。其职责是执行流域综合协调委员会所制定的政策和做出的决定，负责流域管理相关事务的指导、协调和监督，其职能不替代现有地方政府的职责。具体的管理事务和环境质量仍由地方人民政府负责。

4. 建立长江水资源资产管理制度

通过立法重点确立几项具体制度:一是长江流域水资源保护基金制度。确立水资源有偿使用制度,在使用付费的基础上按照一定比例收取保护基金,基金来源包括水污染物排放收费、水污染事故赔偿金中的一部分。二是长江流域水污染责任保险制度。通过立法确立水污染责任保险制度,有效提高防范长江流域性水环境污染风险能力,维护污染受害者的合法权益。如2011年出台的《重庆市长江三峡水库库区及流域水污染防治条例》明确鼓励排污单位投保环境污染责任保险。三是长江流域生态补偿制度。建议以跨地区界断面的水质监测数据为依据,确定一个具体水质标准,上游水质达到或者优于这一水质标准的,下游予以补偿;上游水质劣于这一水质标准的,上游应予赔偿。当然,赔偿和补偿的标准可以考虑当地经济社会发展水平及人民群众生活水平等综合因素。四是流域水污染损害赔偿制度。借鉴《消费者权益保护法》建立惩罚性赔偿制度,损害赔偿范围除了赔偿由水环境污染直接造成的经济损失和人身伤害,还应当包括恢复被破坏的环境所需的生态修复费用。同时,设立专门的环境侵权司法鉴定机构,使损害赔偿评估鉴定更具有权威性和可操作性,并且明确和细化环境侵权公益诉讼机制。

5. 建立长江断面水质责任追究制度

按照《国务院关于全国重要江河湖泊水功能区划(2011—2030年)的批复》要求,长江流域县级以上人民政府应加强水功能区水质、水量动态监测,建立水功能区水质达标评价体系,提高水功能区达标率。为进一步施行最严格水资源管理制度,规范和强化长江流域省界水体水质监测管理工作,强化流域各省市共同保护水资源和水环境、上游对下游负责的意识,建议在"长江法"立法时明确长江断面水质考核和责任追究制度,流域内各省环保、水利部门应当定期将省界监测断面人工监测数据和水质自动检测数据提供给流域综合管理机构,流域综合管理机构会同国务院相关部门将考核结果报经国务院同意后,向社会公告,对未达标的省市应严格追究责任,并落实赔偿制度。

6. 强化行政处罚和刑事制裁力度

通过立法授予流域综合管理机构行使行政处罚和行政强制权,同时引入一些强有力的处罚措施。一是引入"按日计罚"制度。目前,《水污染防治法》中的处罚金额最高是50万元,这往往离污染行为对流域水环境造成的损失相差甚远。因此,建议"长江法"中引入《环境保护法》中的按日计罚制度,对于连续性违法行为实行按日计罚,以增强法律的威慑力。二是设定双罚制度。对一些发生环境污染事故或者对有严重环境违法行为的企事业单位,除对当事单位进行处罚外,还可以对单位主要负责人和有关责任人员处以相应的罚款。三是规定停水、停电、停气等强制措施。对流域水环境造成严重影响,而又拒不执行停产、停业决定的排污单位,明确流域综合管理机构有权要求相关单位予以配合,对排污单位采取停水、停电、停气等强制措施。四是加大刑事处罚力度。刑事责任是对违法行为最严厉的处罚方式,也是最具有震慑作用的一道法律屏障。建议立法进一步完善行政执法与刑事制裁的衔接,加大对违法行为的处罚力度。

关于发挥黄金水道作用、推动长江航运业发展的建议

2014 年,国务院《关于依托黄金水道推动长江经济带发展的指导意见》正式发布。长期以来,长江一直是我国东西交通的大动脉,也是连接我国东中西部的重要纽带,长江经济带在我国国民经济中占有十分重要的地位。当前,推动实施长江战略,充分发挥黄金水道作用,对于加快长江经济带建设,促进长江流域东中西部联动发展,实现长江流域沿江 11 个省市以及各个城市的共同利益,都具有十分重大的现实意义和战略意义。

一、重振长江黄金水道航运功能的主要瓶颈

作为与沿海并列为中国最重要的两条经济带之一的长江经济带,如果抓住黄金水道的主线,能够形成航运带动物流、物流拉动产业、产业推动合作的循环链,其战略重要性已日益突出。从大处看,有利于转变经济发展方式,切实统筹区域发展,实现长江流域的共同利益。从小处看,长江水运具有运价低、耗能低、排放低、运量大"三低一大"的特征,能够适应长江经济带的产业结构及未来产业发展方向。但是,目前制约并影响长江黄金水道航运功能不能充分发挥作

用的瓶颈很多,主要表现在以下五个方面。

1. 交通基础设施建设加快,运输方式发生重大变化,水运市场受到影响

由于运输方式扩展和运输结构调整,公路、铁路、航空等货物运输突飞猛进,使得长江的航运功能有所削弱,水运市场的景气度有所下降。2014年,我国全社会货运量439.19亿吨,其中水运59.83亿吨,占13.63%;公路334.3亿吨,占76.12%;铁路38.1亿吨,占8.68%;管道6.9亿吨,占1.57%;民航0.06亿吨,占0.01%。以往作为运输主渠道的水运方式,风光不再。

2. 航道建设投入不足,总体上仍然处于天然航道状态,黄金水道的优势难以发挥

水运发达与否,在一定程度上同航道的通航条件密切相关。由于长江经济带涉及11个省市,各地的诉求不同、条件不同,因此,尽管历年来长江航道建设的投入有所增长,但总体上还是不足,从而影响到长江航运作用的充分发挥。例如,至2013年末,长江经济带11个省市内河等级以上航道里程为42 726.8千米,占总里程的47.3%,说明高等级航道比例不高。

3. 船舶非标准化,船型、机型复杂,性能良好的干支直达、江海直达的新型运输船相对稀缺

从全球航运发展的趋势来看,不论是海运还是内河运输,都在向集装箱运输方式发展,也就是向标准化、集约化运输转变,但长江航运仍然以传统方式为主。例如,到2013年末,尽管长江经济带11个省市拥有内河运输船舶12.32万艘,但内河集装箱运输船舶仅有454艘,所占比重1%都不到,标准箱位也只有8.48万TEU,明显不能适应现代航运的发展趋势。

4. 港口功能比较单一,结构不尽合理,尤其是集装箱等专业码头数量明显不足

与船舶标准化发展滞后相对应,长江沿线的港口结构调整也比较缓慢。例如,至2013年末,长江沿线省市内河港口生产用码头泊位有23 661个,其中万吨级以上的码头泊位仅有388个。在这些码头泊位中,集装箱专用码头泊位就更少了。2013年,长江经济带11个省市集装箱吞吐量7 292.1万TEU,其中内河港口完成的仅为1 466.6 TEU,占20.11%。

5. 支持保障系统的设施与装备水平比较低,航运体制不够顺畅,管理水平不够到位、经营服务不够规范

在长江沿线,航运设施与装备水平比较低,管理和服务水平比较低、航运体制也不够完善,已经难以适应现代航运形势发展变化的客观要求和未来趋势,也严重制约着长江黄金水道航运功能的充分发挥,更影响着航运企业、物流企业以及相关企业的发展壮大,最终影响到社会资本进入长江航运市场的积极性。

二、重振长江黄金水道航运功能的对策建议

重振长江黄金水道航运功能,推进长江经济带建设是一个重大的系统性工程,不仅需要中央与地方采取一系列切实的政策措施才能奏效,而且更需要中央与地方、长江流域各省市,以及长江沿岸各个城市的联合谋划、各方协调、共同建设、实现共赢。应该充分认识到,充分发挥长江黄金水道航运功能的核心,是要加快航运设施标准化和航运服务标准化建设,以及建立长江黄金水道的利益共同体。为此提出如下五个方面的对策建议。

1. 强化国家发展战略,细化航运发展规划

鉴于长江是中国最重要的物资流通黄金水道,长江流域是中国最发达的地区之一,长江经济带是仅次于沿海且最有增长潜力的经济发展战略地带,长江沿江地区地跨东、中、西三大地带,在全国统筹区域发展和形成区域协调机制方面具有不可替代的重要作用。因此,在加快推进长江经济带建设国家战略中,同步推进长江黄金水道航运建设战略,宜早不宜晚、宜快不宜慢、宜实不宜虚。

同时,根据国务院《关于依托黄金水道推动长江经济带发展的指导意见》的总体要求,要进一步细化长江黄金水道航运发展规划。由于黄金水道航运建设涉及多个国家专业管理部门、长江流域的各个省市,以及长江沿岸的各个城市,因而需要行政区域与经济区域的有效磨合,也需要各方利益的有效整合,最终实现共赢。从这个视角出发,黄金水道建设需要统一规划先行,整体规划与专业规划兼容。为此,建议由国家发改委、交通运输部牵头,会同各个省市研究细化长江航运发展规划,争取在"十三五"时期有所突破。

2. 启动相关立法工作,建立健全体制机制

目前,我国在航空、铁路、公路等方面都有了相关的法律法规,如《民航法》

《铁路法》《公路法》《港口法》等,而在水运方面的立法保障还相对滞后,尽管2014年12月28日已经通过颁布了《航道法》,也出台了一些水运方面的法规规章,但仍然缺乏"水运法""长江法"等上位法。为此,建议全国人大以及国家有关部门从推动黄金水道发展和有序开发的角度出发,加快相关的立法步伐。

同时,由于长江水系涉及的中央和地方管理机构甚多,应借鉴国际经验,从理顺体制机制的角度出发,探索实行全流域管理。为此,建议由国家发改委、交通运输部牵头,沿岸各个省市参与,建立长江水系管理综合协调联席会议制度,统一协调长江黄金水道的投入建设和联动发展;建议建立强有力的组织协调机构,专司协调多个部门、多个省市和多个城市的利益关系,改变当前"九龙治水"的现状,促进长江黄金水道航运建设的实质性推动;建议充分发挥长江沿岸中心城市经济协调会的功能,长协会在推动长江流域区域合作方面已经发挥了一定作用,可以进一步发挥重要的协商与交流平台的功能作用。

3. 加大航运建设投入,提升航运服务水平

重点要加大航道疏浚力度,改变大部分航道处于自然状态而造成通达性差的现状;建议加大支持保障系统的投入,提高设施和装备水平,为长江航运的振兴发展创造必要的条件;建议对涉及长江航运发展的财政、税收、投融资体制等方面,中央和地方政府应给予积极的政策倾斜,尤其要鼓励和推动各类企业和社会资本参与长江航运建设,长江沿岸各个省市也需要统一步调。

同时,由于长江航运涉及11个省市以及很多沿岸城市,各地情况千差万别,条件和基础各不相同,这就在客观上需要推动航运服务标准化建设。为此,建议进一步完善服务、简化手续、加快转运,积极推进长江航运体系的大通关进程,同时,其他相应的服务也要尽快朝着标准化方向发展,重点是要推进长江航运流转单证的标准化,提高通关服务的效率和信息化水平。

4. 抓住重点环节,推进船舶港口标准化建设

长江航运发展潜力最大、最符合未来发展趋势的是集装箱运输。为此,建议推进长江内河船舶大型化,把集装箱船舶标准化作为船型标准化建设的重点,也可优先考虑江海直达和江海联运船型。其标准化方向是:满足江海直达适航性,符合葛洲坝、三峡船闸的通航能力,适应长江干线桥梁的净空高度和通航净宽,适应疏浚加深后的长江航道的水深,还要考虑先进性和经济性并重。如果长江近13万艘船舶更新改造,对全国造船工业转型升级和稳定发展是一

个重大的推动。

同时,与长江黄金水道船舶标准化建设相对应,长江沿线的港口泊位标准化建设也应该进一步加快。为此,建议重点解决港口功能单一的问题,加快改善港口结构不合理的状况,大力发展符合未来发展趋势的集装箱专业化码头,其标准化建设可以船舶标准化建设为参照系,桥梁净空也应成为设计标准船舶的重要参数之一。同时,还要统筹长江干支线港口泊位建设,合理安排干支线班轮,加强干支线衔接。

5. 推动合作纵深发展,联手发展要素市场

长江航运功能的充分发挥,离不开长江沿岸各个省市、各个城市的合作。为此,建议各地政府要进一步破除行政壁垒和进入门槛,重点是要鼓励并推动长江沿线各主要港口、主要经营单位、各类企业以及各类客户等方面的战略合作,尤其是要充分发挥港口企业、航运企业、物流企业的主体作用,推进码头、航运、物流等方面企业之间的全方位合作,不断向广度和深度拓展。

同时,由于黄金水道建设不仅涉及跨区域的功能分工与统筹协调,而且往往具有项目大、投资多、环节多、种类多等特点,这就需要加强跨区域的合作和服务。为此,建议银行业开展银团贷款和跨区域授信,鼓励银行机构通过一揽子综合金融服务方式,为大型项目和基础设施建设提供全方面的金融支持。建议充分发挥航运要素市场的作用,上海航运交易所可以起到重要作用,通过交易平台,推动长江黄金水道的振兴发展,还要推动武汉、重庆等长江航运交易所的战略合作和功能提升,放大资本市场对长江航运服务的支撑功能。此外,还要发挥上海航运金融优势,开发相关的航运金融产品,重点在融资租赁、航运保险、定价服务等领域提供高端化、定制化服务。

关于实行"两孩"政策后调整个人所得税的建议

2016年,我国开始全面实行"两孩"政策。应该充分认识到,"两孩"政策的实施,对于完善我国的人口发展战略,改善人口结构,应对人口老龄化带来的经济社会发展压力,都具有十分重要的现实意义和深远的战略意义。但是,全国"两孩"政策的推进落地,实际上也是一个系统工程,需要方方面面的配套政策和措施的支撑。

从现实情况来看,如何从可以生二孩,到愿意生二孩,尤其对于年轻的双职工家庭、城市白领阶层,至少在涉及社会保险、劳动就业、妇女儿童权益保障、税收优惠等方面,都应该做出相应的调整。同时,也需要国家、企事业单位、社会组织、基层群众性组织等形成共识并广泛参与。其中,放开"两孩"政策实施之后,不仅生育两个孩子家庭的经济负担会上升,而且对现行的个人所得税制度提出了新的挑战。

目前,我国实行的是居民个人作为申报单位缴纳所得税的制度,也就是个人所得税的计征单位是个人。个人每月收入超过规定起征点的,就按相应的税率纳税。这一税收制度的主要优点是简便,容易计算,也容易征收,征税成本较低,纳税人是否结婚、是否赡养老人、是否抚养子女,都不会影响个人所得税的税负,也就是说,征税行为不会影响纳税人的伦理选择,也非常符合个人主义的原则。但是,这种税收制度也存在着许多缺陷,最明显的是不符合按能力承担税负的原则,不能反映家庭收入的整体状况,没有考虑纳税人赡养人口的多少,以及通货膨胀、医疗、教育、住房等因素,而是按照统一的标准实行定额或定率扣除。由于相同收入者的家庭负担和支出可能不同,若对于这些负担和支出一概不考虑的话,还是按照收入相同者缴纳相同数额所得税,这种"一刀切"的计征方法对于那些收入相同但家庭必要支出多的纳税人来说无疑是不公平的。

因此,很有必要改进现行的个人所得税计征方式,实行以家庭为单位征收个税。其理由:一是在社会生活中,每一个公民背后都有一个具体的家庭,家庭是最基本的利益共同体,家庭的收入状况比个人更能全面反映纳税能力。以家庭为计算单位,可以实现相同收入的家庭相同的个人所得税负的横向公平,不同收入的家庭不同税负的纵向公平。二是我国已逐渐进入老龄化社会,一个家庭赡养多个老人的情况将越来越多。以家庭作为个人所得税核算单位,才能体现税负公平原则。在个税征收上,忽略公民家庭的存在,仅仅将公民个人作为税收对象,有损公平公正,也不够人性化。三是世界上多个国家根据纳税人的家庭状况加以区别缴税,我国香港地区也采用夫妻联合申报或家庭申报的征税方式,这些都是值得借鉴的。四是我国已经建成了覆盖全国的以户籍管理为依托的人口信息系统,并已经为银行等系统提供认证服务,税务部门也已经建设了庞大的信息网络,只要政府重视,实现跨部门的信息协作是可能的。也就是说,家庭收入作为个税计税条件是可行的。

当然,对我国个人所得税制进行必要的调整完善,不可能在短时期内全部完成。因此,在这个过渡时期内,为配合放开"两孩"政策的落实,应该在个人所得税制方面有所作为,也就是在计算应纳税所得的时候,增加扣除生育费用的一些项目,实行一些税收优惠政策。目前,我国已有的扣除项目包括增加养老、医疗、失业、住房公积金、捐赠,比较单一,建议可以增加下列税收优惠项目。

一是儿童税收优惠。相对于没有孩子的家庭,抚养一个或两个子女的家庭,应该享受一定数额的个税免征额,在父亲或母亲的应纳税所得中加以扣除。这种扣除直至孩子达到一定的年龄(比如 12 岁或 16 岁)停止。

二是教育税收优惠。目前,教育费用是每一个家庭中的重要支出之一,因此,在"两孩"家庭中,包括纳税人本人的再就业培训费用和技能提升费用,子女的学前和义务教育期费用,可以根据各地的经济差异进行确定。

三是家庭结构税收优惠。由于每一个家庭的情况不尽相同,因此,对于单亲家庭、有老人负担的家庭等,应根据情况确定一定的个税免征额。

四是残障人税收优惠。这方面已经有了一些相应的政策,但在深度和广度上还有待完善和优化。

关于建立废弃药品销毁渠道、消除安全隐患的建议

药品是关系到人民群众生命安全的重要物资,在生产、流通和使用过程中会产生受污染、过期等废弃的药品,这些废弃药品处理不当会带来不小的危害。如果随意丢弃,将对环境造成污染;如果流入不法分子手中,造假转卖给患者,将给患者治疗带来难以预计的后果。因此,废弃药品早在 2008 年已被列入《国家危险废物名录》,自 2011 年以来,废弃药品的处置方式由原先粉碎、掩埋等方式,改为委托专业的具有危险废物经营许可证资质的单位集中焚烧销毁。

目前废弃药品的来源和处置办法:一是家庭药箱产生的废弃药品。家庭中药品未使用完不再需要或受污染、过期的药品,可通过零售药店和部分社区回收点回收,零售药店和部分社区集中后,由相关部门统一销毁,销毁费用由政府专项承担。二是经营企业经营过程中产生的废弃药品。企业在经营和管理中产生的废弃药品,部分退回供应企业,其他需要销毁的,联系专业销毁公司集中销毁,费用由企业承担。三是生产企业产生的废弃药品。生产和经营过程中产生的废弃药品,集中销毁处理,销毁费用由企业承担。四是医疗机构产生的废弃药品。部分退回供货企业,其他随医疗废弃物等销毁,费用由医疗机构承担。

目前废弃药品销毁面临的问题:一是医药企业大量废弃药品无处焚烧销毁。医药经营企业在实施废弃药品销毁的过程中,由于具有危险废物经营许可证资质的专业销毁公司受到环境污染物排放量的限制,不愿接受所有医药企业进行经营性废弃药品的销毁。同时许多专业销毁公司出于对运输安全等因素的考量,只为本区或相邻区域的医药企业提供焚烧销毁服务,服务覆盖区域小,而且专业销毁公司与医药企业废弃药品销毁信息不对称。二是零售药店等渠道回收的废弃药品积压。通过零售药店和部分社区回收的废弃药品,同样遇到因焚烧销毁的限制,造成废弃药品积压。这一定程度上影响了零售药店回收废弃药品的积极性,新闻媒体曾报道部分零售药店拒绝回收大宗废弃药品。

因此,加快建立健全废弃药品的销毁渠道,消除安全隐患,对于保障全国人民群众的身体健康和生命安全具有十分重要的现实意义。为此建议:

(1)建立废弃药品回收、集中和销毁的相关制度。鉴于废弃药品分布的面广,分散在企业、医院以及老百姓家中,需要形成有效处置废弃药品的渠道。为此,建议全国各级食药监管局和各监管部门依据管辖范围,落实相关的责任,推进废弃药品的回收工作,从而保证废弃药品能够按照正常途径回收集中。

(2)采取有效措施,合理安排废弃药品销毁。实际上,相比其他需要销毁的危险品来讲,全年的废弃药品总量并不是很多,只要安排合理是完全能够解决的。为此,建议环保部门统一组织具有资质的专业销毁企业,合理安排废弃药品销毁,使得废弃药品有合法销毁途径,消除废弃药品的安全隐患。

(3)调动各方力量,发挥相关行业协会的作用。在废弃药品合法销毁过程中,还应该充分调动方方面面的力量。为此,建议通过相关的行业协会,组织医药企业建立健全规范、统一的集中废弃药品联合销毁渠道,通过行业协会的行业信息渠道,搭建医药企业和专业销毁企业的桥梁,统一办理集中销毁。

(4) 加强宣传教育,充分发挥社区组织的作用。对于每一个家庭产生的废弃药品,应该通过进一步加强宣传教育,使得每一个家庭成员,能够确立起把废弃药品集中上缴处置的意识和责任。为此,建议除了全国城乡各个社区广泛宣传之外,还要建立健全家庭废弃药品的回收点。同时,如果条件允许的话,还可以设立适当的激励机制。

关于打击非法集资应疏堵结合的建议

近年来,国内非法集资现象屡禁不止、愈演愈烈,甚至出现了爆发式增长。仅 2015 年 1—8 月,全国涉嫌非法集资的刑事立案高达 3 000 多起,涉案金额 1 500 多亿元。其中以投资理财、P2P 网络借贷等名义进行非法集资成为重灾区,如泛亚、E 租宝、卓达等案件涉案规模更是令人震惊。当前来看,非法集资案件高发频发,涉案金额大、人数多、地域广,容易造成影响社会稳定的群体性事件,且非法集资正在渗透传染至银行、信托、保险等正规金融机构,将可能引发系统性金融风险,应引起高度重视。

非法集资案件高发的主要原因:一是由于利率市场化进程、金融监管放松和金融创新"大爆炸"以及互联网金融发展等三股潮流汇集叠加,缺乏足够金融知识的投资者失去辨别能力,为以"高息、高回报、低风险"为诱饵的非法集资提供了机会,一些人大肆进行"互联网＋非法集资"。二是由于金融行政监管仍停留在"分业经营,分业监管"的传统理念,一行三会间、中央与地方监管可能造成真空,甚至互相推诿,行政监管缺失,相关法规滞后。如国务院《非法金融机构和非法金融业务活动取缔办法》授权人民银行处罚和取缔非法吸收公众存款等非法集资及非法金融活动,但人民银行的行政监管作用有限。三是由于金融体制无法满足中小企业的融资需求,各类不规范民间融资的风险逐渐暴露出来,非法集资问题不断浮出水面,导致短期内案件加速暴露、发案数量激增。四是由于一些金融机构未能履行资金来源合法性审查等反洗钱的基本责任,有的成为非法吸收公众存款和集资诈骗等非法集资犯罪的"通道"和"信用背书",甚至部分人员私下通过"飞单"形式直接参与非法集资犯罪。

因此,打击非法集资是维护经济发展和社会稳定的重要环节。当然,整治非法集资问题,打压只是一时之策,从长远看,应坚持疏堵结合。

(1)建立健全全面、系统、完善的打击非法集资的处置机制。建议探索建立省、市、县及各职能部门同步协调的、网格化的行政排查监管方式,充实相关力量和人员。同时,可以建立非法集资有奖举报制度,做到打小打早,做到预防为主的建立打非工作机制,尽量降低打非社会成本。

(2)对已经暴发风险的非法集资案件,要加大处罚力度。对涉嫌非法集资的重点案件,应该及时立案侦查、固定证据、加快处理。对金融机构或工作人员为非法集资提供协助或推波助澜,甚至直接参与的犯罪行为,应加大查处力度,追究刑事、行政及民事赔偿责任,及时惩罚遏制银行、信托和保险机构和工作人员参与非法集资。

(3)发挥一行三会金融消费者保护局和地方金融服务办公室的协同作用。向社会公众普及金融知识,提升投资者风险意识和金融产品识别能力,有效引导群众了解非法集资相关法律政策知识,区分什么是合法、什么是非法。要引导公众掌握非法集资的典型特征、表现形式、危害后果等知识。从长远而言,还应在国家基础教育中引入普及金融知识教育,根据条件从小学和中学开始培养民众的金融知识。

(4)深化金融监管体制改革。建议建立统一的综合金融监管机构,减少金融监管互相推诿所造成的真空和市场监管套利行为。无论当前非法集资高发蔓延之势、2013年"钱荒"事件,还是金融创新和互联网快速发展,都要求我国改革并完善适应金融市场发展统一的综合金融监管体制,纠正当前部门利益之间协调困难和监管机关目标不一致的问题。

(5)完善互联网金融相关法规和配套措施。各级政府应当采取积极措施,建设和完善互联网金融各种基础性金融设施与降低交易成本、扩大服务规模和深度、提高技能、促进透明度的金融中介,包括征信机构、支付结算系统、评级机构、网络安全、信息技术、专利、行业协会、技术咨询服务、培训等。此外,还应适应互联网金融发展需要,更新完善适宜的法律法规、监管、司法等生态,如完善个人隐私保护、反垄断、网络仲裁法律法规及制度等。

第十章

第十二届全国人民代表大会第五次全体会议

关于对《继承法》第 25 条进行修改的议案

★ **案由**

我国《继承法》自 1985 年施行以来已经 30 多年了，对维护家庭和睦与社会稳定起到了重要的保障作用。但是，《继承法》某些条款还存在诸多法律漏洞，如第 25 条就存在着严重的缺陷，给审判工作带来了一定障碍，已经到了不得不修的时候。

★ **案据**

现行《继承法》第 25 条的主要不足之处如下。

（1）法律对接受遗赠的意思表示相对人对象不明确。

第 25 条第二款规定："受遗赠人应当在知道受遗赠后两个月内，作出接受或者放弃受遗赠的表示。到期没有表示的，视为放弃受遗赠。"

对放弃遗赠可作默示推定，一般不易产生纠纷，但对接受遗赠的意思表示该如何做出会存有争议。《继承法》以及相关司法解释均未明确规定接受或放弃遗赠之意思表示应当向何人作出，即是否必须以继承人或其他利害关系人等特定人为意思表示相对人。因此，直接导致了法律适用上的不明确，也容易在继承人与受遗赠人之间产生意见分歧。争议的焦点问题集中在接受遗赠之意思表示应向何人为之方为有效。通常继承人及受遗赠人会对此作出有利于自已的解释,其中继承人会以受遗赠人未在规定期间内向其表示接受遗赠而主张受遗赠人已放弃遗赠,而受遗赠人则以向其他人为接受遗赠之意思表示而主张遗产权益。

(2)"受遗赠人应当在知道受遗赠后两个月内,作出接受或者放弃受遗赠的表示",该规定"两个月内"有悖于我国的风俗习惯。

按照我国的风俗习惯,被继承人死亡后要经过"七七四十九天"祭奠死者。在这期间,死者家属受遗往往忌讳谈及有关继承等敏感话题,而赠人往往与死者有一定的感情,刚刚过去"七七四十九天",离法律规定的两个月的明示只有短短的十余天,要将这重大事项的决定到达相对人,给予的时间较为仓促。但是,一旦错过了明示表示时间,就意味着继承实体权利的丧失。

(3)受遗赠人要证明"受遗赠人应当在知道受遗赠后两个月内,作出接受或者放弃受遗赠的表示"主张存在一定的举证困难,从而导致承担举证不利的后果,该规定往往造成事实上违背了被继承人的遗愿。

被继承人的遗书往往由遗嘱执行人保管或者进行公证,在作遗嘱的时候,不一定告诉受遗赠人,而等到受遗赠人知道遗嘱内容的时候往往已经过了两个月的明示期限,或者受遗赠人联系不到继承人而导致继承实体权利的丧失。这类案件屡见不鲜,现有规定也给审判工作带来了一定障碍。

★ **方案**

建议将现行《继承法》第25条修改为:

"继承人、遗嘱执行人、遗产管理人等利害关系人应当向受遗赠人催告在一定合理时间内作出接受或放弃遗赠之意思表示。

但受遗赠人应当在知道受遗赠后三个月内,向继承人、遗嘱执行人、遗产管理人等利害关系人或者进行公证作出接受或者放弃受遗赠的表示。到期没有表示的,视为放弃受遗赠。"

理由如下:

(1)改变现法律规定对接受遗赠的意思表示相对人主体不明确的缺陷。明确主体有利于双方争议的明确、纠纷的处理。继承人、遗嘱执行人、遗产管理人等利害关系人,和遗赠人具有亲属关系、委托关系或其他利害关系,对受遗赠人是否接受遗赠的态度享有知情权,因为这将直接关系到遗赠人财产的最终分配。明确要求受遗赠人向特定主体继承人或其他利害关系人为意思表示,可以尽早地明确双方的争议,既利于纠纷的解决,又有利于各方权利的主张。

另外,当受遗赠人向特定人作出意思表示存在客观障碍时,例如继承人下落不明或者故意躲避,无遗嘱执行人及遗产管理人等情况,作为对受遗赠人权利救济的补充,受遗赠人可以通过公证的方式证明其在规定时间内为接受或放弃遗赠之意思表示。虽然相对于向特定人为意思表示,公证的成本较大,但有利于证据的形成与保留,以保障受遗赠人的合法权益。

(2)举证责任的重新分配,有利于减少纠纷,更是尊重被继承人的遗愿。现行的《继承法》最大的缺陷之一就是对于继承开始时,受赠人不知道遗赠事宜,等到知道后已经过了两个月的明示表示时间,导致丧失了继承的实体权利。该类案件屡见不鲜,这与被继承人的遗愿相违背。而修改后的该条款可以规避法律的缺陷。

对于不知情的受赠人,继承人、遗嘱执行人、遗产管理人等利害关系人有权利也有义务告知受赠人的继承事宜,受赠人对是否接受赠予享有选择权。若没有告知,则承担举证不利的后果。如果受赠人知道或者应当知道遗赠事宜,则是否做出明示的受赠表示,举证责任由受赠人承担,否则承担举证不利的后果。

该规定修改后,举证责任的重新分配有利于减少纠纷,更是尊重被继承人的遗愿,有利于规范受遗赠人处分权利的行为,以保障受遗赠人合法权益的实现。可以避免在诉讼阶段产生的受遗赠人举证难、法院采信难、事后串谋等问题。

(3)将受赠人作出接受或者放弃受遗赠的表示由两个月改为三个月,更符合风俗习惯。被继承人遗赠给受赠人,受赠人往往感恩于被继承人,他们之间有很深的感情,在"七七四十九天"的祭奠期间,往往忌讳向其他继承人谈及遗产继承问题,等到过了四十九天,离现有的法律规定两个月明示只有十余天。如果受赠人要联系其他继承或者进行公证,法律赋予的时间太少了。因此,将两个月时间改为三个月比较合理。延长一个月的时间有利于受赠人更好地行使其实体权利。

关于"推进精准扶贫，打赢脱贫攻坚战"的建议

当前，我国扶贫开发工作已经进入了啃硬骨头、攻坚拔寨的冲刺期。到2020年，要实现7 000多万农村贫困人口摆脱贫困的既定目标，时间十分紧迫、任务相当艰巨。党的十八大以来，尤其是2015年11月中央扶贫开发工作会议召开，习近平总书记做重要讲话，中共中央、国务院发布《关于打赢脱贫攻坚战的决定》，全国扶贫开发工作得到了全面的推进，取得了一些重要的成绩。但在发展过程中，也存在着一些问题和瓶颈需要进一步化解。

一、我国实施精准扶贫的主要瓶颈

（1）观念转变没有到位。在少数的贫困地区，扶贫开发还是热衷于上大项目，没有完全把思想观念和资源力量都聚焦到"脱贫"这个核心要求上来，没有紧扣到"两不愁、三保障"的首要目标上来。

（2）生产生活条件困难。在建档立卡的12.8万个贫困行政村中，6.9万个不通客运班车，占53.9％；在87.1万个自然村中，33万个不通水泥路，占39.6％。在中西部贫困户中，有13.1％和22.9％的贫困户饮水困难。在西部仍有2.6％的贫困村不通生活用电，10.3％的贫困村未通生产用电。

（3）多重致贫因素叠加。在建档立卡的贫困户中，因病致贫的占42.2％；因缺资金致贫的占35.4％；因缺技术致贫的占22.3％；因缺劳力致贫的占16.8％；因学致贫的占9.0％；因残致贫的占5.8％；因灾致贫的占5.8％。

（4）扶贫投入尚显不足。中央财政专项扶贫资金占中央财政收入比重一直在下降，1986—2014年，由2.44％下降到0.67％，占全国GDP比重由0.44％下降到0.07％。此外，扶贫政策和资金还存在着碎片化现象。

（5）缺少产业全面支撑。由于经济发展相对滞后，基础设施薄弱，产业结构单一，再加上一些贫困地区就业机会缺乏，农民增收缺少门路，使得外出务工收入占比仍然高达50％以上，说明造血功能明显不强。

（6）片区扶贫政策失衡。全国现有 14 个连片特困地区，但在政策享受方面不尽平衡。例如，湖南省纳入国家武陵山片区规划的 37 个县，只有 31 个县享受特定的扶贫政策，还有 6 个县的呼声比较强烈。

二、实施精准扶贫的七个方面建议

（1）提供法律保障，加强统筹协调。一是为了增强全国扶贫开发工作的法律保障，建议全国人大常委会考虑制定出台《全国农村扶贫开发条例》。二是由于扶贫开发工作面广量大、内涵丰富，也涉及一些法律问题，如土地承包、抵押贷款等，也要抓紧做一些必要的修改。三是针对各级、各类扶贫政策和资金碎片化的状况，要加强统筹协调，可以考虑以县为单位整合使用，尤其要避免地方配套。

（2）加大扶贫投入，强化资金支持。一是针对财政专项扶贫资金总量偏小、人均水平不高的情况，建议加大扶贫资金投入，从 2017 年开始连续 4 年适当提高中央财政专项扶贫资金占中央财政收入的比重、专项扶贫资金占全国 GDP 的比重，确保脱贫资金投入保障。二是中西部地区各级地方政府的扶贫专项资金投入，应该保证合理的增长；东部地区的对口支援资金，应该保持比较合理的水准。

（3）加快基础建设，改善发展环境。一是在贫困地区水、电、路、气、网、水利等基础设施建设方面加大投入，改善基本生产生活条件，为扶贫开发创造基础条件。二是加快提高贫困地区基本公共服务能力，保证基本公共服务主要领域指标逐渐接近全国平均水平，尤其在教育培训、医疗卫生等领域，切实解决因病、因教致贫问题。

（4）推进产业发展，增强造血功能。一是根据各地资源禀赋，重点扶持特色种养业、设施农业、特色林业、加工业、传统手工业、乡村旅游等特色产业发展，建设一批特色农业基地，扶持一批优势企业，打造一批特色品牌。二是支持企业通过吸纳贫困户直接参与、建立利益联结机制等方式带动贫困群众增收致富，提高贫困群众的土地性收入、经营性收入和劳务性收入。三是加强劳动技能培训，促进就地就近择业，使贫困户在土地流转、就近务工、自办"农家乐"生产经营中致富奔小康。

（5）加强生态保护，完善相关政策。一是在中共中央、国务院发布的《关于打赢脱贫攻坚战的决定》中，已经明确"加大贫困地区生态保护修复能力，增加重点生态功能区转移支付"，因此要尽快出台相关具体的扶持政策。二是由于这些贫困地区难以通过非农产业发展,解决贫困人口的就业和脱贫问题,因此需要加大转移支付力度,增加补贴水平。

（6）扶贫政策待遇,需要一视同仁。一是针对一些贫困地区存在"同一片区,扶贫政策待遇不同"的情况,应该从国家层面出发,按照"同一片区,同一待遇"的原则,进一步平衡相关省份片区扶贫政策待遇。二是对于特困片区、中央苏区、革命老区,少数民族地区等一些特殊地区,应该进一步完善相关的支持政策,抓好统筹协调,采取一视同仁的模式。

（7）加强对口支援,助推脱贫攻坚。一是紧紧围绕中央的要求和部署来推进发达地区的各项对口支援工作,强化东西部地区的扶贫协作,推动东部地区人才、资金、技术向西部流动。二是东部地区不仅要帮钱帮物,更要推动产业层面的合作,以及人才、资金、技术向贫困地区流动,实现双方共赢。三是推动各级层面的协作,不仅推动省级层面协作,更要推动市县层面协作。四是加强资金项目集中集聚,进一步向基层倾斜、向贫困群众倾斜,通过发展产业促进就业,增强对口地区自身"造血功能"。四是利用资源优势,推进教育帮扶、卫生帮扶及人才培训工作。五是将对口支援项目资金安排纳入对口地区的经济社会发展规划。

关于加强"一带一路"法律服务的建议

目前,"一带一路"倡议实施的沿线涉及众多具有不同法律制度、政治制度和文化传统的国家和地区。然而,由于相关的法律服务还存在着诸多的缺口和遗漏,蕴含着一定的经济风险,因此,建议从国家层面全面提升"一带一路"法律服务的水平和能力,以及为我国企业对外投资保驾护航的实力和能力。

一、主要问题

1. 政府缺乏法律服务平台的建设,导致我国企业对外投资缺乏深刻的法律认知与意识

"一带一路"倡议跨越了不同国家和地区、不同的法律体系和社会背景,给

我国企业"走出去"带来了一定的未知性和不确定性。然而,由于政府缺乏一个有力的法律服务平台,而该平台应该能够对投资东道国的法律环境、所投资的行业监管体系进行充分的研究,并且给对外投资的我国企业提供项目可行性的分析调查等服务。同时,各工商、税务、外汇管理等部门也缺乏统一协调的综合平台和公开透明的流程规范。

2. 相关法律法规及政策服务的缺失,导致我国企业对外投资缺乏规范化的有效指引

目前来看,尽管在全国各地的自贸区建设中,已经实行了境外投资备案为主的管理制度,为我国企业对外投资带来更多的便利。但是,在实践过程中,有益于我国企业境外投资的国际国内法律制度并未得到有效利用,尤其是政府有关部门缺乏对我国企业对外投资的指导协调和服务。

3. 我国驻外机构法律服务工作的不足,导致我国企业对外投资缺乏必要的保障

实际上,由于专业化涉外法律服务的缺失,很容易导致我国企业在对外投资过程中面临投资困难甚至是投资陷阱。但是,由于我国驻外使领馆、商务机构等缺乏协助我国企业对外投资的工作职能和丰富经验,难以给对外投资的我国企业提供必要的法律服务保障。

二、主要建议

1. 发挥政府统一协调职能,构建"一带一路"法律服务集群

一是搭建"一带一路"倡议法律问题研究和交流平台。该平台可由政府部门调动和联合国内外法律专家共同组成,重点培养对"一带一路"沿线国家法律制度精通的法律顾问团队,为"走出去"的我国企业提供优质的法律服务资源。同时,建立境外投资法律优秀人才储备制度,最终为政府提供优质的咨询服务,为企业提供便捷高效的法律服务。

二是出台鼓励政策,提升法律服务业水平。政府可以通过出台鼓励政策的办法,引导法律服务业关注"一带一路"倡议实施中的法律问题,并重点关注"一带一路"沿线国家外商投资方面的法律问题。同时,建议政府有关部门对"一带一路"沿线国家的法律问题设立研究专项,并提供经费支持,引导法律服务中介机构在薄弱领域加大研究力度。

三是推进政府商事服务和专业法律服务融合。在我国企业对外投资的具体实施环节,各工商、税务、外汇管理等部门应完善部门合作、部门和律所合作,加快形成信息互通、统一协调的综合平台,高效便捷的工作体系,公开透明的流程规范,更好地为我国企业"走出去"提供一站式的服务。

2. 指导我国企业提高接受法律服务的自觉性和主动性

一是制定和完善相关的法律法规。要十分注重"一带一路"倡议实施面临的新情况和新特点,建议将国际经济贸易规则的新发展与新内容吸收进相关的国内立法和修法中,减少可能的法律冲突或法律障碍。

二是关注国企对外投资的法律服务工作。国有大中型企业对外投资的过程中,国资委和有关部门要加强指导协调,制定完善政策,提供优质服务,创造良好环境,并高度重视企业的境外投资法律风险的防范。例如,要求国有企业在申请境外投资的审批和投资的事后监管中提供律师事务所出具的法律尽职调查报告和法律意见书、对企业的境外投资行为发表明确法律意见,以更好地减少和避免法律风险。

三是重视民营企业对外投资的法律服务工作。在"一带一路"倡议实施过程中,民营企业是一支十分重要的力量。民营企业尽管具有体制机制的相对优势,但也存在着获取信息渠道不多、法律服务比较薄弱等不足,因此,需要得到政府部门和社会力量的关心和支持。

3. 我国驻外机构应形成和非政府法律服务体系的互通和互动

政府外事部门应对接我国驻外使领馆,并搭建点对点的涉外交流平台,旨在促进政府部门、行业协会、企业及法律服务机构与不同国家的政府、行业协会、企业及服务机构的沟通交流。其作用:一是保障我国企业境外投资的安全。涉外交流平台要开展法律咨询、法律研讨等活动,推动和保障我国企业境外投资的安全。二是维护当事人的合法权益。涉外交流平台要为境外投资、国际货物贸易、服务贸易、知识产权国际保护等提供法律服务,切实维护当事人的合法权益。三是切实防范融资风险。涉外交流平台要为亚洲基础设施投资银行、金砖国家开发银行、丝路基金等的筹建和运营以及深化多边金融合作提供法律服务,切实防范融资风险。四是提供法律调查服务。涉外交流平台要围绕"一带一路"沿线国家和地区的交通、能源、通信等基础设施重大工程、重大项目的立项、招投标等活动,提供法律调查服务。

关于完善我国跨境电子商务发展的建议

近年来,由于受到外部性和周期性的影响,中国经济增长面临着下行压力。在这种背景下,我国跨境电子商务如何转型与发展面临着严峻的挑战。

现阶段,由于我国跨境电子商务产业法制体系尚不健全,各类跨境电子商务出口经营主体在拓展跨境贸易空间和延伸上下游产业链的过程中,极有可能遭遇一些法律风险和诉讼威胁,使经营主体蒙受巨大的损失。同时,跨境电子商务政策存在交易主体不明确、政策所涉范围过窄、出口退税难、新政可操作性较低等不足。为此,提出以下三个方面的建议。

一、完善我国跨境电子商务法律框架

一是借鉴国际上相关的法律法规。纵观联合国国际贸易法委员会先后通过的《电子商务示范法》《电子签名示范法》《电子合同公约》、美国《统一电子交易法》和《电子签名法》、新加坡《电子交易法》、中国香港《电子交易条例》等已经实施的法律,构建跨境电子商务法律框架大体有两个要素,即电子交易法律及保护网上消费者、保护数据和坚决打击网络犯罪的原则。

二是加快我国"电子商务法"的立法。其中,要确立平等、不歧视与技术中立的原则,在积累有关跨境电子商务立法、执法、司法的进程中借鉴国际规则,将跨境电子商务的国内市场规则与国际市场规则进一步接轨。要采用整体方法,将技术和金融体系的发展动态充分结合。尤其是在解决支付方式(特别是创新型零售支付工具)与发展中国家金融体系包容性中存在的风险时,平衡培养创新和保护用户两个方面。

三是逐步建立、丰富保护网上消费者原则体系。具体内容包括对消费者予以不低于其他商业形式的透明和有效保护、公平的商业广告和市场营销做法、在网上清楚透明地公开信息等。

四是逐步建立、丰富保护数据原则体系。具体内容包括限制云计算服务供应商的经营范围、严格其法律责任；反规避企业外包安全职能规避司法管辖的行为等。

五是逐步建立、丰富坚决打击网络犯罪原则体系。具体内容包括建立网络犯罪问题信息库、进一步加强国际合作、借鉴国际警察执法原则等。

二、完善我国跨境电子商务监管

一是扩大中国人民银行的监管职能。由政策性银行、商业银行提供更加有力的消费者保护，从而加强跨境电子商务在订立合同、选择分供方、管理平台商家等日常经营业务中的谨慎义务。

二是司法机关处理数据资料外泄事件时更加透明。但这不意味着将隐私数据也全部公开，保护国家与商业秘密仍然是不可动摇的原则。

三是海关可以考虑采用数据自动化系统方案。尤其要加强统计学方面的能力建设，使国际贸易更加便利。同时，积极开展面向海关从业人员的培训，制订培训方案；加入联合国等国际组织开展的相关培训工作也可以考虑列为培训我国海关监管人员的方案之一。

四是充分发挥消费者保护协会的作用。针对网上消费者群体，建议消费者保护协会制定单独的、有效的保护规则，维护消费者合法权益。

三、完善跨境电子商务国内政策

一是健全对交易主体的监管。对平台要严格检查其在准入方面的控制工作是否到位，是否有完整的审议审核程序来甄别投递材料的可信度，以及对平台内企业是否有足够的监察力度。对于不达标的平台，在其完善上述措施之前禁止其开展交易；对于代表性企业，要严控其经营范围是否恪守申报核准的范围，对超出范围经营的企业，要及时禁止和取缔。

二是明确跨境电子商务交易的业务范围和开放顺序。建立跨境电子商务主体资格登记及支付机构结售汇市场准入制度，适时出台跨境电子商务及支付外汇管理办法；在业务操作层面，将跨境电子商务及支付主体纳入外汇主体监管体系，有效统计与监测跨境电子商务外汇收支数据，明确规范国际收支统计申报主体和申报方式，规范外汇备付金管理。

三是建立健全信用评级机制。将信息评级的权利授权给专业的信用服务企业主体,所有在跨境网络平台进行交易的交易者自愿到信用服务机构进行注册登记,将网络平台上的交易数据与信用评级机构互通互联,作为信用评级的主要依据。每一个信用水平对应着交易者的权限和自由,信用评级越高者,可享有的交易权限就越多,可从网络平台中获取的利益就越大;相应的,信用评级越低者受到的交易限制就越多,能从交易中获得的益处就越少。

四是制定更为多元化的政策,对跨境电子商务予以全方位规制。政策法规是约束跨境电子商务企业、消费者及其他市场参与者行为的有效保障,进而保证跨境电子商务物流市场的良性发展。海关、国税、检验检疫部门应采取配套措施,如落实跨境电子商务零售出口货物退免税政策,对相关跨境电子商务物流企业实行一定的税收优惠政策,对货物的通关出口检验时间予以缩短,必要时可施以一定程度的返税等优惠、扶持政策措施,从而建造更为健全的跨境电子商务运营环境,鼓励和吸引更多物流企业加入跨境市场。

关于促进民营资本参与 PPP 项目的建议

自 2014 年以来,全国各地掀起了一股 PPP(public-private partnership,政府和社会资本合作)热潮。截至 2016 年 9 月底,根据财政部 PPP 中心统计,全部入库项目 10 471 个,总投资额 12.46 万亿元。在制造业、房地产投资增速下降的背景下,年均增长率近 20% 的基建投资为稳增长提供了强大支撑,但应该认识到,民营资本在 PPP 项目中参与率过低,需要进一步提高比重。

一、民营资本在 PPP 项目中参与率过低的主要原因

(1) 受专业能力限制,一些地方政府对 PPP 项目操作流程不熟悉,更倾向与体制内的国企开展合作。PPP 项目较 BT 项目(build-transfer,建设-移交)而言,操作流程更加复杂,分为项目识别阶段、准备阶段、采购阶段、执行阶段和移交阶段,10～30 年的周期远远长于 BT 项目,社会资本不仅参与建设,还参与项目设计、融资、运营等多个环节,与以往纯粹带资施工的 BT 项目有较大差

别。项目识别阶段的物有所值评价、财政承受能力论证都具有很强的专业性，也决定了该项目是否适合采用 PPP 模式。由于 PPP 项目在 2014 年后集中开展，一些地方政府官员对操作流程往往是一知半解，摸着石头过河。且 PPP 项目带有融资性质，在经济欠发达地区更受推崇，而这些地区的政府官员往往对 PPP 知之甚少，希望企业提供 PPP 一揽子解决方案，甚至包括实施方案（PPP 项目核心文件）的编制。由于国有企业同属体制内，在与政府沟通上具有天然优势，也能为政府减轻因项目执行不力而产生的责任，自然成为首选。

（2）PPP 项目较强的公共属性和较大的投资规模决定其会成为社会关注的焦点，因此地方政府往往倾向于交给更靠谱的国有企业负责。PPP 项目投资规模动辄几亿元、数十亿元，大型轨道交通项目甚至高达几百亿元，且项目通常与交通、医疗、教育、环保等民生领域相关。此类项目如有瑕疵随时会被放在聚光灯下，涉事部门将承担重大责任。为降低项目交付风险，撇清任何权力寻租嫌疑，地方政府对与民营企业合作相当谨慎，在 PPP 项目资格预审条件中对投标人的净资产、银行授信、业绩、履约保函等提出远高于该项目需要的要求，早早地把民营企业挡在门外。例如，东部某省地级市综合管廊 PPP 项目，总投资额仅 5 亿元，资格预审条件包含社会资本净资产不低于 30 亿元、银行存款不低于 5 亿元等条件，显然这些条件让一些民营企业知难而退。

（3）民营企业的融资渠道非常有限，且融资成本远高于国有企业，致使民营资本在 PPP 项目竞标中的报价缺乏竞争力。PPP 项目融资通常由项目资本金和项目贷款两部分组成，其中项目资本金占总投资的 20%～30%，通常由社会资本负责筹集，剩余部分则由政府与社会资本组建的 SPV（特殊目的公司）向银行申请贷款，即项目贷款。在经济发达地区，地方政府财力较强，对 PPP 项目报价中资金成本要求非常严苛，因此民营企业在报价环节处于明显劣势。目前金融机构普遍要求项目所在地为 GDP 在当地排前五名的地级市或百强县，政府一般公共预算收入不少于 100 亿元，GDP 不低于 500 亿元，融资周期一般不超过 15 年。然而，符合此类要求的优质项目大多被央企拿走，民营企业只能在金融机构不看好的经济欠发达地区找项目，最后陷入"有项目没资金"的窘境。同时，高企的融资成本也降低了 PPP 项目的收益率和吸引力。

（4）PPP 项目的成败很大程度取决于政府能否践行市场契约精神，而民营企业在这方面的顾虑远大于国有企业。民营企业在面对长周期的 PPP 项目时,自然会把政府履约风险作为重要考虑因素。事实上,政府违约事件时有发生。例如,中部某省一高速公路 BOT(build-operate-transfer,建设—经营—转让)项目中,省政府曾在特许经营合同中做出了限制竞争承诺,以保证社会资本在运营环节有充足车流量。但政府在该高速建成若干年后又相继修建另两条高速公路,分流量近 50%。社会资本申请赔偿而政府却否认限制竞争条款的效力拒绝赔付,项目继而陷入僵局。再如,中部某省某县推出总投资逾 26 亿元的 PPP 项目,包含道路建设、棚户区改造、环境治理等多个子项目,但该县一般公共预算收入不足 10 亿元。该项目能够通过财政承受能力论证,本身反映了地方政府在操作流程中的不规范和不专业。诸如此类事件使得民营企业在与政府发生合同关系时疑虑重重,处于明显弱势地位。相比之下,国有企业与地方政府同属体制内,双方沟通更顺畅且易取得互信。国企决策层为在任期内取得业绩可能会忽视长期风险,甚至为获得在某一领域业绩而冒亏本的风险,这是民营企业无法做到的。

上述因素导致我国 PPP 由国企占主导,偏离了 PPP 公私合作的本质。事实上,世界银行和 PPIAF 的基础设施 PPP 项目数据库就将大部分国内 PPP 项目剔除在外,根据世界银行标准,私人资本占比 20% 以上属于 PPP 项目,而国内大部分 PPP 项目并不符合此项要求。此外,普华永道对 2014 年 1 月初至 2016 年 11 月底不同性质中标人 PPP 项目的落地情况进行了分析,结果显示,由国有企业牵头或单独中标的项目规模占总规模的 70%,而民营企业仅占 30%,国有企业中标项目总规模约为民营企业的 2.5 倍。这一现象所带来的后果:一是基建负债只是从政府转移至国企资产负债表上,未真正意义上降低公共部门杠杆,违背了 PPP 的初衷。二是国企的过多参与对民企产生挤出效应,导致 PPP 项目缺少民营企业创新和高效特点。三是民企的低参与率限制了其优化 PPP 市场供给侧的功能。相反,国企为业绩需要在 PPP 市场投入大量资金、地方政府为政绩而盲目立项时,可能产生低效甚至无效 PPP 项目。

二、促进民营资本广泛参与 PPP 项目的主要建议

1. 尽快建立完善 PPP 相关的法律法规,增强民营资本投资信心

现行的 PPP 规范文件最高法律位阶是部门规章,存在各类衔接、协调问题。最明显的例子就是发改委和财政部出台了两套可能产生冲突的 PPP 操作

细则。通过颁布上位法将能更好地保障各部委鼓励民资参与 PPP 的细则得以实施，并以此为契机建立起一个能够保障民间资本合法权益及获取合理收益的法治环境。

2. 推出鼓励政策引导金融机构积极参与民营企业 PPP 项目融资

政策性银行国开行和农发行均已设立国家专项建设基金，为符合条件的重点项目提供资本金支持，年利率一般为 1.2%，融资期限最长可达 30 年，目前主要支持地下综合管廊、城市轨道交通、海绵城市等 PPP 项目。建议政策性银行设立专项基金支持由民营资本参与的 PPP 项目，树立正确的 PPP 舆论导向，创造包容的融资环境，提振民企参与热情。同时，应引导银行在 PPP 项目贷款时按照有限追索项目融资提供债务资金，而非按照企业融资要求社会资本承担还本付息连带责任。过高的融资担保要求是诸多 PPP 项目融资的主要瓶颈，这与我国商业银行对项目融资接受度较低有关。另外，应尽早明确 PPP 项目收益权质押登记机关相关规定，从而使得金融机构接受收益权质押担保，降低 PPP 项目的融资风险。

3. 大力推进混合所有制改革，通过让民企参股（甚至控股）国企，拓宽进入 PPP 市场的渠道

PPP 项目公司通常由政府和社会资本共同出资，本身就具备了混合所有制的特性。推进混合所有制改革的意义在于彻底打破原有的国有民营界限，优化资源配置，提升企业运行规范和效率。例如，PPP 市场的民营先行者——龙元建设通过参与杭州城投建设有限公司混改，配合其全资投融资平台龙元明城，围绕具有资本实力和施工能力的集团主体，已中标 24 个 PPP 项目，总投资 270 多亿元。由此可见，成功的混改或将引爆新一轮增长。政府在混改中应注重提升公开度、透明度，保持信息对称，并让民营资本拥有一定话语权，支持团队持股，避免民营资本沦为陪跑。

4. 加强对各级 PPP 相关部门公务人员的专业能力培训，提升其对 PPP 模式本质的认识

PPP 的核心精神是通过让民营资本参与基础设施和公用服务领域建设，提升公共产品和服务的质量和效率，从而实现政府和企业共赢。拥有 PPP 专业知识的政府将能更大胆自信地与包括民企在内的各类社会资本进行谈判，领悟 PPP 精神将会改善政府对民企的偏见，从而给予其更多机会。在绩效考核

方面,可考虑对民企参与 PPP 项目给予加分,通过正面引导消除政府在民资发生经济关系时的顾虑。同时,财政部 PPP 中心应加强对各地上报 PPP 项目的审查,尤其是物有所值评估和财政承受能力论证这两个立项大前提,严防"重数量轻质量"现象的发生。

关于文化产业振兴立法应突出对原创力的扶持和促进的建议

党的十八大之后,文化产业振兴的立法提速,国务院文化行政管理部门加快了调研步伐,全国人大教科文卫委也高度重视此项工作,组织开展专题调研。就文化产业的发展而言,原创力是核心的部分,应当抓住文化产业振兴的关键,充分重视和突出对文化原创力的扶持和促进。

文化产业的核心竞争力是人的创造力,由原创激发的差异和个性是文化产业的根基和生命。文化产品、文化品牌、文化形象、文化企业的竞争力,其本质都是文化原创力的竞争,拥有原创力就可通过产业的衍生,形成庞大的产业链,最终形成完整的规模化的产业体系,形成巨大的文化软实力。文化产业的基础在于内容,内容的生命在于原创。例如,迪士尼的成功来源于原创力及其衍生的产业链,米老鼠与唐老鸭等是其原创的动画形象,进而衍生出主题玩具、服装,并建造主题乐园、拍摄电影等,形成巨大的文化产业链。

当前,我国文化原创力缺失问题不容回避,核心原创的缺乏,造成同质化、低端化经营问题严重,产业链整合能力较低。国内很多文化作品创造力不够,大部分作品属于模仿和复制。例如,我国每年文艺作品数量众多,但公众知道的、阅读的却不多,创新能力不强、新鲜度不够、吸引力不强,使得很多国人选择充满新鲜感、冲击感的外国大片。又如,国内较活跃的一些电视节目大多模仿国外的创意,甚至直接从国外购买版权。因此,通过立法对原创进行扶持和促进,对当前我国文化产业普遍面临的难题而言,尤显迫切。为此建议:

(1)支持原创的国家文化发展战略法律化。"鼓励原创"已被写入党的十八届六中全会的决定之中,建议文化产业振兴立法时应当将该战略写入其中,将其法律化、意志化,也就是要强制体现出政府和社会应该为文化的可持续创新提供良好的制度环境和保障,提供宽松的社会舆论环境和氛围,提供足够的激励和动力,体现出我国保护原创、奖励原创、尊重原创、培育和提升原创能力的文化发展战略。

(2) 鼓励和保护个人创造力的释放。我国文化产业的繁荣需要充分释放、鼓励、保护个人的创造力,人的创作能力就是文化创造的要素,文化产业尤其是创意产业的主体就是个体,因此立法时需要对之进行引导,保证其对原创作品拥有不可动摇的控制权,高度维护原创权益。通过加强对个人原创知识产权的奖励、保护措施,给予经济扶持、利益享有和政治荣誉的保障,最大限度地激发人的创造力。同时,鼓励创新、包容个性的宽松的社会舆论也会对文化产业的发展提供推动作用,如果将之写入法律,成为一种有约束力的保护措施,也一定会在全社会形成自觉。因此要通过立法保障人的创造力的解放,营造鼓励创新的社会氛围,鼓励文化生活的合法和多元化。

(3) 建立鼓励创新、保护原创的补偿机制。文化内容的原创力和独特创意有一定的溢出效应,会让后来者搭上创新的顺风车。因此,需要对原创给予一定的激励性补偿或税收优惠措施,同时规定政府及相关社会组织要积极完善和落实知识产权的法律法规,充分保护文化原创等无形资产的价值,保护企业对于文化原创内容研发的投入积极性。这些都应当在立法中给予强制化保障,保护原创的经济和社会利益。

(4) 对传统文化资源的开发创造给予特殊保障。我国优秀传统文化具有中华民族的鲜明个性,其本身就体现了中华民族的创造性,对传统文化进行创造性开发,既能弘扬传统文化,增强民族文化自信,又能体现民族特色,彰显文化特质。因此,在立法上要给予特别保障,鼓励人们对传统文化资源的创造性开发和现代化转换,鼓励从时代背景和文化发展的目标出发,探寻和发掘传统文化资源中包含的现代审美价值。在传统文化资源的现代化转换过程中,最关键的环节是再创造,要给予它更多的特殊的扶持措施,体现出对其经济效益和社会效益的双重保护。

(5) 引导和保护文化新业态。截至 2016 年 6 月,中国网民规模达到 7.1 亿,微信、网络直播、网络剧等新兴产业层出不穷;VR、人工智能等技术在文化领域的广泛应用,也催生出众多文化新业态。对于这些新兴领域,在立法上应该具有一定的前瞻性,对其运行机制进行规范,既突出对其原创力的扶持和保护,激发其原创潜能,进入良性扩张和发展,引领文化发展潮流;同时,又杜绝其庸俗化的成分,将其负面消极的影响降到最低。

关于传统民族工业慎用西方质量标准的建议

随着我国经济日益融入全球化浪潮,各级政府在企业生产经营管理上普遍存在把西方监管标准视为现代化、科学化的标准,对企业进行监督管理,一方面促进了国内企业的技术进步和能级提升,另一方面也导致了一批老企业、老品牌无法适应,甚至面临生产经营困境。例如,上海市酿造业唯一的国家级非物质文化遗产——钱万隆酱油因遭遇现代生产质量标准陷入停产危机,濒临消亡。应该说,传统产业在现代生产监管标准下遭遇停产危机,折射出我国生产监管政策与非物质文化遗产保护政策存在矛盾。我国食品生产监管采用的GMP标准在全球范围内只在美国强制推行。因此,在政府制定食品生产监管标准,制定产业监管标准时应充分考虑中国企业的特点,职能部门应该灵活制定生产监管标准,创新管理办法,只有切实保护土生土长的老品牌、老企业,才能真正在全球化竞争中,树立中国企业的形象。

一、部分生产经营监管政策与非物质文化遗产保护政策相冲突

上海钱万隆酱园始创于1880年,曾被清政府授予"官酱园"牌匾,还被国家原内贸部授予"中华老字号"称号。21世纪初,它的年产(销)量近2万吨。其中"特晒酱油"的出口量曾占上海口岸酱油出口量的一半以上,远销欧盟、日本、美国、中国香港等20多个国家和地区。2008年,钱万隆酱油酿造技艺入选第二批国家级非物质文化遗产项目,成为我国首个酱油类非物质文化遗产项目。

2011年以后,上海有关部门在食品行业强制实施GMP标准,浦东新区质检部门勒令其停产,理由是钱万隆采用日晒夜露的酿造工艺,采用独特竹木器具加工,在食品安全上存在隐患。然而,这一工艺正是钱万隆申请国家级非遗

项目成功的重要原因,根据《非物质文化遗产保护法》及《上海市非物质文化遗产保护条例》的相关规定,钱万隆有责任完好地保持其核心工艺。与钱万隆有类似经历的包括郫县豆瓣、山西陈醋等一批传统企业。

钱万隆的案例体现的是我国非物质文化遗产保护政策与其他生产经营监管政策存在矛盾,生产监管政策没有从我国传统产业发展的立场出发,确定相关监管政策。

二、围绕西方标准建立监管政策反映出了文化不自信

GMP标准是一套西方制药、食品等行业的强制性标准,其规定范围包括原料、人员、设施设备、生产过程、包装运输、治理控制等方面。GMP是英文 good manufacturing practice 的缩写,中文含义是"产品生产质量管理规范"。事实上,除了在美国强制实施以外,GMP标准在日本、加拿大、新加坡、德国、澳大利业等国家均采取劝导方式推行。采取劝导而非强制实施食品GMP认证的国家,正是那些有着悠久历史、保留了传统食品制作工艺的国家。因此,GMP并非是适用于任何食品生产企业的标准,尤其是对钱万隆这样保留了传统古法的企业在使用GMP标准时应该慎之又慎。

现代食品生产标准是建立在西方饮食习俗及工业化生产基础之上的准则,在制定时并没有将中国传统饮食习俗与制作方法纳入考虑范围,用西方饮食的制作标准来衡量中国传统饮食显然不合适。

中华优秀传统文化是习近平总书记十八大以来治国理念的重要来源。他多次强调弘扬中华传统文化的现实意义。但作为中华传统文化代表的一批企业却遭遇了现代质量标准,并终因停产太久而失去恢复生产的能力。西方标准强加于中国传统饮食行业的行为,折射出我们对优秀民族文化的不自信。

三、振兴传统食品企业、传统品牌的主要建议

我国传统企业无法适应现代生产监管标准与政策,对政府生产监管提出了挑战,也对企业适应全球化生产提出了要求。对政府管理部门来说,既要监管食品安全,又要支持传统企业发展,以发扬中国优秀传统文化,为此建议从以下五个方面着手。

第一,要"因对象施管理"。即以不同的监管方式与方法,区别对待采用现

代技术的食品生产企业与采用传统技术的食品生产企业。这两种企业在生产器具、核心技术、生产流程方面都具有明显区别,用同一种方法管理不仅不合适,还容易损害传统企业的生产积极性与生产能力。

第二,保持长期稳定的质量标准。2011 年 GMP 标准的强制执行是染色馒头事件引发的,在此之前,我国酱油行业的治理标准与卫生标准的主要依据是《GB 18186—2000 酿造酱油》与《GB 2717—2003 酱油卫生标准》。这两份标准具有其他标准不可替代的针对性与适用性,GMP 突然代替行业标准,给传统企业的生产经营带来了困扰。

第三,以扶植为目的,给予传统企业表达意见的畅通渠道。传统企业的生产行为本身就是在传承传统文化,在现代监管体系下可能会出现多种不相容的问题,因此,应该给予传统企业一定的表达意见的渠道,以调节政府监管与企业生产之间的矛盾。

第四,经过充分论证,确立传统食品企业适用的器具、环境等周边标准。该标准应主要针对传统食品企业传统生产方法的特殊器具、特殊方法、特殊生产环境等,提出既能保留传统工艺特色和传统风味,又能使老百姓吃得放心的具体标准。

第五,积极帮助传统企业既保留传统工艺的核心,又要在现代食品生产管理背景下创新转型。制定相应的鼓励政策,推动传统企业发扬创新精神,在保持核心技术不改变的前提下,积极吸取对本企业有益的现代生产技术与方法,进行创新。同时,努力适应新的自然环境与社会环境,利用新材料,对原有生产器具和生产环境进行必要的改良。

关于强化未成年人保护工作的组织、人员与经费保障的建议

当前,我国未成年人保护工作面临严峻形势。南京幼童饿死家中、贵州毕节留守儿童集体自杀、云南镇雄留守儿童在 2017 年大年夜自杀等未成年人遭遇监护人严重忽视、虐待、遗弃的恶性公共事件连续发生,引起党和政府、社会

各界对未成年人保护工作的高度关注。2013 年,民政部在部分省市开展了以家庭监护干预为核心内容的"未成年人社会保护试点"。在这个基础上,2014年,最高人民法院、最高人民检察院、公安部与民政部联合印发了《关于依法处理监护人侵害未成年人权益行为若干问题的意见》,规范了对父母侵害未成年人合法权益问题处置的基本办法和程序。2016 年,国务院先后印发《关于加强农村留守儿童关爱保护工作的意见》和《关于加强困境儿童保障工作的意见》,对未成年人保护工作进行了部署。这些政策实践与制度建设,在一定程度上提升了我国未成年人保护工作的专业化与制度化水平。但相比未成年人保护的实际需要,我国未成年人保护法律、政策和制度还不健全,其全面有效落实还面临组织机构和人员缺乏、工作经费严重不足等突出问题,以致出现了中央文件连续颁发、地方实践难以推进、恶性未成年人保护案件频繁发生的改革困局。

一、我国未成年人保护工作面临的突出问题

1. 未成年人保护工作缺乏基本的组织和人员保障

《关于依法处理监护人侵害未成年人权益行为若干问题的意见》《关于加强农村留守儿童关爱保护工作的意见》《关于加强困境儿童保障工作的意见》等法律与政策文件,原则要求基层国家部门须积极预防和处置忽视、虐待、拐卖、剥削儿童的问题,要求地方政府,特别是县乡两级政府积极做好监护监督、强制报告、应急处置、评估帮扶、监护干预等未成年人保护工作。但是,作为一项新的专业化程度较强的公共服务,基层政府并没有相应的机构与人员开展这项工作。首先,全国绝大多数县、乡两级政府部门以及村(居)委会都没有专门负责未成年人保护工作的机构和专职人员。目前兼职从事未成年人保护工作的县、乡民政干部往往还要承担社会救助工作、优抚安置工作、老龄工作、残疾人工作、基层政权建设等繁重的工作任务,难以按照中央的要求扎实做好未成年人保护的相关工作。其次,我国实际提供未成年人保护服务的机构非常缺乏。到2015 年底,全国由政府主导的未成年人保护机构仅有 275 个,它们中的绝大多数还只满足于救助已经外出流浪的儿童。从事儿童保护的社会组织数量亦非常有限。基层工作人员在发现不适合由监护人继续监护的未成年人时,往往找不到适合的机构妥善安置儿童。最后,未成年人保护涉及儿童成长、亲子关系、监护监督和指导等专业问题,但全国绝大多数县、乡、村(居)都缺乏具备保护未

成年人的专业知识与技能的专业未保工作人员。

2. 未成年人保护工作缺乏必要的财政经费保障

未成年人保护涉及的监护监督、应急处置、评估帮扶、监护干预等工作需要依托专业人员、场所、服务设施设备和办公条件开展。按照《未成年人保护法》第七条第二款的规定，各级政府要"将未成年人保护工作纳入国民经济和社会发展规划以及年度计划，相关经费纳入本级政府预算"。但是，目前绝大多数地方在开展未成年人保护工作时，都缺乏稳定的财政经费保障。在实际工作中，一些地区主要是依靠福利彩票公益金的项目支持经费，一些地区则是以"强化流浪未成年人源头预防和治理"的名义从"中央财政流浪乞讨人员救助补助资金"中列支。这两部分经费来源不但数额有限，其稳定性也不足。财政经费保障的缺乏制约了基层政府未成年人保护工作的开展。

3. 未成年人保护工作缺乏健全完善的法律保障

国家尚缺乏有效救助得不到家庭适当监护儿童的法律规范与政策规定，相关工作的规范化、制度化水平严重不足。我国《未成年人保护法》在如何预防和处置虐待儿童问题方面都只提出了原则性的法律规定。对于忽视、虐待和遗弃儿童问题的发现、报告和处置，《未成年人保护法》没有提出明确的、可操作的规定。未成年人保护法律的不健全完善，多年备受舆论诟病。不过，迫于机构、人员和经费不足的现实，中央近年印发的几个与未成年人保护相关的法规和文件对如何实施监护监督、监护支持和监护干预的程序规定方面仍然比较模糊。因此，政府相关部门遇到问题时，常常面临于法无据、无章可循的困境，也存在相互推诿的法律空间。

二、推进未成年人保护工作的四点建议

1. 在中央设立国家未成年人保护委员会，将地方政府未成年人保护委员会办公室划入当地民政部门

《未成年人保护法》第七条第三款规定："国务院和省、自治区、直辖市人民政府采取组织措施，协调有关部门做好未成年人保护工作。具体机构由国务院和省、自治区、直辖市人民政府规定。"据此，全国各省、自治区、直辖市人民政府相继成立了本地的未成年人保护委员会，并将办公室设立在当地共青团（上海市和福建省设在当地教委）。但在中央层面，国务院迄今尚未采取相应的组织

措施,以致未成年人保护工作难以协调开展。建议国务院按照《未成年人保护法》的要求,设立国家未成年人保护委员会,负责《未成年人保护法》的宣传、贯彻执行、协调、评估等工作。鉴于办公室设立在共青团和教委的不少地方未成年人保护委员会存在协调不力的问题,可将国家未成年人保护委员会办公室设立在实际承担未成年人保护工作的民政部门。同时,将各地未成年人保护委员会办公室转入当地民政部门,理顺政府各部门在未保工作中的职责分工,充实各级政府,特别是县乡基层政府未成年人保护工作者队伍。

2. 在县级行政区划单位全面推进未成年人保护中心建设

儿童虐待的预防和处置需要有专业的儿童保护服务机构的专业承担。我国需逐步建设社会化的儿童安置服务,妥善安置因父母服刑、遭遇父母虐待或遗弃等原因而得不到家庭养育的儿童。建议由国家发改委、住房和城乡建设部、财政部、民政部等牵头,制定全国县级未成年人保护中心建设和发展的规划,在县级行政区划单位全面建设未成年人保护中心,配备有未成年人保护知识和技能的专业儿童保护工作者,实际承担当地未成年人保护服务工作。未成年人保护中心的建设,重在专业工作人员的配备和专业保护服务的运作。要根据未成年人保护工作的实际需要,严格、科学设定中心的规模和床位数。

3. 依法将未成年人保护工作所需经费纳入本级政府预算

实际承担未成年人保护工作的地方民政部门普遍缺乏财政经费的支持。我们在东部、中部、西部多个省份实地调查后发现,各地民政部门在争取财政部门对未成年人保护工作的财政经费支持方面普遍面临困难。未成年人保护工作涉及儿童的生命安全,各级政府应严格按照《未成年人保护法》第七条第二款的规定,将未成年人保护工作的"相关经费纳入本级政府预算"。各级政府财政部门要按照"社会政策要托底"的中央精神,科学编列未成年人保护工作经费,为实际承担未成年人保护工作的政府职能部门提供必要的财政经费保障。建议财政部和民政部联合发文专门推进此项工作。

4. 尽速启动《未成年人保护法》的修订

对于得不到家庭适当养育的儿童,现代国家普遍以终极监护人的角色,善尽养护他们的职责。近年来,对于国内发生的多起儿童因得不到家庭适当监护而受伤害、非正常死亡的案件,社会舆论强烈要求国家适时干预。建议国务院法制办尽快启动《未成年人保护法》的修订工作,明确预防、发现、报告、处置儿童忽视、虐待和遗弃问题的办法和程序,明确落实这些办法和程序需要的机构、人员与经费等资源来源,明确未成年人保护各项工作的责任主体和究责办法。

关于打击恶意抢注商标行为、有效保护知识产权的建议

近年来,随着商标所带来的潜在经济价值的不断凸显,申请注册商标的数量也急剧上升,但各种恶意抢注商标的行为也随之而来。应该充分认识到,恶意抢注商标的行为,不仅严重影响了创新的积极性和科研成果转化,损害了他人的合法权利,扰乱了商标市场的正常秩序,加大了商标管理的社会成本,而且也有损我国知识产权保护方面的国际形象。为此提出如下四个方面建议。

一、加大对恶意抢注商标行为的惩治力度,增加其违法成本

我国新《商标法》虽然引入了诚实信用原则,但未明确违反该条款应当承担的法律责任,以致该条款可操作性不强。目前,我国对恶意抢注商标的应对措施主要是宣告注册商标无效,因此,即使恶意抢注的注册商标最终被宣告无效,恶意抢注人损失的也只是申请费,这在一定程度上导致了大量恶意抢注行为的发生。建议在今后的立法实践中不断细化恶意抢注商标行为的法律责任,加大恶意抢注商标的处罚力度,增加其违法成本。

二、大力监管和整治商标代理行业,规范商标代理机构行为

目前,全国商标注册申请95%以上是通过商标代理机构提交的。因此,加强对商标代理行业的监管和整治,对促进我国商标市场的健康发展有着极其重要的作用。建议商标管理部门加强对商标代理机构的日常监管和信用监管,将日常监管和重点整治相结合,同时利用企业信用监管系统或新闻媒体曝光等形式严厉打击商标代理机构的抢注商标行为,对商标代理机构的不法行为进行规范。建议进一步明确各类商标代理人的执业范围和规范,建立一整套商标代理人的培养、认定与评价制度,以期不断提升商标代理人的素养。

三、持续推进商标法律保护的宣传工作，提高积极维权意识

大多数中国企业的品牌保护意识、商标法律意识仍然比较淡薄，使得商标抢注人有机可乘。因此，建议商标管理部门联合商标协会等行业组织和机构，在线上利用互联网发布相关法律制度整合报告书、违法案例报告书等，在线下组织企业通过举办讲座等形式宣传、倡导企业品牌保护的重要性，培养企业积极主动采取法律措施应对商标恶意抢注行为的意识。

四、缩短法院审理恶意抢注商标案的期限，提高审理效率

目前，法院审理恶意抢注商标案件的期限适用的是《民事诉讼法》的一般规定，即一审应当在立案之日起六个月内审结，有特殊情况可延长。因此，当实际发生恶意抢注商标行为时，由于诉讼周期太长，权利人在考虑到时间成本之后，往往会选择协商解决，而放弃通过法律途径维护自身合法权益。如此一来，不仅会助长恶意抢注人的不法行为，更会扰乱商标市场的正常秩序。因此，建议将法院审理恶意抢注商标案件的期限缩短，以提高审理的效率。具体可参照简单小额诉讼的审理期限，即在立案之日起三个月内审结，且一审终审。

第三篇

参加第十三届全国人民代表大会的议案和建议

第十一章
第十三届全国人民代表大会第一次全体会议

（2018 年）

关于加快制定"长江法"的议案

★ **案由**

党的十八大以来,党中央高度重视长江保护问题,党的十九大报告再次强调了有关长江保护的问题。习近平总书记在重庆就长江大保护问题做出了重要指示。长江流域水资源环境管理和保护的形势日趋严峻,日益减少的入海流量以及频发的水污染事故,都对长江下游的供水安全带来直接威胁。长江靖江段发生过水质异常事件,导致江苏靖江全市暂停供水,上海也在第一时间启动相关应急预案。从近年的统计数据分析,类似的流域性水污染事件发生频率呈不断上升趋势。

2014 年 9 月 12 日,《国务院关于依托黄金水道推动长江经济带发展的指导意见》发布。随着建设长江经济带这一战略的推出,长江沿岸各省市竞相行动,各种意见、规划、政策等纷纷出台,掀起一股产业转移和城镇化建设的热潮,投资规模达数万亿元。一些地方在承接产业转移中,仍将很多高耗能、高污染企业密集布局在长江之畔。这对本已形势严峻的长江水资源环境而言无疑是雪上加霜。第十二届全国人大期间,上海代表团已提出过三次相关议案,为保护长江流域资源环境,促进经济社会可持续发展和长江经济带建设,研究制定"长江法"日显迫切,特再次提请全国人大尽快制定"长江法"。

★ 案据

党中央、国务院对建设长江经济带作出战略部署,并提出了长江要搞大保护、不搞大开发的重要思想,意在生态文明建设的理念下发挥黄金水道的独特优势,构建横贯东西、辐射南北、通江达海、经济高效、生态良好的经济带。但当前长江流域水资源开发利用和环境保护现状令人担忧,而现行的《水法》《水污染防治法》《水土保持法》等法律都未从整体上对长江流域性水资源管理、水环境保护、水污染防治等作出有针对性的规定,对全流域资源环境保护难以形成有效支撑。

一、流域综合管理机制亟待建立

长江流域长期以来存在的管理体制上的条块分割、部门分割、多头管理、分散管理,以及地方、部门之间利益博弈已对长江流域综合治理和保护造成不利影响。目前的长江流域管理机构虽然极力发挥作用,但由于事权单一,权威性和协调力度有限,难以采取综合性手段对流域进行综合保护和治理,一些涉及全流域的制度和机制,如生态补偿、水资源分配、排污总量控制等,都因为缺乏法律制度层面的顶层设计和强有力的统筹协调而无法推进落实。

二、全流域水资源缺乏统一规划和严格管理

长江流域近年来不断凸显的缺水问题,主要是水质性、区域性和季节性缺水,而从成因来看,全流域水资源缺乏统一规划和严格管理是重要因素。目前,长江上游梯级水库群的调节库容不断扩大,已超过 600 亿立方米;中游地区随着南水北调工程的相继建成,加上沿岸取用水量的不断增加,用水规模与日俱增;下游长江干流还有 600 多处引江调水工程。这些蓄水、调水、引水、取水工程的规划和建设往往是单个项目论证,未充分考虑其叠加效应和综合效应。长江中下游地区近年不断加剧的季节性缺水、水质恶化和河口咸潮入侵等问题,都暴露出长江水资源缺乏统筹管理的弊病。

三、流域协同治污效果有限,生态安全问题日渐突出

长江流域是我国人口密度最高、经济活动强度最大、环境压力最严重的流

域之一。在国家有关部委的协调下，长江流域协同治污刚刚起步，沿江各省市在思想认识上和治污力度上存在较大差异，整体效果非常有限，而流域产业和城镇高速度发展、高强度发展仍然是主基调。工业方面，重化工业围江格局基本形成。建成五大钢铁基地、七大炼油厂和一批石化基地，正在建设或规划的化工园区还有20多个，长江沿岸已集聚40余万家化工企业。农业方面，随着种植业、养殖业的发展，化肥、农药施用强度加大，农业排放水质趋于恶化。城镇方面，人口的城镇化使得生活污水排放量大幅增加。按环保部的统计，2012年长江全流域废水排放量达到217亿立方米，比2003年增加了32%。长江干流中游及以下已形成连绵一体的近岸水体污染带，并正在加快恶化。水体中除常规污染物外，重金属和微量有机物，包括持久性有机物和环境内分泌干扰物的检出频次和品种有上升趋势。

四、航运事故对水源安全构成重大威胁

长江是我国横贯东中西部地区的黄金水道，承担了沿江地区85%的大宗货物和中上游地区90%的外贸货物运输量，在促进区域经济社会协调发展中发挥了重要纽带作用。2013年，长江干线货运量达19.2亿吨，同比增长6.7%，稳居世界内河货运量首位。同时，长江也是沿江地区重要的水源地，沿线共有生活和工业等各类取水口近500处，涉及人口约1.4亿人。近500处取水口大多为开放式水源地，抗风险能力较差，一旦发生危险化学品泄漏等安全事故，将直接危及沿江居民饮用水安全，影响生态环境和沿江经济发展。根据长江海事局统计数据，1988—2009年间，其辖区内共查处船舶污染事故367起，其中重大事故23起、大事故20起、一般事故22起、小事故302起，在重大事故中，发生油类污染事故16起、化学品污染事故7起，导致溢油近1500吨、化学品泄漏1400多吨。这其中还未包括各类船舶随意向长江倒泄垃圾等引起的长江水体污染。大量的污染物集中排放不仅危及长江水环境质量，更对长江沿线近500个取水口造成直接威胁。近年来，较为突出的长江航运污染事故有2012年2月因货轮苯酚泄漏造成的江苏镇江水污染事件、2013年5月乳山万吨轮碰擦南京长江大桥沉没事件、2013年11月湖北荆州油船泄油致城区停水事件，都在一定程度上对沿江居民的饮用水安全造成了直接影响。上海市2010年以来，因撞船等船舶事故，导致青草沙水源地采取预防性关闸、停止取

水达到 16 次,威胁到黄浦江水源地的有 8 次。

★ **方案**

长江流域经济的发展与长江流域丰富的水资源直接相关,未来长江经济带建设的美丽蓝图也都是建立在长江流域水资源可永续利用的前提之上。当前长江流域缺水风险和污染风险已呈不断上升趋势,不及时立法加以规范势必影响整个流域乃至全国的可持续发展。建议全国人大常委会抓紧启动立法调研,尽快制定"长江法"。

"长江法"立法除了完善流域管理体制,对长江流域水资源环境的规划、开发、利用、保护等作出全面系统的规定,强化水资源的合理配置,加强沿江产业布局统筹管理外,重点应针对管理现状,在以下几个方面有所突破。

一、建立长江流域综合协调和管理机构

建设生态文明和建设长江经济带都对长江流域水资源环境保护提出了更高的要求,需要在国家层面建立长江流域的综合协调机构,以解决目前尤为突出的饮用水安全及上下游发展不平衡、发展碎片化、同质化等问题。借鉴欧洲莱茵河流域、美国田纳西河流域综合管理的成功经验,长江流域应该建立综合性的协调机构。协调机构主要协调以下重大事项:一是协调制定统一的发展规划,以解决长江流域产业布局、航运发展、水电开发、水资源和生态环境保护等问题。二是协调制定统一的环境标准,确保长江流域水资源保护和水污染防治工作有效开展。三是协调建立统一信息公开与通报机制,推进开发建设、水文水质、环境监测、执法监管、研究评估等信息共享,以便各级政府能及时把握流域经济社会发展和水环境变化趋势,做好科学决策;同时,完善突发事件的应急通报和协同处置机制,特别是上游发生航运、企业事故性排放时,及时将有关信息通报下游有关省市,以便当地政府采取措施确保饮用水安全,维护社会稳定。

综合协调机构可以采取以下模式:一是在长江流域统筹建立"中央主导、地方参与、流域机构主管"的"1+1+X"的协调监管机制,即国务院建立省部级流域综合协调委员会,由国务院领导牵头,国家发改委、环境保护部、水利部、交通部、建设部以及相关省市人民政府组成,统筹协调全流域产业布局、航运发展、水电开发、防洪、信息共享、水资源调配、水源安全保障和水污染防治等工作。

二是改造现有的流域管理局,调整长江水利委为国务院派出机构,其职责是执行流域综合协调委员会所制定的政策和做出的决定,负责流域管理相关事务的指导、协调和监督,其职能不替代现有地方政府的职责。具体的管理事务和环境质量仍由地方人民政府负责。

二、建立长江水资源资产管理制度

《中共中央关于全面深化改革若干重大问题的决定》提出要"健全自然资源产权制度和用途管制制度,对水流、森林、山岭、草原、荒地、滩涂等自然生态空间进行统一确权登记,形成归属清晰、权责明确、监管有效的自然资源资产产权制度"。必须将长江流域的水资源作为全中国人民的共同财富和重要资产加以积极保护与严格管理。为此建议,通过立法重点确立以下几项具体制度。

(1)长江流域水资源保护基金制度。建立水资源保护基金制度的主要目的是,加强长江水资源的管理和水生态的保护,包括开展"爱水、护水、节水"的宣传教育,推广国内外领先的节水、水处理及相关环境技术,加强水资源保护政策和科学研究,资助水源地保护、水生态修复和水环境整治工程,为缺水或水污染受害者提供救济和援助等。建立基金制度的前提是确立水资源有偿使用制度,在使用付费的基础上按照一定比例收取保护基金。当然,基金的来源还可以包括水污染物排放收费、水污染事故赔偿金中的一部分。

(2)长江流域水污染责任保险制度。流域性水污染事故一旦发生,极易形成跨界水污染公共安全事件,而流域性水污染事件巨额损害赔偿往往无法得到足额赔付,进而容易引发群体性事件。针对当前长江流域性水生态安全问题日渐突出的现状,建议通过立法确立水污染责任保险制度,明确流域内的排污单位和运输船舶根据环境安全的需要,投保环境污染责任保险,有效提高防范长江流域性水环境污染风险能力,维护污染受害者合法权益。目前在地方性立法中,已有将环境保险责任制度引入流域水污染防治的先例,如2011年出台的《重庆市长江三峡水库库区及流域水污染防治条例》就明确鼓励排污单位投保坏境污染责任保险。

(3)长江流域生态补偿制度。《环境保护法》第三十一条明确规定,国家指导受益地区和生态保护地区人民政府进行协商或者按照市场规则进行生态保护补偿。建议通过立法建立长江流域水生态补偿制度。生态补偿实质是流域上下游地区政府之间部分财政收入的再分配过程,目的是建立公平合理的激励机制,使整个流域能够发挥出整体的最佳效益。建议以跨地区界断面的水质监测数据为依据,确定一个具体水质标准,上游水质达到或者优于这一水质标准的,下游予以补偿;上游水质劣于这一水质标准的,上游应予赔偿。赔偿和补偿的标准不可能完全按实际发生的经济损失或贡献大小,只能按财政收入的一定比例支出,同时还要考虑当地经济社会发展水平及人民群众生活水平等综合因素。

(4)流域水污染损害赔偿制度。从我国的立法现状看,有关环境损害赔偿的规定散见于《民法通则》《侵权责任法》《环境保护法》《水污染防治法》等法律之中。建议通过立法完善水环境损害赔偿制度,并借鉴《消费者权益保护法》建立惩罚性赔偿制度,以制裁并预防恶性事故的发生。损害赔偿的范围除了赔偿由水环境污染直接造成的经济损失和人身伤害,还应当包括恢复被破坏的环境所需生态修复费用。同时,建议通过本次立法设立专门的环境侵权司法鉴定机构,可以使损害赔偿评估鉴定更具有权威性和可操作性。此外,建议进一步明确和细化环境侵权公益诉讼机制。

三、关于建立长江断面水质责任追究制度

按照《国务院关于全国重要江河湖泊水功能区划(2011—2030年)的批复》要求,长江流域县级以上人民政府应加强水功能区水质、水量动态监测,建立水功能区水质达标评价体系,提高水功能区达标率。为进一步施行最严格水资源管理制度,规范和强化长江流域省界水体水质监测管理工作,强化流域各省市共同保护水资源和水环境、上游对下游负责的意识,建议在"长江法"立法时明确长江断面水质考核和责任追究制度,流域内各省环保、水利部门应当定期将省界监测断面人工监测数据和水质自动检测数据提供给流域综合管理机构,流域综合管理机构会同国务院相关部门将考核结果报经国务院同意后,向社会公告,对未达标的省市应严格追究责任,并落实赔偿制度。

四、对污染和破坏长江的行为强化处罚力度

建议通过立法授予流域综合管理机构行使行政处罚和行政强制权,使执法管理更加公平、公正。同时,建议引入以下的一些强有力的处罚措施。一是引

入"按日计罚"制度。目前,《水污染防治法》中的处罚金额最高是 50 万元,这往往离污染行为对流域水环境造成的损失相差甚远。因此,建议"长江法"引入《环境保护法》中的"按日计罚"制度,对于连续性违法行为实行"按日计罚",以增强法律的威慑力。二是设定"双罚"制度。对一些发生环境污染事故或者对有严重环境违法行为的企事业单位,除对当事单位进行处罚外,还可以对单位主要负责人和有关责任人员处以相应的罚款。三是规定停水、停电、停气等强制措施。对流域水环境造成严重影响,而又拒不执行停产、停业决定的排污单位,明确流域综合管理机构有权要求相关单位予以配合,对排污单位采取停水、停电、停气等强制措施。四是加大刑事处罚力度。刑事责任是对违法行为最严厉的处罚方式,也是最具有震慑作用的一道法律屏障。建议立法进一步完善行政执法与刑事制裁的衔接,加大对违法行为的处罚力度。

关于制定"人民检察院法律监督法"的议案

★ 案由

我国《宪法》第 129 条规定:"中华人民共和国人民检察院是国家的法律监督机关。"检察机关作为国家的法律监督机关,专门承担法律监督的职能,是中国特色社会主义司法制度的重要组成部分。中共中央 2013 年《关于全面深化改革若干重大问题的决定》和 2014 年《关于全面推进依法治国若干重大问题的决定》对进一步加强检察机关法律监督工作提出了明确要求。近年来,检察机关积极开展法律监督工作,取得了一定成效,但还存在法律规定分散、法律依据缺失、法律效力不足、外部环境不佳等障碍,一定程度上影响了中国特色社会主义检察制度内在优势的充分发挥。制定一部统一的"人民检察院法律监督法",从立法上对法律监督的有关问题进行系统、完整的阐述,对于推动检察机关依法、规范地行使法律监督职能,切实维护社会公平与正义,不仅非常必要,而且非常迫切。

★ **案据**

检察机关恢复重建 30 多年来,检察工作取得了长足进步,检察事业得到了全面发展,检察机关作为法律监督机关,在维护社会主义法制的统一、尊严和权威,保证执法司法机关严格、公正、清廉执法司法,维护社会公平正义方面发挥了积极的作用。但是,长期以来,有关法律监督的规定散见于《人民检察院组织法》《检察官法》和三大诉讼法,缺乏系统规定和相关配套制度,存在着监督范围不明确、监督程序不完善、监督措施不足、监督力度不够等问题,一定程度上制约了检察机关法律监督职能的有效发挥。新形势下,党和国家对检察机关法律监督工作提出了新的要求。党的十八届三中全会《关于全面深化改革若干重大问题的决定》提出,要加强和规范对司法活动的法律监督和社会监督。中央领导同志对检察工作做出了一系列重要指示。检察机关作为国家法律监督机关,在党和国家工作大局以及政法工作全局中的作用越来越突出。目前,《人民检察院组织法》正在进行修改,由于其宪法性法律的定位,不宜对检察机关法律监督的对象、范围、措施、程序等具体问题规定太细。而三大诉讼法主要规定诉讼程序,虽然对检察机关的法律监督从诉讼角度做了一些规定,但不够系统、完善、详细,特别是对于诉讼活动之外的法律监督行为缺乏相应规定。因此,尽快制定一部统一的"人民检察院法律监督法"是新形势下建立公正、高效、权威社会主义司法制度的客观要求。

(1)制定"人民检察院法律监督法"对于加强社会主义民主和法治建设具有重大意义。

在我国政治体制下,人民代表大会产生的各个国家机关各自行使人民代表大会授予的权力,其权力运行的过程需要有一个专门的机构履行监督制约职能,以防止权力的滥用或不作为乃至腐败,保证国家法律的统一正确实施。根据我国《宪法》的规定,中华人民共和国人民检察院是国家的法律监督机关,就是承担这一职能的专门机构。检察机关依照法律规定独立行使职权,不受行政机关、社会团体和个人的干涉。制定统一的"人民检察院法律监督法",有利于保障检察机关更好地履行法律监督职责,促进社会主义法治建设。

(2)制定"人民检察院法律监督法"是健全完善国家监督体系的应有之义。

党的十九大报告提出,要"构建党统一指挥、全面覆盖、权威高效的监督体系,把党内监督同国家机关监督、民主监督、司法监督、群众监督、舆论监督贯通起来,增强监督合力"。检察机关的法律监督是国家监督体系的重要组成部分。目前,国家监察体制改革已在全国推开试点,全面实施此项改革后,检察机关法律监督职能的内涵和外延如何界定,与监察机关等其他专门监督机关的工作如何衔接,也急需从法律上加以明确。因此,制定一部专门的"人民检察院法律监督法",对检察机关履行法律监督职能的有关问题做出系统、完整的规定,对于健全国家监督体系,推动检察机关依法规范开展法律监督,切实维护国家法制尊严和社会公平正义,促进法治国家建设具有重要意义。

(3) 制定"人民检察院法律监督法"是维护司法公正、提升司法公信力的迫切需要。

在经济社会快速发展转型的同时,我国社会的内部矛盾在一段时间内复杂高发,公权力的社会公信力面临挑战。人民群众对于执法不严、司法不公问题反映强烈,要求检察机关加强法律监督的呼声很高。尤其是近年来,一些冤假错案的相继曝光给司法公信力带来了严重的伤害。切实采取有效措施,加强对司法活动的有效监督,维护司法公正,让民众对国家法治重新树立起信心,已经刻不容缓。制定统一的"人民检察院法律监督法",对于强化法律监督,促进执法司法公正,保障诉讼当事人和其他人的合法权益,提高执法办案的公正性和司法机关的公信力,必将发挥积极的作用。

(4) 制定"人民检察院法律监督法"是解决当前检察工作发展瓶颈的要求。

目前,检察机关的法律监督性质在《宪法》和《人民检察院组织法》等法律中都有明确的规定,但在如何保障各项法律监督职权的行使方面存在一定缺失。例如,《民事诉讼法》虽然规定"人民检察院因履行法律监督职责提出检察建议或者抗诉的需要,可以向当事人或者案外人调查核实有关情况",但是调查权的行使范围相对较窄,只限于当事人和案外人,并且没有规定对于不配合调查取证的单位和个人的处罚措施。因此,制定一部统一、系统的"人民检察院法律监督法",明确法律监督的配套制度,对于保证《宪法》和三大诉讼法赋予检察机关的法律监督权有效运行,具有现实意义。

(5) 制定"人民检察院法律监督法"的时机和条件已经成熟。

新中国成立以来特别是 1978 年检察机关重建以来的检察实践,为制定"人民检察院法律监督法"奠定了基础。伴随着我国经济社会迅速发展和民主法制建设深入推进,检察机关职能不断拓展,法律监督的范围从刑事诉讼扩大至民事诉讼、行政诉讼乃至行政执法领域;检察组织体系不断健全,检察工作机制不断完善,各项检察工作全面深入开展,法律监督权威逐步树立,得到了党和人民群众的认可。检察理论研究取得显著成效,对检察工作规律的认识和把握更加深刻,对检察活动的基本原则、检察制度的构建、检察职权的配置和检察管理保障等重大问题都取得了重要共识。检察机关恢复重建近 40 年的检察实践与理论成果需要系统完善的"人民检察院法律监督法"来加以体现,尤其当前司法体制改革中的成熟经验有必要通过"人民检察院法律监督法"加以固定。

总之,当前法律监督立法已经滞后于我国经济社会发展和人民群众的期待,影响了法律监督职能的有效发挥。适时由全国人大开展法律监督专门立法活动,已显得十分紧迫。

★ 方案

根据《宪法》的"法律监督"定位和现行《人民检察院组织法》、三大诉讼法等对检察机关职权范围的规定,"人民检察院法律监督法"主要应包括以下内容:法律监督的基本原则;检察机关的职权;开展法律监督的程序和措施;检察机关履行法律监督职能与侦查机关、审判机关、刑罚执行机关以及国家权力机关、行政机关、监察机关的关系;对开展法律监督的保障措施等。

一、检察机关法律监督的基本原则

(1) 接受党的领导和人大监督原则。检察机关开展法律监督工作,必须在党的领导下依法进行,把贯彻党的路线方针政策与严格依法办事结合起来。检察机关要自觉接受人大及其常委会的工作监督,依法向人大报告法律监督工作的情况和问题。

(2) 依法独立行使职权原则。依法独立行使检察权是检察机关开展法律监督工作所必须遵循的宪法原则,也是法律监督追求秩序价值、维护法制统一的必然要求。检察机关开展法律监督必须严格依法进行,不得越权监督、违法监督。

(3) 及时、有效监督原则。检察机关在履行法律监督职责时,一旦发现违法应当立即启动法律监督程序,对违法行为予以调查、纠正,保证监督的及时性。检察机关开展法律监督应当讲究方式方法,敢于监督、善于监督、注重实效,保证监督的准确性、有效性,切实维护法律正确实施。

(4)检察一体原则。最高人民检察院领导地方各级人民检察院、专门人民检察院的法律监督工作,上级人民检察院领导下级人民检察院的法律监督工作,以确保法律监督的一致性。

(5)接受监督制约原则。检察机关开展法律监督,要实行检务公开,依法接受社会各界的监督和监察机关、侦查机关、审判机关、刑罚执行机关、行政执法机关等的制约。

二、系统规定检察机关法律监督的职权

现行《人民检察院组织法》规定,各级人民检察院行使下列职权:①对于叛国案、分裂国家案以及严重破坏国家的政策、法律、法令、政令统一实施的重大犯罪案件,行使检察权。②对于直接受理的刑事案件,进行侦查。③对于公安机关侦查的案件,进行审查,决定是否逮捕、起诉或者免予起诉;对于公安机关的侦查活动是否合法,实行监督。④对于刑事案件提起公诉,支持公诉;对于人民法院的审判活动是否合法,实行监督。⑤对于刑事案件判决、裁定的执行和监狱、看守所、劳动改造机关的活动是否合法,实行监督。上述有些内容已经不符合其后出台的法律规定,需要及时加以调整,如刑诉法早在1996年修改时就废除了免予起诉制度,2013年劳动教养制度也被全国人大常委会废止。

《刑事诉讼法》《民事诉讼法》《行政诉讼法》几经修改,对检察机关职权作了许多补充和完善,例如对死刑复核的监督,对公安机关立案活动的监督,对社区矫正的监督,提出没收违法所得的申请,提出强制医疗的申请,对民事诉讼、行政诉讼的监督等职能,国务院《行政执法机关移送涉嫌犯罪案件的规定》等行政法规和规范性文件规定了检察机关对行政执法机关移送涉嫌犯罪案件的监督职能。同时,党中央对检察工作也提出了一系列新要求,如党的十八届四中全会明确要求"探索建立检察机关提起公益诉讼制度"。十二届全国人大常委会第十五次会议也作出《关于授权最高人民检察院在部分地区开展公益诉讼试点工作的决定》。2017年6月27日全国人民代表大会常务委员会作出《关于修改〈中华人民共和国民事诉讼法〉和〈中华人民共和国行政诉讼法〉的决定》,在两部诉讼法中正式确立了检察机关提起民事、行政公益诉讼制度,赋予检察机

关提起公益诉讼的职权。对上述法律新规定的职权以及正在推进的司法改革中已经明确的职权，应当进行系统梳理，除在修改后的《人民检察院组织法》中要对检察机关的基本职权作出规定外，还应统一、系统地在"人民检察院法律监督法"中作出规定。

三、完善开展法律监督的程序和措施

检察机关开展法律监督，属于诉讼方式的，其程序要严格遵照相关诉讼法的规定进行。属于诉讼之外的其他监督方式的，如对违法行为的发现渠道和调查核实，提出检察建议或者纠正意见，被监督对象接受监督的责任和义务等，则需要通过专门立法明确其程序和措施。针对当前法律监督知情渠道不畅、调查措施缺失、监督效果受限等问题，建议在"人民检察院法律监督法"中规定：

（1）对违法情况的知悉权。建立行政机关与检察机关执法司法信息共享机制，使检察机关能够及时发现行政机关以罚代刑、不移送涉嫌犯罪线索等问题。建立刑事案件信息通报制度，公安机关和检察机关定期相互通报刑事发案、报案、立案、破案和刑事立案监督、侦查活动监督、批捕、起诉等情况。建立诉讼当事人及有关人员对诉讼违法的投诉机制，畅通检察机关获取诉讼违法情况的渠道。明确规定检察机关在办理抗诉、申诉案件及法官渎职案件时可以调阅、借阅审判卷宗，解决多年来检察机关调卷难的问题。

（2）对违法行为的调查权。这是保证法律监督准确性的必备措施。建议规定：人民检察院在调查违法行为时，有权要求被调查的机关和人员提供有关的文件；可以依法暂予扣留、封存能够证明违法行为的文件、卷宗等材料；有权要求被调查的机关和人员协助调查并就相关事项涉及的问题做出解释和说明等。

（3）增加监督方式。规定行政执法与刑事司法要建立有效衔接机制；明确提前介入、引导侦查等实践中行之有效的工作机制；增加"建议更换办案人"的监督方式；规定对公安派出所执法活动可以通过派驻检察、巡回检察等方式开展监督。

（4）增强监督效力。法律监督应具有法律效力，必须改变实践中存在的法律监督效果取决于监督对象的自觉性，缺乏监督刚性的问题。明确规定法律监督对象有义务配合检察机关开展监督，违反法律规定阻碍监督或对法律监督置

之不理,继续违法的,应承担法律责任。

（5）完善有关机关之间的协作配合机制。明确监察机关、侦查机关、审判机关、刑罚执行机关和行政执法机关等机关与检察机关信息通报、案件移送、协调配合的程序和措施。

四、健全对检察机关的内部和外部监督机制

（1）实行检务公开。构建开放、动态、透明、便民的检务公开机制,确定检务公开的原则、内容、范围、方式、保障,方便人民群众监督检察工作,力争让人民群众在检察机关办理的每一个案件中感受到公平正义。

（2）实行人民监督员制度。实现人民监督员制度法制化,规定人民监督员的选任、设置和监督范围、程序、保障机制,确保人民监督员行使知情权、参与权、表决权、监督权。

（3）完善接受各方面监督的程序。检察机关应当主动接受人大监督、政协民主监督和新闻媒体、人民群众等社会监督,接受监察机关的监察,完善相关制度、程序、措施、机制,进一步提升检察工作的公信力。

五、健全对开展法律监督的保障措施

（1）完善对检察人员的职业保障。检察人员依法履行法律监督职能,免受记过、降薪、降级、降职、免职、辞退、调动等处分或变相处分。对依法履行法律监督职能的检察人员进行打击报复的,依法承担相应的责任。

（2）建立对违法干预法律监督的责任追究制度。检察机关依法独立行使法律监督职能。遇有干预司法办案活动、插手具体案件处理的,应当进行记录和报告,并视情节进行通报、处置,造成后果的,依法追究相应的责任。

关于深入推进长江三角洲区域一体化发展的建议

2018 年的《政府工作报告》明确提出要扎实推进区域协调发展战略。党的

十八大以来,我国区域经济发展突飞猛进,新战略、新路径、新举措正在形成。推出"一带一路"倡议和长江经济带战略,尤其是沿海北有京津冀协同发展和雄安新区建设,南有粤港澳大湾区建设,进一步强化了沿海发展战略和区域发展战略的"T"形布局,而长三角不仅是其中的一枚"箭头",而且应该与南北遥相呼应,推动形成沿海南、北、中"三箭齐发"之势,形成新增长点、增长极、增长带。

长期以来,长三角是我国重要的经济增长极之一,也是区域一体化发展起步最早、基础最好、程度最高的地区。目前,长三角以占全国土地面积的3.73%,占全国人口总量的16%,创造了全国近四分之一(23.75%)的国内生产总值。

对长三角一体化发展,党中央、国务院历来很关心,很支持。2008年9月推出《国务院关于进一步推进长江三角洲地区改革开放和经济社会发展的指导意见》,2010年5月国务院批准实施《长江三角洲地区区域规划》,尤其是2016年5月国务院又通过了《长江三角洲城市群发展规划》。这些意见和规划的颁布,具有很强的现实指导意义。

在这个大背景下,长三角区域合作更加紧密,综合竞争力显著提升。2018年初召开的长三角地区主要领导座谈会指出,要按照"创新引领率先实现东部地区优化发展"总要求,建设好长三角世界级城市群,深化好区域合作大格局,并且由三省一市联合组建的长三角区域合作办公室在上海挂牌成立,来自三省一市的工作人员已经全部到位。这充分表明,长三角站在了新时代,确立了新方位,迈出了新步伐。因此,建议在国家层面除了以上提到的一些意见和规划之外,围绕改革创新和与时俱进,继续在长三角一体化发展进程中给予以下四个方面的有力支持。

第一,建议把长三角一体化发展提升为国家战略。由于长三角是国际上公认的全球第六大世界级城市群,并且要代表中国参与国际竞争,因此,把长三角一体化发展提升为国家战略,有利于充分释放长三角发展潜能。同时,在沪苏浙邻界区域探索设立长三角联合发展园区或示范区,进行捆绑式共建共享。

第二,建议把一些国家重大基础项目布局在长三角。例如,国家实验室尽早落地上海等,以及其他一些有利于发挥长三角特殊优势的重大基础项目布局在长三角。这样做可以与长三角是我国经济最具活力、开放程度最高、创新能力最强的地区之一的优势相匹配。

第三,建议对长三角区域发展立法。如通过协作立法,制定"区域协调发展法""区域金融合作法""区域环境保护法"等,构建长三角区域公共治理的法律法规制度,为长三角一体化发展提供法律保障。在这方面,一些国家的相关做法可以借鉴。

第四,建议对区域治理加强协调领导或者予以授权。可以在国家层面设立协调领导机构,也可以由国务院授权长三角地区主要领导座谈会及长三角区域合作办公室统筹行使区域公共事务治理权,成为统筹实现国家、区域与地方发展规划、推进一体化进程的区域公共治理组织。

关于在城镇化进程中加强生态保护和建设的建议

目前,我国的城镇化率已超过 50%,部分地区已超过 70%,但自改革开放以来,城镇化率增加 1%,平均能耗增加 18%,资源消耗和环境影响也明显呈增加趋势。因此,在我国推进城镇化进程中必须加强生态保护和建设。

一、我国城镇化进程中生态环境的突出问题

在我国城镇化进程中,尽管对生态环境产生了一定的积极效应,如资源和土地集约、污染集中治理、技术集聚和进步、管理效率提高、公共交通便捷、居民环境素质提升等。但是,城镇化进程对生态环境也造成了一定的负面影响,集中表现在人口城镇化带来了消费升级和资源环境压力增大,产业粗放造成了资源浪费和环境污染,土地变化引起了自然生态系统破坏及生态服务功能下降等。

1. 人口城镇化带来消费升级和资源环境压力增大

一是水资源隐患、水环境污染和水体生态功能退化;二是能耗增加和交通量增大带来空气和噪声污染;三是固体废弃物围城和土壤环境风险;四是城郊接合部出现脏乱差现象。

2. 产业粗放造成资源浪费和环境污染

一是产业结构不合理,一些产业发展造成环境污染;二是产业布局不合理引发环境风险和矛盾;三是产业规模超过环境承载力;四是城镇化的产业支撑

不足与相应的生态环境隐患。

3. 土地变化引起自然生态系统破坏及生态服务功能下降

一是城镇建设用地扩张给饮用水源、河道、湖泊、水质等带来风险；二是"摊大饼"与"大拆大建"引起资源浪费和生态破坏；三是"特色小镇"一窝蜂建设的生态环境隐患；四是地面硬化引起城市内涝、地表径流污染等。

二、我国城镇化进程中加强生态环境保护和建设的建议

我国城镇化进程中的人口失衡、产业失序、土地失控等现象的发生，其主要原因是多规合一尚未深入贯彻，规划环评作用发挥有限，规划执行情况监管薄弱的直接结果。为此，提出以下九个方面的建议。

1. 加强人口资源环境在城镇规划中的约束作用

一是加快推行多规合一，加强人口、资源、环境相关控制指标或红线在城镇规划中的约束作用，开展生态环境承载力评价。二是实施科学评估，切实转变目前以项目导向、工程导向为主的规划实施评估的倾向，引入以绩效为导向的规划评估。

2. 将紧凑型城市纳入规划，避免"摊大饼"和"大拆大建"

一是倡导建设紧凑型城市，制止"摊大饼"和"大拆大建"。二是划定基本农田保护红线、生态保护红线、文化保护红线，以及城市开发边界，鼓励存量建设用地、待修复棕地和既有旧建筑的充分利用。

3. 加快绿色生态空间建设，因地制宜建设海绵城市

一是建设"点线面"结合的绿色生态空间，打造完整、连通的绿带、绿廊，建设城乡公园体系，增加人均绿地面积。二是尊重地形地貌，维护水系结构的有机性、连通性和完整性。三是因地制宜建设海绵城市。

4. 因地制宜完善水环境设施，加强精细管理

一是加强雨水泵站管理；二是加强雨污混接改造；三是有序推进乡镇污水厂建设；四是加强精细管理与源头治理；五是完善地下水环境质量标准。

5. 根据城镇化要求扩展生态环境基本公共服务体系

一是除了水、气、声、渣等常规环境基础设施和生态空间建设外，更多考虑可渗透路面、雨水收集、屋顶绿化、生活垃圾分类等所需的场地和设施保障。二是将这些新型环保元素的建设纳入生态环境基本公共服务体系。

6. 探索将电力定价权下放到省，推动采暖煤改电

如黑龙江煤炭充足、电能过剩，但由于电价高、供暖只能烧煤，而省级层面又无权确定电价，建议中央探索将电力定价权下放到省，将有助于缓解整个北方地区冬季采暖的空气污染问题。

7. 试点探索拥堵费政策，改善绿色交通体验

一是为缓解交通拥堵带来的能源消耗及空气、噪声污染，建议在我国部分城市试点拥堵费政策。二是为鼓励绿色出行，进一步完善公共交通及换乘设施，加强无缝衔接，提升换乘体验。

8. 严把环境准入门槛，杜绝用污染产业支撑城镇化

一是对高消耗、高污染行业新建项目，严把环境准入门槛，还要防止污染转移。二是对限制开发地区、贫困地区城镇化给予生态补偿等财政转移支付，支持绿色产业的适度发展。

9. 加强过程监管和服务，提高环境管理现代化水平

对城镇工业及门槛较低的餐饮、汽修等城镇典型服务业，加强过程监管和服务，提升环境监测和信息化水平，提供环保指南和培训咨询等服务。引导发展循环经济、低碳经济，加快绿色供应链管理。

关于商事制度改革优化营商环境的建议

近年来，我国结合改革开放深化和政府职能转变，大力推进了商事制度改革，营商环境得到了优化，市场主体在注册、办证、审批等环节办事效率明显提升，市场活跃度增强，主体感受度良好，受到了国际机构的肯定评价，但对标全球前沿水平仍有不小差距。

一、主要问题

1. 企业开办登记便利度不高

在推进以简化企业登记设立环节为核心的商事登记制度改革后，我国营商

环境明显改善,企业注册数量爆发式增长,但我国企业开办便利度距离全球前沿水平仍有明显差距。世界银行《2017年营商环境报告》显示,我国开办企业需要9道程序,用时28.9天,全球的排名仅为127位(中国营商环境综合排名78位)。

2. 政府部门内部之间衔接不畅

商事制度改革,尤其是"证照分离"改革试点实施以来,取得了显著成效,但是也暴露了一些问题,突出表现在政府部门内部衔接不够顺畅。"五证合一、一照一码"登记制度改革后,缺少对新设企业全流程办理的路线图、时间表的明确指引,企业在办理完营业执照后不知道下一步该到哪个部门办理哪项业务,办事的可预期性低。一些企业认为窗口办事人员在"熟练掌握法律法规""熟练掌握业务流程和工作规范""清晰介绍企业办事指南"等方面亟须改善。

3. 政企沟通缺乏畅通渠道

不少企业缺乏获取政府部门相关信息的畅通渠道,对监管流程存在不清晰、不可预期的担心,对整体营商环境的优化带来了一定影响。企业对改革的具体内容缺乏了解,部分企业对告知承诺等新审批方式存在降低审批标准的误解,导致监管中未能通过审核检查,后期整改造成财力人力损失。前置审批可预期性不足,在涉及行业许可的前置审批中,企业在提交一些申请材料前无法清晰获知该材料当中应具体包含哪些内容,导致材料提交后被反复退回,不得不聘请社会专业机构撰写,费时耗力。

4. 市场监管难以适应新经济发展

在"双创"和"四新经济"不断涌现的新形势下,政府监管理念和管理模式滞后,无法适应新经济发展特点。新经济往往具有轻资产、重知识技术、跨界融合、"互联网+"的特点,与传统行业的审批式、限制式监管模式难以兼容。特别是随着产业跨界融合的发展趋势,在经营过程中,企业往往会发现自身的经营范围不够,为此需要不断扩大经营范围,由于是跨界产业,有些业务无法归类,现有的营业执照经营范围和分类已经不适应当今营商环境的需要。

5. 企业诚信管理亟须加强

由于企业对诚信管理和业界自治的认识不够强,而政府诚信管理的边界也不够清晰,因此,企业不知道会在何处受限。例如,有的地方诚信管理的代表性举措"企业年报公示和异常名录制度",企业既充分肯定其必要性,又认为"一处失信、处处受限"的处罚措施太过严厉,对于社会诚信环境还不适应。多元参与、各方共管的格局还未形成,行业协会与社会监督相关选项的占比则相对较低,反映出在发挥第三部门和业界自治的监管作用方面进展缓慢。

6. 企业退出机制有待完善

目前,在我国企业退出市场的过程中,吊销是一个主要途径,很多地方占比达到了 95％甚至更高,仅有极少数企业会主动注销退出市场。这种现象的存在直接导致了市场上存在大量企业吊而不销的情况,不仅使市场出清难,也给保护债权人权益留下诸多隐患。

二、主要建议

1. 提高开办企业便利度,促进大众创业万众创新

建议充分借鉴国际经验,结合改革开放的深化,进一步简化流程,抓住企业登记注册环节的主要卡点,如市场主体呼声比较高的商事主体名称改革、住所(经营场所)登记改革等方面加大突破力度,积极推动市场准入审批清单化管理,加强登记部门的网上协同,加快实现企业注册全程电子化。

2. 深化"证照分离"改革,解决准入后"办证难"问题

建议加大"证照分离"改革试点力度,扩大许可事项改革覆盖面,尤其聚焦市场主体需求最迫切、改革意愿最强烈的许可事项,如"物业管理企业资质的许可审核""对建筑企业资质申请、升级、增项、变更的许可""工程造价咨询单位甲级资质认定""工程咨询单位资格认定"等,清晰流程、简化程序,更多采取取消审批、审批改备案、告知承诺等审批方式。

3. 创新监管方式,完善事中事后监管

进一步推进"简政放权、放管结合、优化服务",给市场让位、为企业松绑,激发市场活力和社会创造力,助力新产业、新业态、新模式的发展。同时,进一步加强事中事后监管,更加注重公正监管、综合监管和审慎监管,创新市场监管方式,促进各类市场主体公平竞争。着力优化政府服务,积极运用大数据、云计算、物联网等新技术手段,提高监管的智慧化、精准化水平,通过"互联网＋"监管模式,实现在线即时监督监测,提高监管效率,为新经济的发展营造国际化、法治化、便利化营商环境。通过引入第三方专业机构、与第三方征信平台合作、拓宽公众舆论监督渠道等方式,积极鼓励社会力量参与监督,形成政府、市场、

社会、企业共同参与监督的格局。

4. 加快市场主体自律建设，推进诚信监管

强化市场主体首负责任制，深化企业年报公示制度，将异常名录信息归集范围扩大到市场监管以外的行政部门，建立市场主体社会责任报告制度和责任追溯制度，健全市场主体诚信档案、行业红黑名单、市场退出等机制，推进市场主体自律。借鉴英国监管案例，通过构建严格有序的社会诚信环境，倒逼企业增强诚信意识。对标新加坡企业信用评级系统，完善企业信用档案，建立公共信用风险评价模型，根据信用大数据，对信用良好的企业实行远距离监管，充分保护诚信者的积极性；对信用不良甚至存在违法行为的企业则予以严管，维护市场秩序。

5. 完善企业退出机制，维护健康市场环境

建议下一步着力完善企业退出机制，简化退出流程，让想退出市场的企业可以顺利退出市场。同时，在企业确实无法继续经营时应强化其履行注销责任，以维护良好市场环境。特别在商事制度改革过程中，进一步完善信息披露制度，充分发挥政府监管、市场优胜劣汰的调节机制，让不能适应市场竞争的企业主动退出市场，对于严重违反法律法规的企业，应强制其退出市场，维护市场能进能出的良好秩序。

关于防范我国金融风险的建议

当前，我国金融各业在资产管理业务上沉淀了一些问题，其中互联网金融风险与同业业务风险、理财业务风险、交叉金融风险尤为凸显，这些均是我国金融市场特定历史阶段的发展产物。为了防范金融风险，提出如下建议。

一、全面评估市场风险，重点聚焦创新业务领域

近年来，市场需求催生的广义资产管理业务急速发展、创新、变化，是当前金融风险的重要领域。这类超过 100 万亿元的庞大的资产管理规模蕴藏着复

杂的投资主体、产品结构、投资链条和纵横交错的投资关系,制度套利、监管套利、关联套利的创新,说明存在着不少监管漏洞和监管空白,需要认真研究金融机构大量自发性的创新业务和套利业务,认真检讨其中存在的问题性质和规模,彻底摸排和梳理其中存在的可能损失和危害,从而正确评估风险,做出正确的决策。

二、切实掌握地方政府隐性担保债务风险

从 2014 年国务院下发的《国务院关于加强地方政府性债务管理的意见》(国发〔43〕号)到 2015 年新《预算法》的实施,以及 2017 年财政部等多部委下发的《关于进一步规范地方政府举债融资行为的通知》(财预〔2017〕50 号),都对地方政府债务问题以及规范的政府举债行为进行了规定。但在实际操作中,地方政府以会议纪要、批复、回函等形式的隐性担保仍屡见不鲜,不少金融机构也正是基于这一类隐性担保为企业放款。在法律合规性上,这些文件不具有法律效力,且此类隐性担保行为与目前规范地方政府举债行为的规定相违背,积累了不少地方政府债务风险。因此,要进一步梳理并监管地方政府的此类行为,在制定相关政策时应将涉及的债务担保纳入考量,有序地化解相关风险。

三、加强监管深度,关注形式合规业务

合规性一直是我国监管部门的工作重点,以银监会为例,2017 年发布了《关于开展银行业"违法、违规、违章"行为专项治理工作的通知》(银监办发〔2017〕45 号)等一系列文件,但在实际的业务操作中,也存在着不少形式合规、实质不合规的情况。例如地产行业融资,在材料中往往使用合规的满足"432"条件的项目进行包装,突破自有资金的束缚,通过借贷资金来拿地。因此,在加大监管范围的同时,也要加大监管深度,很好地落实实质重于形式的监管原则。

四、加速建立新业务的制度规范和监管标准

近期,金融各业的监管部门都提出了金融机构存在着各种套利和不当交易行为,但这些套利和不当交易究竟违反了什么,该如何规范,仍缺乏明确的法律法规依据。因此,应把监管重点放在督促建立新业务规范和监管标准上,不能笼统地表达为不能做或不鼓励做。建议出台更具体、更具可操作性的统一监管

标准,使金融机构明确监管尺度,市场主体了解加强监管对市场的影响到底有多大。

五、政策调整要适度,避免引发市场不正确预期

出台金融调控、监管政策,要避免操之过急,矫枉过正,引发市场不正确预期。当前央行的一系列举措实质上收紧了贷款,避免了市场资金的流动性过剩。但这也使得银行的放贷更倾向于高收益领域,引起中小企业融资成本上升;导致企业投资项目集中于房地产等高收益行业,进一步加剧了市场资金的集聚,加大了金融风险。因此,要关注调控、监管政策的力度,维护好我国自2016年以来出现的利率整体下降、企业财务成本下降的大好形势,避免出现由调控政策造成的市场流动性不足,引发金融风险。

六、大力运用监管科技创新成果,提高监管效能

监管科技运用是大势所趋,其优势主要体现在机器学习、大数据和云计算这三个方面,有助于政府和金融机构转变监管思路,因此,监管部门要跟上监管科技发展的步伐。目前,已经有一部分金融机构在利用监管科技来降低企业合规成本,当金融机构更大范围、更大程度地采用监管科技时,如果监管机构不采用同样的技术,将面临信息不对称问题。因此,建议关注以区块链为代表的监管科技。区块链已日趋成熟,基于区块链技术的基础设施本身就具有监管功能并可以实时访问最佳数据(例如,内置结算与顺从性功能,实时监控终端到终端的交易流程)。区块链技术若在监管科技中得到应用,将在防范系统性金融风险过程中起到重要作用。

七、资产管理业务和同业业务实行统一监管的机制

近年来发展起来的金融各业的大资产管理业务在资金来源、投资对象和业务模式上,都已经不存在清晰边界和业务差别,不同机构、资金的风险边界模糊,潜藏着巨大风险。由于这些新业务往往牵涉不同市场,单一部门管理存在着困难,难以判断业务的真实属性。因此,应当对这些领域实行统一监管,制定统一规则。然而,对不同市场的要求存在差异,对不同市场的金融产品实行穿透式管理,有时需要穿透几个金融行业,如何穿透和能否穿透成为焦点。在目

前仍然实行主营业务分业监管的机构监管模式下,特别需要由央行牵头,出台统一的规范金融各业大资产管理业务和同业业务的业务规则和监管要求。

关于推动创业投资、促进科技型中小企业发展的建议

目前,我国中小企业约 4 000 万家,其中科技型中小企业超过 30 万家,申请、拥有我国 65% 以上的发明专利,承担了 75% 以上的科技研发任务。因此,科技型中小企业对我国经济发展的作用是十分巨大的,为我国产业升级、市场结构优化、解决社会劳动力就业问题以及促进我国经济增长做出了重要贡献。

一、我国创业投资在推动科技型中小企业发展中存在的问题

2016 年,国务院印发了《国务院关于促进创业投资持续健康发展的若干意见》(简称《意见》),意味着我国创投行业将迈入一个长期政策稳定、努力目标明确、外部环境优化的黄金发展时期。但在相关的配套政策和细则方面还存在一些问题。

1. 政策执行的协调性和平等性不够

近年来国家各部委出台了一系列金融支持政策和要求,对提高中小企业的科技创新能力,促进中小企业转型升级发挥了重要作用,但政策的协调性和平等性还不够。例如,在创业投资方面,发改委、财政部、科技部、工信部等部委都有相应的扶持政策,而工商、税务部门缺少相应的配套措施和政策,如放开工商注册、退出时的税收政策等,最终没有形成上下协同一致的支持政策体系。

2. 优惠政策以及税收政策落实不到位

《意见》明确提出,要完善创业投资税收政策。目前,我国很多地区支持创投行业发展的优惠政策并未真正落实到位,一些地区甚至将创投行业作为税收"富矿"而增加税负,加上 IPO 通道不畅,仍有待进一步深化资本市场各项改革,导致大量民间资本对投资创投行业持观望态度。

3. 创投机构计提投资损失准备金问题

根据国税总局 2011 年第 25 号《企业资产损失所得税税前扣除管理办法》第六章"投资损失确认规定",投资损失的确认要求过于复杂,在实际操作中对于创投企业来说,要取得这些证据非常困难,客观上制约了创投企业直接投资早期、初创期项目的动力。

4. 创投机构所得税征收方式不尽合理

由于创业投资属于高风险行业,具有失败概率高、投资风险大等特征,各地对创投基金均执行按年度利润方式征收所得税的方式显得不尽合理。因为创投基金往往因基金前期单个项目退出即交税,而后期投资损失无法弥补而造成基金整体上多交税的局面。此外,有限合伙制创投企业投资中小企业符合一定条件可抵扣 70% 投资额的政策,没有延伸至有限合伙创投企业的个人合伙人。根据目前规定,企业向股东进行税后利润分配,即发放现金红利股息,如果股东是法人企业则可以免征企业所得税,但对有限合伙制企业中的法人股东则不能享受免税。

5. 金融支持的社会中介服务不够健全

科技型中小企业创新融资难的根本原因是信用缺失。在企业融资过程中,由于信用认证的缺失,银行会要求企业提供变现能力强的足额信用风险缓释措施,这与科技型中小企业可用于担保的有效资产少、科技创新风险大等特征存在矛盾。为落实国家《促进科技与金融结合试点实施方案》,大多省市面向科技型中小企业和投融资机构开通地方科技金融信息服务平台,然而由于平台开通的时间较短,资源信息共享度明显不够。此外,许多省市尚未建立地方科技金融协会或联盟,不利于地方政府部门、金融机构与科技型中小企业之间建立畅通的联系机制。

二、促进创业投资推动我国科技型中小企业发展的对策建议

创业投资作为增长潜力极大、正处于发展期的投融资方式,是促进科技型中小企业发展的重要融资渠道。鉴于上述问题的分析,建议采取以下措施进一步激发创业投资行业的活力,推动我国科技型中小企业的发展。

1. 进一步引导和扶持科技型中小企业融资

第一,放宽技术创新型公司的创立条件,改革原有科技体制和经济体制,探

索以市场为导向、产业化为重点、企业为主体的科技与经济紧密结合的新机制，发展高新技术产业，发挥科技型中小企业在技术创新和产业化中的主体作用。针对科技型中小企业，国家还应实施政府采购政策和产业引导，减少创业投资和技术创新的风险，扶持科技型中小企业的发展。

第二，在国家层面上，增强政府引导扶持、政策有效协调的体制机制；建构多元化金融机构主导平台支持体系，调整和优化银行贷款结构；建立面向科技型中小企业科技创新服务的科技银行，拓宽中小企业科技创新的融资渠道，完善信用担保与再担保体系；加快完善科技型中小企业信用体系建设，夯实金融中介服务机构；积极应对并及时解决创业投资领域存在的问题，解决科技型中小企业的资金瓶颈。

第三，积极推行普惠政策。各项优惠政策应该是普惠的，民营创业投资公司应该与国有创业投资公司享有同样的优惠政策，同时，还应该多措并举促进各项优惠政策真正落地。

2. 进一步优化创业投资的金融环境

第一，营造宽松的创业投资金融环境，引导基金适当放宽，减少条条框框的束缚。重点是对相关损失认定程序进行简化，如对科技型中小企业的投资额，在一定期限内，可分期计提投资损失准备金，创业投资企业在当期直接做税前扣除，比如 3 年 50%、5 年 70% 等。此外，对于实际发生的投资损失的扣除可以采用备案制而非审批制。

第二，坚持市场主导，培育多元创业投资主体。在募资端，通过大力培育和发展合格投资者，建立股权债券联动机制，发挥政府创业投资引导基金的放大和引导作用，加大对创业投资的资金供给；在投资端，建立创业投资与政府项目对接机制，搭建创业投资与企业信息共享平台，为创业投资提供案源供给；在管理端，构建符合创业投资行业特点的法制和监管环境，优化商事和税收制度；在退出端，出台更加优惠的税收政策，特别是个人所得税政策要适度宽松。

第三，改进创投机构所得税征收方式。一是对创业投资基金采用基金收益覆盖基金本金后再交税的征收方式，而非对单个项目的回报进行征税，这样也符合《意见》提出的税收中性、税收公平原则；二是有限合伙制创投企业投资中小企业符合一定条件可抵扣 70% 投资额的政策，可以延伸至有限合伙创投企业的个人合伙人，而不仅仅是机构合伙人；三是尽快解决公司制创投企业的双重纳税问题,推出综合的优惠政策,使公司制创投企业和合伙制创投基金税率保持一致,从而提高公司制创投企业的投资动力;四是建立创业投资综合损失补偿机制,例如,总共投了五个项目,其中四个亏损一个盈利,那么亏损的那几个项目的投资成本应该允许适当地分摊到盈利项目中。

3. 进一步培育社会服务的中介机构

创业投资的三个主要环节——募集、退出、监管,都与若干服务中介机构分不开。服务中介机构的作用在于可为企业进行创业投资提供成套的服务与咨询,减少由于信息难以沟通带来的不便及投资失败的可能性,上海在这方面的做法值得借鉴。2013年8月20日,由上海市科委主办,上海市科技创业中心(上海市高新技术成果转化服务中心、上海市火炬高技术产业开发中心)管理的上海市科技金融信息服务平台正式开通,该平台是为科技型中小企业提供投融资服务的公益性平台,是科技与金融投资资源对接的有效载体。截至2017年10月底,共有2 800多家科技型中小微企业通过该平台获得了银行贷款132亿元、小巨人贷48.9亿元、微贷通1.7亿元、创投贷2.25亿元。此外,政府应尝试建立一批专门从事创业投资服务或类似于行业协会的组织,采用网络平台和大数据的手段全方位为科技型中小企业创业投资配套提供应时服务,集中大家的力量、智慧,对项目选择、资金投入、政策运用、市场运作、退出方式等进行系统研究,寻找适合我国科技型中小企业甚至大型企业创业投资的发展之路。

关于发扬工匠精神、培育百年老店的建议

工匠精神是一种职业精神,它是职业道德、职业能力、职业品质的体现,是从业者的一种职业价值取向和行为表现。在新的时代弘扬和践行工匠精神,须深入把握其当代价值与培育途径。承认工匠在劳动创造中的主体作用,按照市场经济规律在分配中充分体现工匠价值,在社会营造、传导劳动光荣、尊崇工匠的氛围和价值观,并在不断探索中将此固化为善的制度。历史悠久的我国老字号企业在其发展过程中,积淀了厚重的文化元素和工匠基因,是弘扬工匠精神

的重要平台,理应成为中国工匠的代表。

新中国成立初期,我国拥有"中华老字号"大约 16 000 家;1991 年原国内贸易部的老牌企业全行业的认定中,有 1 600 余家老牌企业被授牌;至 2006 年商务部重新认定时,第一批"中华老字号"的数量仅有 434 家。张小泉、五芳斋、吴裕泰、咀香园、赵李桥、玉川居、莲香楼、新新麻糖、凤城老窖等,这些耳熟能详的品牌实际上都头顶"老字号"的光环。但是,在历史洪流行进中,一些"老字号"难敌激烈竞争而逐渐衰落,还有一些随着时间流逝已经销声匿迹。

一、主要原因

(1) 缺乏人才竞争意识。"老字号"企业多为中小企业,以前大多在国有体制内,缺乏市场的历练和熏陶,市场竞争意识较弱。政府虽然为这些"老字号"企业搭建了新的市场平台,创设了新的市场窗口,但仅靠政府政策扶植,没有企业内部竞争机制的扰动,没有专业工匠的脱颖而出,难以激发"老字号"企业的活力。

(2) 缺乏自主创新意识。对当下网购以及海内外海量新消费品的冲击,不少"老字号"企业缺乏创新思维,打着老祖宗的金字招牌,抱残守缺地以不变应万变,经营模式相对固化陈旧,营销渠道不畅,商品同质化趋势严重,产品和经营模式乏善可陈,难以吸引优秀专业人才,导致消费群体萎缩,市场边缘化。以茶叶为例,有数据显示,中国为茶叶出口大国,却存在大而不强的问题,很多好茶只是作为原料出口,到国外进行加工以后再返销。同时,也没有享誉全球的茶叶品牌。这些都与中国作为茶叶故乡和产茶大国的形象不相匹配。

(3) 缺乏市场引导机制。部分"老字号"企业对在持守传统的基础上如何适应新的市场环境缺乏引领,经营较为盲目。其背后反映的是政府部门在确保"老字号"企业传统优势,引导企业发挥自身工匠优势,创新经营等方面存在一定短板。要让"老字号"企业成为百年老店,成为市场经济的新样板,需进一步挖掘和弘扬"老字号"企业固有的工匠精神,结合体制、机制创新,将工匠机制融入"老字号"企业的发展过程中,激发"老字号"企业危机意识、创新意识和市场意识。

二、主要建议

（1）引入竞争机制，优化人才结构。"老字号"企业是在长期的市场竞争中历经大浪淘沙逐渐形成的。如果故步自封、不思进取，不研究迅速而持续变化中的消费需求，"老字号"企业将会与市场渐行渐远。要持续保持"老字号"企业的声誉特色，需放宽眼界，引入人才竞争机制，对企业的负责人实行优胜劣汰。建议加大"老字号"企业的品牌和市场宣传，吸引海内外职业经理人、专业工匠、技术能手加入"老字号"企业，对个别能力匮乏的"老字号"企业负责人进行腾笼换鸟，确保企业的专业性、特色性，从而名副其实，使之成为区域经济发展的一块金字招牌。

（2）导入工匠机制，增强市场优势。2017年1月，商务部等16个部门联合发布《关于促进老字号改革创新发展的指导意见》，提出支持老字号企业与职业院校合作共建工匠创新工作室和工匠教学基地，鼓励"老字号"技艺传承人到学校兼职任教，授徒传艺等一系列培育和弘扬工匠精神的鼓励政策。建议相关职能部门加快政策落地，将专业工匠纳入政府人才库，在户籍、市场准入等方面构建激励机制，鼓励其通过专业工作室、师徒传承等方式嫁接"老字号"企业，引导"老字号"企业注重技艺传承和弘扬特色，回归专业化、特色化，在细分市场上赢得新的优势地位。

（3）针对工匠技艺，设立传承制度。一要建立传统工匠技艺知识产权保护制度。针对某些传统工匠"传内不传外、传儿不传女、传大不传小"等现象，鼓励其加大传承范围。同时，通过运用法律、制度等形式，加强与工匠相关的知识产权、技术专利的保护工作，最大限度地保护传统工匠的合法权益不受侵害。二要建立濒临失传的传统工匠技艺抢救制度。建立专项基金，抢救性保护那些濒临失传断代的民间传统技艺、工艺，抢救挖掘那些濒于失传的独门绝技，请大师名匠著书立说或为他们撰写人物志和传记，发扬光大传统技艺和工匠精神。三要建立优秀民间传统技艺表彰奖励制度。可借鉴当今建筑界"鲁班奖"、工艺美术界"金奖""银奖"形式，对技艺界的精品、优品实行专项奖励制度，以此树立标杆鼓励赶超。同时，对于那些德艺双馨的工匠大师、技师要授予荣誉称号，并不断提高他们的薪酬待遇。四要建立名品优品特品甄别追究制度。为增加工匠的责任心和荣誉感，可利用条形码、二维码等现代网络技术手段，对工匠、技师的每一件作品、产品实行甄别认证,既保障他们的著作权,又对他们实行终身责任追究,以此强化工匠精神的建设。

(4) 强化政策扶植,鼓励创新发展。对"老字号"企业而言,"变"的战略价值大于"不变"。"老字号"能否持续保值乃至增值,取决于"老字号"企业能否与时俱进。政府当采取措施,鼓励推进。建议强化政策扶植,鼓励"老字号"企业发扬工匠精神,运用工匠特色优势在互联网经济、体验经济等新经济领域有所创新、有所突破。鼓励生产企业大胆创新,以市场上功能领先的进口产品为目标,积极研发新功能,最终赶超外国产品。中国历史人文优势积淀,有助于重铸中国名牌产品,摆脱世界名牌产业链加工的最低端及"加工大国"的帽子,使"老字号"企业成为"中国智造""中国特色""中国品牌"的新亮点。

(5) 加强重点宣传,侧重引导采购。对于"老字号"中的名牌产品,政府要给予积极鼓励,宣传,增强品牌的认知度。同时,要求生产企业严格控制产品质量和售后服务,让"老字号"品牌与优秀产品画上等号,让国民在使用本土产品时,产生对国货的认同感、信任感、自豪感。除了对"老字号"的宣传和扶持,政府也要监督其品牌经营和管理运行,如果发现任何有损品牌声誉的事情,要及时进行干预,确保"老字号"产品的产、供、销都在良性循环的轨道上发展,从而大力振兴民族工业。

第十二章
第十三届全国人民代表大会第二次全体会议

（2019 年）

关于修改《中华人民共和国仲裁法》的议案

★ **案由**

《中华人民共和国仲裁法》（简称《仲裁法》）颁布于 1994 年，至今已经有 20 多个年头了。其间虽然有过修改，但仅仅涉及仲裁员的聘任条件，其他的条款几乎都没有修改过。

现行的《仲裁法》由 8 章共计 80 个条款组成，规定了总则、仲裁委员会和仲裁协会、仲裁协议、仲裁程序、申请撤销裁决、执行、涉外仲裁的特别规定和附则等内容。应该说，1994 年颁布的《仲裁法》弥补了我国在仲裁立法方面的空白，结束了国内仲裁领域的混乱局面，同时，也因为《仲裁法》体现出了机构仲裁、对涉外仲裁进行特别规定、仲裁和调解相结合等一些特点，在我国民商事纠纷的化解中起到了显著的作用。但是，随着我国仲裁实践的不断发展，现行《仲裁法》中的一些问题也逐渐显露出来，主要体现在以下几个方面。

（1）仲裁立法模式问题。我国在仲裁立法模式上形成了自身独有的特点，即以《仲裁法》为主，以《民事诉讼法》中的相关仲裁规定和最高人民法院有关仲裁的司法解释为辅，并使一些特殊的仲裁规定体现在相关实体法中。这种独特的立法体例具有一定的优势，最突出的是有利于诉讼与仲裁的衔接，以及实体法律问题与程序法律问题的衔接。但是，在《仲裁法》与《民事诉讼法》等法律中同时对仲裁进行规范，不但较为烦琐，而且容易产生冲突。例如，在不予执行仲裁裁决问题上,两部法律就国内仲裁裁决和涉外仲裁裁决有关法院的公共利益审查权有着较大出入。

(2) 仲裁第三人问题。为了有效保护案外第三人的合法权益,同时促进纠纷的一次性解决,《民事诉讼法》在第56条前两款中规定了第三人的制度。与诉讼的强制性不同,仲裁赖以存在的基础是当事人的意思自治,这决定了仲裁程序对案外人利益的保护无法达到民事诉讼程序那样的高度。也正因为此,《仲裁法》中并不存在仲裁第三人的规定或类似制度。只不过民商事法律关系的复杂化决定了仲裁第三人的存在已经成为一种客观事实,各地仲裁机构的仲裁规则中都或多或少存在相关规定。在此背景下,《仲裁法》中并无任何关于仲裁第三人的内容,就显得与实践格格不入了。

(3) 仲裁的双重救济问题。即便是在规范性最强的民事诉讼程序中也有可能产生错误裁判,加之仲裁程序的一裁终局原则,使之相较于民事诉讼更容易出错。对此,《仲裁法》专门规定了仲裁裁决的撤销和仲裁裁决的不予执行两种救济路径,以期对仲裁当事人提供有效的保护。问题是,这两种救济途径可适用的情形存在大面积的重合,立法也未对其选择适用设定限制,容易造成仲裁当事人以同一理由先后申请撤销仲裁裁决和不予执行仲裁裁决的结果,属于过度救济,违背了立法初衷。

除此之外,在仲裁协议的效力、仲裁管辖权、仲裁程序、仲裁临时措施、外国仲裁裁决在我国的承认与执行等方面,均存在或多或少的问题,都亟待完善。

★ 案据

随着我国市场经济的不断发展,仲裁已经成为化解民商事纠纷的一个重要途径。同时,随着我国仲裁实践的不断推进,现行的《仲裁法》需要通过修改才能适应仲裁实践的发展变化。

我国在经过了20余年仲裁实践的经验积累,以及各地仲裁机构的不断探索,理论界和实务界对现行《仲裁法》存在的一些问题达成了较为一致的看法。在这种背景下,《仲裁法》的修改时机日臻成熟。

★ 方案

第一,将最高人民法院发布的司法解释以及相关实体法、程序法中的内容加以整合,统一规定于新修改后的《仲裁法》中,杜绝矛盾内容的出现。

第二,增加仲裁第三人制度,明确规定在征得各方当事人及第三人同意的基础上,将仲裁第三人追加至仲裁程序中来,以强化对仲裁案外人合法权益的保护。

第三,赋予仲裁第三人提起撤销仲裁裁决之诉的权利,允许第三人在满足法定条件的情况下,比照《民事诉讼法》中第三人撤销之诉的做法,向法院提起撤销仲裁裁决之诉。

第四,优化撤销仲裁裁决以及不予执行仲裁裁决的条件,同时对仲裁当事人的仲裁救济权加以适当的限制,以确保其最终只能寻求一次实质性救济,避免对仲裁这一解纷方式形成冲击。

关于对我国对口帮扶工作立法的建议

我国对口帮扶工作是长期性、全面性的重大系统工程,涉及国家稳定、民族团结、乡村振兴、消除贫困、共享发展成果,事关中华民族伟大复兴的前途命运。在长期的推进过程中,各级政府出台了一系列对口帮扶的规章和条例,发挥了很大的作用,但由于国家层面至今没有一部专门的法律,使得对口帮扶工作还存在着一些矛盾和问题。为此,在沪全国人大代表组成专题立法调研组,分别赴北京、新疆、青海、云南等地开展了深入调研,广泛听取了意见建议,最终提出了对我国对口帮扶工作予以立法的建议。

一、我国对口帮扶工作的成效和经验

我国的对口帮扶工作开展了几十年,特别是东西帮扶协作开展 22 年来,全国上下在实践中已经探索形成了一系列有效的、成熟的做法、经验和制度,取得了十分显著的成绩,突显了中国特色社会主义的制度优势。

从取得的成效来看,一是人才选拔培养机制成熟。特别是脱贫攻坚战以来,锻炼了一批过硬的对口帮扶人才队伍,锤炼了大数据精准聚焦的工作方式,并且成为推动经济社会发展的宝贵财富。二是组团式帮扶效果明显。由专家带骨干的医疗、教育等组团式援助方式,久久为功系统性地培养并提高了当地的医疗和教育水平,如上海援助新疆喀什。三是产业帮扶形式多样。通过招商引资推动劳动密集型产业落地,扩建产业园筑巢引凤,变"输血"为"造血",如上海对各地的援助。四是安居富民工程成效显著。通过援助基础设施和公共服务配套项目等建设,使得当地的生产和生活条件有了很大的改善。

从积累经验来看,一是在中央层面上,充分体现了"集中力量办大事"的制度优势。国家发改委和国务院扶贫办两大牵头部门各司其职又互有交叉,多部门协调合作,完善建档立卡制度,加大财政转移支付,增加援助资金等。二是在省市自治区以及各级地方层面上,力求政策精准聚焦。探索了以闽宁模式为代表的中国方案,按照"中央要求、受援方所需、援助方所能"的整体格局和发展趋势,帮扶双方谋双赢、谋长远。二是在对口帮扶干部层面上,着重处理好帮扶时限与个人诉求的关系。有一句顺口溜很有代表性:"留三年重事业、重待遇;留十年重平台、重荣誉;留一辈子重家庭、重幸福。"

应该说,这些实践过程中探索出来的做法、经验和制度,是我国对口帮扶工作几十年积累起来的宝贵财富,很有针对性和操作性,一旦通过立法的方式进行必要的固化,必将对未来的对口帮扶工作起到十分重要的保障作用。

二、对口帮扶工作中需要注重解决的问题

我国对口帮扶工作面广量大,尽管取得了很大的成绩,但在实践过程中仍然存在着政策的随机性、资源的分散、职能的重叠、上下联动等方面的矛盾和问题。主要集中在以下五个方面。

(1)需要尽早指明未来前进方向。在调研中,各个层面都有反映,脱贫攻坚战结束之后何去何从?说明对未来对口帮扶工作的定位、形式等看不清楚,届时是"打扫战场"还是"乘胜追击"仍然未知。实际上,一些贫困地区即使脱贫了,还有不断巩固的必要,再加上还存在着比较大的地区差异需要缩小。因此,如果前进方向不明,必然会影响后续工作的有效开展。

(2)需要加强部门之间的统筹协调。当前,国家发改委与国务院扶贫办各自牵头对口支援和扶贫协作,其他多个部门之间职能或有重叠,不仅存在着有的部门"小马拉大车"现象,而且还存在各个部门"九龙治水"情况。出发点都很

好,但不同的部门、不同的任务、不同的要求、不同的考核,"上面千条线,下面一个针眼"使得基层难以招架,进而影响对口帮扶的综合效应。

(3)需要促进对口帮扶的良性互动。在一些地方,有的干部提出了"保护援助方,促进受援方"的意见。在实践工作中,对援助方来说,抽调足额合适干部逐渐成为一项比较艰巨的任务,而过度强调艰苦奋斗、无私奉献对干部的消耗过大;有的受援方确实还存在着目光不长远、养成依赖习惯"等靠要"的现象,投入项目虽然合法合规但效率不高、效果不显著。

(4)需要避免政策的随机性现象。在对口帮扶工作推进中,小到对口帮扶干部的探亲假时间,大到支援地对口帮扶项目的选择等,有时候不免会受到不确定因素的影响。特别是在基层的推进工作中,一些政策的不稳定性、不确定性,都有可能会造成一定的被动局面和工作失序。

(5)需要对帮扶效果进行优化评估。在对口帮扶工作的考核评价指标得分点中,主要是组织领导、人才支援、资金支持、劳务协作、携手奔小康等内容,但是,对于对口帮扶地区产生"造血"功能的实际效果、占用大量时间精力的产业脱贫项目的考评分数占比却不高,说明考评标准需要不断更新修正。

三、对口帮扶工作需要通过立法得以完善

针对对口帮扶工作存在的一些矛盾问题,需要通过全国人大立法予以解决。尽管对口帮扶工作牵涉面广、层次高、分量重、立法难度很大,但通过立法可以加强顶层设计和统筹协调,规定目标、规定动作、规定责任、规定效果,不仅效果好、见效快,而且也有利于固化经验、凝聚共识、指导行动。为此,对口帮扶工作立法需要在九个"注重"方面下好功夫。

(1)注重完善顶层设计和统筹协调。对口帮扶工作立法,要立足长远,充分体现对口帮扶的系统性和艰巨性,推动政府和社会力量共同参与。要强调帮扶主体责任,尽管国家发改委与国务院扶贫办,以及其他部门在工作上有协调,但缺乏深度,应从法律层面解决部门之间、央地之间、政府和社会、企业之间,以及个人的主体责任和边界。

(2)注重全方位理顺工作推进机制。对口帮扶工作立法,要充分体现全国"一盘棋"的理念,科学规划并有效地统筹资源和整合力量。要"保护支援方,促进受援方",立足受援所需,支援所能。要促进各类帮扶规划与当地规划相衔

接,避免各自为政和资金项目不配套。要推进规划先行,完善联席会议机制,做到有章可循、有规可依,不轻易变更。

(3)注重强调精准施策和精准执行。对口帮扶工作立法,要特别强调精准施策,保证政策的正确性、针对性、连续性、可操作性。要特别强调政策传导的一致性,从中央传导到地方,不仅需要有配套措施,而且需要确保"不走样"。要特别强调各个地方的特殊性、时效性,由于对口帮扶地区所处的社会情况不同,要因地施策,精准帮扶。

(4)注重推动援受双方人才和市场互动。对口帮扶工作立法,要建立完善援助方帮扶干部的长效机制,确保帮扶工作派出的数量和质量。要努力弥补受援方的人才短板,注重培养和稳定受援地的人才队伍。要积极引导社会力量广泛参与,鼓励更多人才参与受援地的发展,尤其要构建以就业为导向的产业体系,培养更多合格的技术人才和产业工人。

(5)注重推进统筹协调和职能优化。对口帮扶工作立法,要健全"部门负责纵向垂直管理,委员会、领导小组负责横向协调"的体制机制,改变"纵向实体化、横向虚化"造成的碎片化和资源叠加现状。要解决政出多门、缺乏统筹协调等问题。要将分散于各个部门的对口帮扶资源集中起来,在帮扶规划、资金调集、项目拟定方面步调一致。

(6)注重确保帮扶干部人才各类待遇。对口帮扶工作立法,要短期奖励与长期激励相配套,解决帮扶干部人才因为政府制度安排变化产生不稳定的心理预期。要从法律层面上解决好帮扶干部人才的一些潜在诉求,例如,担心"休不休(假)""提不提(级)"等。要处理好帮扶干部人才实现人生价值和存在实际问题的关系,并且予以固化。

(7)注重教育、医疗卫生和文化兴边。对口帮扶工作立法,要特别强调大兴教育,提高医疗卫生水平,加强文化建设,使得受援地在保留特性的情况下,推进对口帮扶地区人们文化水平的提高、生活习惯的转变、就业技能的提升。

(8)注重保护援助方。对口帮扶工作立法,要界定好对口帮扶的内涵和外延。伴随着对口帮扶的内涵不断丰富,外延也逐渐扩大,从对口帮扶转向全面帮扶。一旦援助方感到力不从心,对口帮扶的质量就会打折扣。因此,需要寻找到合适尺度,从法律上保障援助方在规定动作内不折不扣地完成帮扶任务,通过协商开展规定外帮扶工作。

（9）注重促进受援方。对口帮扶工作立法，要强调对口帮扶"不能包，只能帮"。要强调"助人自助"，通过"扶上马、帮一程"的前期"输血"，赋了其自我"造血"的能力，走上自我发展的快车道。要强调将援助方赋能的性质确定下来，促进受援方，避免"养懒汉"，更要防止出现"等靠要"的现象。

关于制定"个人信息保护法"的建议

随着经济社会发展进入信息化时代，信息的重要性越来越得到彰显，并且成为不可忽视的重要资源。然而，由于这场数据革命来得过于猛烈，以至于人们还没有充分地准备好迎接信息到来的高潮，再加上相应的法律法规还未建立健全，使得个人信息泄露和不当使用等问题日趋严重，进而引发了全社会关于信息安全的担忧。

一、主要问题

1. 个人信息收集过程存在的问题

收集的个人信息一般包括个人的基本信息、网络活动信息、储存的个人信息。许多企业或个人基于商业利用角度，超出使用目的之外而过度收集消费者的个人信息，肆意扩大消费者个人的信息获取授权。并且，在个人不知情或者未充分知情、利用他人的信息保护意识淡薄等情形下，收集个人信息。目前，多数企业或者组织的信息意识不强，未建设完善的安全保障系统，甚至未采取任何技术防范措施，也容易导致信息泄露和不适当使用。

2. 个人信息使用过程中的安全问题

信息的收集者经常对所掌握的个人信息进行二次加工后继续使用，但我国对个人信息的二次开发利用行为缺乏规范，界限模糊，个人信息二次加工使用容易引发侵权纠纷，甚至引起行政责任。同时，信息处理者也会在未经信息主体同意的情况下直接销售或者互相交换双方所掌握的个人信息，以获取利益。而且网络信息中介公司虽然经过授权收集、处理信息，但交易行为往往未经本人同意,甚至通过信息能够清晰识别个人身份。某些组织或个人通过不正当渠道获取个人信息,寻找目标人群进行推销,甚至传销或者电信诈骗。

3. 跨国、跨境信息流动威胁国家安全

随着经济全球化的发展以及改革开放的不断深入,越来越多的跨国企业来到中国,也有许多中国企业走出国门,信息跨国、跨境流动已是常态化,并随着时间的推移,其范围扩大,规模增加,内容亦愈加丰富,给个人、社会、国家和世界皆造成极为深刻的影响。同时,信息的跨国、跨境流动削弱了个人对自身信息的控制,自身合法权益也难以维护。而且,无数个人的信息组成国民整体的信息,是国家核心的数据资源之一,该数据资源的流失直接威胁国家主权和国家信息安全。我国在信息收集、处理、分析和储存技术方面与发达国家仍有一定差距,极易导致原始信息流向国外,使我国对发达国家信息类产品产生依赖,影响我国在经贸往来和国际交往中的话语权以及发展自主权。

二、具体建议

个人信息的收集和利用关系到人民的根本利益,关系到国家安全的基础,所以制定一部全面的“个人信息保护法”,可以规范各类主体对个人信息的收集和使用。具体应涉及以下七个方面。

1. 明确个人数据的边界范围

个人隐私与个人信息是交叉关系,隐私权的内容主要包括维护个人的私生活安宁、个人私密不被公开、个人私生活自主决定等;而个人信息权主要是指对个人信息的控制和决定。因此,应清晰地区分个人信息权和隐私权,界定个人信息的内容和范围。建议对个人敏感信息和个人一般信息的区分应当予以保留,并在法律保护上区别对待。个人敏感信息应限定为个人敏感隐私信息,对此应实施高强度保护,限制收集、加工、流动,及时删除。个人一般信息应强化利用,最大限度地发挥促进其商业和公共管理的作用,但也应防止不当使用。此外,个人信息立法的保护主体不是法人和其他非法人组织,而仅包括自然人。法人以及其他非法人组织的信息应由知识产权法和商业秘密等制度规制。

2. 明确相关数据保护执法机构

设立独立的行政执法机构或者明确行政执法机构及其职责。刑事、民事救济手段对个人信息保护都有滞后性和局限性,无法迅速、有效地制止恶意侵权

事件。世界主要国家的个人信息保护体系中,行政监管体制皆发挥着不可替代的作用,如美国联邦贸易委员会、欧盟的数据保护委员会、日本的个人数据保护委员会,韩国也专门设置了纠纷调解委员会等。建议我国也设立独立的行政机关,从而不仅能够监督个人信息保护的全部过程,也可以有效地解决纠纷、维护市场的正常发展。

3. 赋予个人对个人信息的控制权

在信息时代,自然人对个人信息的支配和控制越来越多地表现为对其个人信息的各种利用。因此,在个人数据使用遵循合法、正当和必要的总体原则外,应给予信息主体对个人信息的控制权。个人信息主体的控制权应主要包括对个人信息的使用、修改或删除等权利。控制权是个人信息保护的重要手段之一,既可以保证个人信息的收集获得信息主体的授权,也可以更全面地保证个人信息的安全。

4. 厘清个人信息在民事、刑事、行政范围内的界限

目前,《刑法》已经对危害个人信息活动的行为进行入罪,且规定了较为详细的刑事责任。建议《民法总则》和其他民事规范在规定对自然人信息保护的基础上,进一步明晰侵害个人信息的民事责任,个人信息立法应当予以明确。除此之外,对于不宜入刑的侵害个人信息的行为,应当规定具体、明确的行政责任,由行政机关给予相关企业、负责人行政处罚。

5. 建立个人信息保护官制度

个人信息风险不仅仅产生于收集个人信息之时,而是在与信息有关的全过程中,因此监管制度的建设,既要从行政层面入手,也不能忽视企业自身的作用和重要性。在美国,很多大型公司都设立首席隐私执行官,德国也要求其企业设立数据保护顾问,评估企业的隐私、数据保护政策和执行情况。建议研究推行个人信息保护官制度的可行性,其主要起到内部监管作用,但同时接受相应行政机关的监督。

6. 关注跨国、跨境信息流动

鉴于不同国家的个人信息保护立法存在明显差异,侧重点也有不同,应在《网络安全法》的基础上,重视个人信息的国际流动,与其他国家进行协商和谈判,切实保护我国数据安全。为促进区域间个人信息的流动,应加强我国的信息跨境流动制度与国际框架,加强我国与其他国家相应行政机构的合作。

7. 加强未成年人的信息保护

我国目前青少年网民数量已逾 3 亿,未成年人的成长伴随着网络的发展和时代的前进,网络是未成年人生活的重要内容,其生活方式甚至思想意识都与互联网息息相关。因此,在个人信息保护立法中,针对未成年人心智尚未成熟、缺乏足够的认知能力和控制能力等问题,必须为未成年人提供特殊且全面的保护,防止其信息权益受到侵害。

关于推进落实"一带一路"倡议的建议

2013 年,习近平总书记提出与相关国家和地区共建"一带一路"倡议,引起越来越多的国家热烈响应,共建"一带一路"正在成为我国参与全球开放合作、改善全球经济治理体系、促进全球共同发展繁荣、推动构建人类命运共同体的中国方案。共建"一带一路"倡议发出 5 年来,夯基垒台,立柱架梁,基本完成了总体布局,绘就了一幅"大写意",取得了举世瞩目的成就,同时也发现、积累了一些问题和挑战,需要不断推进完善。为此,提出如下七个方面建议。

一、建议强化"一带一路"倡议的共识

"一带一路"倡议的全面落实,必须认清"一带一路"对国家的政治意义和经济价值,清晰界定国家项目和市场项目及其边界。对执行国家项目的国有企业实行特殊考核机制,鼓励民营企业参与市场项目投资;在对外援助方面,需要厘清无偿援助和有偿援助、无息贷款和有偿贷款,哪些必须计算成本与收益等。针对这些问题,都需要通过各种舆论、传统媒体和新媒体讲深、讲透。

二、建议各地根据资源禀赋找准定位

"一带一路"倡议提出后,全国各地反应积极,纷纷在"一带一路"中寻找各自的定位,如提出了"核心区""起点""结合点""桥头堡"等。这充分说明全国各地都在贯彻落实"一带一路"倡议。但是,由于各地资源禀赋不同、目标任务不

同,以及综合支撑能力不同,各地的定位应该不尽相同。为此,建议中央对各地予以必要的引导,进行统筹谋划,帮助各地准确定位,并且进一步拓宽地方参与"一带一路"倡议的战略视野和有效途径。

三、建议推进"一带一路"倡议的全面落实

由于"一带一路"涉及国家众多、需求众多、情况各异,为此建议:一是抓好重点突破。应该以"一带一路"沿线国家的"节点城市、产业园区、相关项目"为推进策略,予以重点突破。二是抓好重要载体。以全国"1+3+7+1"的自由贸易试验区为载体,建设好若干个服务"一带一路"的"桥头堡"。三是抓好资源释放。在"一带一路"倡议落实中,可以充分利用全国各地与国外建立的一大批的"友城"关系,推进一些合作项目建设。

四、建议海外投资国企民企并驾齐驱

落实"一带一路"倡议,除了国有企业要发挥作用之外,还要充分激发社会组织与民间智慧,创造条件鼓励民营企业和中小企业积极参与落实"一带一路"倡议,如设立各种对象国经贸信息平台、国情和法律咨询平台、投资风险补偿机制等,使得各类企业更好地同心协力服务贡献"一带一路"。同时,也应该根据需要,分别对企业管理人员、员工等进行必要的出国培训和对象国国情、民情和社情教育,使之成为中国形象大使。

五、建议加快同各相关国家签订双边投资保护协定

"一带一路"倡议的落实,涉及我国企业的对外投资,因此,相应的投资保障机制建设很重要。为此,建议国家加快与"一带一路"沿线相关国家的磋商谈判,更多签订双边投资保护协定,从国家层面为经济合作双方给予制度保障,切实营造积极、友好的国际投资与营商环境,从而为中国企业特别是民营企业进入对方国家开展投资经营形成风险保障机制。

六、建议加快建立完善涉及"一带一路"的法律服务

"一带一路"倡议的落实,相应的法律服务应该跟上。为此,一是要发挥政府统一协调职能,构建法律服务集群。如搭建"一带一路"倡议法律问题研究和

交流平台,出台鼓励政策,提升法律服务业水平,推进政府商事服务和专业法律服务融合等。二是要指导我国企业提高接受法律服务的自觉性和主动性。如制定和完善相关的法律法规,关注各类企业对外投资的法律服务工作等。三是我国驻外机构应形成和非政府法律服务体系的互通和互动。如保障我国企业境外投资的安全,维护当事人的合法权益,切实防范融资风险,提供法律调查服务等。

七、建议鼓励沿边重点地区与对方开展经贸合作

我国沿边重点地区可以成为"一带一路"倡议重要的实践区。为此,一是支持条件成熟的边境城市与对方合作建设跨境经济合作区,并且从国家层面给予积极支持。二是对边境地区的国有企业和民营企业给予更加宽松的扶持政策,与相应国家开展经贸合作,创新贸易方式,扩大贸易额,繁荣边境地区经济,实现稳边安边兴边,鼓励他们为构筑经济繁荣、社会稳定的祖国边疆做出贡献。

关于加快构建完善医疗风险分担机制的建议

近年来,我国医疗纠纷升级演化的医疗暴力事件日渐增多,医疗纠纷平均每年有 10 万件左右。2017 年《中国医生生存现状调研报告》对医生压力的调查发现,61.5%的医生认为医患关系是他们最主要的压力来源。医生本身就是高风险职业,发达国家普遍通过法律或强制购买医责险作为从业资格必备条件。防范医疗纠纷必须做到风险处置前置,因而有必要以保险手段,以依法调解、以责定赔的方式,化解医患纠纷、减少医闹现象。

一、我国医疗责任险面临的主要问题

1. 医疗风险保险机制不健全

大部分医疗责任综合保险涵盖了医疗事故责任、医疗过失责任、医疗机构场所责任及医务人员人身伤害责任四部分。而在医疗活动中,医疗意外引起的

纠纷时有发生,却不属于保险赔偿范围。医疗意外是在医疗活动中由于医学科学发展的局限性或由于病人的病情、体质特殊而发生难以预料的不良后果。这些不良后果的发生是不能抗拒或不能预见的原因引起的,医务人员主观上不存在过失。医疗意外发生后,患者和家属会将矛头指向医院,这在很大程度上影响了医院的工作秩序和医务人员的积极性。同时,在保费设定上,保险公司未综合考虑风险因素种类及其强度,而不同工作年限、职称、不同科室的医师的医责险购买意愿有明显差异,外科、妇产科、重症医学科购买愿意高于其他科室,面临风险越大,对保险的需求也越大,反之则越少。

2. 供需双方积极性不高

以上海为例,近年来出现医院投保率下降和保险公司积极性不高等情况。调查发现,超过一半以上的三级医院不愿投保,七成以上样本医院认为医责险的保费设置与保费调整缺乏依据,且理赔措施烦琐,服务亟待提高,大多数三级医院在这方面的不满尤为明显。同时,每年的保险总额与实际支付纠纷赔偿额相差甚远,相当数量纠纷赔偿仍由医院自己支付。而大医院有足够的能力承担风险,从而降低了其投保的积极性。目前,国内的医责险以商业运作为主,由于医疗行业的高风险、高技术性,出现医疗差错或意外无法避免。当赔付率达到70%～80%时,该险种即处于亏损边缘。赔付率过低,医疗机构不愿投保,但赔付率过高,保险公司会亏本。

3. 未发挥调赔结合作用

因医疗的专业性很强,医疗事故的判断又十分复杂,一些保险公司不愿过多介入,只愿负责纠纷定性后的赔款,不愿参与纠纷的调查、定性、协商等过程,医院和医生仍需承担整个过程带来的巨大压力,未享受到风险分担服务。尽管目前全国大部分地区都建立了医疗纠纷人民调解机制和医疗责任保险机制,但调赔结合尚未真正发挥作用。

4. 多点执业存在风险盲区

近年来,国家一直不断放宽政策,鼓励和支持医生多点执业,全国目前已有11万名医师进行了多机构执业,促进了不同医疗机构之间的人才横向和纵向交流,使基层医疗机构可分享优秀医生资源,有助于解决看病难、看病贵问题。但受聘医师在其他执业地点一旦发生医疗纠纷或事故,其法律责任往往由合作的医疗机构承担,增加了基层医疗机构的风险和负担。对于多点执业的新政策,相关医疗责任险和医疗意外险的购买还不完善,存在风险盲区。

二、关于医疗风险分担机制的几点建议

1. 政府搭建平台

医责险在初期发展阶段需要采取强制手段。而在运行一定时间后应以需求为导向,从强制到自觉、自愿,政府以平台建设为主,发挥引导、服务及监督功能,改善医责险供需双方信息不对称等问题,积极打造诸如医疗纠纷报告系统、保险资源信息平台等载体,探索以需求为导向的医责险多元化模式。条件成熟时,可通过立法的形式建立医疗意外风险分担和赔偿机制,从而调节医院、患者及医生等多方面的关系,化解医疗纠纷,促进医疗秩序和医学事业的健康发展。

2. 明确医责险的公益性质

改革现行的纯商业运作模式,将医责险和医疗意外险定位为公益性保险产品,承担一定的社会责任。对于多点执业的医师,建议以个人作为投保主体,可借鉴汽车交强险,对于高风险的科室如外科、妇产科、急诊科等建议实行强制保险;对于难以预料的医疗意外,如麻醉意外、手术意外和输血意外等,医务人员主观上不存在过失,但发生率却高于航空、铁路、海运等意外事件,可像航空意外险一样强制购买。根据我国的现状,医疗意外险宜采用低保费、低补偿、广覆盖的办法,保费可由医疗机构、政府、患者共同承担,鼓励并推行医疗风险共同分担的机制。

3. 引入竞争机制

打破医责险承保机构行业垄断,符合条件的保险机构均可申请,通过准入程序的机构可在全国范围内开展此项业务,同时,建立退出和黑名单制度,一些被投诉较多或因亏损不愿意再从事此项业务的机构可退出,从而打破目前仅由少数保险机构承保的格局,促进行业内有序竞争。此外,鼓励保险机构设计丰富多样的医责险产品,如可以病种为对象设计,类似医保的 DRG 付费机制;也可以根据医院救治疾病的风险综合评级来设计,类似风险投资中贷款额度审批。同时可引入补充保险,对于风险特别高的科室或手术可设置补充保险。

4. 简化理赔流程

建议在常规理赔中开辟快速理赔通道,如 1 万元以下赔偿保险公司免赔(由医院支付)的方式;理赔标的小于 5 万元的,只要医院与患者达成和解共识,

就可先行支付赔付额 50％给患方,剩余部分待鉴定结果出来后多退少补(退回部分由医院承担)。医院从快速解决纠纷的角度考虑,这也属于能承受范围。

5. 风险多主体分担

目前,我国医责险的缴费主体是医疗机构,但卫生事业是社会公益性事业,由此带来的风险也应实行多主体共同分担,即医疗机构、医务人员及政府共同承担。例如,深圳市医责险保费由医疗机构固定保费和医务人员个人风险储金两部分组成,有利于激励医务人员提高风险预警意识,这类模式也可以加以推广。同时,政府可通过用税收所得缴纳部分保费等形式来制定相关险种税收优惠,以减轻保险公司的运营压力。

6. 加强纠纷处理

转移纠纷处理工作是购买医责险的另一大需求,许多国家的医责险都有纠纷处理环节,既满足了投保人的需求,又反映出医责险功能的整体发展趋势。建议由保险公司和权威医疗机构联合组建医疗事故责任保险处理中心,主持医患双方就纠纷造成的事故结果进行认定、协商,协商一致后保险公司即进行理赔。如双方仍旧存在争议,可转而申请医疗事故技术鉴定或提起民事诉讼,此时医疗机构方则可由处理中心代理参加。

第十三章
第十三届全国人民代表大会第三次全体会议

（2020 年）

关于修改《中华人民共和国动物防疫法》的议案

★ **案由**

　　1998 年 1 月 1 日起施行的《中华人民共和国动物防疫法》（简称《动物防疫法》），为加强对动物防疫活动的管理，预防、控制和扑灭动物疫病，促进养殖业发展，保护人体健康，维护公共卫生安全起到了重要的法律保障作用。之后，2007 年 8 月 30 日第十届全国人民代表大会常务委员会第二十九次会议进行了修订，自 2008 年 1 月 1 日起施行。2013 年 6 月 29 日第十二届全国人民代表大会常务委员会第三次会议通过，又对《动物防疫法》做出了修改。但是，随着我国经济社会发展形势的变化，以及新冠肺炎疫情的影响，目前施行的《动物防疫法》的一些条款需要进行必要的修改，并且需要补充相关的条文。

★ **案据**

　　随着我国经济社会的不断发展，动物防疫已经成为保护人体健康、维护公共卫生安全的一个重要途径。同时，随着我国动物防疫实践的不断推进，现行的《动物防疫法》需要通过修改才能适应动物防疫实践的发展变化。同时，我国在经过了几十年来动物防疫实践的经验积累，各地动物防疫机构的不断探索，以及最近全国人大对野生动物保护法的修改，因此，对现行的《动物防疫法》的修改时机日臻成熟。

★ 方案

一、修改条文部分

第一条　为了加强对动物防疫活动的管理,预防、控制和扑灭动物疫病,促进养殖业发展,保护人体健康,维护公共卫生安全,制定本法。

建议修改为:为了加强对动物防疫活动的管理,预防、控制和扑灭动物疫病,风险防控动物作为中间宿主携带病原体,防止因捕食野生动物危害个人生命及公共卫生安全,促进养殖业发展,保护人体健康,维护公共卫生安全,制定本法。

修改理由:扩大《动物防疫法》的适用范围。强化应对公共卫生风险上的缺陷与不足,落实"保护人体健康,维护公共卫生安全"的立法目的,随着生物安全法立法提上议程,《动物防疫法》的立法目的中也应当加入对生物安全的维持和保护的内容。需要扩大《动物防疫法》的适用范围,填补"动物作为中间宿主携带病原体造成人类传染病"的漏洞,使其规制范围全面覆盖动物疫病及可能引发的人类传染病。

第三条　本法所称动物,是指家畜家禽和人工饲养、合法捕获的其他动物。

本法所称动物疫病,是指动物传染病、寄生虫病。

本法所称动物防疫,是指动物疫病的预防、控制、扑灭和动物、动物产品的检疫。

建议修改为:本法所称动物,是指家畜家禽和人工饲养、合法捕获的其他动物以及陆生野生动物。

本法所称动物疫病,是指动物传染病、寄生虫病,包含感染人的动物传染病。

本法所称动物防疫,是指动物疫病和动物病毒传染给人的预防、控制、扑灭和动物、动物产品的检疫。

修改理由:原条文中使用的是合法捕获的其他动物,其中包括了陆生野生动物,但随着陆生野生动物保护力度的上升,陆生野生动物的范围也将扩大,所以从《动物防疫法》的目的来看,陆生野生动物不应包括在合法捕获的其他动物中,而应当另分一类。吸取非典和新冠肺炎的教训,增加动物病毒对人的感染。

第四条　根据动物疫病对养殖业生产和人体健康的危害程度,本法规定管理的动物疫病分为下列三类:

建议修改为:根据动物疫病对养殖业生产和人体健康的危害程度,为了维护公共卫生安全,本法规定管理的动物疫病分为下列三类:

修改理由:因本法第一条规定,本法的立法目的包括"促进养殖业发展,保护人体健康,维护公共卫生安全",而本条却抛开对公共卫生领域影响不谈,属于以偏概全,未达到体系的一致性。

第六条　县级以上人民政府应当加强对动物防疫工作的统一领导,加强基层动物防疫队伍建设,建立健全动物防疫体系,制定并组织实施动物疫病防治规划。

建议修改为:县级以上人民政府应当加强对动物防疫工作的统一领导,负责基层动物防疫队伍建设,建立健全动物防疫体系,制定并组织实施动物疫病防治规划。

修改理由:更有利于落实责任主体,加强"动物防疫队伍"以及"防疫体系"建设的可操作性。

第八条　县级以上地方人民政府设立的动物卫生监督机构依照本法规定,负责动物、动物产品的检疫工作和其他有关动物防疫的监督管理执法工作。

建议修改为:乡镇畜牧兽医站和县级以上地方人民政府设立的动物卫生监督机构依照本法规定,负责动物、动物产品的检疫防疫工作和其他有关动物卫生的监督管理执法工作。

修改理由:①动物卫生监督机构由县级以上地方人民政府设立,归口管理于兽医行政管理机构,一般分为省、市、县三级,包括乡镇畜牧兽医站。在现行的法律体系中,县级动物卫生监督所被赋予了检疫及检疫监督的权力,但在实际工作中,县动物卫生监督所不可能承担如此涉及广泛的重任,故各地将乡镇畜牧兽医站的工作人员补充为官方兽医,承担具体检疫工作。但乡镇畜牧兽医站却没有被法律赋予执法权,乡镇畜牧兽医站的工作人员发现动物防疫的违法行为后只能上报县动物卫生监督所,等待其来执法。②动物防疫工作既包括动物疾病的预防、控制和扑灭,也包括动物及动物产品的检疫,此处"检疫工作"单列,看似突出检疫工作的重要性,实则会导致执法过程中监督部门忽视其在疾病预防、控制和扑灭方面的监督作用,怠于履行监督职能。③本法第一条规定了制定本法之目的包括"维护公共卫生安全",因此监督部门的监督职能应涉及动物卫生领域,而不局限于动物防疫。

第十五条 ……动物疫病预防控制机构应当按照国务院兽医主管部门的规定,对动物疫病的发生、流行等情况进行监测;从事动物饲养、屠宰、经营、隔离、运输以及动物产品生产、经营、加工、贮藏等活动的单位和个人不得拒绝或者阻碍。

建议修改为:……从事动物饲养、屠宰、经营、隔离、运输以及动物产品生产、经营、加工、贮藏等活动的单位和个人应当积极配合,对于拒绝或者阻碍的,应当给予处罚。

修改理由:该条规定了动物疫病预防控制机构实施监测的职责和管理相对人的义务,最后一句其本意是保证动物疫病监测顺利进行,但仅限于不拒绝或不阻碍是不够的。

第二十条 兴办动物饲养场(养殖小区)和隔离场所、动物屠宰加工场所,以及动物和动物产品无害化处理场所,应当向县级以上地方人民政府兽医主管部门提出申请,并附具相关材料。受理申请的兽医主管部门应当依照本法和《行政许可法》的规定进行审查。经审查合格的,发给动物防疫条件合格证;不合格的,应当通知申请人并说明理由。需要办理工商登记的,申请人凭动物防疫条件合格证向工商行政管理部门申请办理登记注册手续。

建议修改为:兴办动物饲养场(养殖小区)和隔离场所、动物屠宰加工场所,以及动物和动物产品无害化处理场所,应当向县级以上地方人民政府兽医主管部门提出申请,并附具相关材料。受理期限为 20 个工作日。受理申请的兽医主管部门应当依照本法和《行政许可法》的规定进行审查。经审查合格的,发给动物防疫条件合格证;不合格的,应当通知申请人并说明理由。需要办理工商登记的,申请人凭动物防疫条件合格证向工商行政管理部门申请办理登记注册手续。

修改理由:第二十条第一款参照《行政许可法》第 42 条规定,"行政许可机关应当自受理行政许可申请之日起 20 个工作日内作出行政许可决定,20 个工作日内不能做出决定的,经本行政机关负责人批准,可以延长 10 个工作日,并将延长期限的理由告知申请人"。同样,县级以上人民政府及监督管理部门接到申请都应在一定期限内回复,这有利于提高动物防疫工作的效能。

第二十五条　禁止屠宰、经营、运输下列动物和生产、经营、加工、贮藏、运输下列动物产品：

（1）封锁疫区内与所发生动物疫病有关的；

（2）疫区内易感染的；

（3）依法应当检疫而未经检疫或者检疫不合格的；

（4）染疫或者疑似染疫的；

（5）病死或者死因不明的；

（6）其他不符合国务院兽医主管部门有关动物防疫规定的。

建议修改为：禁止屠宰、经营、运输下列动物和生产、经营、加工、贮藏、运输下列动物产品：

……

（6）非科研、展示用途的野生动物及其动物产品；

（7）其他不符合国务院兽医主管部门有关动物防疫规定的。

修改理由：为了保障国家的生物安全，避免疫情的发生，非科研、展示用途的野生动物的屠宰和交易也应当禁止，此条的补充也是为了与《生物安全法》相呼应。

第二十六条　从事动物疫情监测、检验检疫、疫病研究与诊疗以及动物饲养、屠宰、经营、隔离、运输等活动的单位和个人，发现动物染疫或者疑似染疫的，应当立即向当地兽医主管部门、动物卫生监督机构或者动物疫病预防控制机构报告，并采取隔离等控制措施，防止动物疫情扩散。其他单位和个人发现动物染疫或者疑似染疫的，应当及时报告。

建议修改为：从事动物疫情监测、检验检疫、疫病研究与诊疗以及动物饲养、屠宰、经营、隔离、运输等活动的单位和个人，发现动物染疫或者疑似染疫的，应当立即向当地兽医主管部门、动物卫生监督机构或者动物疫病预防控制机构报告，并采取隔离等控制措施，防止动物疫情扩散。其他单位和个人发现动物染疫或者疑似染疫的，应当及时报告。发现动物传染病疑似传染人的，应当在 24 小时内上报到指定的动物疫情防控机构，同时对疑似染病的个人和染病动物密切接触的个人采取隔离措施。

修改理由：前后呼应，提升针对动物病毒传染人等情形发生后的报告及相应紧急措施的级别和力度。

第四十一条 官方兽医应当具备规定的资格条件,取得国务院兽医主管部门颁发的资格证书,具体办法由国务院兽医主管部门会同国务院人事行政部门制定。本法所称官方兽医,是指具备规定的资格条件并经兽医主管部门任命的,负责出具检疫等证明的国家兽医工作人员。

建议修改为:官方兽医应当具备规定的资格条件,取得国务院兽医主管部门颁发的资格证书,具体办法由国务院兽医主管部门会同国务院人事行政部门制定。国务院兽医主管部门,依法组织开展官方兽医资格确认工作,官方兽医人员名单报我部备案,纳入全国官方兽医统一管理。

修改理由:要进一步加强官方兽医队伍建设,强化相关法律、技能等培训和职业道德教育,全面提升动物检疫执法业务水平。

第四十三条 屠宰、经营、运输以及参加展览、演出和比赛的动物,应当附有检疫证明;经营和运输的动物产品,应当附有检疫证明、检疫标志。

对前款规定的动物、动物产品,动物卫生监督机构可以查验检疫证明、检疫标志,进行监督抽查,但不得重复检疫收费。

修改为:屠宰、经营、运输以及参加展览、演出和比赛的动物,应当附有检疫证明;经营和运输的动物产品,应当附有检疫证明、检疫标志和运输工具消毒证明供动物卫生监督机构查验。

修改理由:该条共两款,前后两款都提到了"检疫证明、检疫标志",但是都没有提到"运载工具消毒证明",出于卫生安全的考虑建议加上"运载工具消毒证明"。第二款是"对前款规定的动物、动物产品,动物卫生监督机构可以查验检疫证明、检疫标志,进行监督抽查,但不得重复检疫收费"。与第五十八条、第六十条内容重复,建议删除。

第四十七条 人工捕获的可能传播动物疫病的野生动物,应当报经捕获地动物卫生监督机构检疫,经检疫合格的,方可饲养、经营和运输。

建议修改为:人工捕获的可能传播动物疫病的野生动物,应当报经捕获地动物卫生监督机构检疫,建立发现不明原因受伤、病危、死亡的野生动物及时向林业和农业管理部门报告制度,禁止私自抓捕、食用或出售行为,经检疫合格的,方可饲养、经营和运输。对不属于《生物安全法》中所列饲养动物名录的野生动物和其他动物,即使检疫合格,也不应允许个人饲养。

修改理由:①建立严格的监管机制和问责机制,建立发现不明原因受伤、病危、死亡的野生动物及时向林业和农业管理部门报告制度,建立动物检疫利用许可证和上报制度,定期发布高风险传染病生物源名单。②为确保生物安全,应避免人与野生动物过多接触,禁止野生动物交易。法律之间在相同的问题上应当做到内部自洽。

第五十一条　设立从事动物诊疗活动的机构,应当向县级以上地方人民政府兽医主管部门申请动物诊疗许可证。受理申请的兽医主管部门应当依照本法和《行政许可法》的规定进行审查。经审查合格的,发给动物诊疗许可证;不合格的,应当通知申请人并说明理由。申请人凭动物诊疗许可证向工商行政管理部门申请办理登记注册手续,取得营业执照后,方可从事动物诊疗活动。

建议修改为:设立从事动物诊疗活动的机构,应当向县级以上地方人民政府兽医主管部门申请动物诊疗许可证。受理申请的兽医主管部门应当依照本法和《行政许可法》的规定进行审查。经审查合格的,发给动物诊疗许可证;不合格的,应当通知申请人并说明理由。申请人凭动物诊疗许可证向市场监督管理部门申请办理登记注册手续,取得营业执照后,方可从事动物诊疗活动。动物诊疗许可证由县级以上地方人民政府兽医主管部门和市场监督管理部门合作建立许可资格年审制度。

修改理由:市场监督管理部门是工商行政管理部门的概念更新。为全面贯彻科学发展观,对于动物防疫的相关知识也会不断更新,不断进步,所以,建立许可资格年审制度也是更好地保障动物防疫的与时俱进。

第五十九条　动物卫生监督机构执行监督检查任务,可以采取下列措施,有关单位和个人不得拒绝或者阻碍:

(六)进入有关场所调查取证,查阅、复制与动物防疫有关的资料。

建议增加一款为:(七)对野生动物、野生动物产品及相关物品进行隔离、查封、扣押和处理。

修改理由:对非法屠宰、交易、饲养野生动物的行为,须进行有效措施予以制止。

第六十五条　县级以上人民政府应当储备动物疫情应急处理工作所需的防疫物资。

建议修改为:县级以上人民政府应当储备动物疫情应急处理工作所需的防疫物资,对可临时改造为收容地点的设施及其面积进行登记。

修改理由:对可改造的设施进行登记可确保疫情暴发后能够及时提供足够的空间收治感染者以及处理传染动物,避免感染者未能及时就医导致的扩散。该条的补充是对《生物安全法》的体现。

第六十八条 地方各级人民政府及其工作人员未依照本法规定履行职责的,对直接负责的主管人员和其他直接责任人员依法给予处分。

建议修改为:各乡镇街道和地方各级人民政府及其工作人员未依照本法规定履行职责的,对直接负责的主管人员和其他直接责任人员依法给予处分。

修改理由:落实主体责任,疫情防控取实效。明确各乡镇街道是动物疫病防控工作的第一责任主体,由农业部门牵头抓总任务分解、责任落实等工作;综合行政执法、市场监管、卫生健康、应急管理等相关部门各司其职,形成了"顶层设计、分兵把口、协调配合"的联动工作机制;建立了动物防疫工作双向目标管理责任制。

二、增加条文部分

(1)该法明确设立了许可证制度、官方兽医制度和执业兽医制度,这三项制度是未来我国兽医的总体框架和核心内容。建议将表述该部分内容的文字放在第一章总则里面,并用专条(款)明确提出,这样才符合内容与形式相协调的立法要求。

(2)流浪动物死亡的,须由城市管理部门专业人员穿戴防护用具按照卫生主管部门的规定进行清理。

流浪动物伤人的,须由城市管理部门专业人员进行捕捉并按卫生主管部门规定处理捕获动物,并对伤者伤情进行至少7日的观察,避免流浪动物携带病原体引发动物疫情。

兽医对流浪动物进行收治时,应当按照卫生主管部门规定,穿戴防护用具进行治疗,并对其进行检疫,检疫合格的方可人工饲养。

理由:当前全国各地流浪动物数量日益增加,并且流浪动物的食物来源复杂,可能接触的动物种类较多,所以需要慎重对待流浪动物,以免流浪动物成为人畜共患类传染病病原体的载体后引发生物疫情。建议将上述新增条款置于本法第七章监督管理中。

(3)因可繁殖动物种类变更导致原本合法养殖的个人、组织必须转行的,由检疫主管部门协助其对养殖动物进行扑杀、销毁，并由县级以上人民政府对其进行补偿。具体补偿标准和办法由国务院财政部门会同有关部门制定。

理由：《生物安全法》的修改可能导致部分养殖户养殖的动物不再适合养殖，例如当前部分竹鼠养殖户已经开始销毁其养殖的竹鼠。因此，政府应当协助其更加合理、无隐患地销毁养殖动物并帮助其进行转行。建议将上述新增条款置于本法第八章保障措施中。

关于深入推进长三角生态绿色一体化发展示范区建设的建议

2019 年 5 月 30 日，党中央、国务院印发《长江三角洲区域一体化发展规划纲要》；10 月 30 日，国务院正式批复《长三角生态绿色一体化发展示范区总体方案》；11 月 1 日，两省一市共同召开长三角生态绿色一体化发展示范区建设推进大会，两省一市主要领导共同为一体化示范区、示范区理事会、示范区执委会揭牌。这充分表明，作为实施长三角一体化发展国家战略的先手棋和突破口，示范区进入了密集施工的新阶段。

在很短时间内，示范区围绕规划管理、生态保护、土地管理、项目管理、要素流动、财税分享、公共服务政策、公共信用八个方面率先展开了一体化制度创新，形成共同行为准则。例如，即将公示的示范区国土空间规划是全国第一个跨省域法定国土空间规划；出台了示范区核准投资项目目录、产业发展指导目录、先行启动区产业准入标准，金融同城化 16 条举措；建立了生态环境标准、环境监测监控体系、环境监管执法的"三统一"制度；两省一市已明确按比例共同出资设立一体化示范区先行启动区财政专项资金，3 年累计不少于 100 亿元。因此，示范区已经走出了一条跨行政区域共建共享、生态文明与经济社会发展相得益彰的新路径，值得期待。

对示范区建设，中央很支持，全国很关注，两省一市很努力，上海市委市政府做出重要部署，社会各界更是寄予厚望。应该说，示范区建设好了，可以夯实长三角一体化发展国家战略，也可以形成一批在长三角乃至全国可复制、可推广的跨区域制度创新的经验。为此,我提出以下五个方面建议。

(1)建议国家把示范区建设纳入"十四五"规划。当前,国家正在制定"十四五"规划,将示范区建设发展纳入其中,能够更好地推动示范区的制度创新和项目建设,也能够更好地强化示范区建设对全国区域协调发展的示范引领作用。同时,支持做好把党的十八大、十九大明确涉及地方的一系列改革事项在示范区"集中落地、率先突破、系统集成"这篇大文章,使得示范区成为长三角乃至全国深化改革和扩大开放的"试验田",跨区域制度创新和政策突破的"样板间"。

(2)建议国家重点支持示范区建设一批重大项目。按照总体方案要求,示范区建设要尽快彰显集聚度和显示度,更好地引领长三角一体化发展。因此,希望国务院有关部门按照职能分工,加强对示范区总体方案实施的协调和指导,在政策实施、体制创新、资源配置、项目审批等方面给予积极指导和支持,尤其对一批跨区域、跨流域的轨道交通、能源、科技、信息,以及生态环境综合治理等重大建设项目,能够纳入"十四五"国家战略布局,帮助协调完善项目推进机制,解决示范区建设中遇到的困难和瓶颈。

(3)建议国家把一些重大科技项目布局在示范区。目前,华为上海研发基地已落户示范区内的青浦金泽,其他科技资源也在加快集聚,因此,应该充分发挥示范区环境优美、交通便利、制度创新的优势,把一些符合生态绿色发展要求的国家重大科技基础设施、国家实验室以及国内外大型企业的研发机构布局在示范区,承担国家重大科研任务,推动科技成果孵化转化,这样,不仅可以极化示范区的平台功能和效应,也可以与张江国家综合科学中心建设东西呼应,比翼双飞。

(4)建议国家支持示范区嵌入绿色发展先行先试的重大功能。示范区的一个使命,是要将生态优势转化为经济社会发展优势,因此,很有必要打造两个重要基地。希望国家相关部门推进生态绿色发展的新科技、新标准、新产业、新业态、新项目、新服务,可以放在示范区试验,成为推动全国绿色发展的示范基地;希望把自贸区扩大开放的一些政策延伸到示范区,或者把示范区直接纳入自贸区试验,因为现在两省一市都有自贸区,尤其要扩大绿色服务贸易开放,如外资独立办学、办医,以及免征商品税、开征环境税、发行绿色债券试点等,成为推动全国绿色开放的创新基地。

（5）建议国家为示范区建设提供有力的法制保障。示范区八个方面的制度创新涉及相关法律法规和政府规章的调整，"理事会＋执委会＋发展公司"的管理体制也涉及与两省一市有关部门、两区一县政府职责权力的划分。因此，建议由全国人大或全国人大授权沪苏浙两省一市人大加快制定"长三角生态绿色一体化发展示范区管理条例"，并且根据需要调整相应的法律法规。当然，也可以由国务院来制定这个管理条例。同时，结合示范区建设推进情况和法制需求，全国人大可以授权两省一市人大常委会开展跨区域的相关立法工作。

关于大力发展直播电商、释放消费潜力的建议

在我国，直播电商新模式起源于 2016 年，当年淘宝直播开通，快手和抖音也分别于 2017 年和 2018 年开始尝试直播电商业务，但直播电商在发展初期流量积累很缓慢。2020 年以来，受新冠肺炎疫情影响以及随后的复工复产复市，直播电商呈现出井喷之势。来自商务部的数据显示，2020 年第一季度电商直播超过 400 万场。

从目前直播电商市场的热度可以预见，2020 年的成交总额超过万亿元是大概率事件。淘宝、京东、抖音、快手、百度等各大平台竞相重金布局直播业态，推出直播扶持计划。应该清醒地认识到，直播电商将直接推动消费增长，带来巨大的销售增量。从需求端看，直播带货能有效刺激消费。一是"人"的因素。直播电商是带有社交属性的，消费者对主播都有程度不同的信任。因此，基于主播的分享或推荐，瞬间产生购买冲动的概率就很高。二是"货"的因素。直播卖的通常是高频且决策门槛低的商品。直播既能很好地展现"物美"的细节，又能凭借在销售成本控制方面的优势做到"价廉"，同时配合"限量""秒杀"等手法的应用，很容易激起消费者的购买欲望。三是"场"的因素。主播在果园里边摘苹果边直播售卖，在厨房里边烧菜边直播卖菜等等全场景体验无疑是直播带货的"大杀招"。这样的体验会使消费者产生亲近感和好奇心，自然就会立马下单"买来吃吃看"。从供给端看，直播电商能优化电商生态，大幅降低小商户进入

市场的成本。"天下苦流量久已"是电商圈流行语。"烧钱圈了流量卖高价"已经成为各大平台盈利的不二法则。商户间的竞争核心不再是产品与服务的比拼,而是对流量的争夺。一方面,没有流量就没有客户,再好的产品也卖不出去。另一方面,消费者看到的是满屏的推送,消费者找不到好产品,购买欲望也被抑制。直播电商的私域流量尽管目前还不足以挑战平台公域流量的霸主地位,但鲶鱼效应却有助于改变整个电商生态。更为重要的是,大量原先买不起流量的小商户通过转型直播电商加入了市场竞争,用好产品高性价比获客,以口碑传播社交分享带动私域流量的裂变增长。通过直播带货,大山深处的村民也能把"小木耳"做成"大产业"。

当前,推动线上新型消费发展,实现线上线下相融合,对提振经济动能具有非常重要的意义。随着国外疫情持续扩散,世界经济贸易增长受到严重冲击,必须立足于扩大内需、促进消费以应对外部环境变化、稳定经济增长。为了推动直播电商健康稳定发展,需要政府部门与电商平台共同为直播经济涵养良好生态,并以此为突破口带动更多消费增长。

(1)建立直播电商的自律机制。合规问题是现阶段直播电商的短板,合规问题包括产品合规、销售合规和售后合规等诸多方面。销售规模较小的直播电商因为缺乏必要的人才和资金造成合规能力不足;销售规模较大的职业主播虽有合规能力,但合规动力不足。原因在于职业主播是"带货"而非"卖货",不用承担销售主体的法律责任。因此,政府主管部门、监管部门和直播平台应携手建立直播电商的自律机制。一方面,应该向能力不足的小直播电商提供合规支持;另一方面要制定出台法规规章明确职业主播带货行为的连带责任,强化其合规自律意识。

(2)建立直播带货的监管机制。直播电商是新模式,对直播电商的监管存在很多亟待解决的问题。例如,现行相关法律法规多是针对基于公域流量的传统模式做出的规定,而对基于私域流量的直播电商的监管就存在适用性问题。又如,对直播带货的有效监管手段也非常缺乏。仅2019年"双十一"当天,淘宝上就有十万场直播带货,依靠传统的监管方法肯定无济于事。因此,建议立法机关对法律适用问题尽快做出解释或调整,建议监管部门采用人工智能等新技术开发直播带货的违法违规行为监测系统,从而构建有效的直播带货监管机制。

（3）建立直播消费的选择机制。在消费领域,市场对资源配置起决定性作用的实践方式之一,就是通过消费者的科学理性选择实现产品和企业的优胜劣汰。而直播消费因带有社交属性大多为"认人买货",客观上在直播过程中消费者也没有机会货比三家。因此,建议直播平台要在直播带货前向消费者提供商品真实且可比较的信息,各级消协、消保委钅对直播带货中的高频商品类别开展比较试验,为消费者的科学理性选择提供参考信息。

（4）建立直播经济的公平机制。其一,是职业直播对消费者要公平。例如,有些职业主播打的是 C2B 的旗号,做的是 B2C 的事。一方面以消费者代理人身份推荐商品,另一方面又作为企业代理人收取佣金。其二,是直播平台对直播电商要公平。例如,有的直播平台采用算法推荐取代社交分享,算法的公平性就很关键。其三,是直播电商作为新通路模式与其他通路模式的竞争要公平。应该充分认识到,直播经济的公平机制关乎直播电商行业健康发展,需要理论界和实务界深入研究。

关于提高新能源汽车基础设施覆盖率的建议

近年来,我国一直在不遗余力地推动新能源汽车的发展。2019 年,我国新能源汽车的销量为 120.6 万辆,占汽车总销量 2 576.9 万辆的 4.68％。同时,根据工业和信息化部公布的《新能源汽车产业发展规划(2021—2035 年)》(征求意见稿)提出的目标,到 2025 年新能源汽车新车销量占比要达到 25％左右。可以看出,在发展现实和预期目标之间,仍然相去甚远。

同时,参考罗兰贝格管理咨询公司的消费者调查数据,在不愿购买纯电动汽车的因素中,价格过高、基建不足和续航能力弱为三个主要因素。由于存在补贴等政策的因素,我国消费者对价格顾虑较低,但有高达 73％的消费者表示对基建配套缺乏感到担忧,53％的消费者存在里程焦虑。因此,在目前电池技术还没有产生本质革新的前提下,优先解决新能源汽车的基建配套,大力提高充/换电设施的效率和覆盖率,降低消费者购买时的担忧无疑是有效的手段。

目前,国家已经把新能源汽车充电桩列为新基建七大领域之一,需要大力推进。

(1) 提升充电设施的运营效率和盈利能力,加强大功率充电设施的建设。从乘用车的使用场景来看,若采用大功率充电设备,充电时间和燃油车的加油时间基本相当,相比传统直流快充桩 40～60 千瓦的充电功率,大功率充电桩(以 350 千瓦充电功率计算)对现存大部分电动汽车的充电时间可以控制在 20 分钟以内,几乎可以和燃油车加油的用户体验一致。在服务能力方面,对同样配置电动汽车进行充电,比现有直流快充的效率高 7～8 倍。按照现有充电桩计费方式,大功率充电桩平均每小时的充电服务费是现有的 4～5 倍,对于目前普遍亏损的充电基础设施运营商而言,是迫切需要的。盈利能力的提高可以促进更多的企业进入这一市场,提高充电设施的覆盖率。同时,随着车载电池密度的不断提高,长续航电动汽车对充电时间要求越来越高,大功率充电设备的普及也能满足消费者的基本诉求,提升充电的便利性。

(2) 推动换电设施的建设,建立新能源汽车换电体系,统一换电运营标准。从政府层面来讲,应该协调整车企业、电池制造商制定统一的电池模块的尺寸、接口、布置方式,推动电池产品采用统一的性能标准。在电动汽车换电执行方面,应该采用统一的标准化操作,对各类换电站(含厂商自建、第三方独立换电站等)的建设标准进行统一要求,对电池的存储、充电、配送等服务环节,充分利用大数据、云计算、车联网等技术手段,做到资源统筹、合理分配,打通端到端高效服务能力。

(3) 推进新能源汽车相关法律法规的出台,明确新模式下的安全要求及责任界定。在充/换电模式下,除传统车企、能源企业、消费者之外,电池制造商和充电运营商也会成为新的参与方,为了确保各方权益及安全,需要厘清车辆制造商、电池生产商及换电站的维护保养职责,对于新能源汽车充/换电设备,可以通过法规要求按照"谁拥有谁投保"的原则强制购买安全责任保险,出现安全问题有明确的规则进行界定、评判和赔偿,做到有法可依,打消企业和消费者安全方面的担忧。

(4) 持续提供新能源汽车基础设施补贴,涵盖充电及换电设施。为了解决充/换电站运营成本居高不下的难题,除了目前已经提供的优惠性电价之外,还可以按照投资总额或投资额进行补贴,可以按照充电桩充电功率给予补贴,可以对充电桩进行定额补贴。同时,建议采用在建设补贴的基础上叠加运营补贴等方式,鼓励民营资本进入新能源汽车充电桩建设领域,进行持续性的投入。同时,对于采用换电模式的基础设施建设,需要进一步明确汽车生产商、电池制造商的相应补贴政策。

（5）普及新能源汽车的认知,加大舆论宣传力度。在我国,一、二线城市由于有限牌限号等政策,消费者和基层单位对丁新能源汽车的使用认知较为成熟,在新能源汽车充电设施使用和维护方面会做充分的了解和准备。而在低层级城市（四线或以下）,新能源汽车市场还处于萌芽阶段,大部分消费者和基层单位对新能源汽车了解较少,并且有不切合实际的期望。充电基础设施的建设在基层往往会碰到阻力,各地政府、街道办事处和居委会需要加强舆论宣传,采取多种形式进行宣传,让广大居民和物业企业了解政策要求;对于不配合或者阻挠充电基础设施建设的单位或者个人,及阻碍充电基础设施建设的行为要予以曝光,营造有利发展的舆论氛围。

关于"创新打造世界顶尖科学家社区
探索体制机制创新高地"的建议

由世界顶尖科学家协会发起的世界顶尖科学家论坛已连续在上海举办两届,2019 年 10 月 29 日,国家主席习近平向第二届世界顶尖科学家论坛致贺信强调"中国将以更加开放的态度加强国际科技交流,依托世界顶尖科学家论坛等平台,推动中外科学家思想智慧和研究成果转化为经济社会发展的强大动力"。两届论坛的成功举办,为海内外科学家搭建了科学创新交流与合作平台,增进了海外科学家对新时代开放的中国的认识,为落地上海自贸区临港新片区的世界顶尖科学家社区做了充分准备。世界顶尖科学家们认为,科学天平东移、欧洲创新中国转化、民间科技力量促动科学交流,科学力量将是人类命运共同体未来的决定性因素,是引领人类命运共同体发展的策源力量。

世界顶尖科学家社区的规划建设,不仅服务于上海建设具有全球影响力的科创中心的目标定位,也是实现我国建设世界科技强国目标的创新探索。其中,科学家社区这个特殊的国际科学试验区需要突破以往的产业园区、科学城的概念,要有更高的国家战略部署。

一、科学家社区的特殊价值

1. 特殊时期:人类命运休戚与共的国际局势与基础科学发展国内迫切需求的共同选择

当前,新冠肺炎疫情全球暴发,国际形势出现对立与合作并存,重大传染性疾病疫情等非传统安全威胁的持续蔓延与加速扩散呼吁国家能力进一步提升。我国在很多高技术领域仍然存在受制于人的短板和卡脖子的地方,此次新冠肺炎疫情应对在体现中国强大的制度优势的同时,也暴露了公共卫生管理能力不均衡的短板。以科学家为核心,以领先未来 20 年的科技战略力量、储备人类未来 50 年科学资源的科学家社区会在融合国内外科学资源方面发挥重要作用。

2. 特定领域:"卡脖子"关键核心技术与颠覆式创新的战略性、引领性、策源性的基础科研创新综合体

科学家社区积极承接科学研究交叉学科、跨学科式创新规律,充分融合生命、化学、物理、数学、信息等基础学科独立建设、共生发展的特点,引进并建设顶尖科学家个人实验室、联合实验室。尤其是即将落地的牛津大学糖生物学实验室,该实验室是世界首个,也是目前唯一一个系统研究糖生物学的机构。此外,积极沟通的抗体与免疫化学、分子结构编码、分子干扰性组建聚集、14T 核磁共振、海洋生物筛选平台等实验室项目都可视为新时代的"两弹一星"项目,将使国家工业、生命、材料、安全能力得到有效提升。

3. 特殊人群:以顶尖科学家等为核心的科学家、科学组织整建制的支撑

顶尖科学奖项有所谓的"朋友圈"现象,每引进一个顶尖科学家可带来 10 个青年科学家、100 个博士研究人员、1 000 个研究生与技术人员等,形成坚实的科学团队。顶尖科学家也与全球顶尖科学机构建立了稳定的科学网络,世界顶尖科学家协会 142 位科学家会员覆盖了贝尔实验室、斯克里普斯研究所、英国剑桥大学 MRC 实验室、德国马克斯·普朗克研究所等 80 所顶尖创新实验室和研究机构,美国科学促进会、英国皇家学会、法兰西学院、日本理化所等 99 所顶尖国际科学组织和机构。

4. 特别体制：与自贸区临港新片区国家战略同频共振，成为科学创新样板与最佳实践区

习近平总书记在上海考察时对临港新片区提出了"五个重要"的要求，事实上明确了临港新片区未来将着力打造的五大功能，尤其是加快接轨国际通行规则、增强国际对话能力、打造良好的国际对话环境的国际创新协同区。科学家社区在临港新片区将依托体制创新形成对顶尖科学家等国际科学力量的吸附力，通过联合业界发起科学社区理事会作为科学社区业界共治的平台，给予国际科学家更安心的研究、生活和工作环境。

5. 特别架构：设计符合科学创新与发展规律的社区管理架构

世界顶尖科学家社区具有高度涉外性、制度的创新性、项目的系统性、规划的前瞻性，是目前国内绝无仅有的特殊战略策源项目，需要进行完整的架构设计，世界顶尖科学家论坛、世界顶尖科学家协会、世界顶尖科学家科学新基建专项基金等专项探索，都需要得到国家的支持。

二、创新科学家社区体制机制高地建设

1. 促进思想智慧转移转化的体制机制创新

创建世界顶尖科学院，支持各国顶尖科学家开展区域或全球经济社会发展重大科学技术问题研判，健全智慧转化体制；强化高端智库的决策支撑机制，建设科研合作联盟、技术创新联盟、成果转化联盟等合作体制，健全思想智慧成果转移转化渠道；建立基于区块链技术的国际互联网数据传输专用通道，探索国际互联网科研数据离岸自由接入机制，打造超智能的科学家智慧社区，探索国际智慧数据互联互通机制；强化上海离岸创新中心税务、财政、贸易、法治等优惠政策，健全顶尖科学家论坛运作机制。

2. 推动基础科学发展的体制机制创新

创新实验室人才培养和项目管理体制机制，包括赋予社区科研方向自主决策权、人才目录推荐权、职称职位自主评定权、创新团队组建权、项目经费管理权、国际联合实验室成果收益的自主支配权等；成立"顶尖科学家全球咨询委员会"，推动形成业界共治、开放包容的科学创新生态。

3. 倡导国际合作的体制机制创新

发起面向公共卫生的国际科技创新合作倡议，比如发起专门针对病毒药物

及疫苗研发的国际科技创新合作倡议,与上海张江科学城、中科院共同组织实施重大国际合作项目;在社区内接受资助的科研项目须按照国际或国内标准参与研究数据开放获取,制定数据标准、架构、回馈机制等,打造基础科研数据开放获取云平台;建设知识产权运营中心,搭建集专利、商标、版权交易于一体的"前沿产业+知识产权"交易平台,打造符合科研规律的知识产权社区服务。

4. 扶持青年成长的体制机制创新

用好世界顶尖科学家论坛平台,搭建顶尖科学家导师制,开展全球招聘与多元招聘,建立引才与引智相结合的用人机制;建立市场化、规范化的薪酬体系,提供与国际接轨的薪酬机制与支持基金,完善人才激励保障和资助制度;优化人才引进服务保障和科研管理制度。

5. 促进研究成果转化体制机制创新

围绕"基础前沿研究—应用研发—转移转化"研发链,部署"科技创新—商业模式创新—制度创新"创新链,完善"科技政策—产业政策—金融政策—财税政策"政策链,构建"三链协同"的研究成果转化新体制;面向国家重大需求和经济社会发展主战场选题,增强将经济社会发展需求转化为科技选题的能力,增强科技选题对经济社会紧迫问题的快速响应能力;构建"平台融通"的研究成果转化新机制;探索离岸创新、人才"飞地"机制。

6. 创新财税金融政策,争做"特区改革试验田"

加大非营利研发机构税收优惠力度,比如允许非营利研发机构"相关经营所得"免税。非营利研发机构取得免税资格,其捐赠者就可享受捐赠资金的税前扣除优惠,即免于捐赠资格认定,对非营利研发机构捐赠的企业,税前扣除比例提高至 20%,个人扣除比例提高至 50%,允许免征房产税和土地增值税等财产税等;创新慈善资金与捐赠支持模式,吸引科学捐赠,并探索与捐赠者的多种合作方式,完善科学捐赠及非营利研发机构的税收激励政策,对科学捐赠加大税前扣除优惠。

第十四章
第十三届全国人民代表大会第四次会议

（2021 年）

关于加快平台经济反垄断立法执法、促进平台经济健康发展的建议

2020 年 12 月 11 日，中共中央政治局会议首次提出要"强化反垄断和防止资本无序扩张"。这一重要论断，是对我国数字经济发展 20 年来形成的各种各样垄断行为恰如其分的诊断与对策回应。2021 年 1 月，中共中央办公厅、国务院办公厅印发了《建设高标准市场体系行动方案》，重申要加强和改进反垄断与反不正当竞争执法。

目前我国互联网领域的垄断和不正当竞争行为主要表现在：电商平台强迫商家"二选一"、社交平台屏蔽封禁用户链接、在线订票或打车平台涉嫌针对消费者进行价格大数据杀熟、拒绝 API 平等开放以垄断数据、针对在线音乐游戏文学等内容领域独家版权授权以垄断知识产权，以及头部平台大量杀手并购中小互联网公司、抑制创新等，这类行为都直接侵犯了中小企业商家和最终消费者的合法权益和利益，破坏了数字市场正常的竞争秩序。

针对上述垄断行为，国家市场监督管理总局于 2020 年 11 月发布了《关于平台经济领域的反垄断指南（征求意见稿）》，以更好解决数字经济面临的垄断问题，促进平台经济和互联网产业创新发展。但是，这一反垄断指南仍属于指导性的文件，强化互联网领域的反垄断立法执法依然是下一步互联网监管领域的重点，因此，提出如下四个方面的建议。

一是落实中央政策，树立更多执法个案，以强化我国互联网领域的反垄断执法力度。2020 年，全球主要国家和地区均强化了对互联网平台的反垄断监

管力度。建议我国反垄断执法机构依法审查互联网领域的经营者,防范其通过并购导致市场过度集中,抬高进入壁垒,抑制创新。严厉查处上述电商平台"二选一"、社交平台链接封禁、购票平台大数据杀熟以及数据垄断等滥用市场支配地位和垄断协议行为,通过树立互联网领域的典型案例来打击和抑制互联网领域的恶性竞争和垄断行为。鼓励互联网企业开展创新竞争,让平台经济真正服务于中小企业合法权益和消费者福利。

二是在《反垄断法》修订中增加更多数字经济领域的法律条款内容,增加超级平台的新型基础设施地位条款,赋予其公平合理无歧视的平台义务。2020年12月,欧盟推出了《数字市场法(草案)》,以引入提供核心平台服务的平台中间人角色,并明确规定其公平合理无歧视的平台义务。建议我国在具体制度上可以借鉴这一条款,以更好地促进平台经济健康创新发展。

三是落地更多数字平台领域反垄断具体操作层面的规范文件,更快更好地发挥《关于平台经济领域的反垄断指南(征求意见稿)》的指引作用,填补数字经济反垄断方面的规制空白。反垄断执法机构需要通过制定具体操作层面的规范文件,指引电商平台"二选一"、社交平台拒绝交易等个案的执法和司法,一方面威慑数字经济领域的垄断行为,使得寡头垄断平台不敢实施上述垄断行为;另一方面,也通过具体操作层面的指导文件为企业合规提供指引,以更好地保护中小企业和消费者的合法权益。

四是扩大并强化反垄断执法队伍建设,保证反垄断执法队伍的人力充足。针对互联网反垄断执法力量较弱问题,建议在市场监督管理部门增加执法人员的数量,有条件的可以建立专业执法队伍。目前,在世界上的一些主要国家和地区,反垄断执法人员少则500人,多则上千人,如美国联邦贸易委员会和司法部专职从事反垄断工作的执法人员、法学家和经济学家达2000多人,欧盟也有近千人专职从事反垄断执法工作。此外,在适当的时机,建议可以考虑评估引入检察机关反垄断公益诉讼制度。

关于保障重要数据跨境流动的建议

随着全球数字经济的发展,数据跨境流动成为推动国际贸易中货物、服务、人员、资金流动不可或缺的部分,并且在促进经济增长、提升创新能力、推动全球化等方面发挥着积极作用。但是,数据跨境流动的发展趋势也触发了各国对个人隐私、国家安全和经济前途的风险担忧,数据跨境流动成为全球数字政策发展和博弈的焦点。

一、数据跨境流动的风险

1. 数据跨境流动引发数据安全风险

数据安全风险主要表现在数据的传输、存储和应用三个环节。传输上,数据跨境过程环节多、路径广、溯源难,传输过程可能被中断,数据面临被截获、篡改、伪造等风险;存储上,受限于数据跨域存储当地的防护水平等因素,容易出现数据泄露等问题;应用上,跨境数据的承载介质多样、呈现形态各异、应用广泛,数据所在国政策和法律存在差异,甚至冲突,导致数据所有者和使用者权限模糊,数据应用开发存在数据被滥用和数据合规等风险。

2. 数据不受限制流出影响本国数字产业发展

越来越多的互联网企业对海量、实时、异构的数据资源进行开发利用并取得巨大商业成功。同时,数据是国家重要的战略资源,如何积累数据、精炼数据以及加工和管控数据,将成为决定国家经济命脉的重要因素。对于许多数字产业能力不强的国家来说,放任数据不受限制地流向境外,可能损害本国企业开发利用数据资源的发展机会,影响本国数字产业和数字经济竞争力的提升,损害本国产业利益。

3. 数据跨境流动阻碍政府实施执法权

数据跨境使得大量数据流向境外,本国执法机关提取有价值的证据需要耗费较多的时间和人力资源,高效甄别数据价值的挑战较大。在跨境数据取证的合作过程中,执法活动会受到预防能力或补救能力不足的实际阻碍,使得域外取证处于被动地位,增加了执法成本。为弥补跨国犯罪管辖权不足、提升执法便利性,美国凭借其数字产业领先优势霸主地位并依托其遍布全球的互联网跨国企业实施"长臂管辖",而以俄罗斯为代表的国家则提出数据本地化备份等要求对数据跨境活动实施监管。

4. 数据跨境流动威胁国家主权与安全

大数据时代,包括个人、企业和国家数据等在内的数据早已不仅是国家软实力的体现,更关涉情报、军事、国防等国家安全领域。这些数据经分析处理,能反映国家相关行业和领域的情况。例如,可通过海量手机位置反向绘制出移动通信基站分布图;再如,根据跨国电商的订单等相关数据可以推测用户群体的消费情况以及对应行业的宏观经济运行情况,数据跨境流动议题由此与国家主权与安全密切联系。数据对国家主权维护有重要意义,是支撑国家安全与发展的重要战略资源,具有极为重要的主权保护价值。美国主张全球数据自由流动,意图通过遍布世界各地的美属企业分支机构,利用其信息通信技术、产业、政策上的优势,占领数据主权的制高点。欧盟设定了《通用数据保护条例》等高标准的数据保护条例,在全球大力推广欧盟标准,通过扩大数据控制者在数据跨境流动中的权利范畴,最大限度维护欧盟集体的权益。对于产业能力较弱的国家而言,拒绝数据跨境流动将使国家被排除在世界网络体系之外,损害数据经济发展机遇和公民福利,但是放任数据自由流动则将会引发国家安全威胁,给国家主权的完整性带来严峻挑战。

二、保障重要数据跨境流动的建议

1. 完善法律法规和技术规范

在法律上,我国《网络安全法》首次以国家法律形式明确了中国数据跨境流动基本政策,其中第三十七条规定"关键信息基础设施的运营者在中华人民共和国境内运营中收集和产生的个人信息和重要数据应当在境内存储。因业务需要,确需向境外提供的,应当按照国家网信部门会同国务院有关部门制定的办法进行安全评估"。但该法律的适用范围仅为"关键信息基础设施的运营者",该范围从整体结构来说并不大,我国还是有很多单位拥有海量数据但不属于关键信息基础设施的运营者,这点可能需要在后续的法律法规中进行扩大和明确。在法规上,作为评估工作的依据文件,目前《个人信息和重要数据出境安全评估办法(征求意见稿)》及其更新政策《个人信息出境安全评估办法(征求意见稿)》尚处于征求意见状态,国家主管部门应根据前期征求意见状况尽快修订完善出台。此外,对于安全评估的受理流程和评估流程在之前的法规中尚未具体明确,建议尽快在后续的法规中予以完善以加快落地实施。在规范上,目前无针对重要数据跨境流动的安全评估标准指南,但有些地区已经开展研究和试点,标准管理部门可吸收试点工作经验,组织相关领域专家共同起草技术标准规范,尽快发布相应评估指南文件。在合同上,可根据安全评估的标准指南,建立指引性的数据跨境流动协议范本,类似于欧盟提出的标准合同范本,引导企业在数据出境活动中通过合同法律机制来管控数据出境风险。

2. 开展重要数据的分类分级

在对数据跨境流动进行保障之前,必须对数据进行分类分级管理,由于缺乏管理资源对于国内海量跨境流动的数据进行统一管理,而这些海量的数据充斥着大量无用的信息,故需要集中管理资源对重要的跨境流动数据进行保障。在数据分类分级的过程中,一是需要国家各条线的监管部门和职能部门分别参与,领取各自管辖内的相关数据,如网信部门主要分管个人信息,卫健委分管医疗领域业务数据,人民银行分管金融领域业务数据等。二是国家各条线的监管部门和职能部门对本部门领域的数据进行分级处理,依据重要性原则,基于数据内容,从安全维度对数据进行区分。简单来说,可根据数据遭篡改、破坏、泄露或非法利用可能对自然人、法人和其他组织以及社会秩序、公共利益和国家安全带来的潜在影响进行分级。分级结果可明确,最高级别的数据不允许跨境流动,低一级别的数据需要在一定条件下才能跨境流动,最低级别的数据可不受限制跨境流动。在分类分级完成后,才能集中资源对重要数据跨境流动进行管理和保障。

3. 组建数据跨境流动安全评估体系

主要包括五大机制,分别是自评估机制、联审联评机制、安全检查机制、违规举报机制和信用管理机制。自评估机制指让具有数据跨境流动业务的单位自行按照规范要求进行比对和评判,得到一个初步的结论,由于涉及数据跨境流动的单位数量巨大,这是最有效最大限度减少公共资源的方式。联审联评机制指联合各条线主管部门指定相关专业人员对各自条线分管的数据跨境流动进行评审,由于数据的种类较多,结合在一起会存在许多复杂的情况,故若发现有些无法判断的情况,需要各条线主管部门给出最终解释和判断。安全检查机制是一种事后监督的机制。因为数据跨境流动是动态变化的,每年的情况都不同,所以在单位通过数据跨境流动的评估后,也需要进行事后监督。建议由主管部门对重点领域每年不定期进行抽查,发现问题要依照法律法规进行处罚。违规举报机制是让群众对数据跨境流动的单位进行监督,也是维护自身个人信息的权利,一旦发现某些单位存在违规现象,即可通过通畅的渠道进行违规举报,向主管部门提供重要线索。该机制可发现许多未申报但实际存在数据跨境流动的单位,有效扩大了监管范围。信用管理机制是建立一套信息安全信用体系,对数据跨境流动单位是否存在违法违规行为、存在重大安全事件、存在业务欺诈行为等进行记录和评定,对其信用程度进行管理,以便在数据跨境流动的安全评估中给出重要参考,防止具有严重信用问题的企业进行数据跨境流动的行为。

4. 形成国际合作互认"白名单"

合作互认是国际通行做法,各数字经济大国基于各自立场向 WTO 多次提交数据跨境流动条款提案,虽然短时间内无法达成一致,但已开始通过双边谈判和多边合作以推动更加灵活的数据跨境流动国际合作。双边有欧盟各国的GDPR 协议、美国与欧盟的"隐私盾"协议、俄罗斯的 23 国白名单,多边有CPTPP(全面且先进的跨太平洋贸易伙伴关系)模式、USMCA(美墨加三国协议)模式等。建议我国也可参考该国际通行做法,以国家地域为主要认定准则,对个人数据保护状况实施评估,结合对等原则,同时兼顾我国管理实际需要,梳理总结我国典型的出境商贸企业和跨国公司个人数据出境现实场景和主要目的地,兼具确定性和灵活性,形成"以数据保护水平为原则加若干例外情况"的认定方法,形成国际合作"白名单"的管理机制。

5. 将《全球数据安全倡议》转化为有关立法

近年来,中国出海企业因数据安全问题频遭质疑,制裁不断升级,并且从个别行业扩展到了整个产业链。2020 年 9 月 8 日,国务委员王毅在全球数字治理研讨会上代表中国提出《全球数据安全倡议》。在 2020 年 11 月召开的二十国集团领导人第十五次峰会上,习近平总书记强调,面对各国对数据安全、数字鸿沟、个人隐私、道德伦理等方面的关切,要秉持以人为中心、基于事实的政策导向,鼓励创新,建立互信,支持联合国就此发挥领导作用,携手打造开放、公平、公正、非歧视的数字发展环境。中方愿以《全球数据安全倡议》为基础,同各方探讨并制定全球数字治理规则。

我国正逐步构建起数据安全法律体系,《数据安全法》《个人信息保护法》《数据安全管理办法》等数部法律法规的草案正在紧锣密鼓地制定。为此,建议将《全球数据安全倡议》中的一些具体措施适时转化为有关法律法规。例如,反对利用信息技术破坏他国关键基础设施或窃取重要数据;不得滥用信息技术对他国进行大规模监控,或非法采集他国公民个人信息;企业应当尊重当地法律,不得强制要求本国企业将境外产生、获取的数据存储在本国境内;尊重他国主权、司法管辖权和对数据的管理权,不得直接向企业或个人调取位于他国的数据;信息技术产品和服务供应企业不应在产品和服务中设置后门,非法获取用户数据;等等。

关于加快可降解农用地膜推广应用的建议

2019 年,全球的塑料产量超过了 3.6 亿吨,我国的塑料产量也超过了 8000 万吨,占世界产量的 20% 以上。人类的生产与生活越来越离不开塑料,随着塑料产量与使用量的不断增加,白色污染与微塑料的危害越来越大。

为了防治塑料的污染问题,我国于 2007 年 12 月 31 日出台了《国务院办公厅关于限制生产销售使用塑料购物袋的通知》(国办发〔2007〕72 号),2020 年 1 月 16 日出台了《国家发展改革委、生态环境部关于进一步加强塑料污染治理的意见》(发改环资〔2020〕80 号)。从这两个文件可以看出治理塑料污染主要有两个途径:一是加强废旧塑料的回收利用;二是加快可降解塑料的推广应用。然而,废旧塑料回收利用体系不完善、回收利用价值低等原因严重阻碍了废旧塑料的回收利用。另外,在目前大力推广的生活垃圾分类与末端处置模式中,大部分的废旧塑料(包括可降解塑料)作为干垃圾被焚烧掉了,体现不出可降解塑料的优势,不利于可降解塑料的推广。

　　随着 2020 年 1 月《国家发展改革委、生态环境部关于进一步加强塑料污染治理的意见》出台,国内重新掀起了一股可降解塑料生产与使用热潮,但到目前为止,国内可降解塑料的生产与使用量也就 20 万吨左右,仅占国内塑料产量的0.25%左右。目前的可降解塑料产品主要集中在不可降解塑料袋、一次性塑料餐具、宾馆酒店一次性塑料用品、快递塑料包装四个领域,这四个领域的塑料制品完全被可降解塑料替代,受限于目前的生产能力等因素,短期内很难做到,而且目前可降解塑料的最终处置方式和不可降解塑料一样,大部分被焚烧掉了,失去了可降解塑料的推广意义。

　　推广使用可降解农用地膜可同时解决回收难(不用回收)和被焚烧(田间降解)的问题。地膜覆盖技术始于 20 世纪 50 年代,该技术具有增温护根、防冻保湿、调节光照、抑制杂草生长的作用,在农业生产中能显著降低人工成本、提高产量和质量。我国是全球使用农用地膜面积最大的国家,2017 年我国农用地膜使用量达到了 140 万吨,约占世界总量的 70%。覆盖面积为 1 866 万公顷,约占中国耕地面积的 13%,占世界地膜覆盖面积的 90%。由此,农用地膜污染成为我国的三大耕地面源污染之一。

　　《国家发展改革委、生态环境部关于进一步加强塑料污染治理的意见》明确规定,禁止生产和销售厚度小于 0.01 毫米的聚乙烯农用地膜,但没有规定可降解农用地膜的厚度。目前可降解农用地膜厚度可以做到 0.003 8 毫米以下,是普通地膜的 1/3 左右,加上使用可降解农用地膜可以节省普通农用地膜的回收成本,两者的使用成本基本上持平,有利于可降解农用地膜的推广应用。

　　为了更好地加快可降解农用地膜的推广应用,提出如下建议。

　　(1) 出台扶持可降解农用地膜的相关政策。地膜污染治理作为一个具有普遍性、公益性、社会性的难题,政府有必要出台相应的扶持政策,设立可降解农用地膜生产与使用环节专项扶持资金,着力推进可降解农用地膜的推广应用。该政策应该同时兼顾现有普通农用地膜和可降解塑料推广应用扶持政策中的相关优惠政策。

　　(2) 严禁生产使用崩解型可降解农用地膜。崩解型可降解塑料是通过在普通塑料中添加淀粉、纤维素、碳酸钙等物质而改性的一类可降解塑料,不属于全生物降解塑料,其降解产物主要为微塑料,这类可降解塑料的危害性比不可降解塑料还大,建议严禁生产使用崩解型可降解农用地膜,大力推广全生物降解农用地膜。

（3）加大可降解农用地膜产品的开发力度。推广使用可降解农用地膜虽然有很多好处，但目前可降解农用地膜的品种比较单一，使用量也比较小（不到1万吨）。建议根据农作物的生长特性、生长周期、土壤与水文气候等条件，开发适用于不同地区、不同作物、不同栽培条件的可降解农用地膜产品，满足可降解农用地膜产品的市场需求。

（4）谨慎推广聚乳酸类型可降解农用地膜。目前市场上推广应用比较多的可降解塑料为 PBAT（聚对苯二甲酸丁二醇 - 己二酸丁二醇共聚酯）、PLA（聚乳酸）和 PBS（聚丁二酸丁二醇酯），聚乳酸类可降解塑料的生产原料主要是玉米淀粉，大力推广聚乳酸类型可降解农用地膜，势必会产生与人争粮、与粮争地的严重后果，就像燃料乙醇产业一样，始终无法做大做强。

第十五章
第十三届全国人民代表大会第五次会议

关于推动直播电商规范管理、促进在线新经济健康发展的建议

自2020年以来，在生产和消费受到新冠肺炎疫情影响的背景下，直播电商接棒救市并呈现爆发式增长，各行各业涌入直播间开启数字转型升级，借助专业主播推介和直播间强大流量，加强与消费者的连接，拓宽营销渠道、提升销售效率、缩短供应链，为品牌发展打开了更广阔的空间。商务部数据显示，2021年上半年，全国直播电商1000万场，活跃主播数超40万，观看人次超500亿，上架商品数超2000万。这意味着，平均每天有5万多场电商直播，每天观看人次超2.6亿，成为电子商务重要增长点之一，以及消费新引擎和文化传承新窗口，而"主播价值"更值得高度关注。

直播电商的现状和趋势呈现出四个特征。一是市场规模增加。主播直播在提升销售效率、加快市场流转等方面发挥着越来越重要的作用，成为激发国内线上消费市场活力的新引擎。据国家统计局数据，2020年我国社会消费品零售总额近40万亿元，其中直播电商市场份额占比约3%。另据艾瑞咨询的研究报告，2020年我国直播电商市场规模超1.2万亿元，年增长率197.0%，预计2023年规模将超过4.9万亿元。二是队伍不断扩大。随着更多青年受主播群体正向激励，从事新兴行业意向强烈，更多直播相关新兴岗位应运而生。至2020年底，全国直播电商相关企业累计注册8862家。据人社部数据，全国直播行业从业者已超1000万，行业主播从业人数已达123.4万，且从业人员数以每月8.8%的速度迅猛增长，覆盖用户规模达到8亿以上，而助播、选品、脚本

策划、运营、场控等更多相关新兴岗位扩大了新兴就业。三是助力乡村振兴。主播直播凭借专业性强、流量集中、复购率高等优势,成为农村电商迭代提速的重要抓手。根据商务部数据,2020 年全国 832 个原国家级贫困县网络零售总额达 3 014.5 亿元,其中农产品网络零售额为 406.6 亿元,同比增长 43.5%,电商主播纷纷开展助农专场直播,手机成为"新农具",直播成为"新农活"。四是扩大国货销售。近几年,主播 IP 价值与直播电商技术手段深度融合,让许多新锐国货品牌在知名主播直播间被消费者广泛认知和接受,老字号借主播直播间重焕青春转向新国潮,优秀传统文化和本土原创设计通过主播直播间被感知触达,在讲好中国品牌故事的同时助力民族品牌崛起,并进一步推动民族品牌中高端供应链改造升级。

但应清醒地认识到,直播电商发展还存在着一些问题。从业的标准化管理体系尚未健全,行业准入门槛相对较低,屡屡出现货品质量欠佳、销售数据造假、直播销售违规等问题,不仅伤害了消费者权益,也对行业生态造成了不良影响。这些行为及其背后的诚实信用缺失,成为影响行业健康长远发展的重要因素。为推动直播电商健康发展,2020—2021 年已有 20 余部相关的法规政策和行业标准陆续出台。下一步,还需要持续加强直播电商行业规范管理与发挥头部主播带头示范作用,并且将其作为互联网强监管与促进在线新经济的重中之重。为此提出以下五个方面的建议。

(1)强化四个机制建设。当前,推动线上新型消费发展,实现线上线下相融合,对提振经济动能具有现实意义。面对百年未有之大变局,必须立足扩大内需、促进消费来应对外部环境变化、稳定经济增长,这就需要政府部门与电商平台共同为直播经济涵养良好生态,带动更多消费增长。

建议:一要完善直播电商自律机制。政府主管、监管部门和直播平台应携手建立直播电商的自律机制,对能力不足的小直播电商提供合规支持,对职业主播带货行为强化合规自律意识。二要完善直播带货监管机制。立法机关要根据新情况对法律适用问题做出及时的解释或调整,监管部门要采用人工智能等新技术完善直播带货违法违规行为的监测系统。三要完善直播消费选择机制。直播平台要向消费者提供商品真实且可比较的信息,各级消保委要对直播带货中的高频商品类别为消费者的理性选择提供参考信息。四要完善直播经济公平机制。职业直播对消费者要公平,直播平台对直播电商要公平,直播电商作为新通路模式与其他通路模式的竞争要公平。

（2）健全标准化体系管理。从风口期步入成熟期，尤其是随着直播主体和直播商品的边界不断延伸，部分专业壁垒不强、法律意识薄弱的从业人员和机构入局，可能会造成行业泥沙俱下，不仅损害消费者的权益，破坏直播电商健康生态，也为行业的规范和监管增加了难度。

建议：一要完善直播电商的相关标准建设，可以制定高标准、严要求的准入门槛与从业要求，提高行业准入门槛，从源头上为直播电商健康稳定发展提供制度性基础。二要推出直播电商的管理规范、负面清单、处罚条例等相关细则，促进相关各方的合规经营。三要督促直播电商上下游企业在规范化方面积极发力，通过严控选品流程、人员管理、合规管理、售后服务等环节，为消费者提供安全可靠的购物体验。四要建立健全法律法规，加强知识产权保护，明晰直播间责任主体，除引入信用评价机制之外，还要加强对主播直播行为和互动内容的审核管理。

（3）推动头部主播直播间正向文化传播。一直以来，头部主播直播间作为庞大流量汇集地，在基本的商品售卖职能之外，也在一定程度上扛起了内容产出阵地的重任。目前，其消费属性与商业价值被反复强调，但其文化输出与内容引导的职能不为人们所熟悉。

建议：一要强化头部主播直播间的文化宣传职能，加强引导正向文化内容深入直播间，通过直播窗口，展示文化自信，注重文化输出，提升正向文化影响力。二要充分发挥好头部主播直播间的流量优势，使直播间成为正向思想引领的有力工具，相关部门可与这些直播间加强联手，策划文化主题，讲好文化故事，释放文化效应。三要推动头部主播直播间与主流媒体的联合，抓住近年来国潮文化兴起的有利契机，助力我国优秀传统文化和潜力优质国货品牌的传播与发展。

（4）推动直播电商与民族品牌互助共荣。习近平总书记高度重视中国品牌建设，为品牌强国建设指明了努力方向、提供了根本遵循。因此，要进一步推动直播电商为中国品牌成长发挥更大的作用。

建议：一要全力推进直播电商和民族品牌的深度融合，推动国货产品不断迭代更新，鼓励直播电商行业助推优质国货品牌成长。二要开展行业调研与政策扶持，推出一批民族品牌清单，鼓励直播电商认领民族品牌，实现共赢。三要重视 IP 内容与版权建设,推出一系列鼓励与规范措施,聚焦原创意识,积极号召头部主播群体着力打造原创 IP,与品牌深度融合共创,助力民族品牌价值提升。

（5）发挥头部主播示范带头作用。行业共治,既要求头部机构与主播做好示范作用,也要求中小机构与主播积极改进自身问题,加强合规与诚信经营。目前,直播电商行业已有多部法规出台,也有直播企业依靠自身行业经验和积累,提出了更具操作性和落地性的企业服务规范。

建议:一要注重发挥头部主播的示范带头作用,使行业逐步形成优胜劣汰的良性竞争机制,促使中小机构更注重品控与售后服务,处于产业链上游的品牌与商家也会更加规范运营,从而促进产业融合升级。二要注重发挥头部机构推出《直播电商商品质量与合规管理规范》企业标准的示范作用,推动中小机构明确企业品控与人员要求、内控流程、品牌招商、商品合规管理、直播合规管理、舆情分析、售后反馈和资料管理全过程质量管理要求,并实行动态优化,持续改进流程及协同机制,提高行业整体水平。三要对积极作为的行业头部与直播机构加大扶持力度,出台相应奖惩机制,积极推动树立优秀企业与主播典型,依法保障直播电商行业从业人员和机构的合法权益。

关于完善配套体系、促进"三孩"政策落地的建议

当前,人口生育率与增长率下降已经成为一个全球性现象。同样,近年来我国人口发展也呈现出人口数量增速放缓、人口老龄化加速、出生人口下滑的趋势。国家统计局的数据显示,尽管我国的总人口还在逐年增加,但人口净增长、人口出生率和人口自然增长率都呈现出逐年下降态势。2016—2021 年,人口净增长分别为 906 万人、779 万人、530 万人、467 万人、204 万人和 48 万人;人口出生率分别为 13.57‰、12.64‰、10.86‰、10.41‰、8.52‰ 和 7.52‰;人口自然增长率分别为 6.53‰、5.58‰、3.78‰、3.32‰、1.45‰ 和 0.34‰。

总体来讲,出生人口减少会带来劳动力萎缩、人口老龄化、未富先老、经济

增长减速等一系列重大而深远的问题。在此大背景下,提高人口生育率上升为国家战略,并且先后在 2013 年实施了单独二孩和 2015 年实施了全面二孩政策。尽管这两次放宽生育政策对于提升我国人口生育率起到了一定的作用,可是其作用还是低于预期。接着,2021 年 5 月 31 日中共中央政治局召开会议指出,要进一步优化生育政策,实施一对夫妻可以生育三个子女政策及配套支持措施。实践表明,生育政策调整为生育率提高创造了制度条件,但生育政策实施落地还需要构建完善与此配套的支撑体系。

一、影响"三孩"政策落地的主要因素

应该充分认识到,生育政策可以发挥很大的作用,但也受到了经济社会发展变化的很大影响。例如,年轻人婚育观念变化、女性受教育程度提高、双职工家庭比重较高、职场竞争激烈、孩子抚养成本高、包括房价在内的生活成本高企等,都会影响生育政策的落地。

1. 婚育生育养育观念的改变

这些观念改变突出表现在以下几方面:不婚率提高,由于各种因素包括高房价等的综合影响,选择不婚的年轻人群数量在逐渐增加;不孕不育率提高,即使进入婚姻之后,一些年轻夫妇开始选择做"丁克"一族,而不愿意成为"孩奴";初婚年龄越来越大,导致生育年龄推迟,对生育力产生了一定的影响;生儿生女的性别歧视基本消除,特别在城市尤其是大城市中,生儿生女都已经随缘,一些年轻家庭认为"一个孩子够了";养儿防老的观念已经淡化,很多人已经基本接受机构养老或居家养老的方式,不单纯依靠儿女养老已经成为一个共识。

2. 养育子女的成本在逐年抬升

养育子女的成本逐年提高,加重了家庭经济负担。在教育成本负担方面,每个父母都望子成龙,不希望孩子输在起跑线上,要上最好的幼儿园,要报各种各样的兴趣班,要上最好的学校,再加上高昂的"学区房"等,都是很大的一笔家庭教育开支;在生活成本负担方面,孩子从小到大,吃的、穿的、用的、住的、玩的,都要向好、向优看齐,确实也是一笔主要的家庭支出,一句话,"再苦,也不能苦了孩子";在孩子照料成本方面,有的家庭由于家中老人无法帮忙看护孩子,照料孩子成为"老大难"问题,要么母亲放弃工作看护孩子,要么以各种方式雇用保姆看护,使得家庭收入减少或支出增加。

3. 增加了很多不确定性

一方面由于目前婴幼儿照护体系尚不完善,很多孩子的父母难以平衡家庭与工作的关系。一些职业女性在生娃之后,如果选择在家庭看护孩子,就可能保不住现有的工作。在现实社会生活中,大多数女性在生育之后,职业生涯或多或少都会受到一定的影响,甚至不得不从零开始。因此,鉴于目前就业形势及职场竞争的现实,一些女性不敢再次冒险生育,一些家庭对生育二孩、三孩望而却步。另一方面,一些不良生育体验让女性不敢选择再一次生育,分娩的痛苦、产后的抑郁,加上其他的一些因素,使一些女性产后身体与心理产生双重变化,对是否要选择再一次生育心有余悸,更加慎重。

二、促进"三孩"政策落地的主要对策

应该清醒地认识到,生育政策调整确实是提高生育率的重要前提,而生育率提升还需要相关的配套政策来支撑。在一定条件下,这些配套支持措施成为决定生育政策落地实施的关键性因素。因此,为了加快促进我国的"三孩"生育政策的落地,提出如下的建议。

1. 推出生育奖励

有数据显示,将一个婴儿抚养到 18 周岁,大约需要花费 200 万元,孩子越多,负担越重。在这种情况下,要提高生育率,仅仅通过提高个税起征点是远远不够的,因为目前缴纳个税的人群比重还不高,最直接、最有效的应该是现金奖励,尤其对于大部分低收入家庭仍然需要通过资金奖励才能激励育龄女性更多生育。为此,建议在国家和地方财政支出中设立专项的生育奖励资金,对生育第二胎或第三胎的家庭给予一次性的财政奖励,

2. 加大减税力度

减免税负,对提高生育率可以起到一定程度的促进作用。为此,一要按照生育率实行个税抵扣,建议根据每个家庭孩子数量计算个人所得税免税额度,并适当降低税率或提高免税额度。二要针对孩子学前抚养和教育支出成本比较高的现实,建议增加学前子女抚养专项附加扣除项目,减轻家庭养育压力,提高育龄夫妇的生育意愿。三要根据家庭人口增多需要更换更大面积住房的现实,建议降低或减免多子女家庭的购房契税,降低购房交易成本,并且在房贷利率方面给予一定的优惠。

3. 给予各类补贴

在很多情景下,补贴可以起到很好的激励作用。为此,一要实施生育补贴。对依法享有生育保险制度的人员,给予生育二胎或三胎的生育激励;对未就业而无法享受生育保险的对象,可制定相关政策,对未参保的对象给予一定的现金补贴,以实现生育保险全覆盖。二要加大保障性补贴。探索建立对二胎和三胎递进式孕期保健补助、住院分娩补助、医疗津贴、托育津贴、教育津贴,以及对不符合交个税标准的低收入人群实行直接经济补贴等。三要探索公用事业费用的倾斜政策。可以探索针对生育三孩的家庭申请一户多人口的电价和水价的标准。

4. 实施优待政策

多生孩子多享受优待,应该成为全社会的共识。为此,一要实施住房优待政策。针对多孩家庭通过调低租金、优惠信贷、调整首付比例及积分政策等方式降低居住成本。在不限购的城市,三胎家庭购房根据当地实际情况按原房价打折交易。在限购的城市,如果人均面积不到45平方米的家庭,根据原居住条件给予生三胎家庭优先购房的资格,按揭利率享受首套房利率政策。二要实施子女入学优待政策。孩子的教育是父母的头等大事,三胎子女优先入学,首先保证了孩子有学上,三胎子女延续二胎子女的就读资格,升学加分等,让父母实实在在感受到后顾之忧的稀释。三要实施休假和就业优待政策。对于生育二胎、三胎的家庭,可以适当延长产假时间和男方陪护假期,也可实行弹性产假制度,将丈夫的陪产假和妻子的产假、生育假加总,由家庭自行决定丈夫和妻子之间如何分配时间。四要推动三胎妈妈职业友好型择业政策,出台企业三胎妈妈就业优惠政策,对招收三胎妈妈的企业给予一定的税费优惠。鼓励企业接受三胎妈妈育儿期间在家办公或弹性工作制,鼓励全职妈妈育儿阶段接受碎片式工作。

5. 做好保障服务

一要做好生育健康保障,加强优生优育宣传、指导和服务。各级健康部门应积极向育龄群众提供性与生殖健康服务,组织开展优生优育指导、生殖健康咨询及家庭健康促进等服务活动,提高全社会公众的优生科学知识水平和优生意识。在已经开展的科学育儿工作中,应该更加侧重对带养人的指导,向带养人提供科学的育儿知识和指导服务并且鼓励父亲更多地参与子女的带养。二要完善婴幼儿照料服务和教育体系。通过改建、扩建幼儿园,提高公立幼儿园的比例,大力鼓励和支持用人单位和社会力量参与兴办托育服务机构,鼓励民办幼儿园开设托班。完善托育体系,大力提升入托率,解决"孩子谁来带"的老大难问题。建立 15 分钟托育生活圈,增加托育机构,社会组织加入延时托育服务,补充幼儿离园后的时间,便于家长弹性接送。适当增加供儿童玩耍的社区公共游乐设施、社区公共儿童图书馆等,优化儿童生活、成长的环境。推进教育资源公平供给,对各类辅导培训机构实行规范化管理,定时开展收费及教学质量监督和评估工作,为年轻人减轻育儿经济负担,解决后顾之忧,激发年轻人的生育欲望。

关于进一步强化我国种子安全的建议

中国是农业大国,但还不是农业强国;中国是农业生产大国,也是种子需求大国,但还不是种子产业强国。种子是农业产业链的最前沿,为农业生产提供了最基本的生产资料。如果说,高科技发展依靠芯片,那么,农业发展一定是依靠种子。袁隆平院士曾经谈道:"关键时候,一粒小小的种子能够绊倒一个巨大的国家。种业的安全关系到粮食的安全,也关系到国家的安全。"可见,种子对一个国家来说是何等的重要。

尽管我国种子市场潜力巨大,但种子产业发展较晚,远远落后于世界上的一些种业强国,进而对种子安全带来了一定的隐患。突出表现在以下几个方面:一是种子领域发展不平衡。在我国的主要作物中,由于重视了主食的研发,尤其是杂交水稻的研发成功,不仅解决了吃饭问题,也解决了农业的基础安全问题,水稻、小麦、大豆等"中国粮"用上了"中国种",但玉米、马铃薯种子等部分依赖进口,还有一些农作物、畜牧种子需要大量依赖进口,而辣椒、洋葱、胡萝卜、茄子、番茄、马铃薯、西兰花等最常见的蔬菜,不少都是洋种子长成的,有的甚至全部依赖进口。二是种子市场控制力弱化。一直以来,美、法、德等西方国家的种业公司供应了全球大多数农业和养殖业的种子。自从我国种子产业开放以来,外资不断进入,尤其是一些大型跨国种业巨头的加入,不仅使得原本发展就较弱的我国种子产业面临严峻的挑战,而且国外种子巨头对我国种子市场的控制力也在逐渐增强。在这样的背景下,洋种子不仅占据了我国较多的市场份额,有的品种价格也远高于国内种子。

一、主要问题

(1) 原创性种质资源相对稀缺。尽管我国物种资源比较丰富,但在快速工业化进程中,由于在一定程度上忽视了农业发展,使得农业的很多物种资源没有能够得到很好的保护,甚至许多地方品种正在快速地消失,进而造成了原创性的种质资源变得相对稀缺。在这种情况下,种质资源缺少严格的、有效的保护,造成了种质数量的减少,使得核心种质创制的数量比较少,品种同质化问题比较严重。

(2) 种子研发投入明显不足。在我国的国民经济发展中,尽管农业是一个重要的组成部分,但总体上来讲,对农业科技的投入还是不足,进而影响了农业种子的研究投入。相关调研数据显示,我国前50强种业企业年研发投入约为15亿元人民币,仅接近美国跨国巨头孟山都公司的1/7。农业种子研究属于基础性研究,需要在生物基因工程等技术领域有所突破才行,研究过程投入大、风险高,如果没有国家的支持是很难有足够的社会资本投入的。

(3) 育种进程缺乏良性循环。育种是一个长期的研发过程,需要持续性的资金投入。目前在很多情况下,对育种项目的短期支持比较多,对中长期项目的支持比较少,由于资金支持不连贯,在一定程度上影响了研发活动。同时,由于种子行业是回报周期很长的行业,每一个种子都需要十几年的研发才能投入市场获得回报,因此,中小种子企业难以长期坚持对种子进行优质培育,使得很多种子在很大程度上不得不依赖于进口。

(4) 种子企业综合竞争力不强。目前,国内种子产业已经得到了一定的发展,种子企业的数量在逐年增加,龙头企业也在逐渐崛起,但绝大多数都是中小企业,与国际种子巨头能够比肩的少之又少。近年来,尽管我国陆续出台了很多措施来保障国家种业安全,但相比于国外,我国具有独立研发能力的育繁推一体化的种子企业不多,具有自主知识产权的种子数量比较少,种子产业存在的"散、小、低、弱"的局面尚未得到根本改变。

（5）科研机构和企业缺乏有效协作。目前,我国种子科研的导向和种子企业的导向不尽一致,使得育种创新面临科研和市场"两张皮"的局面。在国外,种子研发大多是在种业大公司,种质资源的收集源于百年积累,起步早、科研投入大、商业化程度高。反之,我国商业化的农作物种业的科研体制尚未建立,投入有限、基础薄弱,再加上缺乏有效的协作,使得资金、技术、资源、人才向种子企业的流动不畅,进而影响种子产业的发展。

（6）科研育种人才支撑力度不够。目前,由于我国农业发展的现实,一些从事农业科技工作的科技人员不管是收入、社会地位还是职业自豪感等均存在着一些欠缺,很多年轻人不愿意从事农业科技工作,使得农业育种科研人员数量不足、人才断层。同时,由于我国育种科研人才主要集中在科研院所和高等院校,使得种子企业商业化的育种人才比较紧缺,尤其是年轻育种创新人才支撑尤显不足。

（7）国外种质资源管控越来越严。近年来,国外对种质资源的控制越来越严格,由于一些国外野生种质资源在一定程度上有助于育种研发,而目前获取国外种质资源越来越难,这也在一定程度上影响了育种研发。同时,在农业品种方面,我国的品种与国外品种在很多方面的差距较大,核心技术创新不足。此外,一些重要品种如果过分地依赖国外种子,一旦发生"断种"情况,必然会威胁到国家的农业安全。

二、主要建议

2018年4月,习近平总书记考察国家南繁科研育种基地时强调,十几亿人口要吃饭,这是我国最大的国情。良种在促进粮食增产方面具有十分关键的作用。要下决心把我国种业搞上去,抓紧培育具有自主知识产权的优良品种,从源头上保障国家粮食安全。由此,为打好我国种业"翻身仗"提出如下八个方面的建议。

（1）着力保护我国的种质资源。种质资源尤其是优质种质资源是育种研发的重要基础,保持种质资源优势又是提高种子产业核心竞争力的重要保证。为此,建议国家在进一步梳理我国种质资源的基础上,加大对优势种质资源的保护力度,防止种质资源的消失和流失。同时,还要进一步加大力度保护已经育成的新品种,保证种业市场的良性竞争,对侵犯新品种权的行为加大惩罚力度,让违法者不敢再犯。

(2)着力健全关键种子基因库。从国家战略层面出发,对我国种业发展的现状和问题做出必要的、客观的、精准的评估,在此基础上进一步完善我国种子产业发展规划,尤其要建立健全好关键种子基因库。同时,建议编制和完善好我国本土重点保护种业品种的发展规划,突出重点品种,抓住关键环节,完善体制机制,建立类似粮食育种基地的本土品种保护区。

(3)着力攻克关键种子的难关。根据我国农业的整体发展趋势,对一些过度依赖进口的品种尤其是一些"卡脖子"的农业、畜牧业、渔业品种,建议国家设立重大种子专项,引进专业人才,实现有计划、有步骤地予以重点突破,加速我国种业赶超国际先进水平的进程。同时,积极创造条件,在不断推出具有自主知识产权的种子的基础上,逐渐把握一些重要种子的市场话语权和定价权。

(4)着力强化关键种子研发投入。加大对我国农业基础研究技术体系的投入,加快农业科技创新,尤其要强化对关键种子研发的相应扶持。为此,建议国家根据育种科研的周期,只要符合相关标准和要求的项目,都应该给予长期稳定的政策支持,确保关键育种项目能够保持连续性。同时,根据一些关键性的不同品种,建议在一些种业阵型企业或科研机构创设国家重点实验室、国家种子工程中心,强化种子研发工作。

(5)着力理顺科研和企业协作机制。针对目前科研和企业"两张皮"的现象,需要进一步改革育种机制与研发模式,改进种子企业与科研单位的合作模式,以种业终端市场需求为导向,促进科研成果转化为实际生产力。为此,建议进一步出台相应的政策措施,重点打破科研院所和种子企业之间的界限,建立完善科企紧密合作、收益按比例分享的商业化育种科技创新的组织体系和协作机制。

(6)着力培育领衔人才和龙头企业。种子安全,关键在于农业研发能力的提升。为此,建议加快培养壮大农业科技人才队伍,尤其要培养一大批稳定的、专门从事种子研发的高端人才和领衔人才;建议加快培育一批龙头型、成长型的种子企业,对这些种子企业进行必要的资金支持和技术支持,对一些种业阵型企业也可以采取"一企一策"的扶优政策。

(7)着力改善农业科技人才的待遇。能否留住农业领域内的科技人才是中国农业科技能够成功发展的关键,也是我国种业能否打好"翻身仗"的关键。

为此,建议国家采取相应的政策措施,扭转科技人才不愿意从事农业相关领域工作的局面,鼓励年轻科技人才在农业科技领域更好地发挥积极作用,全面提高农业科技人才的收入待遇、社会地位以及职业自豪感等。

(8) 着力完善种子产业安全法律制度体系。以《种子法》为核心,完善包括各项制度在内的种子产业安全法律制度体系,包括种子产业外资准入制度、种子生产经营管理制度、种业国家安全审查制度、种子产业反垄断审查制度、种质资源保护制度、种业知识产权保护制度、种子产业科技创新制度、种子市场监管与执法制度。同时,还要构建一套行之有效的法律运行保障机制,以保证种子产业安全法律制度能够有效运行。

第四篇

参加全国人大全体会议期间的
重要发言和建议

深入推进上海自贸区建设

（第十二届全国人大第三次全体会议，2015 年 3 月 5 日下午在中共中央总书记习近平参加上海代表团审议《政府工作报告》时的发言）

总书记、各位代表：我就深入推进上海自贸区建设做一个发言。

对上海自贸区建设，总书记很关心、中央很支持、全国很关注。我在研究工作中接触了很多人，其中有三类人士对自贸区的感受很值得与大家一起分享。

第一类是政府官员，他们主要关注自贸区改革效应。一年多来，按照中央的总体部署，在中央各个部门的支持下，上海市委市政府敢于担当，勇于探索，自贸区建设取得了重要的阶段性成果，改革效应已经扩展到了全上海，而且 28 项可复制改革试点经验还将在全国推广。因此，很多上海以及外省市政府官员对我说，开放确实促进了改革，尤其是审批制度改革，推出"负面清单"等重大举措，使得政府职能转变看得见、摸得着、接地气。

第二类是企业家，他们比较关注商机和利益。为什么自贸区没有优惠政策，企业还要来呢？企业家的回答是，以往的审批要盖几十个甚至更多的章，要花几个月甚至更长时间，费心费力费神，失去很多商机，损失很多利益，他们认为原来政府的优惠政策实际上是对企业时间成本和机会成本的补偿。我觉得，这个看法有道理。现在审批制改为备案制，手续十分简便，这就可以解释为什么到去年底自贸区新增企业有 14 000 多家，显然，制度创新比优惠政策更重要。

第三类是老百姓，他们关注的是对日常生活有什么好处。讲大道理太复杂，就讲一些实实在在的小道理。比如，自贸区有一个进口商品直销中心，由于进口食品价格低，老百姓趋之若鹜。再比如，年初开始平行进口汽车试点，进口车价格大幅下降。这些案例，正如总书记所要求的，让人民群众对改革有更多获得感，这就是能够叫得响、立得住、群众认可的硬招实招。我认为，自贸区制度创新在扩大国内消费方面还有很大的潜力和空间。

今天来看,上海自贸区已经扩区,但自贸区毕竟是一个新生事物,需要在建设中不断完善。为此,我提四个方面的建议。

第一,利用自贸区制度创新推动我国消费增长。今年春节有些数据值得关注。在短短 7 天内,我国出境游人数首次超过国内跨省游,达到 518.2 万人次,占出游人数比例 60%以上。同时,日本媒体称,在春节 10 天内,估计有 45 万中国游客在日本花了 60 亿元用于购物。另据商务部一项调查,手表、箱包、服装、电子产品等 20 种进口品牌消费品,我国内地市场的平均价格比香港地区高45%左右,比美国高 51%,比法国高 72%。如此大的差价,使得我国有很大一部分消费流到了境外。为此,建议进一步调整相应的税费,降低进口商品价格,把自贸区建设作为推动我国消费增长的新机遇和新载体。

第二,建立自贸区法律法规因地调整的简便程序。由于自贸区每项改革都需要中央各个部门进行支持和协调,也会碰到与法律法规不一致的地方。因此,对自贸区建设中的法律法规进行因地调整,充分体现了凡属重大改革要于法有据,在法治下推进改革,在改革中完善法治的精神,如在前年全国人大在自贸区暂停实施三部法律有关规定的基础上,上海市人大去年还专门制定了自贸区条例。由一个地方人大来制定国家级试验区的法规,这还是第一次,难度很大,但在市委的领导下和中央有关部委的支持下,条例出台了,从而保证自贸区建设始终在法治轨道上运行。以后,自贸区还会有一些合理诉求,如以前提出过的暂停实施《文物保护法》的相关规定等。在这种情况下,建立法律法规因地调整的简便程序就显得尤为重要。目前情况是,程序有点复杂、时间也比较长。我的建议是,借助国务院已经设立的自贸区部际联席会议制度,由国务院相关部门合并一次征求各方面意见,以提高效率。

第三,明确细化负面清单中的限制性措施。自贸区最大的制度创新是负面清单。当然,负面清单越简单越好,但也有一些投资者反映,希望对涉及投资项目的相关限制措施有更为详尽的了解。为此,我建议在制定 2015 年版负面清单时,凡负面清单没有详细说明限制措施的,可以附件的形式予以更为详尽的描述。这样做,对提高负面清单的透明度有好处。

第四,加快研究国家层面的自贸区相关立法。为了应对国际经济格局变化,我国实施"一带一路"倡议,设立金砖银行、亚投行、丝路基金,APEC 会议上提出亚太自贸协定等,通过自贸区国家战略的实施,又可以加快我国开放政策升级,与国际通行规则衔接。今年,广东、天津、福建也要开始自贸区试验。在这种情况下,有必要研究国家层面的相关立法。如果全国人大立法需要比较长的时间,可以先出台一些相关的规定。对内,有助于加强对不同地区自贸区的管理;对外,有助于树立国家开放的整体形象。

最后,金融改革是自贸区的重头戏,尽管正在有序推进,但如果对照一下香港地区、新加坡等,我们的自贸区还不足以吸引全球的金融机构和资金,监管方式也有完善的空间。为此,希望在确保我国金融安全的前提下,进一步加大、加快金融改革。

深入推进崇明世界级生态岛建设

(第十二届全国人大第五次全体会议,2017 年 3 月 5 日下午在中共中央总书记习近平参加上海代表团审议《政府工作报告》时的发言)

总书记、各位代表:在上午李克强总理所作的《政府工作报告》中,有一句话我很有感触。因此,我围绕崇明世界级生态岛建设以及环保问题做一个发言。

2001 年,《上海市城市总体规划》明确崇明要建设成为生态岛;以后出台了相应的规划纲要,到去年底又发布了《崇明世界级生态岛发展"十三五"规划》。

对崇明生态岛建设,中央领导充分肯定,高度重视,做出了重要指示,2007年 4 月总书记在崇明也做过一系列重要指示。十多年来,上海举全市之力予以推进,崇明广大干部群众也付出了很多努力,始终坚持"绿水青山就是金山银山"的发展理念,生态立岛"一张蓝图绘到底",经过连续两轮的三年行动计划,取得了明显成效,奠定了良好基础,初步形成了世界级生态岛建设的框架和轮廓。现在,第三轮三年行动计划已制定完成,各项目标任务都已明确,2 月 28日又在崇明召开了推进工作大会,坚定不移走生态、绿色、环保的新路。

今天来看,崇明世界级生态岛建设已经引起了国际关注。2014 年获得联合国环境规划署高度评价,并作为向发展中国家和全球岛屿地区推广的典型案例,但未来还有很长的路要走。因此,我建议从国家层面给予关注和支持,提三个方面的建议。

第一,支持崇明世界级生态岛建设提升为国家战略,成为中国绿色发展实验区。 对全国来讲,崇明地处长江生态廊道与沿海大通道交汇点,是世界上最大的河口冲积岛和中国第三大岛,对长三角、长江流域乃至全国的绿色发展具有重要意义,尤其对长江经济带发展"共抓大保护,不搞大开发"具有示范引领作用,也对积极响应联合国可持续发展 2030 议程具有"中国生态文明的世界展示窗口"的意义。崇明建设好了,可以成为一颗璀璨的"明珠"。对上海来讲,可以与全球城市地位和功能相匹配,也可以与自贸区试验、科创中心建设两大国家战略形成"三箭齐发"之势。我想,总书记要求上海当好改革开放排头兵、创新发展先行者,崇明也可以成为绿色发展领头羊。总之,世界级生态岛建设是一种世界眼光,考验的是中国智慧和中国创造,树立的是国际标杆和全国样板,应该体现国家战略、上海使命、崇明愿景的高度统一。

第二,支持崇明世界级生态岛建设嵌入先行先试的重大功能。 世界级的生态岛应该推动绿色发展的先行先试。在循环经济方面,国家的一些绿色发展的新标准、新产业、新项目可以放在崇明试验,如可以探索通过生态卫生排水系统建设,构建绿色产业链。在制度创新方面,我建议把上海自贸区扩大开放的政策延伸到崇明,或者把崇明的一部分纳入自贸区试验,作为自贸区绿色发展功能区,扩大绿色服务贸易开放,如外资独立办学、办医,以及免税商品、开征环境税、发行绿色债券试点等,形成"生态＋"绿色产业支撑体系。

第三,支持崇明世界级生态岛建设,构建国际合作的重要平台。 世界级的生态岛应配置世界级的国际合作交流平台。例如,是否可以推动设置全球绿色发展高峰论坛,并且把崇明作为永久的选址,与博鳌亚洲论坛、乌镇世界互联网大会等遥相呼应;是否可以推动设立联合国绿色发展学院,交流培训"一带一路"沿线国家以及发展中国家人才。通过交流可以向全世界传递一个信息:我们很现代,我们同样也很生态。

结合世界级生态岛建设,我对环保问题谈一些建议。先说三个案例。第一,上海要禁放烟花爆竹,当时有人认为不可能,但将近 2 500 万上海市民做到了。第二,去年上海全面推行"河长制",到今年底黄浦江 45 千米岸线将贯通开放。我问老百姓怎么看？回答是：将会有更多的获得感！第三，上海环境综合整治，前两年拆违近 6 400 万平方米，今年将超过 5 000 万平方米，力度很大却很平稳。

讲这些案例，是为了归纳四句话：第一，方向正确，老百姓就会拥护和支持；第二，下定决心，就是敢于担当，勇于负责；第三，综合施策，效果可能会比预想的好；第四，于法有据，制度跟上。这，也是我对总书记"抓铁有痕"深刻含义的理解。

深入推进长三角一体化发展

（第十三届全国人大第一次全体会议，2019 年 3 月 9 日下午在中共中央政治局常委、国务院副总理汪洋参加上海代表团审议《政府工作报告》时的发言）

汪副总理、各位代表：今年的《政府工作报告》明确提出要扎实推进区域协调发展战略，为此，我就深入推进长三角一体化发展做一个发言。

长期以来，长三角是我国区域一体化发展起步最早、基础最好、程度最高的地区，占全国土地面积的 3.73%，占全国人口总量的 16%，创造了全国近四分之一（23.75%）的国内生产总值。

党的十八大以来，我国区域经济发展突飞猛进，新战略、新路径、新举措正在形成。推出"一带一路"倡议和长江经济带战略，尤其是沿海北有京津冀协同发展和雄安新区建设，南有粤港澳大湾区建设，进一步强化了沿海发展战略和区域发展战略的"T"形布局，而长三角不仅是其中的一枚"箭头"，而且应该与南北遥相呼应，推动形成沿海南、北、中"三箭齐发"之势，形成新增长点、增长极、增长带。

对长三角的发展，党中央、国务院历来很关心，很支持，国内外也很关注。2008 年 9 月推出《国务院关于进一步推进长江三角洲地区改革开放和经济社会发展的指导意见》，2010 年 5 月国务院批准实施《长江三角洲地区区域规划》,尤其是 2016 年 5 月国务院又通过了《长江三角洲城市群发展规划》。这些意见和规划的颁布,具有很强的现实指导意义。

在这个大背景下,长三角区域合作更加紧密,综合竞争力显著提升。今年初召开的长三角地区主要领导座谈会指出,要按照"创新引领率先实现东部地区优化发展"总要求,建设好长三角世界级城市群,深化好区域合作大格局,并且由三省一市联合组建的长三角区域合作办公室在上海挂牌成立,来自三省一市的工作人员已经全部到位。这充分表明,长三角站在了新时代,确立了新方位,迈出了新步伐。由此,我提出一些意见建议。

在国家层面,除了以上规划之外,围绕改革创新和与时俱进,我提四点建议:第一,建议把长三角一体化发展提升为国家战略,充分释放长三角潜能。第二,建议把一些国家重大基础项目布局在长三角,如国家实验室尽早落地上海等,与长三角是我国经济最具活力、开放程度最高、创新能力最强的地区之一的优势相匹配。第三,建议对区域发展立法。如通过协作立法,制定"区域协调发展法""区域金融合作法""区域环境保护法"等,构建长三角区域公共治理的法律法规制度,在这方面,一些国家的相关做法可以借鉴。第四,建议对区域治理授权。可以在国家层面设立协调领导机构,也可以由国务院授权长三角地区主要领导座谈会及长三角区域合作办公室统筹行使区域公共事务治理权,成为统筹实现国家、区域与地方发展规划、推进一体化进程的区域公共治理组织。

在长三角层面,除了已经确定的合作事项之外,我建议三省一市联合打造"四条走廊"。第一条,G60 科技创新走廊。从上海浦东开始,经过闵行、松江、金山,与浙江的嘉兴、杭州对接,形成科创资源集聚、科创人才汇集、科创平台多元、科技产业集群发展的态势。第二条,G50 绿色发展走廊。从上海青浦,经江苏吴江、浙江湖州,一直延伸到皖南地区,发展绿色休闲产业,建设特色小镇,成为"两山"理论的实践示范区。第三条,G42 高端智能制造走廊。从上海嘉定、江苏的苏州、无锡、常州、镇江、南京,一直延伸到安徽,与皖江经济带相衔接,着力发展高端制造和智能制造。第四条,临海临港战略性新兴产业走廊。从浙江温州、台州、舟山、宁波,经上海到江苏南通、盐城、连云港,结合沿海铁路和上海组合港建设,以及海洋强国战略,建设成为一条沿海发展轴。

在上海层面,我建议要按照习近平总书记提出的上海要发挥龙头带动作用,努力促进长三角地区率先发展、一体化发展的要求,进一步增强上海国际经济、金融、贸易、航运以及科创等五大中心对长三角的服务,落实好已经确定的12个方面的专题合作。例如,深化自贸区先行先试,探索自由贸易港试验,更好地辐射带动长三角发展。推动三省一市产权交易所深度联手,通过相互持股,形成一体化的产权市场。共同组建长三角联合科技银行、联合创投基金、科创联盟等,支撑长三角创新转型。在上海产业园区与长三角各地园区合作的基础上,在沪苏浙邻界区域探索设立长三角联合发展园区或示范区,进行捆绑式共建共享。采取重组兼并的手段,在长三角联合组建若干个港口和机场股份公司,促进港口和航空的合作联动。

最后,我建议在《政府工作报告》第27页第1自然段第7行"支持东部地区率先发展"的内容之后,加上"推动长三角一体化发展"的表述。

深入推进实施长三角一体化发展国家战略

(第十三届全国人大第二次全体会议,2019 年 3 月 7 日下午在中共中央政治局常委、书记处书记王沪宁参加上海代表团审议《政府工作报告》时的发言)

沪宁书记、各位代表:我就实施长三角一体化发展国家战略做一个发言。去年 11 月 5 日,习近平总书记在首届中国国际进口博览会开幕式主旨演讲中明确指出,要支持长三角一体化发展并上升为国家战略,今年的《政府工作报告》中又明确了要编制相应的规划纲要。这充分表明,长三角确立了新定位,明晰了新目标,启动了新征程。

对于长三角一体化发展,中央很支持,全国很关注,长三角干部群众很振奋,上海市委市政府也做出了重要部署。应该说,长三角一体化发展国家战略实施好了,尤其是一体化发展示范区建设好了,利在当前,功在千秋。为此,我提五个方面建议。

第一,建议中央出台相应的指导意见和形成协调推进机制。党的十八大以来,共建"一带一路"、长江经济带战略、京津冀协同发展、粤港澳大湾区建设,其中,京津冀有雄安新区,粤港澳大湾区有深圳前海,而长三角也将建设一体化发展示范区。真可谓是内外结合、遥相呼应、亮点纷呈。2017年和今年初,中央分别发布了《中共中央　国务院关于设立河北雄安新区的通知》《中共中央　国务院关于支持河北雄安新区全面深化改革和扩大开放的指导意见》。长三角作为全球第六大世界级城市群,经济总量占全国四分之一,有条件发展形成新的增长点、增长极、增长带,因此,希望中央参照雄安新区的做法,发布相应的指导意见。同时,比照京津冀和粤港澳大湾区,在国家层面成立长三角一体化发展领导小组及办公室,统一指导和统筹协调国家战略的实施,协调跨地区跨部门的重大事项,督促检查重要工作的落实情况等。此外,也建议在国家层面设立长三角一体化发展基金。

第二,建议国家在长三角一体化发展示范区试点一批深化改革的重大举措。一体化很有意义,也很不容易,创设示范区是一个好办法,与自贸试验区有异曲同工之处。因此,建议把党的十八大、十九大明确的改革任务,在示范区集中落地、率先突破、系统集成,成为全国深化改革的"试验田"。特别要在涉及规划管理、土地管理、投资管理、要素流动、财税分享、公共服务政策等方面,成为跨区域制度创新和政策突破的"样板间"。比如,各地联合出资组建的企业,利润可以按照股权比例分配,但税收能否由各地分享?如此等等,在全国从来没有先例,但都应该在示范区积极探索。同时,形成自上而下和自下而上的推进机制。习近平总书记对上海自贸区建设强调要"大胆试、大胆闯、自主改"。示范区建设也应如此,建议国家相关部门予以关心、支持和指导。

第三,建议国家重点支持建设一批长三角一体化发展的重大项目。将一批跨区域、跨流域的交通、能源、科技、信息、水环境综合治理等重大项目纳入国家战略布局,帮助协调完善项目推进机制,推动解决一些瓶颈问题。例如,全国三个国家综合性科学中心有两个在长三角,因此建议把一些国家重大科技基础设施、国家实验室布局在上海,承担国家重大科研任务,极化平台功能和效应,把G60科创走廊等一批重点区域的合作发展纳入规划纲要。再如,去年第一批打通17条省际断头路,其中1条已通车,15条已开工建设,1条正抓紧前期研究,再加上跨省公交车、医保卡异地结算等,老百姓津津乐道,纷纷点赞。下一步,应该在全国率先取消高速公路省界收费站。还有,上海以车型收费而江苏和浙江以吨位收费的收费标准不统一问题也应该提上议事日程。

第四，建议国家支持长三角改革试点成果优先在长三角区域内复制推广。长三角承担着许多国家全面深化改革和扩大开放的试点任务，形成了不少制度创新成果，建议在国家支持下优先在长三角范围内复制推广，进一步深化升级，充分释放制度创新红利。这个优先，不是因为"近水楼台先得月"，而是一下子难以推至全国。例如，可以支持上海自贸区扩大 FT 账户和"单一窗口"服务范围拓展至长三角；可以考虑一体化示范区在充分借鉴各地"全创改"试验的基础上，开展新一轮更高标准、更高水平的全面创新改革试验。当然，长三角全域也可以比照京津冀地区共同开展"全创改"。

第五，建议全国人大对实施长三角一体化发展国家战略提供法制保障。去年 6 月，长三角三省一市人大常委会已经形成了《关于深化长三角地区人大常委会地方立法工作协同的协议》。希望全国人大常委会进一步加强对长三角立法工作协同的支持和指导，与国家有关部门在长三角一体化发展规划纲要编制方面进行衔接。同时，结合示范区的建设推进情况和法制需求，适时授权三省一市人大常委会开展相关立法工作。如有必要，还需因地调整相应的法律法规。

深入推进长三角生态绿色一体化发展示范区建设

（第十三届全国人大第三次全体会议，在 2019 年 5 月 22 日下午上海代表团审议《政府工作报告》时的发言）

各位代表：我就深入推进长三角生态绿色一体化发展示范区建设做一个发言。去年 5 月 30 日，党中央、国务院印发《长江三角洲区域一体化发展规划纲要》；10 月 30 日，国务院正式批复《长三角生态绿色一体化发展示范区总体方案》；11 月 1 日，两省一市共同召开长三角生态绿色一体化发展示范区建设推进大会，两省一市主要领导共同为一体化示范区、示范区理事会、示范区执委会揭牌。这充分表明，作为实施长三角一体化发展国家战略的先手棋和突破口，示范区进入了密集施工的新阶段。

在很短时间内,示范区围绕规划管理、生态保护、土地管理、项目管理、要素流动、财税分享、公共服务政策、公共信用等八个方面率先展开了一体化制度创新,形成共同行为准则。例如,即将公示的示范区国土空间规划是全国第一个跨省域法定国土空间规划;出台了示范区核准投资项目目录、产业发展指导目录、先行启动区产业准入标准、金融同城化 16 条举措;建立了生态环境标准、环境监测监控体系、环境监管执法的"三统一"制度;两省一市已明确按比例共同出资设立一体化示范区先行启动区财政专项资金,3 年累计不少于 100 亿元。因此,示范区已经走出了一条跨行政区域共建共享、生态文明与经济社会发展相得益彰的新路径,值得期待。

对示范区建设,中央很支持,全国很关注,两省一市很努力,上海市委市政府做出重要部署,社会各界更是寄予厚望。应该说,示范区建设好了,可以夯实长三角一体化发展国家战略,也可以形成一批在长三角乃至全国可复制、可推广的跨区域制度创新的经验。为此,我提五个方面建议。

第一,建议国家把示范区建设纳入"十四五"规划。当前,国家正在制定"十四五"规划,将示范区建设发展纳入其中,能够更好地推动示范区的制度创新和项目建设,也能够更好地强化示范区建设对全国区域协调发展的示范引领作用。同时,支持做好把党的十八大、十九大明确的涉及地方的一系列改革事项在示范区"集中落地、率先突破、系统集成"这篇大文章,使得示范区成为长三角乃至全国深化改革和扩大开放的"试验田",跨区域制度创新和政策突破的"样板间"。

第二,建议国家重点支持示范区建设一批重大项目。按照总体方案要求,示范区建设要尽快彰显集聚度和显示度,更好地引领长三角一体化发展。因此,希望国务院有关部门按照职能分工,加强对示范区总体方案实施的协调和指导,在政策实施、体制创新、资源配置、项目审批等方面给予积极指导和支持,尤其对一批跨区域、跨流域的轨道交通、能源、科技、信息,以及生态环境综合治理等重大建设项目,能够纳入"十四五"国家战略布局,帮助协调完善项目推进机制,解决示范区建设中遇到的困难和瓶颈。

第三,建议国家把一些重大科技项目布局在示范区。目前,华为上海研发基地已落户示范区内的青浦金泽,其他科技资源也在加快集聚,因此,应该充分发挥示范区环境优美、交通便利、制度创新的优势,把一些符合生态绿色发展要求的国家重大科技基础设施、国家实验室以及国内外大型企业的研发机构布局在示范区,承担国家重大科研任务,推动科技成果孵化转化,这样,不仅可以极化示范的平台功能和效应,也可以与张江国家综合科学中心建设东西呼应、比翼双飞。

第四,建议国家支持示范区嵌入绿色发展先行先试的重大功能。示范区的一个使命,是要将生态优势转化为经济社会发展优势,因此,很有必要打造两个重要基地。希望国家相关部门推进生态绿色发展的新科技、新标准、新产业、新业态、新项目、新服务,可以放在示范区试验,成为推动全国绿色发展的示范基地;希望把自贸区扩大开放的一些政策延伸到示范区,或者把示范区直接纳入自贸区试验,因为现在两省一市都有自贸区,尤其要扩大绿色服务贸易开放,如外资独立办学、办医,以及免税商品,开征环境税、发行绿色债券试点等,成为推动全国绿色开放的创新基地。

第五,建议国家对示范区建设提供有力的法制保障。示范区八个方面的制度创新涉及相关法律法规和政府规章的调整,"理事会＋执委会＋发展公司"的管理体制也涉及与两省一市有关部门、两区一县政府职责权力的划分。因此。建议由全国人大或全国人大授权沪苏浙两省一市人大,加快制定"长三角生态绿色一体化发展示范区管理条例",并且根据需要因地调整相应的法律法规。当然,也可以由国务院来制定这个管理条例。同时,结合示范区建设推进情况和法制需求,全国人大可以授权两省一市人大常委会开展跨区域的相关立法工作。

第五篇

担任在沪全国人大代表专题调研组召集
人并撰写的部分调研报告

关于"加快推进上海国际航运中心建设"的调研报告

（2009 年）

　　4 月 14 日,国务院印发了《关于推进上海加快发展现代服务业和先进制造业　建设国际金融中心和国际航运中心的意见》(以下简称《意见》),明确到2020 年,要基本建成航运资源高度集聚、航运服务功能健全、航运市场环境优良、现代物流服务高效,具有全球航运资源配置能力的上海国际航运中心;基本形成以上海为中心、以苏浙为两翼,以长江流域为腹地,与国内其他港口合理分工、紧密协作的国际航运枢纽港以及国际航空枢纽港。

　　在当前国际金融危机的形势下,加快推进上海国际航运中心建设的国家战略,对于上海更好地服务长三角、服务长江流域、服务全国,对于中国建设成为全球航运强国,都具有十分重大的意义。为此,在沪全国人大代表组成专题调研小组,从 8 月份起研究了相关法律法规和政策文件,听取了市建设交通委、市交通港口局、市口岸办的情况汇报,召开了航运、物流、服务、航运交易所等相关方面的座谈会,前往洋山深水港、唐山曹妃甸、天津滨海新区开展了实地考察调研,并在此基础上形成了本报告。报告总结了上海国际航运中心的建设情况,梳理了上海国际航运中心建设遇到的主要问题,提出了六项建议。

一、上海国际航运中心建设的基本情况和主要问题

　　经过十几年的努力,上海国际航运中心建设已经取得一定成果。表现在:一是港口吞吐能力大幅增长。2008 年上海港货物吞吐量 5.82 亿吨,集装箱吞吐量 2801 万标准箱,继续成为世界第一大货运港和第二大集装箱港。二是航运要素集聚初具规模。全球前 20 家班轮公司在沪设立了分公司或者办事机构,注册的国际海上运输及其辅助业经营企业有 1091 家,注册经营国际海上运输及其辅助业的外商驻沪代表机构有 295 家,全球最大的 9 家船级社在沪设立了代表处。同时,试点开展中资国际航运船舶特案免税登记制度。三是口岸

服务功能日趋完善。在国内率先启动了"大通关"工程，探索"无纸通关""提前报检、提前报关、实货放行"等通关模式，并实行"5＋2"工作制和一门式服务。

但是，通过与世界各大国际航运中心相比，上海国际航运中心建设尚存在一系列问题有待于进一步解决。突出表现在以下四个方面。

一是集疏运体系总体结构失衡。2008年公路、水路和铁路运输方式按照吞吐量计算的比例为62.5∶37.1∶0.4，公路运输比重过高、水路运输比重不大以及铁路运输比重偏低，既造成了城市道路的拥堵，也无法发挥水路运输经济、环保的特点。

二是航运服务业发展明显滞后。航运服务业发展与港口、码头和基础设施建设居于世界领先的水平不能匹配。在船舶融资、海事保险、航运经纪等航运高端服务业方面，上海在船舶贷款市场中份额不到1‰，全球海上保险市场中不到1％，国内的船舶融资业务、海事保险等业务还日益出现向外转移的态势。在船舶回国注册登记方面，我国在国外注册、悬挂方便旗的远洋船舶逐年增加，2005年占总吨位的51％，2006年上升到54.5％，且方便旗船舶的船龄相对较小。

三是航运业发展环境亟须优化。在航运业相关税收方面，相比国外，目前国内航运企业承担的税负较重。与新加坡相比，我国的营业税、企业所得税、进出口关税/增值税、船员所得税明显偏高，如营业税我国为3.3％，而新加坡减免。在航运法律方面，一些航运行政法规、规章已经难以适应发展需要，与国外发达国家以及国际惯例相比存在较大差距。

四是航空枢纽港建设有待加强。主要表现在：一是与竞争亚太核心航空枢纽地位的周边国家机场的差距仍在扩大。二是受空域可用资源和行业的高峰小时容量、每日航班总量限制，上海机场年旅客吞吐量由领先国内其他主要机场变为低于，且差距在扩大。三是基地航空公司国际竞争力的培育还需要更大支持。

二、加快推进上海国际航运中心建设的六项建议

加快推进上海国际航运中心建设的国家战略，不仅需要上海自身的努力，而且需要得到国家层面的支持。国务院《意见》明确提出，要探索建立国际航运发展综合试验区，研究借鉴航运发达国家（地区）的航运支持政策，提高我国航

运企业的国际竞争力。为此,建议国家相关部门近期研究实施如下政策。

1. 在洋山港试点实施启运港退税政策

企业在选择中转港口时考虑的主要因素有港口费用的高低、进出港手续的便利程度、箱源的丰富程度和航线设置等,而集装箱选择境外港口中转具有离港启运即可退税的优势是一个重要因素。根据国家海关退税政策,必须等出口货物上船离境才办理退税,手续烦琐,退税核销慢,通常需要一个月,而到韩国釜山等境外港口中转数天内即可办理核销退税。目前,我国每年有 300 多万集装箱经釜山等境外港口中转集拼后转运出口到欧美市场。因此,启运港退税政策对于货主和航运企业更加具有吸引力,尽早获得退税款,就能加快企业资金周转。

在当前经济环境下,建议尽快在洋山港实施启运港退税政策。国务院《意见》明确,在完善相关监管制度和有效防止骗退税措施的前提下,实施启运港退税政策,鼓励在洋山保税港区发展中转业务。实施启运港退税政策,一是会降低因跨关区退税带来的不确定性,简化进出港手续,方便不同关区间的中转,有利于吸引出口货物经洋山保税港区中转,提高国际中转比重。二是有助于扩大在洋山保税港区发展集拼、配送等增值服务业务,提高与周边国家和地区港口的竞争力。三是对于充分发挥长江黄金水道的优势,进一步促进长江沿线港口发展具有重要意义。

2. 研究与试点实施航运企业吨税制

目前,世界上很多航运国家采取的征税方案都是比较优惠、简单的吨税制。荷兰、英国、挪威、德国等在 1996 年就引入吨税制,印度、韩国、日本等亚洲国家也相继研究实施,吨税制已成为国际船舶运输税制的一个标准。例如,印度于 2004 年引入船舶吨税制度,税率为 1.5%～2%,而印度的公司所得税税率为 35%。在吨税制下,航运公司缴纳的税金是根据船队的总吨位数制定,而不是根据公司的经营利润。只有航运公司的经营地设在印度,并且拥有一艘以上具有资质的船舶,主营业务为远洋运输的才能够申请转为吨税制。船公司一旦选择了吨税制,至少在 10 年内要执行该税制;如果现在未选择吨税制,在后 10 年内也都无法再申请该税制。由于采用吨税制降低了航运企业的税负,印度各航运公司在本国登记的船舶数量不断增加,带动了与航运关联的造船、修船、物流等产业的发展。

为了给我国航运企业创建更为公平的竞争环境,促进航运业快速发展,建议我国也采用航运大国通行的吨位税收原则,即以船舶吨位为基准的利润税,而非根据公司的实际经营利润征税;建议利用洋山港航运发展综合试验区平台,对注册在试验区内的航运企业尽早试点实施符合中国国情的航运企业吨税制度;建议国家财政、税收主管部门会同交通主管部门共同研究这一税制的可实施性,并结合中国的实际情况,确定切实可行的税率,完善我航运业的税制。采用吨税制,一是可以吸引方便旗船回国登记,扩大国轮船队的规模,提高国家对国际海运船队的实际控制力,维护国家的经济安全和主权;二是有利于我国财政税收的稳定,有利于增加国内注册的船舶数量,实现国防安全;三是有利于航运公司预测税负、制定长期投资计划,增强我国航运企业的国际竞争力;四是有利于我国航运业与国际接轨,创建公平竞争的环境,带动航运相关产业的发展。

3. 探索与实施海员个人税收优惠政策

目前,世界上很多航运业或海员业比较发达的国家和地区均采取了多种措施鼓励公民从事海员职业,其中个人税收优惠是重要的鼓励措施之一。比如,瑞典、新加坡、菲律宾、中国香港、英国等对海员采取了免税措施,其中不乏对税收征缴非常看重的高福利国家和地区。当前,我国航运业普遍存在的海员用工特别是高级海员十分紧缺的现象,同海员个人税收过高有一定的关系。

从国家海运事业长远之计出发,要提高我国国民从事海员职业的积极性,培养和留住优秀的航海人才,建议参照国际海员的个人所得优惠政策,给予海员个人所得税减免。为此,一是可以利用洋山港国际航运发展综合试验区平台,对注册在国际航运发展综合试验区的航运企业,研究出台并试点实施海员工资、薪金收入个人所得税免征政策,逐步向全国推广,以稳定和壮大海员队伍,为我国航运业和海员劳务业的持续稳定发展提供有力的人才保障,提高我国远洋运输和海员劳务业的竞争力。二是给予海员个人所得税减免,可以不断发展壮大我国海员劳务外派业务,扩大就业渠道,解决一定的就业问题。

4. 对中资特案免税登记船舶实施优惠政策

2007年6月,交通运输部发布了《关于实施中资国际航运船舶特案免税登记政策的公告》,实施特案免税登记政策。截至2009年7月,全国总共只登记了24艘船舶(上海17艘、天津7艘、大连0艘),政策效果不明显。主要存在两方面原因:一是登记程序比较复杂(涉及十多个程序,四个国家部委);二是相比原先在国外登记,在国内登记并无明显优势,而且经营税负还有所增加。

为了继续实施好特案免税登记政策,建议国家相关部门提供配套政策。主要是两个方面:一是在洋山国际航运发展综合试验区建立特案免税登记港,对区内进口船舶登记取消进口二手船审批限制,简化登记程序。二是研究并允许特案免税登记船舶开展沿海捎带业务,提高特案登记的吸引力。

5. 修订《中华人民共和国国际海运条例》

目前,我国航运类企业众多,但服务质量和服务水平参差不齐,以上海的货代企业为例,目前就达 1 万家,但没有一家具有市场影响力。但是,《中华人民共和国国际海运条例》规定的国际海运企业、海运辅助服务业外资准入条件严格(如对外商投资的公司,中方投资人的出资额不得低于 50%),制约了很多国际知名航运经纪、船舶运输、船舶代理、船舶管理公司入驻,而这些国外公司如船舶经纪公司在航运业务中层次较高,业务涉及船舶保险、租船经营、船舶融资、船舶维修、拆船中介、船舶买卖等,发达的船舶经纪业务对于衍生业务发展非常有利,并会带来大量的金融结算,不仅有利于上海国际航运中心建设,也有助于国际金融中心建设。

为了加快上海国际航运中心建设,进一步提高我国航运类企业的服务质量和服务水平,一是建议国家有关部门放宽外商独资国际船舶管理企业的市场准入条件,允许外资单船公司在上海独资经营,以吸引更多的国际知名航运经纪、船舶运输、船舶代理、船舶管理公司入驻上海;二是建议国家有关部门修订《中华人民共和国国际海运条例》,在法律法规层面提供必要的保障。

6. 加强航空枢纽港建设的政策支持

在上海国际航运中心建设进程中,航空公司在承载海、河运客流、物流转运方面,肩负重要责任,尤其是基地航空公司要发挥更大、更突出的作用。为此,一是建议国家交通运输部协调有关方面,调整上海地区空域结构。在明年上海世博会举办期间,实现浦东国际机场小时高峰起降 80 架次和虹桥机场小时高峰起降 50 架次的目标,2015 年实现浦东国际机场小时高峰起降 130 架次和虹桥机场小时高峰起降 60 架次的目标。二是建议国家和上海给予基地航空公司在税收、用地、员工户口等方面适当的政策倾斜,以利于其轻装前进,进一步提高竞争实力。

关于"我国特大型城市应对人口老龄化挑战"的调研报告

（2012 年）

人口老龄化作为全球人口发展的普遍趋势，是 20 世纪人类社会面临的一个重大挑战。我国于 1999 年迈入了人口老龄化社会行列，特定大型城市更早进入人口老龄化。上海于 1979 年率先进入老龄化社会，老龄化程度一直高居全国之首。为此，上海市全国人大代表成立专题调研组，以"特大型城市应对人口老龄化挑战"作为切入点开展调研。自 7 月份以来，调研组先后两次召开座谈会，听取民政、财政、社保、卫生、教委、文广、体育等政府部门，养老服务机构、市老年基金会等社会公益组织和相关科研院所专家的意见和建议。调研组还实地走访了上海杨浦区社会福利院和延吉街道养老院等机构，专程赴北京考察，了解掌握上海、北京养老事业发展的真实情况，在此基础上提出了我国特大型城市应对人口老龄化挑战的建议，并且期望对全国应对人口老龄化挑战起到应有的参考作用。

一、特大型城市人口老龄化的严峻形势及主要问题

根据第六次全国人口普查的数据测算，截至 2011 年末，全国 60 岁及以上老年人口的数量已经达到了 1.85 亿，占全国总人口的 13.7%，预计到 2025 年将突破 3 亿，2033 年将突破 4 亿，2053 年达到 4.87 亿，到 2054 年老年人口比例达到 34.9% 的峰值。

在全国人口老龄化进程中，一些特大型城市虽然老龄化的程度不尽相同，但均表现出了明显的共同特征。一是人口老化程度高、速度快。例如，在 2011 年末的上海户籍人口中，60 岁及以上老年人口达到 347.76 万，占总人口的 24.5%，接近全国水平的两倍，每年的老年人口增长比例为全国的 2 倍多。二是老年人口高龄化态势显著。上海自 1996 年施行老年人口统计以来，80 岁及以上高龄人口增长了 141.6%，60 岁及以上老年人口增长了 42.9%，80 岁及以

上人口占老年人口的比重已由 10.7％上升到 18.1％，而北京高龄人口占老年人口的比例也达到了 15.5％。三是纯老家庭人数日益增多。老年人空巢现象非常普遍，并呈现不断扩大的趋势。例如，2004—2010 年，上海市纯老家庭老年人数从 70.96 万上升至 94.56 万，增长了 33.3％，其中，80 岁及以上纯老家庭老年人数增长了 185.4％，将近一半的高龄老人是纯老家庭老年人。同样的，北京的纯老家庭人数也已占到老年人口的 18.2％。

面对老龄化的挑战，一些特大型城市采取了积极的措施。主要体现在：一是建立了较为完善的社会保障机制。京沪建立了覆盖城乡的社会保障体系，将绝大多数无保障的老年人纳入了社会保障体系，基本实现了养老保障和医疗保障网络的全覆盖，建立了基本养老金的正常调整机制，并进一步减轻了老年人的医疗费负担。二是基本建成了较为完整的为老服务体系架构。目前，京沪均已确立了以居家养老为主、机构养老为辅，兼顾健康老人与需照料老人的养老服务模式。在照料服务和多元服务方面，充分考虑不同情况老人的需求，进行分类服务，满足并丰富了老年人的晚年生活。三是积极引进社会资源参与为老服务事业发展。例如，引进民间资本兴办养老机构，到 2011 年底京沪两地民办养老机构的床位数均已超过 50％；政府购买服务的模式已经被运用于助餐、居家养老服务、日间照料、老年文娱活动组织、为老服务设施管理等诸多项目之中。

面对老龄化的挑战，我们也应该清醒地认识到，特大型城市还存在着以下四个方面的主要矛盾和问题。

1. 为老服务体系建设缺乏战略导向和中长期规划

目前，尽管京沪为老服务体系已经初具规模，但在发展思路上仍然以零敲碎打、被动应对为主，面对老年人群庞大的需求，采取一些权宜的对策，相关服务政策的侧重点还在于如何扩大服务面，提供更多内容的服务项目，尚缺乏明确的福利政策导向和对于服务体系架构的整体规划。在老年服务体系已经具备一定的规模和基础，且加速发展的背景下，一些深层次的问题和矛盾正在日益凸显。例如，老龄工作机构的体制和经费、老年服务设施用地、养老机构的空间布局、社区为老服务资源整合、民办养老机构的发展等一系列问题，都需要通过建立明确的战略导向并落实相应的政策及中长期规划加以解决。

2. 为老服务事业发展的政府投入与支持仍显不足

目前,为老服务事业的政府投入和支持力度与老年人日益增长的需求之间仍然存在差距。一是政府投入不足。各级政府的投入多采取项目制,并未列入经常性的财政预算之中,除了新增养老床位、居家养老服务补贴等一些大型项目有相对稳定的资金外,很多服务项目都没有稳定的资金投入,即使是拥有稳定补贴的养老床位、居家养老补贴等项目,也存在补贴标准过低的现象。二是服务供给不足。养老床位供不应求,面向失智、重度失能、临终老人等特殊人群的服务很少。三是服务体系低水平运转。多数服务机构仅能提供一些基础性的服务,从业人员待遇低下,不少机构为压缩服务成本不得不牺牲服务质量,高素质护理人员稀缺。

3. 为老服务产业发展缺乏足够的政府政策支持

全国老龄事业发展"十一五""十二五"规划均提出要发展老龄产业,国务院也出台了《关于鼓励和引导民间投资健康发展的若干意见》和《关于发展家庭服务业的指导意见》,但尚未有较有力度的扶持政策出台,老龄产业的发展也比较缓慢。例如,尽管京沪两地都给予民办机构一定的补贴和税费优惠政策,但都力度较小。此外,民办机构难以和公办机构享有同等的政府支持和政策优惠,在很大程度上削弱了其竞争力和服务质量,尤其是收费水平处于中低层次的民办机构,而这正是老年人需求量最大的部分。

4. 为老服务机构的管理缺乏法律规范约束

随着为老服务行业规模的扩大和服务类型的增加,以及民间资本、社会组织的不断加入,规范管理的问题日益突出。一是法律规定的滞后。目前,我国只有 1999 年由国家民政部制定的《社会福利机构管理暂行办法》(简称《办法》),很多条款规定已经明显滞后,远不能适应形势发展的需要。例如,在特大型城市已经开展多年、发展迅速的社区居家养老服务,民办服务机构监管等在法规方面还存在诸多空白,在实践中碰到很多难题。同时,《办法》作为一个政府规章,法律效力有限,尤其在养老服务的设施用地、规划、机构监管、税费优惠、经费投入等方面的矛盾已经凸显。二是机构管理政出多门。为老服务机构的管理涉及多个职能部门,相互之间缺乏协调,管理力度较为薄弱。而作为业务主管的民政部门对于机构的审批、管理、监督和处罚缺乏有力的法规支持,存在诸多掣肘。尤其是民办机构,由于并不存在行政隶属关系,民政部门对其约束能力要远远弱于公办机构,近年来的实践中已经暴露出了很多隐患。

二、特大型城市应对人口老龄化挑战的对策建议

为老服务事业的发展,关系到国家的长治久安和社会的和谐稳定,关系到未来经济社会的可持续发展。必须引起全社会的高度重视。目前,特大型城市在应对人口老龄化挑战方面取得了一些经验,但是,还有一些深层次矛盾和重要障碍已经超越了地方立法和行政的权限,迫切需要由全国人大和中央政府以顶层制度设计的方式予以化解。为此,我们提出以下六个方面的建议。

1. 建议将老年人的起始年龄界定为 65 岁

目前,国际上老年人年龄界定的标准有两个。一个是 1956 年联合国推荐的 65 岁,并被发达国家所采纳;另一个是 1982 年世界老龄问题大会推荐的 60 岁,被多数发展中国家所采纳。在中国,1964 年第一届全国老年学与老年医学学术研讨会规定 60 岁为老年期;1981 年第二届会议又建议 65 岁为老年期的起点年龄,但迄今尚未得到认可。

我们认为,我国将老年人的起始年龄界定为 65 岁的时机已经成熟。老年人年龄界定是随着平均预期寿命的延长而不断延后的,新中国成立初期,我国的平均预期寿命仅为 35 岁,而目前已经达到 74.83 岁,接近发达国家的水平,远远超过发展中国家的水平。因此,我国不仅已经完全具备了提高老年人年龄定义的条件,而且越来越具有迫切性和必要性。一是有利于在制定涉老政策时,提高资源配置的效率,避免不必要的浪费,缓解老年社会保障支出和为老服务设施建设的压力。二是有利于为与老年人年龄界定密切相关的退休年龄等法规政策调整提供依据。例如,人均寿命较长的发达国家,其退休年龄普遍超过 60 岁,并有不断推迟的趋势。三是有利于国际比较和交流。避免因为口径的不一致,在国际交流和比较中带来不便,甚至因此对我国相关政策的制定产生误导。

2. 建议继续制定并完善为老服务相关法规

相比于一些发达国家,目前我国尚未有全国性的养老服务方面的法律法规。应该清醒地认识到,上位法的缺失,已经成为地方以及全国发展为老服务事业和为老服务产业的一个重要掣肘。

我们认为,应该尽早完善相关法律法规体系,加强为老服务事业的引导和

规范管理。一是在老年法的基础上制定"老年法实施细则"。将老年法所规定的老年人享有的各项权益,包括社会福利和服务的内容细化落实,明确各相关政府部门在为老服务事业发展中的责任,包括为老服务设施的用地、税费优惠、预算、管理等。二是在现行《社会福利机构管理暂行办法》的基础上制定"养老服务机构管理条例"。将社区为老服务机构和养老机构、民办机构和公办机构一并纳入管理,对服务机构的设置规划、设立条件和程序、执业要求、监督管理、政府扶持与优惠以及相关法律责任等做出明确的规定。三是制定"护理保险办法"。目前,护理费用成为老年人及其家庭的一个沉重负担,矛盾尤为突出。在德国、美国等国,推行的护理保险已经较好地解决了老年人的护理问题,具有非常现实的借鉴意义。为此,应该尽早制定"护理保险办法",由卫生部、民政部牵头,通过自助、互助与公助等多渠道筹资,合力解决老年人的护理问题。

3. 建议制定老龄事业发展中长期战略规划

在不断完善法律法规的同时,政府的直接推动作用不可忽视。老龄事业不能仅仅满足于短期的 5 年规划,必须纳入国民经济社会发展长期规划和国家发展战略,以顶层制度设计积极应对人口老龄化的挑战,引导地方老龄事业的发展。一些特大型城市进行老龄事业探索实践的经验教训都可以作为全国制定中长期战略的重要参考。同时,这些城市在目前老龄事业发展中所遇到的深层次矛盾,也将是全国在今后会碰到的矛盾,这恰恰是中长期战略所需要着力解决的。

我们认为,制定老龄事业发展中长期战略规划,不仅必须,而且应该加快。一是根据人口老龄化发展趋势以及社会经济发展的程度,制定 10 年中期发展规划,确立老龄事业发展的方向,初步建立老龄事业发展的框架和机制;制定 20 年长期发展战略,为应对人口老龄化高峰的到来进行战略储备。二是中长期规划的重点,不仅要审慎处理好发展老龄事业和社会发展承受能力之间的关系,根据国情不贪大求全、盲目建设,而且要着力建设老龄事业发展的体制机制,切实落实政府责任。主要体现在:建立老年服务设施的土地储备制度,明确为老服务设施建设必须纳入各地的国有建设用地供应计划以及城市公建配套,按照老年人口的数量确定划拨土地面积;将为老服务事业发展的经费(包括机构建设和改造、公益性机构或设施日常运行补贴以及老年人基本服务补贴)纳入公共财政预算;制定扶持老龄产业发展的规划。对于生产老年人用品、开展为老服务的社会组织和企业施行税费减免、信贷倾斜、营利和非营利产业的分类管理等。

4. 建议为促进老龄产业发展提供必要支持

人口老龄化程度较高的发达国家都拥有相当发达的老龄产业,为老年人提供多种多样的服务和产品,不仅提高了老年人的生活质量,而且也带来了巨大的经济效益。在我国,全国老龄事业发展"十一五""十二五"规划均提出要发展老龄产业,国务院出台了《关于鼓励和引导民间投资健康发展的若干意见》和《关于发展家庭服务业的指导意见》,一些特大型城市老龄产业的商机已经日益显现,但缺乏必要的扶持政策。例如,自 2008 年以来,上海已经成功举办六届老龄产业博览会,规模一届比一届大,越来越多的企业开始涉足老龄产业,民办养老机构的床位数已经超过了 50%,一些国内外知名企业也先后申请开设养老机构。为此,上海近年来也出台了一些扶持民办养老机构的优惠政策。但相比于扶持其他企业的优惠政策而言,力度明显不够,对为老服务企业的管理也存在法规方面的空白。

我们认为,在北京、上海这样老龄化程度较高、经济较发达、老年人消费能力较强、老龄产业发展相对较快的城市,可以参照发达国家扶持老龄产业发展的经验,率先开展促进老龄产业发展的试点。一是可以参照扶持创意产业、小微企业发展的模式,制定相关法规、政策,扶持与规范老龄产业的发展。二是鉴于老龄产业范围较广,建议在现阶段率先将老年人需求最为迫切的辅具生产和为老服务行业纳入扶持范围。三是增加税费减免力度。实施"两免三减半"的所得税优惠,减轻企业负担。四是对于不同性质的为老服务机构实行不同的土地供应方式,给予不同程度的优惠。对于非营利性以及提供基本服务的机构给予最大程度的优惠。五是给予企业资金扶持。建立融资平台,对于具有良好发展前景的企业给予融资和信贷优惠。

5. 建议建立志愿者为老年人服务的制度

目前,发达国家和地区已经普遍建立了较为成熟的志愿者服务体系,并且拥有一整套法律法规予以保障。我国台湾地区以替代役的模式实施志愿者制度,香港地区则有义工制度,志愿者也成为帮助老年人的重要力量。2009 年,上海颁布了《上海市志愿服务条例》,为全国首创。在老龄工作方面,近年来上海也多方面探索志愿者为老年人服务以及老年志愿者行动,其中 2009 年成立了上海市老年志愿者总队,注册志愿者达 16 万人。

我们认为,志愿者制度的施行,一方面可以推动社会文明的进步,培育公民尤其是青年人树立服务社会、助人自助的价值观;另一方面,训练有素的志愿者可以有效弥补公益机构中为老服务人员不足的矛盾,充分挖掘社会资源,一些低龄健康的老年人作为志愿者也可以充分发挥他们的作用,实现老有所为和积极老龄化。为此建议,一是选择上海或北京等特大型城市,在为老服务领域进行志愿者制度建设试点。二是进一步完善相关法律法规,例如,在《上海市志愿服务条例》的基础上制定相关实施细则、办法和标准,明确界定各方的行为规范和法律责任,制定对志愿者、志愿者组织、培训组织等的相关鼓励和优惠政策。三是由当地民政部门牵头,建立涉老志愿者的培训、考核及组织机制,并纳入财政补贴范围。

6. 建议在特大型城市进行三项涉老政策改革试点

京沪等特大型城市的老龄化程度远远高于全国,且经济相对发达,很多老龄事业发展中的瓶颈在全国可能尚未凸显,在老龄化程度较高的特大型城市却已经迫切需要制度创新;很多涉老政策可能尚未具备在全国推行的条件,但在京沪等城市已经具备。为此,建议参照教育综合实验改革的模式,进行先行先试,总结经验教训,待条件成熟之后,在全国推广。

(1) 延迟退休年龄及男女退休年龄统一。延迟退休年龄是当前世界各国普遍采用的应对人口老龄化的有效方法。由于平均预期寿命的延长以及社会生产力的发展,脑力劳动日益普及而体力劳动强度减轻,延迟退休年龄获得了劳动者的普遍认可。同时,为了避免过快提高退休年龄而造成严重失业,一些发达国家采取结合劳动力供给状况,逐步提高退休年龄的模式,值得我们借鉴。目前,上海已经采取柔性延迟退休年龄的措施,具有一定的基础,建议在此基础上进行推迟退休年龄和男女退休年龄统一的试点:一是逐步改柔性为硬性延迟,面向所有在职者,分阶段逐步提高退休年龄;二是对于企事业单位特别需要的紧缺和顶尖人才进一步放宽退休年龄至 70 岁;三是从高级专业人才、脑力劳动人群着手,除少数特殊工作岗位外,逐步取消男女退休年龄差异。

(2) 适时完善调整计划生育政策。近年来,全国各界多有调整计划生育政策的呼声,部分地区也有微调,但考虑到生育政策对我国影响重大,不得不慎之又慎。目前,全国可能尚未具备调整的条件,但是,全国各地生育水平差距较大,如上海户籍人口的总和生育率已经降低至 0.83,远低于世界公认的人口自然更替必需的户均生育 2.1 的水平,也远远低于全国 1.6～1.8 以及西方发达国家平均 1.7 的生育率。根据测算,上海进入老年期的人群中,有 80% 为独生子女的父母。目前,上海已经取消了双独夫妻生育二胎的年限间隔限制,具有一定的经验。考虑到生育政策影响的长期性,建议在上海等特大型城市率先进行计划生育政策调整试点,在缓解当地老龄化率的同时,考察生育政策调整对于人口及社会的综合影响,以作为全国调整政策的参考。

(3) 积极探索推行护理保险制度试点。解决老年人的护理需求是应对人口老龄化挑战中的重要一环。根据测算,上海失能与半失能老年人大约占到老年人口总数的 6.7%,老年人护理问题尤其突出。对此,上海老龄事业发展"十二五"规划中明确要探索建立老年长期护理保障制度,市政府也召开了专题会议。自 2009 年以来,由市人保局牵头进行了"老年护理保障计划"调研,并形成了较为成熟可行的操作方案,即整合现有的家庭病床、居家养老、养老机构等各类养老服务资源,对一定年龄以上、因病或生理功能衰退导致生活不能自理,经评估达到一定护理等级的城乡老年居民,给予老年护理费用专项补贴。近阶段,拟考虑从 80 岁以上、经评估护理需求达到中、重度老人起步,选择部分区县、街镇试点。试点阶段,补贴经费可由医保基金和个人两方负担为主,对经济困难老人的个人负担部分,由政府给予一定补助;制度运行管理费用以及人员培训等费用由财政列支。根据运行情况,逐步增加政府投入,并研究建立老年护理专项基金。但是,该方案实施还存在筹资渠道单一、医保基金使用、护理资源整合等方面的障碍,落实具有相当的难度。为此,建议由国家相关部门牵头,给予上海先行先试的特殊政策,为将来在全国开展护理保险制度积累经验。

关于"推进农业改革,发展家庭农场"的调研报告

(2013 年)

今年中央 1 号文件明确提出,要创新农业经营体制机制,构建集约化、专业

化、组织化、社会化的新型农业经营体系,并且把家庭农场明确为新型农业经营主体的重要形式予以扶持发展。为此,上海市全国人大代表围绕"推进农业改革,发展家庭农场"开展专题调研。自7月份以来,调研组对农业部推荐的上海松江、湖北武汉、吉林延边、浙江宁波、安徽郎溪等地的家庭农场进行了研究分析,先后在上海市松江区、金山区以及吉林省延边州开展了实地调研座谈,听取了各级政府、农口部门、镇村干部以及家庭农场经营者的意见和建议。我们认为,各地对培育和发展家庭农场的意识及积极性都很高,也反映了一些困难和问题,对国家给予政策扶持满怀期待。为此,当前非常有必要提高思想认识,细化政策措施,抓好组织落实,推动我国家庭农场健康稳定发展。

一、正确界定家庭农场发展的内涵特征

家庭农场在欧美发达国家已有几百年的发展历史,在我国于2008年首次写入中央文件,党的十七届三中全会所作的决定中提出"有条件的地方可以发展专业大户、家庭农场、农民专业合作社等规模经营主体"。2013年初,中央1号文件进一步把家庭农场明确为新型农业经营主体的重要形式,并要求通过新增农业补贴倾斜、鼓励和支持土地流入、加大奖励和培训力度等措施,扶持家庭农场发展。近年来,一些地方对家庭农场的内涵特征做了探索性的研究和阐述,有的把它界定为承包农户的升级版,有的把它界定为种养大户的规范版等,而农业部也提出了家庭农场的认定条件。

我们认为,准确把握家庭农场的内涵特征,既要借鉴国外家庭农场的一般特性,又要切合我国的国情和农情。家庭农场与以前人们熟悉的种养大户、农民合作社、龙头企业都是农业经营主体,这些主体的功能不同、各有优势,它们是互补关系,而非取代关系,应当因地制宜,协调发展。结合松江区粮食家庭农场的特点,家庭农场的概念可以表述为"家庭经营,规模适度,一业为主,集约生产",即以农户家庭为经营主体,主要利用家庭劳动力,生产经营规模适度,专业化、标准化、集约化、商品化水平较高,且以农业生产经营收入为主要收入来源的农业生产经营单位。具体来说,我国家庭农场应该具有以下三个主要的内涵特征。

1. 以"家庭"为生产经营单位

相对于专业大户、合作社和龙头企业等其他新型农业经营主体,家庭农场

最鲜明的特征是以家庭成员为主要劳动力,以家庭为基本核算单位。在生产作业、要素投入、产品销售、成本核算、收益分配等环节,都以家庭为基本单位,继承和体现了家庭经营产权清晰、目标一致、决策迅速、劳动成本低等诸多优势。家庭成员劳动力可以是户籍意义上的核心家庭成员。家庭农场不排斥雇工,但雇工人数一般不超过家庭务农劳动力数量,主要为农忙时临时性雇工。例如,松江的原则是"经营者自耕",即家庭农场经营者原则上必须是本地农户家庭,且必须主要依靠家庭成员从事农业生产经营活动,不得将经营土地再转包、转租给第三方经营;除季节性、临时性聘用短期用工外,不得常年雇用外来劳动力从事家庭农场的生产经营活动。

2. 以"农业"为主要经营对象

家庭农场以提供商品性农产品为目的开展专业化生产,这使其区别于自给自足、小而全的农户和从事非农产业为主的兼业农户。家庭农场的专业化生产程度和农产品商品率较高,主要从事种植业、养殖业生产,实行一业为主或种养结合的农业生产模式,满足市场需求、获得市场认可是其生存和发展的基础。家庭成员的主要劳动场所在农场,以农业生产经营为主要收入来源,从而成为新时期的职业农民。例如,目前松江家庭农场 80％的资源配置、80％的劳动支出、80％的收入来自农业;家庭农场平均净收入达 10 万元左右,种养结合家庭农场的收入水平更高,一年净收入平均可达 15 万元左右。因此,农业已经成为一种体面的职业,从事农业同样可以获得体面的收入,过上体面的生活。

3. 以"适度"规模经营为基础

家庭农场的种养殖经营必须达到一定规模,这是区别传统小农户的重要标志。结合我国农业资源禀赋和发展实际,家庭农场的"适度"主要应该体现出三个"匹配":与家庭成员的劳动能力相匹配;与取得相对体面的收入相匹配;与不同的行业、种植品种等相匹配。例如,松江粮食家庭农场经营规模一般为100～150 亩,少的 80 多亩,多的 200 亩,平均为 113 亩,主要是根据当地农业机械化水平、劳动力和其他要素资源得到充分利用、农村劳动力转移就业情况,以及家庭农场收入水平要适当高于外出打工收入等因素确定。因此,家庭农场规模不宜过大,从业收入不能超过外出务工家庭收入太多,否则农民会重新要地自营,如果雇用大量工人,也会导致劳动监督成本上升、土地产出率递减、产品质量下降等问题,丧失家庭经营优势。

二、正确认识家庭农场发展的重要意义

据农业部统计,至 2012 年底全国 30 个省、自治区、直辖市(不含西藏)共有家庭农场 87.7 万个,说明家庭农场已初具规模。今年 3 月农业部首次对全国家庭农场进行了统计调查,结果显示,全国家庭农场经营耕地面积达 1.76 亿亩,占全国承包耕地面积的 13.4%;平均每个家庭农场有劳动力 6.01 人,其中家庭成员 4.33 人,长期雇工 1.68 人。在全部家庭农场中,从事种植业的有 40.95 万个,占 46.7%;从事养殖业的有 39.93 万个,占 45.5%;从事种养结合的有 5.26 万个,占 6%;从事其他行业的有 1.56 万个,占 1.8%。家庭农场平均经营耕地达 200.2 亩,是全国承包农户平均经营耕地面积的近 27 倍;全年经营总收入为 1620 亿元,平均每个家庭农场为 18.47 万元;已被有关部门认定或注册的有 3.32 万个,其中农业部门认定 1.79 万个,工商部门注册 1.53 万个。

我们认为,当前我国"三农"发展进入新阶段,应对农业兼业化、农村空心化、农民老龄化的趋势,解决谁来种地、怎么种好地的问题,亟须构建集约化、专业化、组织化、社会化相结合的新型农业经营体系。家庭农场能够有效集成现代农业生产要素,是今后商品农产品特别是大田作物农产品的主要提供者,是构建现代农业经营体系的骨干力量。其必要性主要体现在以下五个"需要"。

1. 应对"谁来种地、谁来务农"问题需要家庭农场

培育家庭农场是城镇化发展倒逼的结果。一方面,大量青壮年农村劳动力离土进城,在一些地方出现土地粗放经营甚至撂荒,这就需要把进城农民的土地流转给愿意种地、能种好地的专业农民;另一方面,一些地方盲目鼓励工商企业长时间、大面积租赁农民的承包地,既挤占了农民就业空间,也容易导致"非农化"。因此,培育和发展以农户为单位的家庭农场,主要是在企业大规模种地和小农户粗放经营土地之间寻找的中间路线,既有利于实现集约化、规模化经营,又可以避免企业大量种地带来的种种弊端。

2. 坚持和完善农村基本经营制度需要家庭农场

在我国,随着社会主义市场经济的发展,传统农户小生产与大市场对接难的矛盾日益突出,从而使许多人对家庭经营能否适应现代农业发展的要求产生了疑问。这种疑问,随着我国工业化、城镇化进程加快显得尤为突出,例如,盲目鼓励工商企业长时间、大面积租种农民的承包地就是一个实证。因此,在承

包农户基础上孕育出来的家庭农场,既发挥了家庭经营的独特优势,又克服了承包农户"小而全"的弊端,具有旺盛的生命力。

3. 建立和健全新型农业经营体系需要家庭农场

承包农户是现阶段农业的基本经营主体,在承包农户的基础上,将会孕育一批专业大户和家庭农场,在基本农户、专业大户及家庭农场的基础上,会组成大量的农民专业合作社,且合作社也会和搞农业产业化的龙头企业进行对接,加上一些农业社会化的服务组织,共同构成了现代农业发展的经营体系。在这样的农业经营体系里面,应更多地关注家庭农场。这是因为,农业产业化发展已有 20 多年,已经发展得比较成熟,法律政策体系比较完备,但现在对家庭农场的扶持政策体系还没有完全建立起来,需要格外关注在基本农户的基础上孕育产生的家庭农场,对它们进行扶持和帮助。

4. 劳动生产率与土地产出率双提升需要家庭农场

大量农民外出务工,根本原因在于土地经营规模过小,务农效益低,而发展家庭农场是解决问题的重要渠道和形式。家庭农场以家庭成员为主要劳动力,在综合考虑家庭成员劳动能力、农业机械化水平、经营作物品种、土地自然状况等因素的情况下,能够确立适度的经营规模,实现土地生产率与劳动生产率的最优配置。因此,明确发展家庭农场这种"适度规模经营主体",既可以有效提高农业劳动生产率和务农效益,又可以避免以降低土地产出率为代价,片面追求扩大经营规模的发展误区。

5. 提高农业经营主体市场竞争力需要家庭农场

随着农产品市场的日益国际化,如何提高农户经营的专业化、集约化水平,以确保我国农业生产的市场竞争力,是必须从长计议、做出前瞻性战略部署的重大课题。环顾世界,在城镇化过程中如何培育农业规模经营主体,主要有两个误区:一是拉美一些国家盲目鼓励工商资本下乡种地,导致大量农民被迫进城,形成贫民窟,给国家经济转型升级造成严重影响。二是日本等国长期在保持小农经营与促进规模经营之间犹豫不决,导致农业规模经营户发展艰难,农业市场竞争力急剧下降。因此,从提升我国农业市场竞争力的角度,也必须尽快明确培育家庭农场的战略目标,建立健全相应的培育政策体系。

三、正确选择家庭农场发展的培育方式

经过多年的探索和实践,我国家庭农场发展已经取得了一定的成效。例如,松江家庭农场不仅促进了粮食生产水平的明显提高,而且增加了农民的收入。2012年松江农民人均收入1.79万元,而种粮家庭农场和种养结合家庭农场的年收入分别达到了10万元和16万元,按人均计算也分别达到3万多元和5万多元。同时,还解决了农业后继无人的问题,目前家庭农场经营者的年龄以46~55岁这个年龄段为主体,比面上农业生产经营者平均年轻5岁。

我们认为,各地家庭农场发展之所以取得比较好的成效,关键在于因地制宜选择了家庭农场发展的方式和路径,通过各方努力、各路支持、各类协调,最终呈现出了比较良好的发展态势。以南方的上海松江和北方的吉林延边发展家庭农场为例,归纳起来的主要做法体现在以下五个方面。

1. 夯实基础,加强培育

一是支持农民非农就业。农村劳动力转移是发展家庭农场的重要前提,只有农村劳动力向第二、第三产业转移,家庭农场发展才有空间。其结果是,转移出去的农民实现了稳定就业;扎根农业的农民不断扩大经营规模,发展家庭农场;兼业农户则可以流转出土地,取得土地流转费收入。二是建立养老补贴机制。如松江对土地全部流转出来的老年农民,在上海市新农保标准约500元/月的基础上,再给予150元/月的养老金补贴,鼓励农民自愿转出土地,稳定家庭农场土地流转关系。三是经营者择优。如松江规定家庭农场经营者必须有一定的条件,涵盖户籍、年龄、身体素质、敬业精神、农业知识、农机操作技能等方面。村委会在当地农民自愿提出经营申请的基础上,通过民主评定,择优选择懂专业技术的农民来经营家庭农场。

2. 政策扶持,落实到位

一是提高种粮补贴。2013年3月之前,松江对家庭农场每年每亩给予200元土地流转费补贴;从3月份开始将区财政补贴改为奖励补贴,奖励范围有家庭农场粮食高产竞赛、秸秆还田、农机直播、新农艺新技术推广、生产考核等,并与考核结果挂钩。二是增加农机补贴。上海市、区财政对家庭农场按农机总价的50%~70%进行补贴,而延边州对农机具购置补贴从3台套增加到5台套。三是实行贷款贴息和保险补贴。松江区财政出资5000万元作为贷款担保基

金,为家庭农场提供贴息贷款扶持,而水稻保险费全部由区财政承担。延边州、县财政对农场贷款各贴息 30%。四是改善农业基础设施。近几年,松江在水利设施、机耕道、耕地整治等方面累计投入 2 亿多元,大大改善了家庭农场的农业生产条件。

3. 搞好服务,形成体系

一是加强指导培训。松江每年对家庭农场经营者进行农业职业技能培训,指导家庭农场播种优质粮种、采取标准化生产技术,提高水稻重大病虫害防治及安全生产水平,并派技术人员到家庭农场现场指导,进行全程跟踪服务。二是完善农资服务。松江和延边两地都扩大了农资连锁经营覆盖面,做好种子、农药、化肥、农膜等农业生产资料的配送供应服务。三是推广农机作业。松江已成立 30 家农机合作社,农机服务实现家庭农场全覆盖,推广水稻全程机械化。农机合作社与家庭农场签订农机服务协议,服务价格由区政府统一规定。四是强化配套服务。松江粮食烘干设备全部由区财政统一投入,粮食部门以镇为单位配备烘干设备。

4. 规范引导,制定规则

一是规范流转土地。松江按照依法、自愿、有偿的原则,村民与村委会签订统一格式的土地流转授权委托书,再由村委会与家庭农场经营者签订统一格式的土地流转合同。区农委对家庭农场的土地流转费进行合理控制,每亩土地租金是 500 斤稻谷,以实物或折现支付。二是确定适宜规模。松江提出现阶段家庭农场土地规模以 100～150 亩为宜,随着农业生产力水平提高、农业劳动力进一步转移,可逐步扩大土地规模,不断提高劳动生产率。三是建立考核退出机制。松江规定镇、村两级共同对家庭农场进行考核,实行专业考核与村民民意考核相结合。新家庭农场经营者试用一年,年度考核不合格的,自动终止家庭农场承包经营协议;考核合格的,成为正式家庭农场经营者。家庭农场经营者取得经营权后,不直接参加农业生产和管理,常年雇用其他劳动力的,将经营土地转包、转租的,故意拒交、拖欠土地流转费的,取消其家庭农场经营者资格。

5. 持续推进,法律保障

以延边为例,自 2008 年起先后出台了《中共延边州委、延边州人民政府关于推进农村改革发展的实施意见》(2008 年)、《州人民政府关于发展专业农场促进土地流转推动城乡一体化试点工作指导意见》(2009 年)、《中共延边州委、延边州人民政府关于坚持城镇化方向加快城乡一体化进程的意见》(2010年)等一系列文件。2011年,又出台了《中共延边州委、延边州人民政府关于发展专业农场促进土地流转加快推进城镇化的若干意见(试行)》,提出"十二五"期间在全州掀起以专业农场建设为载体,加快农村土地流转的高潮。2012年,延边州人大常委会把推进专业农场发展纳入立法工作计划,经过近一年的研究和广泛地征求意见,《延边朝鲜族自治州促进专业农场发展条例(草案)》于5月30日经省第十二届人大常委会第二次会议通过,为专业农场发展提供了更充分的法律保障。

四、正确把握家庭农场发展的基本条件

我们认为,我国家庭农场发展:一要避免行政推动。家庭农场是发展现代农业的一种好形式,但不是唯一形式。发展家庭农场要坚持引导而不强迫,支持而不包办,更不能定任务、下指标、搞翻拍,一哄而上。二要因地制宜探索发展模式。支持各地根据资源禀赋、农业传统、现代化水平,合理确定家庭农场的适宜规模,防止一刀切。三要制定阶段性扶持政策。在发展初期,着力帮助家庭农场解决信贷担保、基础设施、土地流转、设施用地等问题;在成长成熟阶段,着力帮助解决质量安全、品牌建设等问题。四要注重不同经营主体扶持政策的协调。种养大户、家庭农场、农民合作社、龙头企业的扶持政策应兼顾平衡,避免厚此薄彼。综合来看,家庭农场发展应该具有以下五个必备的条件。

1. 农村劳动力转移是前提

随着我国工业化、城镇化的快速推进,农村劳动力就业和人地关系发生了重大变化。由于全国各地经济快速发展,经济结构发生了巨大变化,也带来了农村劳动力向第二、第三产业大量转移。例如,在松江区农村劳动力18.9万人中,直接从事农业的农村劳动力仅有5572人,占农村劳动力总量的2.9%。近年来,城市化进程加快,农村本地户籍人口到城市(镇)居住的比例增加,为缓解人口对农地的长期压力,分离土地承包权与经营权,扩大农业从业者的耕地适度经营规模,提高务农者的土地经营收入创造了前提条件。

2. 农业机械化程度是关键

近年来,为了解决人口和劳动力大量非农后的农业发展问题,全国各地的农业机械化程度有所提升,为提高农业劳动生产率创造了物质条件。例如,松

江、延边等地,通过加大农业机械的投入,实现了水稻生产耕地和收割的机械化。农机拥有量的剧增,农业栽培技术和机械化水平的提高,提高了农业劳动生产率,使拥有 2~3 个劳动力的家庭农户依靠自身劳动就能耕作规模成片农田,使推行适度规模的家庭农场经营成为可能。

3. 地方财力不断增强是后盾

全国各地经济增长,地方财力强劲,增强了反哺农业的能力。例如,松江、延边等地方财力的不断增强,提高了政府反哺农业的能力,补贴农业生产不再捉襟见肘,为发展家庭农场提供了强有力的资金保障。为了发展粮食家庭农场,松江区将财政种粮直接补贴、农资综合补贴、良种补贴和农机具购置补贴发放到粮食家庭农场,提高"四补贴"对粮食生产者的激励。区财政还按 2 000 元/亩出资建设高标准农田,承担了 3.5 元/亩的农业保险费用。延边州也加大对家庭农场的贷款贴息,对农作物保险保费给予补贴。

4. 农业社会化服务体系是保障

家庭农场发展离不开农业社会化服务体系的全程服务。例如,松江围绕家庭农场的生产服务需求,形成了产前、产中、产后的社会化服务体系。在农资供应服务方面,建立农资超市门店 14 家,种子、农药、肥料等农资直接配送到家庭农场。在农技服务方面,由区农技中心、镇农技服务中心向家庭农场提供技术服务和气象信息等。同时,建立粮食种子繁育供应基地,实行水稻良种区级统一供种,全区水稻良种覆盖率达 100%,植保防治实行统一防治等。

5. 土地有序规范流转是基础

创办家庭农场的重要基础是实现农村土地使用权的规范流转。例如,松江区发展家庭农场的最成功之处在于制定出台相关政策,对自愿将土地承包经营权流转给村委会的老年农民,给予每人每月 150 元的补贴。目前,松江区农村土地承包经营权流转率已达 99%,为加快推进家庭农场奠定了基础。又如,延边近年来已有 15 万农民出国打工,农民都愿意将土地有序地流转出来发展家庭农场,从而为家庭农场发展创造了条件。

五、正确厘清家庭农场发展的各种认识

目前各地发展家庭农场的积极性很高,但认识上还存在一些误区。一些地方盲目追求家庭农场的数量,有的地方甚至出现一个经营主体同时挂家庭农

场、合作社、农业企业、技术协会四块牌子的情况。这些倾向如果得不到及时纠正，可能使家庭农场等新型农业经营主体培育步入误区，偏离健康发展轨道。为此，必须在以下六个方面形成一定的共识。

1. 如何认识家庭农场经营者的资格限制

不少人认为，从保护农民就业机会的角度来看，应当将家庭农场经营者限定为农业户籍人口；也有人认为，随着户籍制度的改革，强化农业户籍是否合适；还有人提出，可以把家庭农场经营者限定为具有土地承包经营权的自然人；还有的人提出要吸引涉农的大中专毕业生和城市居民投资兴办家庭农场，不应该设定资格的限制。我们认为，从长远讲，应当以职业而非户籍为标准来确认家庭农场经营者，但考虑到我国农村居民数量庞大，第二、第三产业吸纳劳动力有限等现实情况，在当前和今后相当长的一个时期，应该明确家庭农场经营者应具备农业户籍或农村集体经济组织成员资格，而城市的工商资本或居民到农村兴办家庭农场不应认定为家庭农场，不应成为政府扶持的对象，不应该和家庭农场享有同等待遇的扶持政策。

2. 如何认识家庭农场与专业大户的本质区别

家庭农场和专业大户有相同点，也存在着一些比较显著的本质区别。一是专业大户涵盖的经营者身份比较宽泛，可以是农民，也可以是其他身份，而家庭农场经营者的身份较为清晰，即为农民家庭成员。二是专业大户涵盖运销大户、农机大户等，而家庭农场生产经营领域较为明确，即为种养业。三是专业大户对雇工多少没有限制，有的大户自己不种地，生产过程依靠雇工，而家庭农场则以家庭成员为主，雇工为辅。四是专业大户主要从事某一行业、某一环节的专业经营，而家庭农场更多实行综合经营，主要是种养结合。因此，在一些劳动力转移程度较高，第二、三产业较发达的地方，应该把发展家庭农场作为主要方向。

3. 如何认识家庭农场经营规模的上限和下限

家庭农场的经营规模必须明确一个下限，没有下限标准就无法认定家庭农场的范围。由于全国各地情况不一样，经营的行业、产品不一样，难以设定统一的下限标准，因此需要因地制宜地去设定，而且标准的设定应该由基层自己来设定，至少是县级以上部门来负责。目前，农业部综合全国各地生产经营情况，对粮食家庭农场设定了一个下限标准，根据一年一收制和一年两收制分别进行设定,一年一收制的至少是 100 亩,一年两收制至少是 50 亩。目前,对粮食家庭农场经营规模的上限是否需要设定,各地意见不太统一。松江经过反复探索、不断实践,最终才确定了经营规模的上、下限的标准。总之,粮食家庭农场还是应该设定一个上限标准,不过设定上限标准的权限主要由地方自行商定。

4. 如何认识家庭农场常年雇工的数量限制

一些人认为,在市场经济条件下,不应该对家庭农场雇工的数量进行过于严格的限制。但实际情况是,之所以提出要对家庭农场雇工的数量进行严格的限制,其主要原因就是为了将家庭农场和公司制的农场能够区别开来。家庭农场是以家庭成员为主要劳动力的,但一些大户自己根本不劳动,它实际上是一个雇工制的农场,是一个公司制的农场。我们认为,不需要也不应该反对大户兴办家庭农场,大户也同样可以搞家庭农场,但不能将其认定为家庭农场,也不应该享受家庭农场的政策。

5. 如何认识家庭农场成员范围的界定

一些人认为,对我国家庭农场家庭成员的界定范围要宽泛一些,具有血缘、姻亲关系或法律上的继、养关系的所有个体都可以作为家庭农场成员,这是因为,这些群体具有利益一致、决策迅速、收益易分等独特的优势。对于这个问题,我们认为,对我国家庭农场家庭成员范围的界定,可以根据国情和农情做出安排,也可以参考有关国家的对家庭农场经营者身份的法律规定,比如俄罗斯法律规定,家庭农场由一人管理或四人以下具有亲属关系的人员管理。美国农业部规定,家庭农场经营者 80% 是农民或与其有血缘关系的人。

6. 如何认识家庭农场的认定和管理工作

目前的看法具有明显分歧,浙江提出了家庭农场应该进行工商注册登记,由农户这个自然人过渡到家庭农场的法人,其好处就是方便市场运营、品牌创建、贷款获取等。也有人认为,没有必要对家庭农场进行工商登记,如果家庭农场注册登记后,有的地方可能会借机对其征税或收费等。我们认为,家庭农场只是以家庭为单位从事农业生产经营的统称,其形态可以是不进行注册登记的自然人,可以登记为承担无限责任的个体工商户、合伙企业,也可以登记为承担有限责任的公司。目前,应该倡导对家庭农场进行认定工作,由基层农业部门来认定,并据此进行建档管理,当然要明确一定的标准,也允许把工商部门、农业部门登记的依据作为注册条件。此外,可倡导建立示范性家庭农场制度,其认定与建设标准可以提得更高一些，管理的更规范一些，并把其作为优惠扶持的重点。

六、正确看待家庭农场发展的困难障碍

我们认为，尽管培育和发展家庭农场已经具备了前所未有的历史性机遇，但是，我国家庭农场还刚刚起步，更需要一个循序渐进的过程。这是因为，我国家庭农场发展还面临着诸多的条件限制和困难障碍。主要体现在以下四个方面的"不对称"上。

1. 前提条件：土地集聚与农村劳动力转移的不对称

我国家庭农场的发展壮大，必须以第二、三产业的快速发展、农村劳动力大量转移、农村土地资源大量释放为基本前提。只有一家一户的小农流转出承包地成为可能，才具备家庭农场集聚土地的条件。而我国工业化、城镇化的发展是一个长期过程，各地经济社会发展水平又不平衡，这就决定了建立家庭农场制度的长期性、艰巨性。引导家庭农场健康发展，必须从我国当前所处的发展阶段和各地实际出发，科学把握条件，因地制宜、分类指导，特别是要防止拔苗助长，一哄而上，一哄而散。

2. 发展基础：人多地少国情与经营规模扩大的不对称

一方面，人多地少的基本国情决定了这种艰难性。如果家庭农场平均经营耕地为 100 亩，全国耕地是 18.5 亿亩，估算需要 1 850 万户农户，但全国现有 2.4 亿左右的农户，约 2 亿农户的就业难以落实。另一方面，农户承包耕地数量少，家庭农场的大部分土地资源必须依靠租赁的方式获得，这也决定了我国家庭农场的基本特征是租地农场。从国外经验看，租地农场发展面临租金负担重和租期稳定难两方面的约束，这也是人多地少的东亚国家家庭农场发展缓慢的重要原因。目前，我国农村土地管理方面还存在着许多困难和障碍，如土地承包经营权确权不到位、权能不够完善，农村土地流转服务平台不健全、流转信息不畅通，租金过快上涨，都使家庭农场发展面临不少困难。

3. 自身特性：家庭农场发展与自我能力条件的不对称

发展现代农业和发展家庭农场，既需要较高的经营管理水平，也需要较强的资金筹措能力和风险抵御能力。而我国的家庭农场，绝大多数发源于传统的承包农户，经营者的文化水平总体较低，也缺乏技术水平高、经营管理能力强的

人才资源。这些家庭农场的资本积累,主要依靠经营农业收入的剩余,其资本筹集也主要依靠家庭关系。因此,从我国家庭农场的自身特性讲,除非得到政府的强力扶持,否则其发展壮大将是一个缓慢过程。

4. 外部环境:家庭农场发展与社会化服务体系的不对称

相对于其他规模经营主体,家庭农场的主要优势是能够在种养环节降低管理成本、提高生产效率。而在面对市场进行农资购买、农产品销售等交易时,家庭农场必须依托合作社、专业协会等社会化服务组织,才能获得较高的市场交易地位,降低市场交易成本。但是,当前我国的农业社会化服务体系发展并不充分,家庭农场在专业生产中迫切需要的农机、植保、购销等服务供给不足,成为其发展壮大的重要制约因素。

七、正确制定家庭农场发展的对策措施

当前和今后一段时间,各级政府要进一步提高认识,培育和发展家庭农场要在坚持农村基本经营制度和家庭经营主体地位的基础上,坚持方向性与渐进性相统一,从实际出发稳步推进,加强示范引导、加大扶持力度、完善服务管理,通过人大立法和制定政府规范性文件,积极推动家庭农场稳定发展。为此提出以下七个方面的建议。

1. 提高各级政府的思想认识

应该清醒地认识到,家庭农场发展不仅是我国农业经营体制机制创新的重要内容,更是我国农业改革的重要突破口和重要抓手。为此建议:一是各级政府要把发展家庭农场与把农业发展放在突出位置结合起来,不能因为目前农业比重低了,就可以轻视、忽视甚至漠视农业发展,仍然应该把解决"三农"问题作为重中之重。二是各级政府要把发展家庭农场与推动农业深化改革结合起来,推进土地制度的深化改革,推动形成农村家庭联产承包责任制的改革升级版。三是各级政府要把发展家庭农场与激发农民从事农业的积极性结合起来,并且切实保障土地流转双方农民的切身利益。

2. 加大对家庭农场的支持力度

农业"四补贴"政策在调动农民种粮积极性方面曾经发挥了重要作用,但就刺激粮食生产而言,政策导向功能在很多地方已经逐步弱化,需要逐步调整农业补贴的投向与结构,增强补贴政策的导向作用。为此建议:一是每年将良种

补贴、农资综合补贴和农机具购置补贴的增量向种粮家庭农场倾斜。鼓励良种补贴、农资综合补贴的实物补贴方式,探索向种粮家庭农场免费供应良种、优惠价格直供农资,并优先提供农机具购置补贴,国家可以将补贴资金和对象向适度规模的家庭农场倾斜,激励其购置农业机械和设备,从事农业专业化经营。二是加大对种粮以外家庭农场的补贴力度。可以将禽畜良种补贴、能繁母猪饲养补贴、动物防疫补助、测土配方施肥补助等政策,向专业家庭农场倾斜,加大补贴补助力度。

3. 加强对家庭农场的农业保险支持

家庭农场规模适度,家庭现金流一般可以满足生产资金需要,贷款需求压力不大。但家庭农场与普通农户不同,几乎把全部身家都押在农业经营上,一旦出现巨灾,打击可能是毁灭性的,因此,家庭农场特别需要农业保险支持。目前,农业保险发挥的作用有限,要么起付点设计不合理,标准较高,缺乏对一般性自然风险的保障;要么赔付的内容不能满足家庭农场经营者需求,只赔经营成本,不赔预期收入,保险变得可有可无。为此建议:一是要重视对家庭农场的农业保险支持,在地方层面,要鼓励制定支持家庭农场参加农业保险的特殊政策;在国家层面,应该实行差异化农业保险扶持政策,把家庭农场的设施农业以及大型农机具等纳入中央财政保险补贴覆盖范围,并加大补贴力度。二是要探索建立政策支持的农业巨灾风险补偿基金,建立和完善农业巨灾风险分散机制,并且适当放宽风险补偿的条件。

4. 解决家庭农场的设施农用地问题

家庭农场生产经营规模较大,粮食晾晒、农机具停放、养殖畜舍建设等都需要设施用地。2010年国土部、农业部印发了《关于完善设施农用地管理有关问题的通知》,明确生产设施用地和附属设施用地按农用地管理,但在实施中很难落到实处。为此建议:一要有效利用好耕地和非耕地,在现有土地存量上做好文章。二要提高农村建设用地的使用效率。通过村庄规划和整治,坚持"农民地、农民用"原则,利用村庄内闲置地、节约的建设用地或复垦的土地,建设农机库、仓储设施等。三要地方政府在修订土地利用总体规划时,充分考虑到农业长远发展带来的设施农用地需求。四要探索仓库租赁或粮食银行等模式,解决种粮主体的储粮问题。

5. 加大农业基础设施项目扶持力度

家庭农场主有改善农业基础设施的积极性,但因资金投入太大,心有余而力不足,因此,国家要在农业基础设施建设上加大对家庭农场的扶持。为此建议:一要促进家庭农场规模经营的土地整理。适度规模经营要求土地的连片成方和田、水、路、林的综合整理,单个家庭农场无力实施。国土资源部、财政部、农业部等多家实施的土地整理项目应该实行有效统筹,进行高标准农田建设,为家庭农场提供农业发展的基础条件。二要在农业综合开发、农田水利设施建设等项目安排方面,向家庭农场进行必要的倾斜,特别是针对基本农田开展灌溉排水、土壤改良、道路整治、机耕道、电力配套等工程建设,使其具备规模经营的条件。

6. 加快家庭农场人才培养和引进

由于家庭农场主普遍由传统小农转变而来,应用科技和经营管理的水平并不高。随着经营规模不断扩大,家庭农场上普遍感到知识技术欠缺和人才储备不足。为此建议:一是大力加强新型农民培养。从国家层面制定中长期新型农民培养规划,针对返乡农民、农村能人以及未能继续升学的初高中毕业生等,大力发展农业职业教育,组织多种形式的农业技术培训,培养大批农村适用专业人才。探索建立职业农民资格认定办法、农业行业准入制度,并制定相应的扶持政策,引导农民参加培训、提升能力。二是加大外部人才引进力度。从政府补贴、社会保障、项目扶持、金融服务、土地流转、职称评定、上升通道、社会评价等方面创新制度和政策,吸引大中专毕业生和专业技术人员献身农业。吸引高素质人才投身农业,关键是要让农业成为进入有要求、经营有效益、收入有保障、地位有尊严的职业。

7. 改善家庭农场发展外部环境

外部环境对家庭农场发展起着十分重要的作用,很有必要继续得到改善。为此建议:一是创新农村土地制度,稳定农民土地预期,促进土地流转关系保持稳定。发展家庭农场,保障原土地承包全权人利益是前提,实行土地承包权与经营权分离是基础。目前,应该研究完善土地承包权和经营权可分离的政策和法律,在保障土地承包权的同时,对土地经营权实行合法保护,《土地承包法》的修订应该增加相关条文。二是通过完善法律法规,对农民土地承包权实行物权化保护,彻底消除农民对土地经营权流转的担心和顾虑,并辅以社会保障、非农就业、流转收益等方面的支持措施,保留原承包农户的土地财产权,隔断其土地经营权,让不愿意种地的农民长期稳定地转出土地承包经营权。三是强化重点环节农业生产性服务,解决家庭农场干不了或干不好的事情。政府应该统筹谋划,鼓励各类合作社、专业公司、公共服务机构等组织为家庭农场提供技术推广、农资配送、机械作业、统防统治、抗旱排涝、信息服务、产品销售等专业化服务。

关于"重振黄金水道,推进长江经济带建设"的调研报告

(2015年)

2014年,《国务院关于依托黄金水道推动长江经济带发展的指导意见》正式发布。应该看到,长江经济带覆盖上海、江苏、浙江、安徽、江西、湖南、湖北、重庆、四川、贵州、云南11个省市,面积约205万平方千米,国土面积占全国的21.4%,人口和生产总值均超过全国的40%。依托黄金水道推动长江经济带发展,打造中国经济新支撑带,是党中央、国务院审时度势,谋划经济新棋局作出的既利当前又惠长远的重大战略决策。主要任务是提升长江黄金水道功能,建设综合立体交通走廊,创新驱动促进产业转型升级,全面推进新型城镇化,培育全方位对外开放新优势,建设绿色生态廊道,创新区域协调发展体制机制。

为此,上海市全国人大代表和市人大代表组成专题小组,围绕"推进长江经济带建设"这个主题,着重从长江航运业振兴发展、长江水资源保护和水污染防治两个方面开展了广泛调研。调研组先后在上海、重庆、武汉等地听取了各省市发改委、水务局、环保局、建交委,以及长江水利委员会、太湖流域管理局等政府相关部门,以及专家企业家的情况介绍和意见建议,并实地考察了重庆—宜昌长江三峡航段的黄金水道和三峡大坝建设情况。在认真调查研究和深入分析思考的基础上,调研组一致认为,推进长江经济带建设,必须"两手抓,两手硬"。当前来讲,一是要充分发挥黄金水道作用,推动长江航运业的振兴发展;二是加强长江水资源保护和水污染防治,推动长江流域各地的联防联治。

一、发挥黄金水道作用，推动长江航运业振兴发展

长期以来，长江一直是我国东西交通的大动脉，也是连接我国东中西部的重要纽带，长江经济带在我国国民经济中占有十分重要的地位。当前，推动实施长江战略，充分发挥黄金水道作用，对于加快长江经济带建设，推进西部大开发和中部崛起，促进长江流域东中西部联动发展，实现长江流域沿江各个省市、各个城市的共同利益，都具有十分重大的现实意义和战略意义。

1. 重振长江黄金水道航运功能的主要瓶颈

我们认为，作为与沿海并列为中国最重要的两条经济带之一的长江经济带，如果紧紧抓住黄金水道航运功能这条主线，就能够形成航运带动物流、物流拉动产业、产业推动合作这条长江经济带的区域合作与联动发展的循环链，在经济新常态下，其战略重要性已日益突出。

从当前来看，尽管长江航运市场有所"回暖"，但离长江黄金水道功能的充分发挥还相距甚远。因此，很有必要重振长江黄金水道的航运功能，充分发挥长江的水运作用，带动长江经济带的联动发展。从大处看，重振长江黄金水道，有利于转变经济发展方式，切实统筹区域发展，促进长江流域东中西部联动发展，实现长江流域沿江城市的共同利益，推进循环经济与建设和谐社会。从小处看，长江水运具有运价低、耗能低、排放低、运量大等"三低一大"的运输特征，能够适应长江经济带的产业结构及未来产业发展方向，因而具有相对的产业比较优势和市场拓展潜力。

应该充分认识到，长江黄金水道曾经是贯穿整个长江流域经济社会发展的重要脉络，历史上以江兴城、以江兴市、以江兴业，无不与长江息息相关，如今，昔日沸腾的黄金水道似乎有些沉寂。目前来讲，制约并影响长江黄金水道航运功能不能充分发挥作用的瓶颈很多，但主要表现在以下五个方面。

（1）交通基础设施建设加快，运输方式发生重大变化，水运市场受到影响。由于运输方式的扩展和运输结构的调整，公路、铁路、航空运输等货物运输方式突飞猛进，使得长江的航运功能有所削弱，水运市场的景气度有所下降。2014年，我国全社会货运量439.19亿吨，其中水运59.83亿吨，占13.63%；公路334.3亿吨，占76.12%；铁路38.1亿吨，占8.68%；管道6.9亿吨，占1.57%；民航0.06亿吨，占0.01%。因此，以往作为运输主渠道的水运方式风光不再。

（2）航道建设投入不足，总体上仍然处于天然航道状态，黄金水道的优势难以发挥。水运发达与否，在一定程度上同航道的通航条件密切相关。由于长江经济带涉及 11 个省市，各地的诉求不同、条件不同，因此，尽管历年来长江航道建设的投入有所增长，但总体上还是不足，从而影响到长江航运作用的充分发挥。例如，至 2013 年末，长江经济带 11 个省市内河等级以上航道里程为42 726.8 千米，占总里程的比重为 47.3%，说明高等级航道比例不高。

（3）船舶非标准化，船型、机型复杂，性能良好的干支直达、江海直达的新型运输船相对稀缺。从全球航运发展的趋势来看，不论是海运还是内河运输，都在向集装箱运输方式发展，也就是向标准化、集约化运输转变，但长江航运仍然以传统方式为主。例如，到 2013 年末，尽管长江经济带 11 个省市拥有内河运输船舶 12.32 万艘，但内河集装箱运输船舶仅有 454 艘，所占比重连 1% 都不到，标准箱位也只有 8.48 万 TEU，明显不能适应现代航运的发展趋势。

（4）港口功能比较单一，结构不尽合理，尤其是集装箱等专业码头数量明显不足。与船舶标准化发展滞后相对应，长江沿线的港口结构调整也比较缓慢。例如，至 2013 年末，长江沿线省市内河港口生产用码头泊位有 23 661 个，其中万吨级以上的码头泊位仅有 388 个。在这些码头泊位中，集装箱专用码头泊位就更少了。2013 年，长江经济带 11 个省市集装箱吞吐量 7 292.1 万TEU，其中内河港口完成的仅为 1 466.6 TEU，占比 20.11%。

（5）支持保障系统的设施与装备水平比较低，航运体制不够顺畅，管理水平不够到位、经营服务不够规范。在长江沿线，航运设施与装备水平比较低，管理和服务水平比较低，航运体制也不够完善。这些问题的存在，使长江黄金水道已经难以适应现代航运形势发展变化的客观要求和未来趋势，也严重制约着长江黄金水道航运功能的充分发挥，更影响着航运企业、物流企业以及相关企业的发展壮大，最终影响到社会资本进入长江航运市场的积极性。

2. 重振长江黄金水道航运功能的对策建议

我们认为，重振长江黄金水道航运功能，推进长江经济带建设是一个重大的系统性工程，不仅需要中央与地方采取一系列切实的政策措施才能奏效，而且更需要中央与地方、长江流域各省市，以及长江沿岸各个城市的联合谋划、各方协调、共同建设、实现共赢。应该充分认识到，充分发挥长江黄金水道航运功能的核心，是要加快航运设施标准化和航运服务标准化建设，以及建立长江黄金水道的利益共同体。为此提出如下五个方面的对策建议。

（1）强化国家发展战略，细化航运发展规划。鉴于长江是中国最重要的物资流通黄金水道，长江流域是中国最发达的地区之一，长江经济带是仅次于沿海且最有增长潜力的经济社会发展战略地带，长江沿江地区地跨东、中、西三大地带，在全国统筹区域发展和形成区域协调机制方面可以起到不可替代的重要作用。因此，在进一步加快推进长江经济带建设的国家战略中，同步推进实施长江黄金水道航运建设的战略，宜早不宜晚、宜快不宜慢、宜实不宜虚。

同时，根据《国务院关于依托黄金水道推动长江经济带发展的指导意见》的总体要求，需要进一步细化长江黄金水道航运发展规划。由于黄金水道航运建设涉及多个国家专业管理部门、长江流域的各个省市，以及长江沿岸的各个城市，因而需要行政区域与经济区域的有效磨合，也需要各方利益的有效整合，最终实现共赢。从这个视角出发，黄金水道建设需要统一规划先行，整体规划与专业规划兼容。为此，建议由国家发改委、交通运输部牵头，会同各个省市研究细化长江航运发展规划，争取在"十三五"时期有所突破。

（2）启动相关立法工作，建立健全体制机制。从目前来看，我国在航空、铁路、公路等方面都已经有了相关的法律法规，如《民航法》《铁路法》《公路法》《港口法》等，而在水运方面的立法保障还相对滞后，尽管 2014 年 12 月 28 日已经通过颁布了《航道法》，也出台了一些水运方面的法规规章，但仍然缺乏"水运法""长江法"等上位法。为此，建议全国人大以及国家有关部门从推动长江黄金水道振兴发展和有序开发的角度出发，加快相关的立法步伐。

同时，由于长江水系涉及的中央和地方管理机构甚多，应借鉴国际经验，从理顺体制机制角度出发，探索实行全流域管理。为此，建议由国家发改委、交通运输部牵头，沿岸各个省市参与，建立长江水系管理综合协调联席会议制度，统一协调长江黄金水道的投入建设和联动发展；建议建立强有力的组织协调机构，专司协调多个部门、多个省市和多个城市的利益关系，改变当前"九龙治水"的现状，促进长江黄金水道航运建设的实质性推动；建议充分发挥长江沿岸中心城市经济协调会的功能，长协会在推动长江流域区域合作方面已经发挥了一定作用，可以进一步发挥作为重要的协商与交流平台的功能作用。

（3）加大航运建设投入，提升航运服务水平。建议重点要加大航道疏浚力度，改变大部分航道处于自然状态而造成通达性差的现状；建议加大支持保障系统的投入,提高设施和装备水平,为长江航运的振兴发展创造必要的条件;建议对涉及长江航运发展的财政、税收、投融资体制等方面,中央及地方政府应给予积极的政策倾斜,尤其要鼓励和推动各类企业和社会资本参与长江航运建设,长江沿岸各个省市也需要统一步调。

同时,由于长江航运涉及 11 个省市以及很多沿岸城市,各地情况千差万别,条件和基础各不相同,这就在客观上需要推动航运服务标准化建设。为此,建议重点是进一步完善服务、简化手续、加快转运,积极推进长江航运体系的大通关进程,同时,其他相应的服务也要尽快朝着标准化方向发展,重点是推进长江航运流转单证的标准化,提高通关服务的效率和信息化水平。

(4) 抓住重点环节,推进船舶港口标准化建设。长江航运发展潜力最大、最符合未来发展趋势的是集装箱运输。为此,建议推进长江内河船舶大型化,把集装箱船舶标准化作为船型标准化建设的重点,也可优先考虑江海直达和江海联运船型。其标准化方向为:满足江海直达适航性,符合葛洲坝、三峡船闸的通航能力,适应长江干线桥梁的净空高度和通航净宽,适应疏浚加深后的长江航道的水深,同时还要考虑先进性和经济性并重。可以说,如果长江近 13 万艘船舶更新改造,对全国造船工业的转型升级和稳定发展是一个重大的推动。

同时,与长江黄金水道船舶标准化建设相对应,长江沿线的港口泊位标准化建设也应该进一步加快。为此,建议重点解决港口功能单一的问题,加快改善港口结构不合理的状况,大力发展符合未来发展趋势的集装箱专业化码头,其标准化建设可以船舶标准化建设为参照系,桥梁净空鉴于目前的状况,也应成为设计标准船舶的重要参数之一。同时,还要统筹长江干支线港口泊位建设,合理安排干支线班轮,加强干支线衔接。

(5) 推动合作纵深发展,联手发展要素市场。长江航运功能的充分发挥,离不开长江沿岸各个省市、各个城市的合作。为此,建议各地政府要进一步破除行政壁垒和进入门槛,重点是鼓励并推动长江沿线各主要港口、主要经营单位、各类企业以及各类客户等方面的战略合作,尤其是充分发挥港口企业、航运企业、物流企业的主体作用,推进码头、航运、物流等方面企业之间的全方位合作,不断向广度和深度拓展。

同时,由于黄金水道建设不仅涉及跨区域的功能分工与统筹协调,而且往往具有项目大、投资多、环节多、种类多等特点,这就需要加强跨区域的合作和服务。为此,建议银行业开展银团贷款和跨区域授信,鼓励银行机构带动多种金融机构通过"一揽子"综合金融服务的方式,为大型项目和基础设施建设提供全方面的金融支持。建议充分发挥航运要素市场的作用,上海航运交易所可以起到重要作用,通过交易平台,推动长江黄金水道的振兴发展,还要推动武汉、重庆等长江航运交易所的战略重组和功能提升,放大资本市场对长江航运服务的支撑功能。此外,还要发挥上海航运金融优势,开发相关的航运金融产品,重点在融资租赁、航运保险、定价服务等领域提供高端化、定制化服务。

二、加强长江流域水资源保护和水污染防治

在振兴长江黄金水道航运功能的同时,加强长江流域水资源保护和水污染防治同样十分重要。长江流域降水较丰沛,折合年降水总量为 19 370 亿立方米,占全国的 31%。多年平均年水资源可利用量则为 2 827 亿立方米,占全国的 34.7%。

近年来长江流域水资源保护的主要进展:一是建立法律法规体系。进一步规范了水资源论证等 5 项制度,制定实施了《长江水利委员会入河排污口监督管理实施细则》《长江水利委员会入河排污口设置验收办法》等配套规范性文件,开展了"长江法"立法论证等工作。一些区域性、地方性的法律法规也陆续出台,如国务院 2011 年颁布的《太湖流域管理条例》、上海市人大常委会 2010 年颁布的《上海市饮用水水源保护条例》等。二是编制流域规划体系。2010 年国务院批复了《长江流域水资源综合规划》,2013 年批复了《长江流域综合规划(2012—2030 年)》,2012 年启动了长江流域(片)水资源保护规划编制工作,已编制完成《三峡库区水资源保护规划》等。三是实施最严格的水资源管理制度。2011 年中央 1 号文件《关于加快水利改革发展的决定》明确提出实行最严格水资源管理制度,确定"三条红线"。2012 年,长江水利委员会组织完成长江流域省区用水总量、用水效率和水功能区限制纳污控制"三条红线"指标分解和省市协调,经水利部协调并获省级人民政府总体确认,2013 年 1 月由国务院批准实施。四是加强水资源统一调度和配置。制定《蓄水工程年度取(蓄)水计划编制管理办法(试行)》和《蓄水工程蓄水计划及调度方案编制管理办法(试行)》,编制完成《南水北调中线一期工程水量调度方案》并经国务院审议颁布。五是构建水资源保护监测体系。长江流域水环境监测站网于 20 世纪 70 年代末开始

组建,成员单位已发展到116个,构建了覆盖长江干支流2500个断面的长江流域水环境监测网络,基本形成了"常规监测与自动监测相结合、定点监测与机动巡测相结合、定时监测与实时监测相结合"的监测体系。

1. 长江流域水资源和水环境面临的突出问题

尽管近年来长江流域废污水排放量增幅减缓,河流水质总体保持良好状态,长江干流和省界水体水质有所改善,但局部城市江段和部分支流、湖库水域污染依然严重。《2013年长江流域及西南诸河水资源公报》显示,长江流域废污水排放量为336.7亿吨,比2012年减少3.1%。其中,生活污水134.4亿吨,占39.9%;工业废水202.3亿吨,占60.1%。长江流域水质为Ⅰ~Ⅲ类水的河长比例为74.4%,劣于Ⅲ类水的河长比例为25.6%。其中,长江干流水质较好,符合或优于Ⅲ类标准的河长占98.1%;支流符合或优于Ⅲ类标准的河长占71.6%。主要问题表现在以下四个方面。

(1)流域综合管理体制机制亟待建立。长期以来,长江流域在管理体制机制上的条块分割、部门分割、多头管理、分散管理,以及地方、部门之间利益博弈,已对长江流域综合治理和保护造成不利影响。

一是区域行政分割与职能交叉导致流域统一管理无法实施。行政管理上分割管理、各自为政,地方政府以本地发展为重,往往不够重视甚至不顾下游的环境利益。有些地区将化工、石化、造纸、印染、制药、农药、皮革、电镀等污染严重的行业布局在地区边界,存在上游排污、下游取水的情况,特别是在省界,更难以协调。有些边界水环境功能不匹配,如上海市黄浦江上游水源保护区水环境功能是饮用水保护,划定为Ⅱ类,而与之相连的江浙地区水环境功能是以工农业用水为主,水质目标为Ⅳ类或Ⅴ类。部门管理上"多龙管水、多龙治水",水利部门负责水量水能的管理,环保部门负责水质和水污染防治管理,市政部门负责城市给排水管理等。在水资源保护规划与水污染防治规划、水功能区划与水环境区划、水资源与水环境管理的监测体系与标准、数据共享等方面,缺少有效协调,甚至还存在着明显冲突。

二是现有流域管理机构职能单一有限,无法有效承担综合协调与监督管理职责。长江流域现有长江水利委员会和太湖流域管理局两个流域性管理机构,尽管《水法》明确了流域管理与区域管理相结合、监督管理与具体管理相分离的新型管理体制,但由于这两个机构都是水利部派出事业单位,职能单一,主要实行水利单项管理,不能根据流域和生态系统的整体性进行综合管理,也无法承担跨部门、跨区域的综合协调任务,对各地区的监督职能有限。例如,长江水利委员会在水资源保护上主要涉及专业规划、监测,对流域内越权管理、违反流域规划的行为、跨行政区的水污染事件缺乏有力的行政制约手段;同时,其自身有庞大的水利勘测、设计、施工、运营队伍,在长江水资源开发、保护中形成了一个独立的利益主体。又如,2009 年太湖流域管理局牵头建立水环境综合治理信息共享平台系统,初衷很好,希望实现流域产业发展布局与规划、污染源、基础设施、监测和事故等信息的共享,但至今上平台的信息有限。

三是流域管理法律法规体系不健全,责任机制和强制力度不足。《水法》《水污染防治法》等法律之间存在矛盾和冲突。例如,根据《水法》,流域综合规划和水资源保护等专业规划由国家水利部门组织编制并实施,专业规划应服从综合规划;根据《水污染防治法》,流域水污染防治规划由国家环境保护部门编制并组织实施。现行法律都没有明确同一流域的综合规划与水污染防治规划的关系,以及水污染防治规划与综合规划、水资源保护规划如何协调。流域管理机构定位不明。根据《水法》,流域管理机构承担流域监测、流域规划和水功能区划定、流域水资源开发利用监督管理等具体工作,而其他监督管理职责采用了水利部授权的方式。机构定位的局限性,导致其缺乏主动作为的积极性,监督机制和配套惩治措施缺失。当地区经济利益与流域整体利益发生冲突时,当地政府往往会违反流域规划,过度使用或破坏水资源,或者出现对企业违法行为执法不力的情况,出现类似淮河流域零点行动后的污染反复现象,这些实质问题仅靠协调难以解决,需要有强有力的约束机制和惩罚手段。

四是经济手段和市场机制在水资源管理中未充分发挥作用。水资源既有公共属性,也有很强的市场属性。长期以来水资源产权不明确,使得政府、企业和个人对水资源所有权和使用权等方面的权、责、利不清,无法建立水资源合理开发与利用的市场机制。水价仍未能按其资源成本和工程成本合理定价,未反映水资源的真实价值,不利于水资源在区域之间合理配置,不利于水资源高效利用,也不利于污染减排和治理。

(2)流域水资源缺乏统一规划和严格管理。长江是我国水资源配置的重要战略水源地。长江流域近年来不断凸显的缺水问题,主要是水质性、区域性和季节性缺水,而从成因来看,全流域水资源缺乏统一规划和严格管理是重要因素。

一是长江上游地区三峡及干支流水库群的调节库容不断扩大,已超过600亿立方米,梯级水库群蓄泄矛盾日益尖锐。急需统筹协调、科学调度,消除对中下游水文情势的不利影响;中游地区南水北调工程中线刚刚投运,上游水库群和中游洞庭湖水系、鄱阳湖水系控制性水库的建设运行引发两湖水系水文情势、江湖水量交换关系深度调整,两湖地区水资源供需矛盾日益凸显;同时,长江流域上、中、下游规划了云南"滇中引水工程"、陕西"引汉济渭工程"、湖北"鄂北水资源配置工程"和"引江济汉工程"、安徽"引江入巢济淮工程"等区域性水资源配置工程,仅下游长江干流就有600多处引江调水工程,跨流域调水与流域内用水、流域与区域用水矛盾日益尖锐。

二是这些蓄水、调水、引水、取水工程的规划和建设往往是单个项目论证,未充分考虑其叠加效应和综合效应。长江中下游地区近年不断加剧的季节性缺水、水质恶化和河口咸潮入侵等问题,都暴露出长江水资源缺乏统筹管理的弊病。迫切需要建立统筹协调电网、取用水户、水力发电工程、航运、跨流域调水的水资源调度会商制度和跨部门、跨行业、跨区域的流域水资源统一调度制度,协调好水电站的生产、生活和生态用水,形成电调服从水调的水资源调度秩序。

(3) 流域协同治污效果有限,生态安全问题日渐突出。长江流域是我国人口密度最高、经济活动强度最大、环境压力最严重的流域之一。在国家有关部委的协调下,长江流域协同治污刚刚起步,沿江各省市在思想认识上和治污力度上存在较大差异,整体效果非常有限,流域水污染形势相当严峻,不容乐观。

一是重化工产业沿江密布,废污水排放量急剧增长。目前长江流域重化工业围江格局已基本形成,沿江分布着五大钢铁基地(上海、武汉、攀枝花、马鞍山、重庆),七大炼油厂(上海、南京、安庆、九江、岳阳、荆门、武汉),以及上海、南京、仪征等地的石油化工基地,正在建设或规划的化工园区还有20多个,长江沿岸已集聚40余万家化工企业。此外,全国"十二五"规划内陆核电13座,有10座布局在长江流域。以重化工为主导的产业结构特征,使长江流域废污水年排放总量一直呈急剧增长态势,20世纪70年代末仅为95亿吨/年,80年代末为150亿吨/年,90年代末达到200亿吨/年,2007年超过300亿吨/年,2013年则达到336.7亿吨/年,已接近黄河年均流量。

二是农村生活污水处理率低下,农业面源污染和畜禽养殖污染突出。长江流域一带的农村基本上以粗放型的方式排放生活污水,随意排放现象严重。同时,长江流域是我国重要粮食生产基地,长期以来农业生产存在着化肥施用量过高、流失严重和肥料配比不合理等问题,尤其是氮肥的实际利用率仅为1/3,近2/3氮肥通过挥发和降雨径流进入大气和河湖水网,加剧了流域面源污染。此外,长江流域的养殖业广泛散布在农村地区,畜禽粪尿以及生产过程中产生的废弃污染物对流域水体环境也造成严重威胁。

三是重化工企业偷排、漏排现象严重,突发性水污染事故频发。自2004年以来,长江流域因重化工企业有毒有害废水偷排、漏排等行为引发了近20起重大的突发性水污染事故,如2004年四川沱江氨氮污染事件、2006年湖南湘江镉污染事件、2006年湖南岳阳砷污染事件、2009年江苏盐城酚污染事件等,流域内城市供水安全受到严重威胁。仅2014年上半年,就接连发生了三起重大的突发性饮用水污染事故,分别为上海崇明岛陈家镇水厂取水口水源苯酚污染事故、湖北武汉饮用水源氨氮污染事故,以及江苏靖江饮用水源异味事故。这一系列突发性的重大水污染事故表明,长江流域饮用水安全已面临极大风险。

四是长江流域中下游城市江段岸边污染带不断扩展,重金属、持久性有机污染物、内分泌干扰物等隐形污染问题风险凸显。长江流域沿岸城市废污水排放基本上均以岸边排放为主,城市江段各类排污口分布密集,污染影响相互叠加,而岸边水域相对水深小,流速低,水体稀释扩散能力有限,几乎成为全部入江污水的接纳处,常超过环境允许容量,造成岸边污染带。长江干流沿岸21个主要城市岸边污染带长度不断增加,1982年为428.5千米,1992年增加到570千米,到20世纪初上升至670千米左右,近几年仍在600千米左右。水体中除生化需氧量、氨氮、总氮、总磷等常规污染物严重超标外,重金属、持久性有机污染物、内分泌干扰物等300余种微量的有毒有害污染物检出频率和超标浓度近年来也呈不断上升趋势,直接危及长江沿岸近500个取水口水质。

(4)航运事故对水源安全构成重大威胁。长江是我国横贯东中西部地区的黄金水道,承担了沿江地区85%的大宗货物和中上游地区90%的外贸货物运输量,在促进区域经济社会协调发展中发挥了重要纽带作用。2013年,长江干线货运量达19.2亿吨,同比增长6.7%,稳居世界内河货运量首位。同时,长江也是沿江地区重要的水源地,沿线共有生活和工业等各类取水口近500

处,涉及人口约 1.4 亿人。近 500 处取水口大多为开放式水源地,抗风险能力较差,一旦发生危险化学品泄漏等安全事故,将直接危及沿江居民饮用水安全,影响生态环境和沿江经济发展。

根据长江海事局统计数据,1988—2009 年,其辖区内共查处船舶污染事故 367 起,其中重大事故 23 起、大事故 20 起、一般事故 22 起、小事故 302 起,在重大事故中,油类污染事故 16 起、化学品污染事故 7 起,导致溢油近 1500 吨、化学品泄漏 1400 多吨。这其中还未包括各类船舶随意向长江倒泄垃圾、油污引起的水体污染。大量的污染物集中排放不仅危及长江水环境质量,更对长江沿线近 500 个取水口造成直接威胁。近年来,较为突出的长江航运污染事故有 2012 年 2 月因货轮苯酚泄漏造成的江苏镇江水污染事件、2013 年 5 月乳山万吨轮碰擦南京长江大桥沉没事件、2013 年 11 月湖北荆州油船泄油致城区停水事件,都在一定程度上对沿江居民的饮用水安全造成了直接影响。上海市 2010 年以来,因撞船等船舶事故导致青草沙水源地采取预防性关闸、停止取水达到 16 次,威胁到黄浦江水源地的有 8 次。

2. 加强长江流域水资源保护和水污染防治的对策建议

长江流域缺水风险和污染风险已呈不断上升趋势,不及时立法加以规范势必影响整个流域乃至全国的可持续发展。为此,建议全国人大常委会抓紧启动立法调研,尽快制定"长江法",明确流域管理的目标、原则、体制、机制,确定流域管理机构实施流域综合管理的主体地位,明确相关部门的职责与任务,建立流域综合规划、流域水资源管理、水资源保护、水生态保护、水污染防治、河道管理、防汛抗旱、水工程管理的各项制度和措施,规范长江流域水资源开发、利用、节约、保护的各项行为,明确长江流域综合管理的经济、技术等保障措施。通过法制有力推动流域经济发展方式的转变,促进经济社会发展与水资源和水环境的承载能力相适应,保障流域经济社会可持续发展,维护防洪安全、供水安全、生态安全。同时,应该针对管理现状,在以下五个方面有所突破。

(1)建立长江流域综合协调和管理机构。针对目前尤为突出的饮用水安全及上下游发展不平衡、发展碎片化、同质化等问题,建议借鉴欧洲莱茵河流域、美国田纳西河流域综合管理的成功经验,在国家层面建立长江流域的综合协调机构。其主要协调内容:一是制定统一的发展规划和环境标准。对流域重点城市和区域明确经济发展和环境功能定位,促进区域发展布局调整,制定更加严格的污染物排放标准和环保准入制度,形成保护优先、结构优化的局面,引导全流域走持续发展、和谐发展、科学发展的道路。二是建立流域综合管理与治理的协调机制。建立一个权威、高效,由长江流域相关地区、国家相关部门负责人参加的民主协商议事决策平台,从流域全局和长远出发,协商确定流域可持续发展战略,统筹协调流域综合规划、综合治理计划,流域开发、利用、治理、保护的重大政策,流域管理、治理目标,及时协调解决影响流域综合管理的重大问题,并组织考核。三是实施流域水资源优化配置和统一调度。建立长江流域、长江干流及重点支流取水总量双控制,在保证干支流的合理流量基础上,平衡和协调各地用水需求。要避免水库、水电站蓄水与下游生产、生活、生态争水,统筹各行业取用水需求;要通过制订防洪和水资源调度方案,结合年度来水预测,由流域管理机构对长江及重点支流主要水工程进出水量进行有效控制,实行防洪、供水、改善水生态及发电的统一调度。四是建立统一信息公开与通报机制。推进开发建设、水文水质、环境监测、执法监管、研究评估等信息共享,以便各级政府能及时把握流域经济社会发展和水环境变化趋势,做好科学决策;完善突发事件的应急通报和协同处置机制,特别是上游发生航运、企业事故性排放时,及时将有关信息通报下游有关省市,以便当地政府采取措施确保饮用水安全,维护社会稳定。

(2) 探索长江流域综合协调和管理机构的模式。建立长江流域的综合协调机构,不仅必要,而且也具有迫切性。从操作层面上来讲,综合协调机构可以采取两种主要模式:一是在长江流域统筹建立"中央主导、地方参与、流域机构主管"的"1+1+X"的协调监管机制,即国务院建立省部级流域综合协调委员会。由国务院领导牵头,成员为国家发改委、环境保护部、水利部、交通部、建设部以及相关省市人民政府,统筹协调全流域产业布局、航运发展、水电开发、防洪、信息共享、水资源调配、水源安全保障和水污染防治等工作。二是改造现有的流域管理局,调整长江水利委员会为国务院派出机构。其职责是执行流域综合协调委员会所制定的政策和做出的决定,负责流域管理相关事务的指导、协调和监督,其职能不替代现地方政府的职责。具体的管理事务和环境质量仍由地方人民政府负责。

(3) 建立长江水资源资产管理制度。将长江流域水资源作为全中国人民的共同财富和重要资产加以积极保护与严格管理,通过立法重点确立几项具体制度。一是长江流域水资源保护基金制度。目的是加强长江水资源的管理和水生态的保护,前提是确立水资源有偿使用制度,在使用付费的基础上按照一定比例收取保护基金,基金来源还可以包括水污染物排放收费、水污染事故赔偿金中的一部分。二是长江流域水污染责任保险制度。通过立法确立水污染责任保险制度,明确流域内的排污单位和运输船舶根据环境安全的需要,投保环境污染责任保险,有效提高防范长江流域性水环境污染风险能力,维护污染受害者合法权益。在地方性立法中,已有将环境保险责任制度引入流域水污染防治的先例,如2011年出台的《重庆市长江三峡水库库区及流域水污染防治条例》中就明确鼓励排污单位投保环境污染责任保险。三是长江流域生态补偿制度。通过立法建立长江流域水生态补偿制度。目的是建立公平合理的激励机制,使整个流域能够发挥出整体的最佳效益。建议以跨地区界断面的水质监测数据为依据,确定一个具体水质标准,上游水质达到或者优于这一水质标准的,下游予以补偿;上游水质劣于这一水质标准的,上游应予赔偿。当然,赔偿和补偿的标准可以考虑当地经济社会发展水平及人民群众生活水平等综合因素。四是流域水污染损害赔偿制度。借鉴《消费者权益保护法》建立惩罚性赔偿制度,以制裁并预防恶性事故的发生。损害赔偿的范围除了赔偿由水环境污染直接造成的经济损失和人身伤害,还应当包括恢复被破坏的环境所需生态修复费用。同时,设立专门的环境侵权司法鉴定机构,可以使损害赔偿评估鉴定更具有权威性和可操作性,并且进一步明确和细化环境侵权公益诉讼机制。

(4)建立长江断面水质责任追究制度。按照《国务院关于全国重要江河湖泊水功能区划(2011—2030年)的批复》要求,长江流域县级以上人民政府应加强水功能区水质、水量动态监测,建立水功能区水质达标评价体系,提高水功能区达标率。为进一步施行最严格的水资源管理制度,规范和强化长江流域省界水体水质监测管理工作,强化流域各省市共同保护水资源和水环境、上游对下游负责的意识,建议在"长江法"立法时明确长江断面水质考核和责任追究制度,流域内各省环保、水利部门应当定期将省界监测断面人工监测数据和水质自动检测数据提供给流域综合管理机构,流域综合管理机构会同国务院相关部门将考核结果报经国务院同意后,向社会公告,对未达标的省市应严格追究责任,并落实赔偿制度。

(5)强化行政处罚和刑事制裁力度。通过立法授予流域综合管理机构行使行政处罚和行政强制权,使执法管理更加公平、公正;同时,建议引入一些强有力的处罚措施。一是引入"按日计罚"制度。目前,《水污染防治法》中的处罚金额最高是 50 万元,这往往离污染行为对流域水环境造成的损失相差甚远。因此,建议"长江法"中引入《环境保护法》中的"按日计罚"制度,对于连续性违法行为实行"按日计罚",以增强法律的威慑力。二是设定"双罚"制度。对一些发生环境污染事故或者对有严重环境违法行为的企事业单位,除对当事单位进行处罚外,还可以对单位主要负责人和有关责任人员处以相应的罚款。三是规定停水、停电、停气等强制措施。对流域水环境造成严重影响,而又拒不执行停产、停业决定的排污单位,明确流域综合管理机构有权要求相关单位予以配合,对排污单位采取停水、停电、停气等强制措施。四是加大刑事处罚力度。刑事责任是对违法行为最严厉的处罚方式,也是最具震慑作用的一道法律屏障。建议立法进一步完善行政执法与刑事制裁的衔接,加大对违法行为的处罚力度。

关于"推进精准扶贫,打赢脱贫攻坚战"的调研报告

(2016 年)

2015 年 11 月,中央扶贫开发工作会议召开,习近平总书记作了重要讲话,中共中央、国务院也发布了《关于打赢脱贫攻坚战的决定》。应该充分认识到,确保到 2020 年农村贫困人口实现脱贫,是我国全面建成小康社会最艰巨的任务。为此,在沪全国人大代表组成专题调研组,紧紧围绕"推进精准扶贫,打赢脱贫攻坚战"的主题,结合上海对口支援工作现实,分别赴贵州遵义、湖南湘西等地进行了考察调研,与各地相关政府部门、农村基层干部以及上海对口支援单位等进行了广泛的座谈交流,实地了解当地扶贫开发工作,以及对口支援的一些最新进展情况。调研组在广泛开展了集中调研、信息交流、材料分析、深入研讨的基础上,最终形成了以下的调研报告。

一、我国实施精准扶贫的基本情况

当前,我国扶贫开发工作已经进入了啃硬骨头、攻坚拔寨的冲刺期。到2020年,要实现7000多万农村贫困人口摆脱贫困的既定目标,时间十分紧迫、任务相当艰巨。党的十八大以来,特别是2013年11月3日,习近平总书记视察湘西首次提出"精准扶贫"方略以后,无论是承担脱贫任务的中西部地区,还是承担对口支援任务的东部地区,扶贫开发工作得到全力推进,并且取得了一定的成效。

1. 承担脱贫任务的中西部地区的主要进展

由于中西部地区的贫困问题具有一些共性,扶贫开发工作也存在着很多共性,因此,我们以湖南省为例,归纳梳理出中西部贫困地区精准扶贫和扶贫开发工作的主要进程。

(1) 任务艰巨,高位推动。目前,湖南省有51个扶贫开发工作重点县,其中国家连片特困地区县37个,片区外的国家扶贫开发工作重点县3个,省扶贫开发工作重点县11个;有8000个贫困村,占行政村总数的19.23%,其中51个重点县共有6153个贫困村。到2015年底,全省还有465万建档立卡贫困人口,贫困发生率8.2%;其中51个重点县约有贫困人口315.9万,贫困发生率为12.9%。

针对扶贫开发工作的艰巨性,湖南省委常委会、省政府常务会议先后40余次研究扶贫工作,出台了《中共湖南省委关于实施精准扶贫加快扶贫开发工作的决议》《湖南省委、省政府关于打赢脱贫攻坚战的实施意见》,省人大常委会也审议通过了《湖南省农村扶贫开发条例》。同时,省财政还加大扶贫投入,并且充实加强各级政府扶贫工作力量等。

(2) 明确责任,顶层设计。在湖南省委、省政府的高位推动下,全省上下将思想和行动统一到中央决策部署上来,省直部门充分发挥行业优势,围绕扶贫攻坚出台了一系列政策文件,在政策、资金、项目上向贫困地区倾斜;市县乡村逐级举办扶贫专题培训,层层签订责任书,强化责任、传导压力。

同时,顶层设计日趋完善。全省初步构建起"1+10+17"的脱贫攻坚政策支撑体系:1个目标指南;10个方面的保障机制,包括扶贫立法、考核机制、约束机制、退出机制、投入机制、资金整合机制、帮扶机制、用人导向机制和司法保障等;17 个行业部门的实施方案和支持政策,包括农村道路建设、易地搬迁、危房改造、教育扶贫、医疗保险及救助、产业发展等。

(3) 夯实基础,驻村结对。精准扶贫的基础工作是对贫困人口建档立卡。对此,湖南省组织动员 10 多万党员干部,对 4.2 万个村、5700 万名村民进行逐村逐户情况调查,识别了 8000 个贫困村、704 万贫困人口,建立健全了建档立卡数据库,为精准扶贫夯实了工作基础,也为对症下药开出了药方。

驻村帮扶和结对帮扶两个"全覆盖",也是扶贫开发工作的重要抓手。对此,湖南省共组建了驻村工作队 8000 支,实现驻村帮扶全覆盖,还将驻村帮扶工作改两年为三年,明确驻村帮扶"12＋1"的帮扶任务。同时,组织全省 63 万名党员干部在"一进二访"活动中与 187.3 万户贫困对象结穷亲,实现贫困户结对帮扶全覆盖。

(4) 分类指导,全面推进。根据扶贫开发工作的脱贫目标,湖南省提出了全面推进产业扶贫、易地扶贫搬迁、教育脱贫、兜底保障脱贫、生态保护脱贫等"五个一批"行动计划,使得全省扶贫开发工作能够得到分类指导,各个击破。

在发展生产扶贫方面,抓好重点产业项目建设,每年帮助 20 万贫困对象实现增收脱贫;抓好金融服务,今年贷款总额将突破 60 亿元,为发展产业提供资金支持;抓好劳务输出,探索形成可复制可推广的经验。在易地脱贫搬迁方面,今年完成贫困对象搬迁 16 万人。在加强教育脱贫方面,每年帮助 5 万名贫困家庭"两后生"完成职业学历教育。在兜底帮助脱贫方面,将农村低保标准从165 元/月提高到 220 元/月,医疗救助也出台操作细则。在生态保护脱贫方面也积极探索新路子。

(5) 改革创新,体现特色。产业扶贫抓出特色,探索"资金跟着穷人走、穷人跟着能人走、能人跟着产业项目走、产业项目跟着市场走"的"四跟四走"产业扶贫发展路子,实施重点产业扶贫项目 138 个,直接带动 40 万贫困对象增收。金融扶贫形成新模式,推进扶贫小额信贷工作,对 95.8 万户贫困农户进行评级授信,授信额度 185.4 亿元,发放扶贫小额信贷 20 亿元,帮助 15 万户贫困农户解决资金瓶颈。资产收益扶贫试点探索出了"用开发式扶贫解决救济式扶贫"的新方式,针对 55.2 万户无劳动能力、无生产门路的特殊贫困对象,把应由贫困农户享受的财政专项扶贫资金委托给扶贫经济组织进行产业开发,而贫困农户根据财政扶贫资金形成的"扶贫股",按股分红,获取稳定收益。

同时,贫困农户危房改造推出新举措,尤其通过提高补贴标准,前两年已经有 7 万户贫困农户圆了安居梦。社会扶贫也创新了"落地平台",通过"万企联村、共同发展"和"村企共建"项目,全省共有 6 700 余家企业与 9 800 多个村开展合作对接,投入资金 120 亿元,受益贫困人口 200 多万;实施"一家一"助学工程,去年完成帮扶 1 万名贫困对象;协调经济发展较快的 7 市分别对口帮扶湘西州 7 县,去年直接投入上亿元,帮助引进项目资金 5 000 万元,实施项目 30 个。

2. 承担对口支援任务的东部地区的主要进展

由于东部地区一般都承担对口支援任务,扶贫开发工作也存在着很多共性,因此,我们以上海市为例,归纳梳理出东部地区对口支援任务和扶贫开发工作的主要进程。

(1) 对口支援地区的脱贫攻坚任务繁重。

至 2015 年底,上海市对口支援地区涉及 7 省 13 个地区,共有贫困人口 313.6 万人。其中,新疆喀什对口四县有 45.5 万人(莎车、叶城为国定贫困县);西藏日喀则对口五县有 7.1 万人;青海果洛六县有 2.2 万人;云南四州市和两个经济重点合作州市共有 208.3 万人(除红河州石屏县外,四州市其余 25 县均为国定贫困县);贵州遵义 9 个县有 36.8 万人;三峡库区重庆万州有 10.6 万人;湖北宜昌的夷陵区有 3.1 万人。在这些对口支援地区中,云南和贵州的脱贫任务最重。按照中央要求,上海市各对口支援地区对脱贫攻坚工作都做出了具体部署。

云南提出,坚持把贫困人口脱贫致富和贫困地区跨越式发展作为核心,聚焦滇西边境山区、乌蒙山区、迪庆藏区和石漠化片区 4 个集中连片特困地区,深入推进"63686"行动计划,举全省之力,力争在少数民族脱贫、边境脱贫、生态脱贫方面走在全国前列、做出示范。到 2019 年,现行标准下 574 万建档立卡贫困人口实现脱贫,88 个贫困县全部摘帽,476 个贫困乡(镇)、4 277 个贫困村出列。2015 年起,平均每年脱贫 100 万人以上,按年度计划实现相应数量贫困县摘帽。

贵州提出,分两步实现扶贫攻坚目标:第一步,扎实推进"33668"扶贫攻坚计划("33"——2015—2017 年,用 3 年时间减少 300 万贫困人口;"66"——实施精准扶贫"六个到村到户",完成"六个小康建设"任务;"8"——实现贫困县农村居民人均可支配收入8 000元以上）。到2017年末，实现农村贫困人口脱贫300万人以上，省定标准24个贫困县、375个贫困乡镇脱贫"摘帽"，5 800个贫困村出列，贫困县农村人均可支配收入达到8 000元。第二步，深入落实发展生产、易地搬迁、生态保护、加强教育、社会保障兜底等"五个一批"扶持措施，到2020年末，50个国家扶贫开发工作重点县全部"摘帽"，623万现有贫困人口全部脱贫。

新疆提出，要把精准扶贫、精准脱贫作为基本方略，把争取和凝聚人心作为根本要求，坚持扶贫开发与经济社会发展相互促进，坚持精准帮扶与南疆片区开发紧密结合，坚持扶贫开发与生态保护并重，坚持扶贫开发与社会保障有效衔接，采取超常规举措，拿出过硬办法，举全疆之力，坚决打赢脱贫攻坚战。到2020年，确保现行标准下261万贫困人口全部脱贫，35个重点贫困县全部摘帽，3 029个贫困村全部退出，解决南疆四地州区域性整体贫困问题。

西藏提出，贯彻落实习近平总书记"治国必治边、治边先稳藏"的重要战略思想和"加强民族团结、建设美丽西藏"的重要指示，坚持党的治藏方略，坚持依法治藏、富民兴藏、长期建藏、凝聚人心、夯实基础的重要原则，举全区之力坚决打好打赢脱贫攻坚战。到2020年，要确保稳定实现贫困人口"三不愁"（不愁吃、不愁穿、不愁住）、"三有"（有技能、有就业、有钱花）、"三保障"（义务教育、基本医疗、社会保障），享有稳定的吃、穿、住、行、学、医、养保障，享有和谐的安居乐业环境，享有均衡的基本公共服务，享有较为完善的社会保障体系，享有充分的宗教信仰自由和宗教需求保障，享有较高的获得感和幸福指数，全区贫困人口与全国7 000多万贫困人口一道脱贫。

青海提出，坚持扶贫开发与经济社会发展相互促进，坚持精准帮扶与集中连片特殊困难地区开发紧密结合，坚持扶贫开发与生态保护并重，坚持扶贫开发与社会保障有效衔接，实施发展生产、外出务工、生态补偿、资产收益、易地搬迁、教育培训、社会保障、大病救助扶贫攻坚工程，举全社会之力，确保提前一年实现整体脱贫，再抓一年巩固提高，为全面建成小康社会创造必备条件。

宜昌提出，整合优势资源和扶贫力量，用足各类资金，推动产业扶贫带动、基础设施提升、扶贫搬迁安置、住房改善安居、保障救助兜底、教育培训扶智等六大工程，提前两年于2018年实现全部443 125名贫困人口脱贫。

万州提出，抓好精准扶贫、精准脱贫，算好贫困户、贫困村两本账。到2016

年底,实现 168 个贫困村,贫困人口 34 515 户、106 044 人脱贫,其余的 74 个贫困村、46 028 名贫困群众也将逐渐全面脱贫。

(2) 对口支援建立健全四大体制机制。

经过多年的探索和实践,上海对口支援工作逐步形成了"民生为本、产业为重、规划为先、人才为要"的工作方针。按照"四为"工作方针,在中央的统一部署下,科学安排援助资金和项目,切实加强统筹协调,不断增强前后方互动配合,在实践中摸索形成一整套"推进有体制、运转有方法、实施有支撑、成效有品牌"的工作方法。

一是市领导小组工作体制。市委、市政府高度重视对口支援工作。为加强工作统筹领导,成立了市对口支援与合作交流工作领导小组,形成了市委、市政府领导亲自关心、亲自推进,合作交流办牵头协调,各区县、相关委办局共同参与的工作格局。

二是前后方工作互动机制。在新疆,设立了援疆工作前方指挥部;在其他的对口支援地区,也设立了援派干部联络组。同时,建立完善了前后方工作协调机制,明确了各方互相支持配合的职责分工。

三是对口支援联席会议机制。加强与受援地的沟通协调,在新疆喀什每年都有两地领导座谈交流、商议对口支援工作,其他也分地区召开两地对口支援工作联席会议,共商对口支援重大事项,部署阶段性对口支援任务。

四是对口支援工作例会机制。为了更好地推进对口支援工作,促进各成员单位间的沟通协调,建立完善了对口支援工作例会机制,通过按季度组织召开工作例会,部署下达年度任务,跟踪进展情况。

(3) 对口支援探索形成三大援助方法。

一是增强内生动力与发挥上海优势相结合。通过多年的援助,对口支援地区基础设施等硬件环境得到有效改善,对口支援工作的重心正在从输血向造血、从硬件向软件转变。比如,在三峡库区,上海市累计安排援助资金 7 600 万元,建设了三峡移民就业基地、三峡移民生态工业园等标准化厂房 9 万多平方米,提升了三峡坝库区经济发展的承载力、聚集力和吸纳力,多家企业进驻落户园区,解决了近 3 000 多名移民的就业问题。在项目安排中,不断增加提升技能、教育培训、拓展市场、改善管理等内容,有效提升了当地的自我发展能力。比如,在新疆喀什,建立了上海—喀什职业教育联盟,采取"学校+企业+行业"

的模式,吸引沪喀两地 25 家教育和人社部门、6 家行业协会、24 家企业、17 家职业学校加入,为喀什特别是对口支援四县创造了良好的职业教育发展环境,辐射整个喀什地区的 21 所职业学校,使 4.9 万名学生和 2500 多名教师直接受益,并被作为喀什地区唯一一个援疆项目列入自治区全面深化改革"试验、试点、示范"项目。此外,还注重将当地需求与上海市的资源优势结合起来,以优势补短板,提高了项目的可行性和有效性。比如,在卫生援助方面,创新医疗人才组团式援疆模式,通过"专业技术人才＋卫生管理人才"组团式选派、上海市多家三甲医院组团式结对、医疗设备与配套技术组团式提升,成功将喀什二院打造成三级甲等医院和南疆医学技术高地。中组部、国家卫计委等高度肯定了组团式援助模式,并在西藏进行了复制推广,先后推出医疗人才、教育人才组团式援藏。

二是共性需求与当地特色相结合。民生改善是对口地区的共同需求,上海在不同地区都安排了产业、教育、卫生、就业等民生改善项目,并且坚持资金和项目向基层倾斜、向农牧民倾斜,使当地群众真正得实惠。根据不同对口地区的特点,因地制宜开展了高原农业、边疆维稳、旅游开发、民族融合等特色项目,找准工作的切入点和突破口,项目更加贴近当地的实际需求。在西藏,援建江孜红河谷现代农业示范区,种植项目辐射带动了县城周边 3 个乡镇近 2500 户农户,累计为农牧民提供种苗 40 余万株,所在地农牧民人均增收 800 余元,一些农牧民还通过到农业示范区就业和参与旅游配套服务实现了增收致富;在云南,开展富宁县扶贫互助资金小额贷款项目,创造出了组织穷人、瞄准穷人、一次投入、滚动发展、互相帮助、效益多样的新模式,累计向 6752 户农户发放贷款 6559.5 万元,覆盖 12 个乡(镇)145 个行政村,受益群众 37136 人。此外,上海市对云南省人口较少的少数民族地区提供了专项帮扶,资助实施整村推进、易地搬迁等帮扶工程,使 1.97 万德昂族群众实现整体脱贫。投入 7670 万元资金,推动"独龙江乡整乡推进、独龙族整族帮扶",取得明显脱贫成效。

三是政府主导与社会参与相结合。对口支援工作是一项政治任务,无论是资金项目安排,还是选派党政干部和专业人才,或是高层领导出访,都体现了政府在对口支援工作中的主体作用。同时,还注重引导社会力量参与,逐步建立完善社会动员机制,发挥专项资金的杠杆作用,鼓励企业投资、志愿者服务、慈善捐助等活动,形成了全社会关心支持对口支援工作的良好氛围。比如,2013

年结对帮扶遵义以来,短短三年间,上海各界向遵义捐赠各类资金(含以物折资)6 700多万元,用于受帮扶县(市)的产业发展、社会事业、新农村建设等领域的扶贫助困,取得了良好的社会效益,赢得当地干部群众的充分认可和广泛赞誉。云南省文山州地处中越边境,战争给当地留下了沉重的创伤——因战致残人员,至今平均每年新增触雷群众10人左右。上海市及虹口区两级政府以及社会力量一起,开展"行走的渴望——文山假肢安装工程",让因战致残人员重新站了起来,成为自食其力的劳动者,有的还外出打工或开店做生意,成了发家致富的带头人。

(4) 对口支援强化夯实六大制度支撑。

一是规划体系。规划为先是上海对口支援工作的重要方针。一方面,2007年、2011年、2015年分别编制了《上海市服务全国和对口帮扶"十一五"规划》《上海市对口支援与合作交流"十二五"规划》和《上海市国内合作交流"十三五"规划》,明确了对口支援工作的指导思想、基本原则、总体目标和主要任务。此外,还分地区制定相关工作规划。另一方面,充分利用上海资源和优势,帮助对口地区编制城镇体系规划、城镇总体规划、控制性详细规划、产业区规划、村庄规划、卫生规划等专业规划,为当地经济社会的长远发展夯实了基础。

二是资金管理。按照中央要求,上海市每年拿出不超过上年度本级财政收入的1%,用于开展对口支援与合作交流工作。通过市区两级统筹方式进行筹措。为了管好、用好专项资金,制定出台了《上海市对口支援与合作交流专项资金管理办法》,为资金安全、使用规范提供了制度保障。

三是项目管理。根据专项资金管理办法,分别制定了专项资金资助对口支援项目、人力资源培训项目、企业投资项目、会展项目以及重要课题研究等5个实施细则,并会同对口地区制定了项目管理暂行办法,为加强项目全过程管理提供了工作指南。

四是绩效评价。为了更好掌握对口支援项目实施效果,经两地共同协商,试点开展了对口支援云南省项目的绩效评价工作,并通过引入和委托第三方专业化的绩效评价机构,逐步完善了绩效评价的实施方案、流程、信息化系统,对口支援项目的决策、管理水平得到提升。

五是监督审计。根据上海市对口支援项目多、分布广、资金量大的特点,市审计系统积极开展计算机远程联网审计,创建了项目计划、资金、进度、建设管理跟踪审计等 4 个功能板块、81 项审计方法,提高了对口支援项目跟踪审计的效率和效果。

六是保障体系。经过 20 多年的实践探索,上海市形成了较为完善的援派干部保障体系,包括干部选派、工作待遇、生活保障、体检、安排任用等方面。在此基础上,制订了上海市援派干部人才体检、医疗保障、临时调整、干部家访、交通和驻地安全保障和突发应急事件处置"5+1"制度预案,为援派干部人才在外更好履职尽责解除后顾之忧。

二、我国实施精准扶贫的主要瓶颈

党中央、国务院高度重视扶贫工作,把扶贫工作纳入"四个全面"战略布局,实施精准扶贫、精准脱贫已经成为治国理政的基本方略。去年,中央召开了扶贫开发工作会议,对当前和今后一个时期脱贫攻坚任务做出部署,习近平总书记发表了重要讲话。会议明确了新时期脱贫攻坚的目标,就是到 2020 年实现"两个确保":确保农村贫困人口实现脱贫,确保贫困县全部脱贫摘帽,决不能落下一个贫困地区、一个贫困群众。脱贫攻坚要取得实实在在的效果,关键就是精准扶贫、精准脱贫,做到"扶持对象精准、项目安排精准、资金使用精准、措施到户精准、因村派人精准、脱贫成效精准",重点解决好"扶持谁、谁来扶、怎么扶、如何退"四个问题,实施发展生产脱贫一批、异地搬迁脱贫一批、生态补偿脱贫一批、发展教育脱贫一批、社会保障兜底一批"五个一批"工程。应该充分认识到,全国扶贫开发工作得到了全面的推进,取得了一些重要的成绩,但在发展过程中也存在着一些问题和瓶颈,突出表现在以下七个方面。

1. 观念转变没有完全到位

在全国精准扶贫工作推进中,还有少数地区存在着扶贫开发就是要重点解决经济发展问题、热衷于上大项目的认识偏差,没有把思想观念和资源力量聚焦到"脱贫"这个核心要求上来,没有把工作重点锁定到贫困人口的脱贫上来,没有紧扣到"两不愁、二保障"(不愁吃、不愁穿;义务教育、基本医疗和住房安全有保障)这个首要目标上来。因此,扶贫开发工作,尤其是精准扶贫、精准脱贫的效果就会受到一定程度的影响。

2. 脱贫攻坚任务仍然艰巨

实现到 2020 年让 7 000 多万农村贫困人口摆脱贫困的既定目标,时间十分紧迫、任务相当繁重,尤其是一些全国扶贫工作大省更是如此。例如,湖南省还有 51 个扶贫开发工作重点县、8 000 个贫困村、465 万贫困人口,贫困地区人均财政收入约为全省平均水平的一半,农村居民人均可支配收入 7 575 元,仅相当于全省和全国平均水平的 69.1% 和 66.3%,是全国脱贫攻坚的主战场之一。因此,脱贫攻坚的基数很大,压力也很大。

3. 基本生产生活条件困难

目前,全国许多地区的贫困村、贫困户在交通、饮水、用电等基本生产生活条件方面仍然很困难。在建档立卡的 12.8 万个贫困行政村中,有 6.9 万个不通客运班车,占 53.9%;在 87.1 万个自然村中,还有 33 万个不通水泥路,占 39.6%。在西部和中部地区建档立卡的贫困户中,分别有 22.9% 和 13.1% 的贫困户饮水困难。在西部地区,仍有 2.6% 的贫困村没有通生活用电,10.3% 的贫困村未通生产用电。

4. 多重致贫因素交织叠加

从对全国一些贫困地区的考察来看,贫困户的致贫原因复杂多元、交织叠加、互为因果。在建档立卡的贫困户中,因病致贫的有 1 242.3 万户,占 42.2%;因缺资金致贫的有 1 043.8 万户,占 35.4%;因缺技术致贫的有 658.4 万户,占 22.3%;因缺劳力致贫的有 494.1 万户,占 16.8%;因学致贫的有 265.7 万户,占 9.0%;因残致贫的有 170.9 万户,占 5.8%;因灾致贫的有 170.5 万户,占 5.8%。

5. 扶贫投入难以满足需求

尽管各级政府的扶贫资金一直在增加,但与贫困地区和贫困人口的发展需求相比,专项扶贫资金仍显不足。2014 年,中央财政专项扶贫资金达到了 433 亿元,但是占中央财政收入的比重一直在下降,1986—2014 年,由 2.44% 下降到 0.67%。同期,专项扶贫资金规模占全国 GDP 的比重,由 0.44% 下降到 0.07%。此外,各类涉及扶贫的政策和资金,来源和渠道很多,普遍存在着分散、细碎的现象,无法有效形成扶贫合力。

6. 贫困地区缺少产业支撑

从很多农村贫困地区来看,由于经济发展比较滞后,基础设施比较薄弱,产业结构比较单一,造成了就业机会缺乏的局面,农民增收也缺少门路,一些贫困地区农民外出务工收入占其总收入的比重高达 50% 以上。从实践层面来讲,凡是产业扶贫项目到位、产业项目选择到位,扶贫开发的效果比较明显,农民脱贫的效应也比较明显。但是,从很多贫困村的现状来看,由于各种主客观条件的严重制约,产业扶贫仍然还存在着很多困难,造血功能明显不强。

7. 片区扶贫政策不够平衡

从 20 世纪 80 年代中期开始,国家或省确定的贫困县是主要扶贫对象。2011 年,国家又确定了 14 个连片特困地区,但在实施过程中也存在着一些不够平衡的情况。例如,湖南省纳入国家武陵山片区规划的 37 个县,只有 31 个县享受国家连片特困地区特定的扶贫开发政策,还有湘西州的吉首市,张家界市的永定区、武陵源区,怀化市的鹤城区、洪江市,娄底市的冷水江市等 6 个不享受特定扶贫开发政策的“天窗县”,各方要求享受片区政策的呼声强烈。

三、我国实施精准扶贫的若干建议

目前,中央对脱贫攻坚做出了总体部署,明确了各级党委、政府对于脱贫攻坚工作的责任。党中央、国务院主要负责统筹制定扶贫开发大政方针,出台重大政策举措,规划重大工程项目。省(自治区、直辖市)党委和政府对扶贫开发工作负总责,抓好目标确定、项目下达、资金投放、组织动员、监督考核等工作。市(地)党委和政府要做好上下衔接、域内协调、督促检查工作,把精力集中在贫困县如期摘帽上。县级党委和政府承担主体责任,书记和县长是第一责任人,做好进度安排、项目落地、资金使用、人力调配、推进实施等工作。省(自治区、直辖市)党委和政府要向市(地)、县(市)、乡镇提出要求,层层落实责任制。为此,我们提出以下七个方面的意见建议。

1. 提供法律保障,加强统筹协调

精准扶贫需要顶层设计,也需要统筹协调,更离不开法律保障。我们建议:一是为了增强全国扶贫开发工作的法律保障,请国务院考虑制定出台“全国农村扶贫开发条例”。二是由于农村扶贫开发工作面广量大、内涵丰富,也涉及一些法律问题,如土地承包、抵押贷款方面等,对此也需要抓紧做一些必要的修改。三是针对各级、各类扶贫政策和资金“碎片化”的状况,应该加强统筹协调,可以考虑以县为单位整合使用,尤其要避免地方配套。

2. 加大扶贫投入,强化资金支持

由于我国 2020 年要全面建成小康社会,7 000 多万农村贫困人口要全面脱

贫,针对财政专项扶贫资金总量偏小、人均水平不高的情况,进一步加大扶贫资金的投入显得尤为重要。我们建议:一是从 2017 年开始连续 4 年适当提高中央财政专项扶贫资金占中央财政收入的比重、专项扶贫资金占全国 GDP 的比重,确保脱贫攻坚的资金投入保障。二是中西部地区各级地方政府的扶贫专项资金投入应该保证合理的增长;东部地区的对口支援资金应该保持比较合理的水准。

3. 加快基础建设,改善发展环境

目前,大多数贫困地区的基础设施建设和基本公共服务严重滞后,基本生产生活条件仍然比较困难,因此,改善贫困地区和贫困人口的发展环境,有利于提高贫困人口脱贫的稳定性、可持续性。我们建议:一是加大贫困地区的基础设施建设,在水、电、路、气、网、水利等方面加大投入,为扶贫开发创造基础条件。二是加快提高基本公共服务能力,保证基本公共服务主要领域指标逐渐接近全国平均水平,而不是进一步扩大差距,尤其在教育培训、医疗卫生等领域,切实解决因病、因教致贫问题。

4. 推进产业发展,增强造血功能

贫困地区脱贫,关键在于产业发展,增强造血功能,这是精准扶贫、帮助贫困人口实现长效脱贫的有效手段。我们建议:一是根据不同地区的资源禀赋,重点扶持特色种养业、设施农业、特色林业、加工业、传统手工业、休闲农业、乡村旅游等特色产业发展,建设一批特色农业基地,扶持一批优势企业做大做强,打造一批特色品牌。二是支持企业通过吸纳贫困户直接参与、建立利益联结机制等方式带动贫困群众增收致富,实施"公司＋基地＋农户"的模式,促进龙头企业与贫困群众对接,进行利益捆绑,提高贫困群众的土地性收入、经营性收入和劳务性收入。三是加强劳动技能培训,促进就地就近择业,引入有实力、愿意承担社会责任的企业,因地制宜发展特色产业,使贫困户在土地流转、就近务工、自办"农家乐"生产经营中致富奔小康。

5. 加强生态保护,完善相关政策

目前,我国的贫困地区大多是生态保护区、限制开发区等,而国家生态补偿标准比较低,一定程度上影响了贫困地区的脱贫步伐。我们建议:一是在中共中央、国务院发布的《关于打赢脱贫攻坚战的决定》中,已经明确"加大贫困地区生态保护修复能力,增加重点生态功能区转移支付",因此要尽快出台相关具体

的扶持政策。二是由于这些贫困地区难以通过非农产业发展,解决贫困人口的就业和脱贫问题,因此需要加大转移支付力度,增加补贴水平。

6. 扶贫政策待遇,需要一视同仁

目前,在一些贫困地区,确实还存在着"同一片区、扶贫政策待遇不同"的情况,同一个片区,各省享受中央政策不同,因此,一些贫困地区的基层干部群众强烈要求平衡政策待遇。我们建议:一是应该从国家层面出发,按照"同一片区、同一待遇"的原则,进一步平衡相关省份片区扶贫政策待遇。二是对于特困片区、中央苏区、革命老区、少数民族地区等一些特殊地区,应该进一步完善相关的支持政策,抓好统筹协调,采取一视同仁的模式。

7. 加强对口支援,助推脱贫攻坚

对于对口支援地区的脱贫攻坚任务,对口支援帮扶方也有责任。我们建议:一是紧紧围绕中央的要求和部署来推进"十二五"期间各项对口支援工作,共同参与大扶贫格局,强化东西部地区的扶贫协作,推动东部地区人才、资金、技术向西部流动。二是强化东西部扶贫协作,东部地区不仅要帮钱帮物,更要推动产业层面的合作,还要推动人才、资金、技术向贫困地区流动,实现双方共赢。三是推动各级层面的协作,不仅推动省级层面协作,更要推动市县层面协作。四是加强资金项目集聚,进一步向基层倾斜,向贫困群众倾斜,通过发展产业促进就业,增强对口地区自身"造血功能"。五是利用资源优势,推进教育帮扶、卫生帮扶以及人才培训工作。六是进一步提升对口支援项目的管理水平和实效性,切实将对口支援项目资金安排纳入对口地区的经济社会发展规划。

关于"城镇化进程中生态环境建设和保护"的调研报告

(2017 年)

当前,我国城镇化率已超过 50%,部分地区已超过 70%,但改革开放 30 多年来,城镇化率每增加 1%,平均能耗增加 18%,资源消耗和环境影响也明显呈增加趋势。党的十八大以来,"新型城镇化"理念更加突出,更加强调以人为本、

集约高效和绿色智能。《国家新型城镇化规划(2014—2020 年)》提出"把生态文明理念全面融入城镇化进程,着力推进绿色发展、循环发展、低碳发展,节约集约利用土地、水、能源等资源,强化环境保护和生态修复,减少对自然的干扰和损害,推动形成绿色低碳的生产生活方式和城市建设运营模式"。为此,在沪全国人大代表组成专题调研组,紧紧围绕"城镇化进程中的生态环境建设和保护"的主题,分别在上海、黑龙江、湖北等地进行了考察调研,并且在集中调研、信息交流、材料分析、深入研讨的基础上,最终形成了以下调研报告。

一、我国城镇化进程中生态环境建设和保护存在的突出问题与应对经验

城镇化是伴随工业化发展,非农产业在城镇集聚、农村人口向城镇集中的自然历史过程,也是一个动态发展转变的过程,转变的重点在于人口集聚、产业转型、土地变化。从我国过去几十年的实践来看,一方面城镇化进程对生态环境产生了一定的积极效应,如资源和土地集约、污染集中治理、技术集聚和进步、管理效率提高、公共交通便捷、居民环境素质提升等。另一方面城镇化进程对生态环境也造成了一定的负面影响,如人口城镇化带来消费升级和资源环境压力增大,产业粗放造成资源浪费和环境污染,土地变化引起自然生态系统破坏及生态服务功能下降等。究其根源,主要在于现有规划体系未能充分发挥资源环境约束作用,政府部门间缺乏政策协同,城镇化建设强度超过资源环境承载力,环境保护软硬件水平与城镇化速度不匹配等。当然,各地也采取了一些有效的措施,积累了一些应对的经验。

(一) 人口城镇化带来消费升级和资源环境压力增大

伴随着城镇人口不断增长和消费升级,资源环境压力不断增大,而城镇环境承载力有限,环境基础设施建设滞后、相对不足,由此带来了水、大气、噪声、振动、固废、土壤污染、光污染等诸多负面环境效应。

1. 水资源与水环境污染问题

(1)水资源问题。城镇化导入大量人口后,分散的农村用水转变为城市化集中供水,城镇生活方式导致用水量增加,涉及供水系统能力是否满足人口导入需求、饮用水安全是否能够保障以及部分地区地下水超采引起的生态环境隐患等方面。

（2）水环境污染问题。城镇人口增长过快让不少城镇的雨污水管网、污水厂、垃圾处置等环境基础设施捉襟见肘，带来生活污水直排污染、雨污混接、城市内河污染严重以及水体周边环境脏乱等问题。近年来，尽管大多数城镇都在补上环境基础设施短板，城镇水环境质量呈现改善趋势，一些城市河道从控制黑臭转向控制氮磷为主，然而许多城市的水污染特征又逐步从工业污染转变为生活污染和地表径流，点源转变为面源。因此，治理难度增大，环境基础设施建设进入攻坚期、瓶颈期，截污纳管、大建污水厂等工程措施的作用已逐渐接近极限，雨污混接、管网不合理等前期问题开始暴露，亟须进入综合整治、源头治理、精细管理的新阶段。

（3）水体生态功能退化问题。例如，在湖北考察调研时发现，一些地方为弥补城镇化能源缺口、降低火电污染而建设的一些水电站，使河流流速和流量大大降低，对河流生态系统会造成难以估量的影响。

应对经验：对于水资源问题，近年来我国实施了最严格的水资源管理制度，一些地区通过财政补偿等方式加强水源地保护。例如，上海实施了水资源消耗总量和强度双控行动方案，并逐级落实分解；借鉴发达国家经验，采用了多座水库、区域供水、互为备用的模式，目前共建成使用长江上的陈行、青草沙、东风西沙以及黄浦江上游四大集中式饮用水源地，实现了水资源分区供应，强化了饮用水源安全保障。又如，哈尔滨市政府 2012 年为了涵养磨盘山水源地水源，与黑龙江省森工总局山河林业局签订了《磨盘山水源地保护区上游停伐补偿协议》，在水源地集水区内全面停止一切林木采伐活动，市政府每年向林业局转移支付 3 900 万元补偿资金。

2. 能源消耗、大气和噪声污染问题

（1）能源消耗总量增加和能源使用类型的改变。尽管城镇化有助于能源清洁化，某些地区集中取暖可能比农村分散取暖更环保更节能，但总体上人口的城镇化和生活水平的提高往往会造成能耗总量的大幅增加，从而直接影响大气污染物的排放情况。例如，在黑龙江等北方地区，城镇居民冬季集中供暖产生的燃煤污染是当地空气污染的主要来源之一（在哈尔滨的采暖季，燃煤对 PM2.5 的贡献率高达 40.6%）。随着许多城市的全面建设期趋近尾声，建筑施工能耗下降，但建筑使用能耗不断攀升，造成火力发电过程中的环境污染。

应对经验：例如，北京等地采用电采暖，可以降低燃煤产生的空气污染，但由于成本比燃煤集中供暖高,北京市政府对居民用电有较大补贴,短期不易推广。又如,黑龙江按照"宜电则电、宜气则气"的策略,逐步推进燃煤集中供暖的能源替代,同时建设坑口电站降低燃煤污染,在供热、供气管网覆盖不到的城乡结合地区推进洁净煤、新能源或可再生能源使用。再如,上海在全国率先推进煤炭消费量负增长。此外,中央和地方近年来不断加强建筑节能管理、施工扬尘管理等措施,如上海率先制定了装配式建筑推进政策。

(2)交通量增大带来的空气和噪声污染问题。人口城镇化对城市交通体系的压力明显加大,居民出行需求增加、产业发展带来的运输活动频繁以及交通疏导能力不足都造成流动源大气污染物排放量的增加。特别是随着城市"摊大饼"和"职住分离"的现状,居民出行距离长、绿色交通友好性差,对小汽车依赖性增强,拥堵加重,导致机动车尾气和噪声已成为许多城市空气和噪声污染的主要来源之一。此外,城区高架道路和轨道交通(特别是地面轻轨)也成为周边居民投诉的噪声和振动污染源之一,而此类大型基础设施一旦建成就很难调整,虽然噪声屏能起到一定作用,但仍有一些居民受到影响,往往只能选择忍受或搬迁。

应对经验:例如,上海多年来重视城市"多中心"和职住融合的混合功能区建设,较大程度上减轻了交通拥堵和长距离出行问题;大力推广新能源汽车,实行绿色牌照和财政补贴政策,新能源汽车推广和发展速度达到全球领先水平。此外,国内外一些有效的绿色交通实践经验,如风靡许多城市的共享单车、英国伦敦的拥堵费政策、美国纽约的多选项过河方案(小汽车过哈得逊河可选择收费桥,也可选择免费桥)等,都在探索实践。

3. 固体废弃物和土壤环境保护问题

(1)垃圾围城问题。人口城镇化往往对应生活水平提高和垃圾产生量增大、垃圾种类发生变化,且在城镇化初期,居民环境意识尚不高,垃圾分类推进较困难,导致垃圾围城困境。一些城中村和城乡接合部容易出现垃圾处置能力相对不足的问题。随着城镇土地的扩张和垃圾处置场地的紧张,还容易出现"邻避"式抗议问题,进一步加大垃圾处置难度。

应对经验:随着垃圾填埋用地紧张和垃圾焚烧技术进步,焚烧日益成为许多城市垃圾的重要出路,但相关设施的严格管理、公众参与和监督、企业反哺社区公共服务等是降低公众反感的重要因素。垃圾在源头的良好分类也是垃圾焚烧清洁和高效的重要前提。例如,湖北仙桃市政府就垃圾焚烧项目发布致全市居民公开信,与居民真诚互动,取得良好效果;又如,浙江金华、江山等地的垃圾分类经验值得借鉴。

（2）土壤环境风险问题。人口城镇化带来的垃圾处置不当、污水违规排放甚至空气污染对应的颗粒物沉降和酸雨等,均可能最终导致土壤污染,威胁粮食安全、用水安全和人居环境。

应对经验：针对土壤环境风险及相应的农产品安全和居民健康问题,如上海近年来聚焦重点工业区、邻避型设施周边、交通干道两侧、骨干河道两侧等"四旁"地区开展土壤环境监测,对土壤环境风险区域内的耕地进行了调整,保障居住区和主要农业生产区土壤环境零风险。同时,结合工业用地减量化和城市更新开展土壤污染治理修复,并建立完善土壤环境质量监测监控体系。

4. 城郊接合部人居环境脏乱差问题

城镇化过程中,产业结构一般会出现农业生产人口下降、第二、第三产业人口比例上升的现象。受到教育程度和技能水平影响,不少新增城镇人口从事的行业相对低端、环境隐患较大,围绕这部分新增人口的社会服务业往往集中在社会成本相对较低的城郊接合部,这些地区人口迅速增加、密度大、环境管理能力相对薄弱或地处行政交界地带,容易产生环境脏乱差现象。

应对经验：例如,2015 年上海市出台了《关于进一步加强本市部分区域生态环境综合治理工作的实施意见》,明确重点区域,集中整治"五违"问题（违法用地、违法建筑、违法经营、违法排污、违法居住）,通过整合资源、联惩联治、连片整治、整体转型,三年滚动推进 150 平方千米重点区域生态环境综合治理,结合中小河道综合整治、环保违法违规建设项目清理整顿等工作,区域生态环境面貌发生根本性改善,同时快速释放出大量土地资源。上海将"拆违"与"建绿"相结合,腾出的部分土地建成绿地公园,部分土地用于农林修复（根据"宜农则农、宜林则林"原则）,如此,既防止了"五违"反弹,又增加了生态空间、改善了城郊环境。

（二）产业粗放造成资源浪费和环境污染

1. 产业结构不合理造成环境污染

城镇化会带来服务业比重提高以及一定的环境正效益,但如前所述,城镇化也造成部分新居民从事低端服务业、低端制造业,产生环境污染隐患。特别是一些乡镇工业企业、畜禽养殖业等属于"小散乱污"企业,布局分散、规模小、经营粗放,其周边聚集区社会服务业快速发展,可能发生废水废气直排或处理不达标,造成水污染和大气污染;工厂废弃或搬迁、工业固废处置不当、污水违规排放等都可能造成土壤污染。这些企业有时还会占用邻近农田,给农业生产带来一定程度的损害。

应对经验:例如,上海等地近年来加大产业结构调整力度,作为环境保护的源头策略,"十二五"以来仅市级层面就完成了6 000多项结构调整项目,促进了产业结构优化和清洁化。武汉市结合钢铁企业调整、加强环境执法与自动监控等措施,近年来空气质量明显好转。

2. 产业布局不合理引发环境风险和矛盾

城镇化过程中产业布局不合理可能威胁一些饮用水源地、取水口的环境安全。随着饮用水源地保护的加强和保护范围的扩大,一些保护区内的工业企业不得不调整关闭,反过来对当地经济社会也可能产生一定压力。同时,部分产业与居住功能混杂虽对人民生活有一定的便利性,但也会产生环境矛盾,如容易出现餐饮油烟、城市生活噪声、不明异味等城镇居民典型的环保投诉热点。

应对经验:例如,湖北省近年明确规定长江1千米范围内禁止新建重化工园区,不再审批新建重污染项目,对沿江石化企业和化工园区进行全面清理,工业集聚区陆续建成集中污水处理设施。上海通过《大气污染防治条例》等文件,规定居民楼下不得新建餐饮单位,对于产生油烟的餐饮单位提高油烟排放标准、鼓励第三方专业治理。

3. 产业规模超过环境承载力

城镇化过程中可能存在产业规模超过当地承载力的问题。生态脆弱地区、自然保护区等地区的部分产业违规发展会造成环境污染和生态破坏。即使非限制开发地区,产业过度不当发展也会对环境和健康造成威胁,如广东贵屿电子垃圾处置行业给当地带来的环境污染和健康损害曾引发广泛关注。

应对经验:例如,湖北省为保护和恢复水环境,通过财政投入和严格问责等方式,大力推进退垸(田、渔)还湖、退耕还湿。对于围网养殖的渔民,给予每亩1万元的补偿,按照城镇居民最低保险给予人头补偿,对于在船上生活的渔民给予建房补贴,甚至协助解决就业等,使长期存在的围网养殖污染问题得到彻底清除。对于填湖造地等历史问题,尽力清除地面生产生活行为,重新开挖,退坑（田、渔）还湖，使全省湖泊面积萎缩的趋势得到扭转。仙桃等地对于违法占用长江滩涂湿地种植水稻等行为进行强制退耕还湿。

4. 城镇化的产业支撑不足与相应的生态环境隐患

在城镇化过程中，农民住房变化一般体现为城镇买房、农村盖房、征地拆迁安置、异地搬迁扶贫等。例如，在湖北等地，农民在外打工赚钱后回乡盖房或买房的情况十分普遍，甚至是一些县市城镇化建设的主要驱动力之一。因此，这些地区的城镇化在很大程度上是由农民打工所在城市的经济（特别是建筑业、工业、服务业等）所支撑的。如果城市经济转型或农民选择回乡定居后，都需要本地产业提供长远支撑。又如，在黑龙江除农垦系统外，其他农业地区没有太多产业支撑农民城镇化，因此城镇化进程相对较慢。再如，即使在上海郊区，一些农民因拆迁不再种地并获得两套以上楼房住宅后，主要生计来源是期待房价上涨后的转售或出租收入，从长期或可复制性来看，同样需要产业支撑。因此，如果一个地区城镇化所需的本地产业支撑不能及时建立，则当地城镇的长远可持续发展仍可能面临隐患，引发生态环境再次破坏的风险。

应对经验：例如，被列入国家新型城镇化综合试点的湖北仙桃作为一个县级市，借助地理优势和多年积累，产业发展较完善，为城镇化建设提供了坚强后盾，被授予中国食品产业名城、非织造布产业名城、中国县域产业集群竞争力百强、海峡两岸产业合作创新服务示范基地、全国现代农业示范区、中国民间文化艺术之乡、亚洲体操之乡等称号。仙桃积极打造精品乡镇，涌现了彭场无纺布、胡场机械加工、三伏潭禽业、西流河化工等一批特色乡镇工业小区，形成了镇域经济发展的雁群效应。在产业支撑下，生态环境保护得到持续重视，获得国家园林城市、国家卫生城市、国家全域旅游示范区试点等荣誉。

（三）土地变化引起自然生态系统破坏及生态服务功能下降

城镇化过程中，农业用地变为城镇建设用地、农村集体土地变为国有土地等，会破坏农田、森林、草原、山峦、河湖等原有自然风貌，可能降低其生态服务功能、资源环境价值和美学价值，并造成环境风险。例如，我国城镇化过程中，一些城镇扩张到水源地附近地区，形成对饮用水源的污染风险；城镇建设有时造成河道断头、湖泊减少等问题，也容易引起水质恶化；一些城镇占用江河洪泛区和蓄滞洪区，形成城市洪涝灾害风险；一些城镇开展大规模削山造地和城镇上山运动，造成山地林地遭受破坏，形成水土流失和雨洪风险；一些城镇占用基本农田,在执行"占一补一"政策时有的没有得到及时有效复垦,农业用地得不到保障,有的将基本农田调整到山顶,造成对林地生态系统的破坏;公路等交通设施建设可能阻断动物迁移廊道;原生态植被和水域的减少还会降低空气净化和温度调节的能力。目前,由于土地变化产生的主要问题如下。

1. "摊大饼"与"大拆大建"引起的资源浪费和生态破坏问题

由于一些复杂和深层的原因,我国的各种重要资源过度集中于大城市、中心城区,因此通过"摊大饼"将大城市人口向郊区、新城、周边中小城市疏解的目标在很多地方并未实现,造成"大城市病"与"空城、鬼城"并存。前者造成交通拥堵、环境恶化等问题,后者导致资源能源的低效率和自然生态系统的破坏。同时,"大拆大建"模式在城市更新改造中十分普遍。根据住建部的统计数据和中国建筑科学研究院编写的《建筑拆除管理政策研究》(2014),我国每年由于建筑过早拆除带来的建筑垃圾增量约 4 亿吨,约占我国垃圾总量的 40%。大拆后的大建,又要重新投入大量资源、能源和人力,如此消耗模式除了贡献 GDP、维持短期经济稳定外,不论对于资源环境还是经济社会长期可持续性都极为不利。此外,近年来一些二、三线城市在种种因素驱动下,盲目仿效一线城市,过度兴建摩天大楼、大型商业综合体、大型交通枢纽、高档楼堂馆所等"高奇特"建筑与奢华建筑。这些建筑的单位面积运行能耗一般为同样功能普通建筑的 3~8 倍,对资源环境造成很大压力。

应对经验:例如,湖北省确立了生态保护红线在城镇化建设中的优先地位。作为全国最早的 4 个试点省份之一,根据红线进行严格管控,采取台账式管理,结合区域实际制定环境准入和管理清单。分区制订山水林田湖生态系统保护与修复方案——优先保护良好生态系统和重要物种栖息地,采取以自然封禁为主、人工修复为辅的恢复措施,推进受损生态系统修复。鼓励有条件的地区逐步推进生态移民,有序推动人口适度集中安置,减小生态压力。又如,国外许多城市着力打造 500 米"近距离生活圈",有助于减少出行相关的能耗和污染。英国大伦敦地区规定空间增长只能增加现有建成区的建设强度或在棕地上进行更新,以竖向增长为主,不得占用自然空间。纽约也通过大规模棕地清理项目提供用地增长空间。

2. 特色小镇一窝蜂建设的生态环境隐患

目前,各地在特色小镇申报和建设中一般都会打"绿色"牌,重视生态环保元素,有的还定名为生态小镇、花园小镇等,但这些特色小镇的一窝蜂建设现象需引起注意。特色小镇往往都希望上级给予相关扶持,但一方面受规划空间、土地指标限制,另一方面可能出现同一地区特色小镇总量过度饱和、形式雷同、旅游吸引力不够、其他产业支撑不足甚至生态环境遭破坏等潜在问题。其中,生态环境方面的隐患包括地表植被破坏、水体封闭、建材消耗、旅游业餐饮污染等。此外,农村征地建设的特色小镇一般需要完成农户拆迁安置和农田复垦验收,才能进入土地招拍挂程序,因此在规划和拆迁初期,未来土地的出让价格尚不清晰,因此,对于盲目开发的项目可能出现"特色小镇泡沫"和政府债务等问题。

3. 地面硬化引起城市内涝、地表径流污染等问题

由于城镇扩张,大量生态用地转为建设用地,大面积地表的硬质化会导致雨水吸纳能力下降和径流量增加,加剧城市内涝,加重地表径流污染。例如,上海等许多城市的初期雨水地表径流(通过雨水泵站在雨天和旱天的放江)已成为城市河道的主要污染源之一,且其治理难度甚至比工业污染源截污纳管更大,需要额外建设初期雨水截流井,将其导入污水处理系统进行处理,难度和成本都很高。同时,地面硬化造成雨水下渗减少,还可能影响地下水系统,甚至在一定程度上加剧地面沉降(虽然地面沉降的主要原因是地下水超采、地面高层建筑过多等)。

应对经验:例如,上海近年来正在探索开展雨污混接改造,以及雨水泵站改造(如建设初期雨水截流井,将其导入污水处理系统进行处理)。

4. 部分人工绿色空间布局破碎化、生态脆弱、养护成本高

为了弥补城镇建设对自然环境的破坏,许多地区城镇化过程中大量建设人工生态空间,总体效果较好。但也有些地区园林绿化布局不够合理,呈破碎化特点,未形成连通的生态廊道;一些人工绿色空间表面美观但生态脆弱,与当地最初的原生态自然环境尚有一定差距,存在植物种类较少、生态系统不完整,或外来植物不适合当地环境、存活率低、耗水量大等问题。因此,在可持续性上存在隐患,需持续投入高昂的养护资金,如遇当地经济转型、财政紧张等特殊情况时恐难以持续支撑。

应对经验:例如,武汉市确定六大"绿楔"作为武汉生态框架的重要组成部分,即后官湖生态绿楔、府河生态绿楔、武湖生态绿楔、大东湖生态绿楔、汤逊湖

生态绿楔、青菱湖生态绿楔,从不同方向"楔"入主城区,不仅起到了分隔市郊六大新城组群的作用,而且成为城市源源供应新鲜氧气的重要风道。又如,《上海市城市总体规划(2016—2040)》明确,主城区形成近郊绿环以及 16 条生态间隔带,按照 100 米以上控制;郊区形成 9 条市级生态走廊,宽度按照 1 000 米以上控制;建设点线面相结合的林地空间,连通绿色生态廊道。

二、我国城镇化进程中加强生态环境建设和保护的建议

应该清醒地认识到,我国城镇化进程中的人口失衡、产业失序、土地失控,在很大程度上归因于源头上的规划与政策等问题。一是"多规合一"尚未深入贯彻。环保对发改、住建、规土等城镇规划相关的强势决策部门的制约作用不强,各部门在资源环境方面不易形成共识,现有规划体系未能充分发挥资源环境管控作用,多停留在面上指标层面的整合,而背后的综合数据模型分析较薄弱。二是规划环评作用发挥有限。一些规划环评流于形式,如有的绿化市容"十三五"规划的环评对城市生活垃圾减量及处置等体系存在的问题几乎只字未提。三是规划执行情况监管薄弱。规划中的环境约束要求实现情况考核不严,有的地区不同规划之间存在冲突,还有的项目不符合规划却能获得审批通过,将来强令拆除时造成各方损失。四是政府部门间的政策协同性有待提升。一些规划或战略文件中提出美好的生态环境目标,但具体实施中缺乏有机组合的政策来推动其实现。

我们认为,如果我国城镇化造成的资源消耗和环境污染达到一定限值,城镇生活环境变差,可能会反过来抑制城镇化进程,因此,课题组提出以下建议供参考。

(一) 加强人口资源环境在城镇规划中的约束作用

(1)在区域和城镇规划层面加快推行"多规合一",加强规划环评工作。明确环境规划的先行先导要求,加强人口、资源、环境相关控制指标或红线在城镇规划中的约束作用。开展国土资源综合承载力、生态环境承载力评价,依据评价结果开展规划和建设。加强规划环评过程中的社会参与,提升规划环评的合理性以及对规划的实际约束和修正能力。

(2)注重区域和城镇规划实施的科学评估,切实转变目前以项目导向、工程导向为主的规划实施评估的倾向,引入以绩效为导向的规划评估。同时,还

要加强地区性协调规划对城镇规划的引导作用。

（二）将紧凑型城市纳入规划，避免"摊大饼"和"大拆大建"

（1）在确保生态空间只增不减或持续增加的基础上，倡导建设更多的紧凑型城市，将相关要求纳入城市规划和制度文件，用严格的制度来制止"摊大饼""空城、鬼城"和不必要的"大拆大建"，减少资源浪费和生态破坏。

（2）划定基本农田保护红线、生态保护红线、文化保护红线以及城市开发边界。同时，注重打造多中心城市，设置战略预留区。此外，还要鼓励存量建设用地、待修复棕地和既有旧建筑的充分利用。

（三）加快绿色生态空间建设，因地制宜建设海绵城市

（1）借鉴武汉楔形绿带和"上海2040"总体规划，建设5～10分钟步行可达的绿地系统以及点线面相结合的绿色生态空间，打造完整、连通的绿带、绿廊，形成完整的生态系统、动物活动廊道、自然通风廊道，并对不同功能模块进行分隔。建设由国家公园、郊野公园（区域公园）、城市公园、地区公园、社区公园组成的城乡公园体系。合理设置人均公园绿地面积目标，只增不减，并且根据实际情况推进屋顶绿化和立体绿化。

（2）尊重当地地形地貌，落实《新型城镇化规划》提出的"依托河流、湖泊、山峦等自然地理格局建设区域生态网络"。维护水系结构的有机性、连通性和完整性，减少土地开发利用和工程建设对水系的破坏和阻隔；提升骨干河网的景观亲水、水体净化、防洪排涝功能，扩展滨水地区公共活动空间。

（3）因地制宜建设海绵城市。保护和修复"绿—水—田—林—湿"等天然"海绵"；主城区、新城地区等增加可渗透地面。对地下水位过高等可能不适合开展大规模海绵城市建设与改造的地区，应科学评估、慎重推进。

（四）因地制宜完善水环境设施，加强精细管理

（1）加强雨水泵站管理。加强城区沿河雨水泵站排放的监管，要求精细化操作；真正发挥沿线调蓄池的作用，降雨前预抽空的污水应该进入污水管道而非河道；对泵站安装在线监控，按照污染源进行管理。

（2）加强雨污混接改造。包括加强泵站系统的旱天截流改造（内部建设截流泵、截流井），在雨污水管网间建设截流井，在雨水管靠近河道的排放口建设截流井（晴天时，混接污水或者初期雨水通过雨水管流入污水管；遇有强降雨天气，雨污合流水才通过溢流口排入河道）。

（3）有序推进乡镇污水厂建设。在许多地区推进乡镇和农村污水处理厂建设热潮中，需特别注意因地制宜、避免冒进。如湖北十堰前期建设的乡镇污水厂，由于地处南水北调水源地，向北京供水，北京十分重视，派专家指导，采用昂贵技术和超前设计，结果不适合当地情况，反而处理不达标，需投入巨资重新改造。此外，一些地区农村生活污水以洗漱废水为主，对环境影响较小，铺网建厂的必要性和经济性较低，不宜为了完成上级任务或获取建设补贴而冒进、浪费，否则反而增加环境影响，应充分评估污水状况和适宜方案，需要治理时应尽量以自然净化和小型分散式治理设施为主。乡镇和农村水体净化时要尽量采用经济有效、尊重自然且充分考虑生态系统整体性的自然净化策略，如湿地处理、死水变活水等。

（4）加强精细管理与源头治理。除完善水污染治理工程设施（如污水厂提标改造、污泥处置、异味控制等）以外，亟须进入综合整治、精细管理、源头治理的新阶段。例如，通过屋顶花园、雨水桶/罐、下凹式绿地、雨水花园、渗透铺装、绿色街道等方式，加强城镇地表径流源头控制。对居民小区楼顶和阳台水进行雨污分流改造（在小区内新铺设一根雨水管，收集屋面雨水，接入小区雨水管；将原小区排水管作为污水管，截流阳台洗衣废水后接入小区污水管网）。

（5）完善地下水环境质量标准。调研中了解到，黑龙江地下水超标较多，主要原因是铁锰天然超标。并非地下水受到污染，而是指标太苛刻，铁锰对人体无害，因此建议国家对相关地下水环境质量标准进行完善，对特殊自然条件给予因地制宜、灵活判定的余地。

（五）根据城镇化要求扩展生态环境基本公共服务体系

（1）除了水、气、声、渣等常规环境基础设施和生态空间建设外，为适应新型城镇化和居民生活模式迅速变化的要求，建议更多考虑如可渗透路面、雨水收集、屋顶绿化、生活垃圾的分类及就地循环利用、旧衣旧物就地回收或交换等所需的场地和设施保障。

（2）建议将这些新型环保元素的建设纳入生态环境基本公共服务体系，写入社区、建设项目或地区层面的规划，并通过相关制度文件予以保障。

（六）探索将电力定价权下放到省，推动采暖煤改电

（1）加快推动采暖煤改电。如在哈尔滨的采暖季，燃煤对PM2.5的贡献率高达40.6%。据了解，黑龙江一方面煤炭充足、电能过剩，而另一方面电价居高不下，供暖只能烧煤，其主要原因是国家的电价政策——国家为各省制定平均电价和省内电价交叉补贴政策（工业补贴农业），黑龙江作为农业大省，农业低电价不能涨，而工业较少且呈下滑趋势，因此工业电价偏高，影响到采暖煤改电。

（2）加快电价改革，探索将电力定价权下放到省。由于黑龙江城市集中供暖具备煤改电的条件，但省级层面无权确定电价，因此建议中央加快电价改革，探索将电力定价权下放到省，将有助于缓解整个北方地区冬季采暖的空气污染问题。

（七）试点探索拥堵费政策，改善绿色交通体验

（1）为缓解交通拥堵带来的能源消耗及空气、噪声污染，建议借鉴英国伦敦等地的拥堵费政策，在我国部分城市试点实施。拥堵费按实际进入某些特定区域或道路（如中心城区或特定拥堵区域、市区高架道路等）的时段和时间长度，结合车辆类型进行收费。这一收费模式比车牌摇号或拍卖更有利于鼓励少开车或少进拥堵区，比按区域、车牌或日期强制限行更加合理、便民，且近年我国的 ETC 不停车收费、自动拍照识别等技术已飞速发展、日趋成熟，已不存在过去伦敦部分反对者质疑的新建收费站、停车收费烦琐等问题。试点实施的条件已基本具备，可探索制订收费方案，通过试点进行完善，并逐步替代现有的牌照控制和限行政策。

（2）为鼓励绿色出行，城镇化建设或改造过程中应进一步完善公共交通及换乘设施，加强无缝衔接，提升换乘体验。城市道路规划应适宜慢行交通（包括步行、非机动车、轮滑、滑板等），街道应便于行人穿越，慢行交通路线应尽量连通和便捷，交通管理设计应提升和保障慢行交通的优先权。

（八）严把环境准入门槛，杜绝用污染产业支撑城镇化

（1）对高消耗、高污染行业新建项目，严把环境准入门槛。在中西部承接部分东部产业转移的过程中，要防止污染转移，拒绝接纳落后产能，并落实《国家新型城镇化规划》提出的"环保搬迁"要求。对中西部资源环境承载能力较强地区的城镇化潜力予以合理挖掘，在环境安全的前提下发展各类产业。

（2）对限制开发地区、贫困地区的城镇化给予生态补偿等财政转移支付，支持旅游业等绿色产业的适度发展，从源头上杜绝污染产业。

（九）加强过程监管和服务，提高环境管理现代化水平

对城镇工业及门槛较低的餐饮、汽修等城镇典型服务业，加强过程监管和服务,提升环境监测和信息化水平,提供环保指南和培训咨询等服务。引导发展循环经济、低碳经济,加快绿色供应链管理。对于易引起扰民纠纷的城镇环境问题,改进管理方式,将社会调解自治与行政执法相结合。

附件:调研案例

案例一:黑龙江省、哈尔滨市、伊春市经验

一、全省城镇化过程中生态环境保护概况

1. 城镇化概况

黑龙江虽然是我国农业大省,但城镇化水平位于全国前列,非农人口比例为全国各省区最高(除直辖市外),主要原因是国有农垦和林区城镇化率较高,农垦区城镇化率超过70%。相对土地城镇化率来说,人口城镇化进程相对较慢。近年来制定实施了《关于实施支持农业转移人口市民化若干财政政策的意见》《黑龙江省推动非户籍人口在城市落户工作方案》等,有效加快了新型城镇化进程。全省除哈尔滨市道里、道外、南岗、香坊四个主城区外,只要有合法稳定住房(含租赁),即可在居住地申请落户;深入实施了《黑龙江省农民创业三年行动方案(2016—2018年)》,引导农民通过创业转为市民。2016年,全省常住人口城镇化率达到59.2%,户籍人口城镇化率达到49.9%,分别比上年提高0.4%和0.2%。

2. 生态省建设概况

近年来,黑龙江实施"三供两治一绿"、松花江流域水污染防治、天然林保护、矿区生态化转型、生态红线、水资源承载能力红线等一系列措施,持续推进生态省建设。农垦系统、佳木斯市、伊春市、大兴安岭地区全部建成国家级生态示范区。自然保护区建设和管理水平明显提高。8个保护区通过国家评审,新建40个省级自然保护区。在城市绿化方面,利用森林资源建设大量森林公园和城市绿地,建成区绿化覆盖率达到36%。2015年东北国有重点林区停伐,数以十万计的伐木工人封存了斧锯;属于地方管理的人工林仍可以砍伐,但总量不大,因此目前全省乃至全国的木材很多是从俄罗斯进口,有效保护了黑龙江的森林资源。

同时,在城镇化过程中,也出现了部分小城镇引进"散乱污"企业造成环境

污染、工业污染从城市向农村转移、农村环境保护工作相对滞后等问题。

（1）城镇地质环境问题调查与评价。黑龙江在城镇化建设过程中十分重视地质环境问题调查与评价工作，编制了《黑龙江省城镇化建设中的地质环境问题调查与评价报告》《黑龙江省城镇化建设资源环境基础区划图》等。开展了哈尔滨新区地质环境综合调查，建立了地下三维可视化模型，并实施了地下水监测工程，为新区城镇化规划和建设奠定了重要基础。

调研中了解到，黑龙江地下水超标较多，主要原因是铁锰天然超标。并非地下水受到污染，而是指标太苛刻，铁锰对人体无害，因此建议国家对相关地下水环境质量标准进行完善，对特殊自然条件给予因地制宜、灵活判定的余地。

（2）冬季取暖燃煤替代与电价困境。据省环保厅数据，在哈尔滨的采暖季，燃煤对 PM2.5 的贡献率高达 40.6％。全省根据国家提倡的"宜电则电，宜气则气"，一方面在煤矿建设坑口电站发电，降低污染，另一方面已启动集中供暖的煤改气工程，将从漠河引进俄罗斯天然气和原油。未来设想是城区用气、城郊接合部用电（需配套管网建设），但关键在于成本问题——黑龙江全省目前燃煤集中供暖的成本约为每户一冬天 1000 多元，如改用气需要近 3000 元，改用电取暖则需要 4000 多元，财政无力补贴。据了解，黑龙江一方面煤炭充足、电能过剩，而另一方面电价居高不下、供暖只能烧煤，其主要原因是国家的电价政策——国家为各省制定平均电价和省内电价交叉补贴政策（工业补贴农业），黑龙江作为农业大省，农业低电价不能涨，而工业较少且呈下滑趋势，因此工业电价偏高（坑口发电属于工业）。

黑龙江具备煤改电的条件，但省级层面无权确定电价，因此建议中央加快电价改革，探索将电力定价权下放到省，将有助于缓解北方地区冬季采暖的空气污染问题。

二、哈尔滨城镇化过程中的生态环境保护经验

哈尔滨市在城镇化建设最初阶段就明确了其城市化的发展方针：优化结构、提高质量、完善功能、突出特色。突出各城镇在自然、经济、社会、城市建设等方面的特色，针对区域各生态类型的不同特点制定对策。确立生态敏感区，对区域内国家级自然保护区、大型森林山地、水源地、水库、自然景观旅游区等生态敏感区域，严格控制其开发强度；进行水土流失治理、加强生态农业建设和自然保护区建设。实施"发展小城镇、兴建中心村"战略，避免农业劳动力向大城市盲目流动,有利提高农民素质,改善生活质量,合理布局、科学规划,重视基础设施建设,注意节约用地和保护环境。哈尔滨近年入选国家水生态文明建设试点城市和国家第二批生态修复城市修补试点城市。

哈尔滨市宾县在城镇化过程中注重城乡互促,组织企业与乡镇结对、各级文明单位与行政村结对、党员志愿者与农户结对,通过联建、帮建,推动经济发展成果反哺美丽乡村建设,被评为全国休闲农业与乡村旅游示范县,通过生态旅游带动农村地区城镇化。

宾县的一些农村在城镇化建设方面进行了宝贵探索,如宾州镇友联村依托青山绿水和冰雪资源,采取村企共建的方式带动整村改造,合村并屯,使农民进入楼房集中居住,腾出的土地开发温泉酒店,每日游客量可达2 000多人,将集体经济经营利润分给农民。当地农民无须外出就业,很多人在酒店做服务员等工作。借助温泉资源打造生态旅游,从外观和经济上实现了农村准城镇化,对生态环境影响较小。

三、伊春市城镇化过程中的生态环境保护经验

1. 伊春市林区转型与生态保护

伊春地处小兴安岭腹地,是伴随着林业资源开发而发展建设起来的资源型城市,是我国典型的国有林区之一。伊春实施政企合一模式,市(区)长兼任市(区)林管局长。国有林区列入城镇化地区,因此伊春市辖区(不包括铁力市和嘉荫县)的城市化率已达到90%以上。

伊春市"因林而生,因林而兴,因林而竭",经历了"先生产、后生活"的阶段,大量农民流入林区,城市人口迅速膨胀。城市也因适应林木采伐而呈现分散布局的趋势,其城市化发展选择了一条独特的发展轨迹。伊春是红松的故乡,1998年国家实施天然林保护工程(简称"天保"工程)以来,伊春林区的木材产量调减,2004年全面停止采伐天然红松林(包括次生林),使濒危的红松得以保护。2005年,伊春市被国家批准为全国唯一的林业资源型经济转型试点城市,2008年,伊春被国务院确定为首批国家资源枯竭型城市,此后国家相继实施了天然林保护、林业资源枯竭型城市发展改革试点、森林生态主体功能区建设等重大工程。

历经多年努力,伊春市以生态为代表的林业经济发展有了一定起色,生态建设取得一定成绩。伊春把小兴安岭生态环境作为生存的根基、发展的命脉、城市的灵魂来持久地保护和经营,把握"在保护中加快发展,在发展中兴市富

民"的主基调,将生态市建设与小兴安岭生态功能区和经济区建设、国家生态园林城、卫生城、文明城创建、国家生态文明先行示范区建设有机结合,编制并颁布实施了《伊春市生态市建设规划》,实施生态功能区划,完成了绿色生态产业、自然资源保障、环境保护、生态人居、生态文化、能力保障六大体系及项目建设。采取多种措施保护森林资源,实现了森林资源年净增 500 万立方米以上的良性循环,森林资源得到了初步恢复,有效改善了伊春的生态状况。所辖县(市)区50%以上达到省级生态县(市)区建设标准并获得命名。

"天保"工程的主要配套政策包括实施森林管护补贴,森工企业职工社会保险与保障补助、政策性社会支出补助、公益林建设投资补助、森林培育经营补助等。调研中了解到,原国有林场职工一般每月可领到一两千元补贴,同时不少人进行了就业转型,如开展林下放牧(羊、猪等)、开办奶牛场、从事旅游业以及经营当地特产(松仁、木耳、玛瑙等)。该市近年来着力打造"中国森林食品之都""中国森林北药之乡""中国实木家具之乡""中国木艺之乡",兼顾林区转型与生态保护。此外,还开发利用当地丰富的风能、水能、太阳能、生物质能资源,着力打造绿色能源之乡。

2. 伊春市乌马河区森林经济与绿色产业谷

伊春市乌马河区现有人口 3.7 万人,森林覆盖率达 89.7%。现有西岭和伊东两个现代化中心林场,在天然林禁伐的背景下,将林业发展向对俄合作转移,构建了对俄采伐、运输、营林、木材精深加工的合作模式;同时发展生态旅游(温泉度假区、风景区、民俗村等)、森林副产品开发(如人参、黑木耳、猴头蘑等野菜,刺五加、平贝、五味子等中药,以及食用菌、有机蔬菜、森林猪、相关食品饮料、北沉香木制工艺品等),有效助推了区域经济转型。

在城镇化过程中,乌马河区除发展燃气、热电联产等基础设施外,结合当地实际发展汇源(伊春)绿色产业谷。城镇建设遵循当地景观地貌,坚持以山为骨,高标准建设了一些各具特色的山城景观小区,营造出山在城中、城融于山的独特效果。此外,在乌马河沿岸建设了景观大坝。

案例二:湖北省、武汉市、仙桃市、恩施州经验

一、湖北省城镇化生态环境保护概况

湖北省从 2009 年开始,城镇化率增速加快,2015 年城镇化率达到了

56.9%,2009—2015年年均提高1.8%。2015年,武汉、仙桃、孝感入选国家新型城镇化试点。"十二五"期间确立了"生态立省"战略,把"绿色决定生死"放在了三维纲要之首。自生态省建设启动以来,武汉、咸宁、十堰、仙桃四市创模规划通过国家评审,鄂州梁子湖区等三个全国生态文明示范区加快建设,神农架启动创建国家公园。全省31个城市创建省级环保模范城市,30多个市县推进创建省级生态县,累计创建国家和省级生态乡镇182个,生态村919个。

湖北省出台了《关于长江保护及绿色发展的决定》,统一推进长江湖北段保护。2015年出台了《湖北省环境空气质量生态补偿暂行办法》,为避免空气跨区域扩散引起的核算分歧,仅根据本地区空气质量的时间纵向变化情况发放补偿资金。2016年首年实施,每季度结算一次,全年共落实补偿资金9630万元。为加快生态省建设,在现有节能减排专项资金和环保相关补助资金的基础上,财政厅、环保厅2017年印发了《湖北省生态文明建设"以奖代补"资金管理办法》,每年新划拨1亿元专项资金,对于100余个县市中生态文明成绩优秀的前30名给予奖励,先做后奖。考核指标包括生态文明建设工作、生态文明示范创建成果、环境空气优良天数、集中式饮用水水源地保护、环保专项资金项目实施以及附加项。奖励资金由市县政府通过补助、贷款贴息、奖励等方式用于生态示范创建项目、污染防治、农村环境综合整治、环境监管能力项目等与环境保护直接相关的工作。

湖北省十分重视城市环境管理中的媒体监督和社会参与作用。省环保厅每月定期将各市(州)环境空气质量排名、大气污染防治工作进展情况、考核断面水质情况等在《湖北日报》和主流媒体上公布。对大气污染防治开展第三方核查,通过公开招投标方式聘请第三方单位(研究院所、环境咨询公司等),每周对17个市州进行抓拍、曝光、监测、上报本周总结和下周计划。省环保委员会每月发督办单到市州政府,要求限期上报整改措施和整改效果。

为构建中部崛起重要战略支点,湖北省于2008年作出"两圈一带"重大战略规划。其中两圈是指武汉城市圈和鄂西生态文化旅游圈。武汉城市圈是湖北省生产要素最密集、经济发展最有活力的地区,鄂西文旅圈是湖北省生态和文化旅游资源最丰富的地区。

湖北省住建厅高度重视乡镇污水治理工作,旨在解决快速城镇化带来的乡镇污水问题。省级财政安排300亿元政府专项债券推进乡镇污水处理。全省

900余个乡镇已有140多个建成污水厂,主要集中在南水北调水源地十堰以及沿长江区域。其余800余座乡镇污水厂将于2017年底前全部开工(大部分采用PPP模式),2018年底前建成,2019年运行。

湖北省确立了生态保护红线在城镇化建设中的优先地位。作为全国最早的4个试点省份之一,根据红线进行严格管控,采取台账式管理,结合区域实际制定环境准入和管理清单。分区制订山水林田湖生态系统保护与修复方案——优先保护良好生态系统和重要物种栖息地,采取以自然封禁为主、人工修复为辅的恢复措施,推进受损生态系统修复。鼓励有条件的地区逐步推进生态移民,有序推动人口适度集中安置,减小生态压力。

二、武汉市城镇化生态环境保护经验

武汉市确定六大"绿楔"作为武汉生态框架的重要组成部分,即后官湖生态绿楔、府河生态绿楔、武湖生态绿楔、大东湖生态绿楔、汤逊湖生态绿楔、青菱湖生态绿楔,它们从不同方向"楔"入主城区,不仅起到了分隔市郊六大新城组群的作用,而且成为城市源源供应新鲜氧气的重要风道。

2014年,中法两国政府签署了在武汉建设中法生态示范城的意向书,生态城项目落户蔡甸区,合作探索旧城生态改造和新城生态建设模式。近年来编制了《中法武汉生态示范城总体规划(2015—2030年)》,以及区域路网、海绵城市、综合管廊、低碳城区与绿色建筑、水系规划、生态景观、智慧城市等7个专项规划。法方专家组还提出引汉江水为建筑降温、缩小开发地块鼓励绿色出行、通过自然生态资源和人文资源尽力留住原住民等有利于绿色城镇化的建议。

三、仙桃市城镇化生态环境保护经验

被列入国家新型城镇化综合试点的湖北仙桃作为一个县级市,借助地理优势和多年积累,产业发展较完善,为城镇化建设提供了坚强后盾,被授予中国食品产业名城、非织造布产业名城、中国县域产业集群竞争力百强、海峡两岸产业合作创新服务示范基地、全国现代农业示范区、中国民间文化艺术之乡、亚洲体操之乡等称号。仙桃积极打造精品乡镇,涌现了彭场无纺布、胡场机械加工、三伏潭禽业、西流河化工等一批特色乡镇工业小区,形成了镇域经济发展的雁群效应。在产业支撑下,生态环境保护得到持续重视,获得国家园林城市、国家卫生城市、国家全域旅游示范区试点等荣誉。

仙桃排湖原为天然湖泊,农业学大寨时围湖造田、种植水稻,后发现不适合,改为国营渔场,现已退渔还湖,将1万多亩土地建成湿地保护区、高尔夫球场、别墅、酒店等。仙桃沙湖国家湿地公园属于长江边的湿地,南水北调后水量变小,滩涂露出,因此附近百姓私自种植水稻,政府对此进行了禁止,强令退耕还湿。

四、恩施州城镇化生态环境保护经验

随着近年来环保要求的加严,恩施州等不少地方在城镇化过程中难以发展工业,因此倒逼当地政府充分利用自然资源优势,大力发展生态旅游等有利于环境保护的产业。

恩施出台了《试点扶贫搬迁暨移民建镇方案》,通过茶叶种植、观光农业、风情小镇开发等带动扶贫;还建立了农村综合产权交易中心,实行林权和土地经营权的流转、入股、租赁,有效促进农民增收,有利于当地可持续发展。

此外,恩施在生活垃圾和市容卫生方面做了大量工作,在州政府网站开辟专栏宣传垃圾治理工作,组织"告别脏乱差、迎来净顺美"活动,大峡谷景区以"捡垃圾换门票"吸引游人参与景区环保,部分乡镇将周五定为"清洁家园日"。

关于"对口帮扶工作立法专题"的调研报告

(2018 年)

我国的对口帮扶工作是一项长期性、全面性的重大系统工程,自新中国成立以来一直延续至今,所取得的成就举世瞩目,不仅对全国经济社会统筹协调发展起到了重要的作用,而且突显了中国特色社会主义的制度优势。特别是新时期"打赢脱贫攻坚战"的伟大实践,使得对口帮扶工作的体系更加健全、经验更加丰富、工作更具成效,各地的经验和方法很多,出台过各种地方性、专业性的条例、规章、制度、办法等,但在国家层面上仍然没有形成一部相应的法律。因此,为了促进我国对口帮扶工作更加持久、有效地开展下去,在沪全国人大代表组成专题立法调研组,分赴北京、新疆、青海、云南等地,围绕对口帮扶工作开展了一系列的立法调研。其中,考察调研了4个地州、市,6个县级市、镇,3个

乡村,31 个企事业单位,召开了 8 场各级政府层面的座谈会,上到国务院扶贫办,下到边陲民族村,广泛听取了各个层面、各个方面的意见建议,最终形成了此报告。

一、对口帮扶工作的现状、经验、问题及困难

总体来看,我国对口帮扶工作既有共性也有特性,并且在整个对口帮扶工作体系中,每个层面、不同主体的想法和诉求也不一样。在共性方面,都要面对移风易俗、劝课农桑、大兴文教等千百年来都要面对的问题。在特性方面,国家要解决体制机制方面的九龙治水问题,地方层面要力求做到政策精准;要保护支援方,促进受援方,进一步优化资源配置。在地域方面,由于各地发展阶段不同,帮扶内涵不同,地区情况各异,就需要统筹协调、因地制宜、酌情安排。但是,我国的对口帮扶工作已经取得了巨大的成绩,形成了一系列很好的工作理念、制度、方法,也存在着一些需要进一步解决的问题和困难。对此,立法调研组从九个方面归纳梳理了对口帮扶工作的现状和经验、问题和困难。

(一) 干部队伍帮扶方面

1. 现状和经验

(1) 援助干部扎根受援地无私奉献。对口帮扶干部经过选拔,把受援地当成自己的故乡,对当地情况如数家珍,运用工作新理念和新方法,对当地干部的带动影响很大。同时,在精神状态上 5+2、白加黑的连续作战是常态化,使命感与责任感并重。援疆干部不仅要昼夜不停地连续作战,还有维稳高压态势的大量工作,再加上安全原因行动受限,精神压力不小。援青、援藏干部在高海拔地区对抗高原反应,坐着说话都会感到困难,面对自然挑战的压力大。援滇干部则是针对产业发展的责任大。

(2) 援助干部选拔及管理办法行之有效。一大批政治素质好、有较强的工作能力和较丰富的实践经验、作风扎实、不怕吃苦、甘于奉献、身体健康的优秀干部扎根一线,成为对口帮扶工作开展的重要支撑。

(3) 提升带动受援地干部队伍素质。对口帮扶双方根据地区发展和干部队伍建设需要,积极开展受援地干部培训,并建立"师傅带徒弟"定向培养关系,提升了受援地干部的各项能力。

(4) 锻炼了一批过硬的人才队伍。在对口帮扶工作中,各级党政机关对援

助干部,组织上充分信任、工作上大力支持,并且明确分工、承压重担,大胆开展工作,使得对口帮扶成为各类干部难得的人生历练机会,让干部主动作为,积极贡献。

2. 困难和问题

(1) 干部休息时间得不到保障。例如,新疆与内地两个小时的时差使得需要经常对接上海情况的援疆干部工作时间无形中每天会延长许多。在规定的45天探亲假中,回到上海的援疆干部仍须用前后两周时间对接工作,无形中也缩短了休息时间。同时,目前探亲假又缩短到2周,无疑彻底压缩了探亲时间,有干部年初七就从家乡回到工作岗位。应该说,无私奉献之余情绪得不到舒缓,有可能会挫伤干部的积极性。

(2) 由于管理条线上规定,按照干部管理权限,由派出单位与受援地共同管理,以受援地各级党委(党组)管理为主。曾有一名援助干部的工作关系在受援地某单位,实际工作在援助方某单位,边疆工作待遇因部门协同不畅长时间无法落实,影响了干部的积极性。

(3) 制度不确定性影响了干部预期。根据规定,期满返回的干部和人才,按照"从哪里来回哪里去"的原则,由派出单位负责安排。在原工作单位担任领导职务的,返回后一般不安排同级别非领导职务。表现优秀、符合任职条件的,同等条件下优先考虑提拔使用。实际情况是,对口帮扶结束后能否得到合理安排缺乏稳定的预期,上海原来是"提半级"出去,最近这两年规定改为平级出市,回来之后提不提也不清楚,这也是制度规定,经常变化的制度安排容易产生不稳定的心理预期,担心"回不去""没位置"的想法也会影响干部的积极性。

(二) 专业人才帮扶方面

1. 现状和经验

(1) 医疗组团式援助效果明显。例如,上海医疗组团式援疆模式以医院包科室、专家带骨干有效破解群众看病难看病贵问题,白玉兰远程医疗系统发挥重要作用,全面加强了受援医院重点学科建设和骨干人才培养,得到了中组部和卫健委的推广。又如,教育组团式对口支援模式,对促进国语教育、职业教育、加强师资建设、深化课程改革、提高教育水平有立竿见影的效果。

(2) 推出柔性人才新模式。在对口帮扶中,向受援地推出短期定向帮助服务,送教下乡、结对认亲,加大交流互动。同时,针对受援地重点行业和人才需求,采取招商引才、项目引才、以才引才等措施。

2. 问题和困难

(1) 人才管理激励机制不健全。受援地对人才特别是柔性引进人才有激励政策,但援派方缺少激励政策。例如,一些专业人才服务到期后,能否鼓励有意愿的专业对口人才延长服务期限,给予人才一定时限内保留其原派出地任职的资格,能否预留 3～5 年的待遇和工作岗位,解决人才的后顾之忧。又如,现有激励体制考虑 1～3 年短期服务的较多,考虑 5～10 年长期服务的较少,而医疗、教育都是需要久久为功的领域,时间太短会影响效果,但需要相应的激励政策。

(2) 各类人才培养缺乏长效机制。总体上来看,当地基层干部的能力素养不高,服务民生的人才短缺,因此,迫切需要建立长效机制进行持续帮助。

(3) 基层医院基础设施差、业务能力低,亟待后方进一步加大力度输血。受援地如新疆、青海、西藏等,大多人口密度低、点多面广线长,医务人员业务能力较低,亟待后方进一步加大支持力度。

(4) 社会力量的参与和投入力度不够,成效不明显。一些受援地缺乏人才招录培养平台,难以引进一批重点领域高层次人才和紧缺人才,重点解决教育、卫生、公安、政法、园区管理等行业人才问题,因此,必须鼓励社会力量和民间组织与受援地结对,增强交流。

(三) 产业发展帮扶方面

1. 现状和经验

(1) 多形式支持受援地产业发展。目前,喀什地区已有上海援疆企业 232 家,对于促进精准就业、推进两地企业合作发挥了很好的作用,2017 年累计就业已达到 1.8 万人。

(2) 招商引资推动劳动密集型产业落地。推动产业建设,扩建产业园筑巢引凤,喀什地区 20 个卫星工厂 40 000 平方米标准厂房,10 家重点援疆企业落地,促进了就近就业。

(3) 组织农产品销售,提升旅游能级。农业领域开展新品种培育、提质增效等工作。喀什地区探索"龙头企业＋卫星工厂＋合作社或农户家庭"新型产业链。果洛州实施生态养殖、发展一批肉乳制品加工扶贫龙头企业,进一步优化农牧业体系,引导贫困户将草场、牲畜等生产要素折股入社。定期组织农产品联展。抓好旅游规划、宣传营销,创建精品景区,完善旅游设施,加强人才培育。

(4) 创新就近就业模式。以产业促进就业,潇湘纺织等 14 个卫星工厂顺利建成,吸纳就业。村民就业不出村,中午回家吃饭,厂内设有育儿区域。

(5) 国家级电子商务进农村示范县,引入物流,三级网络体系提高效率,构建线上线下平台,以合作社模式带动全村脱贫。

(6) 金融保险帮扶,支持金融创新。试点农产品目标价格保险,支持银行针对地区小微企业发放贷款,推动地方企业挂牌上市。

2. 问题和困难

(1) 产业扶贫是短板,民间参与力度很弱。最大原因是营商环境不完善,如缺乏基本素质的产业工人、缺乏基础设施的前期准备。同时,由于信息不对称和政府引导不够,产业帮扶还有不少难点。

(2) 农产品企业起步晚、数量少、规模小、工业化程度低、加工能力弱。西部地区有丰富的自然资源,也很有特色,如新疆的瓜果、云南的药材、青海的畜牧业产品等,但还普遍存在着产品加工粗放、工艺落后、规模效应不够以及缺乏品牌的问题。

(3) 有好产品却打不开市场销路。例如,果洛以有机畜牧业产业化走绿色GDP 的方式,在保护中发展,虽然原料上乘,但是加工出来后对接难度很大,产品出不去。新疆、云南的部分特色瓜果蔬菜长途运输后无法保证口感,成本也没有竞争力,很难进入东部市场。

(4) 受援地产品线过多,品牌能级过小。巴楚留香瓜、新疆阿克苏苹果都是打出品牌的成功案例,然而仅仅是一种商品的知名度,品牌能级过低,消费者只知产品好,不知原产地的其他产品也好。

(5) 工业园区招商力量不强,企业生产投入和效益产出有待提升。同时,庭院经济处于"自发式、跟风式、随意性"发展状态,存在粗放经济、被动经营。

(6) 受援地群众存在不愿意背井离乡的现象,年轻人也不愿意去东部工作,对于离开熟人社会存在着担忧的情绪,比较安于现状,因此,转移就业只能临近吸纳,东部转移就业规模上不去。

(7) 受援地没有形成现代市场经济体系。政府仍旧停留在"料民"阶段,而非以围绕打造"市场"这一昂贵公共品的立场出发,切实打造自身市场环境,调动要素资源,融入全国整体市场体系。市场的形成不仅需要自然、土地、基础设施等要素,还需要管理人才、大批产业工人等人力资源要素。群众没有市场经济意识,没有切身体会市场竞争红利,没有充分调动可利用的资源要素进行市场交换。在"输血"与"造血"的中间地带,还需要一个漫长的市场培育时期。

(四) 安居富民帮扶方面

1. 现状和经验

(1) 安居工程建设成效显著。截至 2018 年,新疆喀什地区安居富民房共建 32 万套,帮助喀什地区 100 万人住进安居房。同时,农村卫星工厂和市政配套建设使得住房安全有保障,群众就业增加,收入增加。

(2) 打通了"最后一公里"。各地安排专项资金支持道路建设、美丽乡村建设、天然气管道建设等基础设施和公共服务配套项目。

(3) 支持发展庭院经济。补助贫困户发展小果园、小藤架、小菜园、小农舍、小禽舍、小棚圈等"五小"致富项目,改变生活方式,增加收入。

(4) 规划专家进行远期规划。制定了喀什地区 2014—2030 年规划、12 个县市总体规划、高台民居规划,棚户区改造、安居富民、异地搬迁项目,为推进重点项目实施提出建议。

(5) "农、危、改"建设与异地搬迁。实行贫困人口异地搬迁,以及通过改造使得房屋质量达标,推进美丽新农村建设,实现生态宜居、乡风文明、生活富裕。

(6) 人才传帮带。受援地规划人员到上海培训,管理服务水平显著提升。帮助受援地规划设计单位提升规划资质,促进城市规划和城市建设发展。

2. 问题和困难

(1) 需要加大帮扶力度。尤其是扶贫攻坚和重大项目工程、建房资金等及时拨付,并且适当加大力度。

(2) 加大受援地人才培训力度。目前,受援地现有人员规划专业的基础知识比较欠缺,需要加大培训力度。同时,也需要提高相应待遇留住人才。

(五) 医疗卫生帮扶方面

1. 现状和经验

(1) 推进基础设施建设。近年来,卫生基础设施和医疗能力提升最快、效果最显著、最易凝聚人心。

(2) 坚持医疗与预防相结合。组团式帮扶迅速提高受援地医疗水平。例如,上海集中力量推进地区、县乡互联和远程医疗,尤其在降低新生儿死亡率、孕产妇死亡率、传染病发病率,提高平均寿命方面成效显著。

(3) 打造医学高地。在南疆设立首个院士专家工作站,实行三甲医院传帮带方式,上海 28 家三级医院对云南对口帮扶 28 家医院,一对一帮扶效果良好。

(4) 建立白玉兰远程培训会诊系统,构建"上海三甲医院—地方综合医院—县级医院—乡镇卫生院—村卫生室"五层联动网络。实现小病不出村、常见病不出乡、大病不出县。

2. 问题和困难

(1) 人才的选派问题。对于上海对口支援喀什二院探索的医疗人才援疆模式,中组部在西藏也进行了推广。目前,对副高职称以上专家有比例要求,西藏一年一轮,其他地区一年半一轮。按照这个比例长期发展下去,后方医院人才逐步捉襟见肘,可能会面临选派上的问题。

(2) 项目的延续性问题。在国家层面把对口帮扶的任务和计划目标明确下来,尽管"十三五"规划中期可以调整,有时候需要随形势变化而变化,而一些项目实施过程中不宜轻易变动,这才有利于工作的开展。

(3) 硬件和基础设施还是填平补急,医疗资源覆盖难。一些对口帮扶地区山高水远,人口集聚度低,如青海果洛州结核病、肝炎、棘球蚴病的预防治疗上,一线医技人员 300 人,每人需要覆盖 100 平方千米,因此,发现疾病难度较大,发现疾病时间太长。

(4) 基层最大的问题是人才问题。对口帮扶地区和基层单位人才紧缺,尤其是深度贫困地区人才引进的政策和资金保障,国家层面应给予协调和帮助。

(5) 教育机构和培训资源欠缺。例如,喀什地区没有一家医学院,医学人才都要引进。因此,对口帮扶地区、边远地区、民族地区高学历人才培养优惠政策、人才培养力度政策需要进一步加强。

(六) 教育对口帮扶方面

1. 现状和经验

(1) 大力推进职业教育,弥补薄弱领域。上海 14 所中高职院校全覆盖对口喀什 7 所职业学校,新疆、青海、云南与上海成立职业教育联盟,开展订单式培养,重点打造精品专业,在联合招生、师资培养、干部交流、专业共建、实训基地援建、产教融合、校企合作方面开展工作。

（2）推进国语教育提质扩面。基础教育、义务教育阶段国语教育的培训力度很高,打好"教师＋教学＋教研"组合拳,连续五年对少数民族双语教师开展一年的全脱产封闭式培训。

（3）组团式长期开展教育教学效果显著,对提升受援地基础教育、职业教育水平有很大帮助。上海援建青海西宁果洛中学,打造示范性学校和现代教育示范基地,上海进才学校对口云南景洪办学,省厅作为示范学校推广,每年进行交流指导,对整个教育工作管理提升有很大帮助。

（4）高层次人才培养与异地办学内高班制度。云南省与上海高校合作,联合培养人才,多数人成为高校教师的中坚骨干。青海果洛州每年输送100名中职生进入上海职业学校,每年输送200名初中毕业生进入上海高中就读。

（5）发动社会力量。援疆喀什基础教育工作企业独创的动漫教学影响广泛,为基层国语教育推进打好了基础。

（6）利用对口资源机制平台,发挥科技教育人才管理资源优势,提高科学文化素质和劳动就业能力。

（7）教育部援藏、援疆万名教师支教计划。丰富人才对口帮扶形式,提升当地教育水平,为地方长治久安提供保障。

（8）白玉兰农民现代远程教育取得实效。沪滇合作建成404个农村远程教育网点,利用远程设备开展教育培训。

2. 问题和困难

（1）引进人才和留住人才困难,导致教育教学质量提升比较缓慢。

（2）一些地区的基层双语教师培养培训跟不上需求,影响到基层学校国语教育的推进力度,目前很多少数民族群众未熟练掌握普通话。

（3）双方人才交流需要加强。上海浦东新区和松江区每年有专家学者、骨干教师到云南西双版纳传经送宝,云南也有骨干教师跟班学习。在这方面,国家还要加大工作力度,增加交流人数,专家队伍最好涵盖所有学科。同时,学前教育也要抓紧,特别是学前教育阶段的普通话推广工作。

（七）交通运输帮扶方面

1. 现状和经验

（1）交通状况大大改善。在云南西双版纳的边陲贫困村,过去有很多泥泞山路,汽车若没有四轮驱动功能都进不去村,雨季发生洪水时,居民都无法出村,现在村村通路并且都是 20 厘米厚的水泥路,令人感到欣喜。

（2）乡村振兴战略目标是到村、到组入户。交通基础设施建设的完善,不仅解决了当地群众出行难的问题,而且当地的特色农产品也逐步开始向外销售。

2. 问题和困难

（1）部分地区公路建设存在资金困难。例如,喀什地区是深度贫困地区,距离国家振兴农村公路、加快村级道路和入户道路建设目标还有很大差距,但是,由于通村公路和入户道路没有列入交通部的投资项目,要靠自身力量建设,任务很重。

（2）管理人员和人才队伍缺乏。长期以来建设比较滞后,专业人才队伍和管理人员不足,他们的能力和水平提高受到影响。

（八）文化领域帮扶方面

1. 现状和经验

（1）深入开展民族一家亲活动。例如,上海援疆干部和人才定期入户走访慰问结亲对象。

（2）持续开展志愿服务。例如,上海的"银龄行动"组织退休老专家践行传帮带教志愿服务。同时,协调安排两地的青少年交流活动。

（3）建立支持公共文化基本设施机制、非遗传承保护机制,以及县文化馆、文艺队的编导和文艺骨干的培训,为受援方购置公共文化设备和数字图书馆设备。

（4）推进两地文化交流,组织演出团队异地演出,打造文化精品。果洛州格萨尔文化内涵丰富,建立了上海大学驻果洛传统工艺工作站,组织格萨尔文化生态保护专家论坛等,重视团队建设、交流、保护。

2. 问题和困难

（1）文化事业星星点点。文化领域的对口帮扶主要问题是体量不够大,面不够广。这同文艺工作的性质和特点有关系,一个节目、一批交流工作量不小,但是参与的群体其实不多。

（2）文化产业方兴未艾。文化需求永远存在,但是在经济发展尚未达到一定水平的阶段,文化产业的孕育和发展显得步履艰难。具有民族特色的文化产品推广和交流的载体建设尚不充分。

（九）生态环保帮扶方面

1. 现状和经验

（1）建立生态环保新机制。例如,在青海果洛推动生态扶贫,初步形成生态、生产、生活共赢。借助国家公园试点和生态治理恢复项目工程,推动贫困群众转岗就业。严格落实生态补偿机制,构建"生态管护＋基层党建＋精准脱贫＋维护稳定＋民族团结＋精神文明"六位一体生态管护模式。

（2）环境监测能力建设大幅度提高。环境监测、监察、科研等对口单位合作深入,上海市支持云南开展环境能力建设,援助资金及设备,并通过环境监测站远程教育、组织到上海学习以及实地指导等方式提高监测水平。

2. 问题和困难

（1）受援地环境执法、检测、危险废物管理技术力量比较薄弱,存在有设备没人操作的情况,需要通过学习交流提升素质。

（2）民生保障环境行业的资金和技术支持。例如,当地医疗机构的二级以下污水处理设施非常简易,不符合环保要求,但因为是民生保障部门,无法处罚和关停,一旦出事,环保部门仍旧需要被问责。还有屠宰加工,原始状态都是手工半手工,需要进行生产线改造和增加管理人员,但屠宰场一天只有10头猪的产量,上生产线、管理设施后成本无法覆盖。

（3）环境执法缺乏自由裁量权。过去量化、细化管理细则,自由裁量权空间很大,能否考虑被帮扶地区的产业特点,环保上予以一定的自由裁量空间。

（4）需要提供立法帮扶,帮助建立环保法律体系。例如,西双版纳州希望四个方面的立法帮扶:州大气污染条例、州餐饮排放标准、州橡胶加工标准,以及进一步推进生态环境、生物遗传资源、传统保护方面的共管立法调研。

二、推进完善对口帮扶工作的思考建议

应该充分认识到,我国的对口帮扶工作经过几十年的发展实践已经取得了巨大的成绩,对于推动欠发达地区经济社会发展起到了重要作用,对于推动全国区域统筹协调发展奠定了重要基础。但是,按照"中央要求、受援方所需、援

助方所能"的整体格局和发展趋势,我国对口帮扶工作仍然需要进一步推进完善,尤其应该在以下 16 个"注重"方面下功夫。

(1)注重顶层设计和统筹协调。从战略角度和长远角度考虑,对口帮扶的顶层设计和统筹协调需要进一步加强。如果在全国人大层面能够推动对口帮扶立法,对于避免部门利益冲突、减少部门间利益协调有非常大的好处,效果好,见效快。同时,如果能够在国家层面立法,则可以很好地解决对口帮扶由谁来执行、主体是谁等一系列相关问题,尤其是在 2020 年我国建成小康社会之后,可以更好地推动对口帮扶工作的开展。

(2)注重工作机制建设与高层互访。开展对口帮扶工作,高效顺畅的工作机制十分重要。因此,需要进一步建立完善指挥部、地区政府和县政府共同参与的项目推进联席会议工作机制;进一步完善项目前期、实施、资金拨付、审计四项工作流程;进一步实施月度通报制度,对项目审计全覆盖,结余资金统一管理使用,重点领域重点工作先调研后形成方案和计划。

(3)注重制定完善各类制度规范。例如,上海对口援疆喀什地区建立了各项工作规章制度 50 多项,其中资金监管和重大专项制定制度 14 项,重点工作实地调研制度 3 项。同时,双方高层多次召开联席会议,考察访问,确定相关事宜,有效地推进对口帮扶工作。从全国来看,一些已经形成的、行之有效的制度规范应该在对口帮扶各地进行复制、推广。

(4)注重对口帮扶规划先行。对于对口帮扶工作,不论是支援方,还是受援方,都非常重视,也非常投入,但毕竟牵涉到援受双方,因而需要规划先行。例如,今年 7 月 27 日,新疆扶贫工作出台了《农村扶贫开发条例》,使扶贫开发工作更加规范。云南西双版纳同上海松江区前期召开 11 次联席会议,签署了一系列扶贫协作协议、"十三五"扶贫工作规划、三年工作计划、扶贫工作要点等,促进扶贫工作有章可循、有规可依,并且不轻易变更。

(5)注重对口帮扶精准为先。三年脱贫攻坚战形成的精准扶贫宝贵经验,就在于开展工作的精准和量化。例如,西双版纳州详细分析贫困成因,不是缺钱、缺土地、缺资源禀赋,而是 27.6% 的人缺技术,14% 是因病致贫,12.6% 是自身动力不足,这三类占了一半贫困人口以上。扶贫办通过各个系统大数据比对,以及一线扶贫干部的反复核实调研,建立了一个精度极高的精准扶贫数据库,是开展工作最明确的导向,极大提升了工作效率。

（6）注重民生项目资金投向。解决当前资金分散的问题，是要坚持把人民群众对美好生活的向往作为落实项目资金的方向，在规划编制、项目筛选以及对口支援资金使用上坚持确保80％以上的资金用于县及以下基层，80％以上的资金用于保障改善民生。直接用于脱贫攻坚的资金不少于县级资金额度的50％。在规划落实上，要坚持改善基础设施条件，提升基层教育、医疗服务水平。在执行机构上，要争取一口管理。

（7）注重推进智力对口帮扶。从受援方来讲，尽管造成当地经济欠发达的因素很多，但其中一个十分重要的原因，就是普遍缺乏各类人才，缺少推动经济社会发展的智力支撑。因此，进一步推动援助方、受援方人才的双向交流、挂职锻炼，可以弥补受援方的人才短板。同时，还要进一步推进援助方和受援方的职教联盟建设，培养更多合格的技术人才和产业工人。

（8）注重援受双方市场互动。援助方利用本地市场资源和优势，通过各类博览会、推荐会、建立飞地经济、培育当地特色品牌等，帮助受援地特色产品开拓援助方市场，促进经济发展。例如，上海建立以"富平"为品牌的对口帮扶特色产品研发基地和实体展销窗口，将众多特色产品归入"富平"大平台中集团化推广，取得很好效果。同时，援助方还要与受援方一起，注重培养受援地的市场环境，促进受援地市场体系的形成，进一步改善受援地的企业营商环境，增强市场的动力和活力，充分挖掘市场潜力，形成"造血"机制。

（9）注重补齐受援方产业短板。受援地区之所以经济欠发达，主要是因为产业发展方面还有很多短板。因此，援助方和受援方尤其是援助方，应该通过政策扶持、资金支持、机制平台建设等，把受援地区的产业发展起来，尤其要利用受援地区的资源禀赋和资源优势，进一步发展当地的特色产业。当然，也可以结合供给侧结构性改革，推动两地扩大合作范围和合作力度。例如，深化产业促进就业模式，引入龙头企业，筑巢引凤，扩展劳动密集型产业，推动全面电商进农村示范县建设等。

（10）注重扩大社会力量参与。对口帮扶工作，除了政府发挥主导作用和予以强力推动之外，还应该充分发动社会力量的积极参与。这些社会力量，可以是广大的企业，可以是各类经济和社会组织，也可以是个人，关键是政府要进行必要的引导，制定一些相应的政策，促进各类社会资源主动到受援地开展工作、服务人民、创新创业。例如，可以依托各类平台，推进各类人才比较长期地扎根受援地,帮助受援地推进各项事业发展。

(11)注重机构改革解决九龙治水。建立健全"部门负责纵向垂直管理,委员会、领导小组负责横向协调"的体制机制,改变"纵向实体化、横向虚化"容易造成的碎片化和资源叠加现状。积极探索机构改革,解决政出多门、缺乏统筹、协调难度大的问题。将分散于各个部门对口帮扶的资源集中于一处,在资金调集、项目拟定、对口帮扶规划上,起主要负责和领导作用。

(12)注重对口支援干部人才的各类待遇。对口帮扶工作中,援助干部人才功不可没,因此,需要关注他们的各类待遇。例如,每个月的收入待遇、公务员的级别待遇、社会地位和荣誉感等隐形待遇。短期奖励要与长期激励相配套,干部人才留三年可能看重收入、级别,留十年则看重社会地位和荣誉感、使命感,如果留一辈子,除了看重自身待遇,家人后代的待遇也要慎重考虑。随着对口支援干部人才来源扩大化的趋势,市场化条件下人才引进有别于行政命令式的强调奉献牺牲,可能会把效益放在首位。

(13)注重保护支援方。对口帮扶最初的形式之一,就是合作交流,也就是对口帮扶双方利用各自的资源和优势,进行各类经济合作和对口交流。之后,对口帮扶的内涵不断丰富,外延也逐渐扩大,确实对受援地区经济社会发展起到了重要的推动作用。但是,从长期来看,还是要按照"中央要求,受援方所需,援助方所能"的整体格局,紧密结合"援助方所能",推动援助方的对口帮扶工作。如果一旦援助方感到力不从心,对口帮扶的质量就会打折扣。

(14)注重促进受援方。对口帮扶如同人与人之间的结对,给予赋能式强调助人自助的良性帮扶,有利于长期稳定对口帮扶合作关系。双方都能有一个良好的预期,有了良好的预期就会有积极的动力。受援方经过一代人的艰苦奋斗,经过援助方的"输血"帮扶和"造血"机制建立,就能不断地促进受援方的发展成长。如果受援方主观上希望长期停留在被"输血"阶段、养懒汉式的帮扶工作上的话,那么,就有可能导致对口帮扶原动力的丧失。

(15)注重移风易俗、教育兴边。回顾历史,少数民族过去由于生产力限制且地广人稀,无法人口定居编户齐民,进行大规模治理,只能以小部落为单位行动,依靠熟人关系完成管理。现如今,很多边疆地区兴修铁路公路,四通八达,完全有条件完成定居化、市民化、农耕化,在保留特性的情况下,推进生活习惯的转变,大兴教育,移风易俗,可以为边疆地区的长治久安和社会发展打下真正的基础。

(16)注重构建以就业为导向的产业体系。伴随着城乡一体化的推进,在可预见的未来,无论是产业工人抑或是农民都只是一种社会分工的职业。在对口帮扶工作中,就业会成为考量产业发展的核心指标,当地居民的就业领域、就业模式、就业数量是经济发展和社会发展的风向标。例如,脱贫攻坚战中"一人就业,全家脱贫",对口帮扶体系中以就业为导向的工作方式,应该成为精准考量工作成效的重要指标。

三、全国层面的对口帮扶立法是众望所归

在我们调研过程中,各个方面、各个层面不仅对我国的对口帮扶工作所取得的巨大成绩表示充分肯定,而且对国家层面对对口帮扶工作立法普遍表示认同。大家认为,以法制形式保障对口帮扶工作,是对口帮扶工作发展的必然结果,更是对口帮扶工作持续发展的客观要求和重要保障。特别是对立法的必要性、紧迫性都有着最广泛的共识,并且希望通过立法能够更好地推动各地区的统筹协调发展,保障贫困地区的均衡发展,促进全国各地共同发展和共同进步。

(一)对口帮扶工作特点需要立法

1. 对口帮扶的统筹性和协调性

当前,对口帮扶工作在体系上主要包含扶贫协作和对口支援两大板块,即由国家发展和改革委员会牵头的对口支援工作,重点是援疆、援藏、援青、对口支援革命老区脱贫攻坚、对口支援东北老工业基地振兴、对口支援三峡库区、南水北调、地震灾区等;由国务院扶贫开发办公室牵头,1996年至今的东西部扶贫协作。除却两个牵头部门,几乎所有职能部门实际上都参与了方方面面的工作,因此,需要国家从法律层面予以统筹协调。

2. 对口帮扶的全面性和长期性

帮扶是好对差、强对弱的帮助工作,也是好与差、强与弱的计划调节,更是以全体人民共享改革发展成果、全面建成小康社会为出发点进行的资源配置。因此,对口帮扶是全方位宽领域的系统工程。实践证明,结对帮扶是促进落后地区发展的重要举措,并且只要有差别的存在,帮扶工作永无止境。由于对口帮扶具有全面性和长期性,所以应该通过法律的形式加以固化。

3. 对口帮扶层次丰富

对口帮扶工作,从国家、省(自治区、直辖市)、市(自治州、区)、县(自治县)、乡(镇),一直到村乃至村民小组,可谓是全方位、各层面的对接参与。目前,尽管国家相关部门、有关省市已经出台了各个层级的一系列相关条例、规定、意见,在实践中确实也发挥了很好的作用,但由于对口帮扶工作几乎涉及我国所有的行政层级,层与层的上下之间、横向之间需要统筹,需要协调,更需要国家层面进行规范立法。

4. 对口帮扶条线众多

仅每年开展一次的东西协作扶贫考核,就需要会同中央组织部、中央统战部、国家发改委、教育部、国家民委、财政部、人力资源社会保障部、国家卫生健康委、全国工商联等参与。地方工作则涉及产业条线上的发改委、经信委、环保局,社会条线的人社局、民政局,教育条线的教育局、学校,安全条线的公安,卫生条线的卫健委、医院,建设条线的住建局、交通运输局,文化条线的文广局等。如此等等,实际上都应该通过法律层面予以必要的规范。

5. 对口帮扶形式多样

主要表现为:一是产业合作,尤其是支援地帮助受援地发展各类产业,推动当地经济发展,改变落后面貌。二是劳务协作,建立和完善劳务输出精准对接机制,提高受援地劳务输出组织化程度。三是人才支援,选派优秀的干部双向挂职锻炼,促进观念、思路、技术、作风交流。四是资金支持,列入年度预算,逐年增加扶贫协作和对口支援财政投入。五是社会动员,组织民营企业、社会组织、公民个人积极参与对口帮扶。总之,这些形式多样的对口帮扶工作有必要通过法律形式进行规范。

6. 对口帮扶差异巨大

这些差别主要表现在:一是地区差别。例如,新疆的南疆需要在维稳基础上推动经济发展,青海的果洛州需要生态环境和地区发展兼顾,云南的西双版纳需要促进资源利用和工业化。二是人的差别。例如,群众的理念差别很大,特别是有些"直过民族"出现安于贫穷与疾病现状的问题,需要"扶贫先扶智,治贫先治愚"、移风易俗、劝课农桑。同时,工作人员理念的差别、能力的差别也很明显。三是文化教育医疗卫生状况可以说是千差万别,文化内涵不同、教育水平不同、医疗卫生能力不同等,都会在各地体现出来。因此,如何认识这些差异性,找出一些共性问题加以解决,也需要通过法律形式进行规范。

(二) 对口帮扶立法工作的必要性和紧迫性

1. 社会主义事业的本质要求

党的十九大明确指出,把我国建设成为富强民主文明和谐美丽的社会主义现代化强国,实现中华民族伟大复兴。国家尽一切努力,促进全国各民族的共同繁荣。推动构建人类命运共同体,为维护世界和平和促进人类进步事业而努力。从这个高度出发,对口帮扶工作无论是对国内消除贫困、共享发展成果,还是对外贡献中国经验,都是最直接的中国特色社会主义伟大实践。因此,对口帮扶工作作为一项国家意志,需要通过法律形式予以固化和规范。

2. 国家发展战略的客观要求

我国到2020年全面建成小康社会,到2035年基本建成社会主义现代化会,到2050年建成富强民主义明和谐美丽的社会主义现代化强国。但新时代人民日益增长的美好生活需要和不平衡不充分发展之间的矛盾将会长期存在,这意味着对口帮扶工作在2020年脱贫攻坚战结束依然还会长期存在,也更需要通过立法统一思想,统揽全局。

3. 更好发挥国家的制度优势

实践证明,对口帮扶工作只有在我国社会主义制度下才会有大面积的推动和执行,才会充分体现制度的优越性,才会取得如此大的成绩。只要地区不平衡存在一天,帮扶工作必将持续推进,制度优势也会进一步发挥。因此,把已经在我国实践几十年的伟大体系工程上升到国家法律层面,将制度优势法制化,有利于更好地凝聚共识推进工作。当然,我国对口帮扶中所积累的扶贫经验也可以为全人类贡献中国智慧和经验。

4. 对口帮扶工作经验需要固化

我国的对口帮扶工作开展了几十年,特别是东西帮扶协作开展22年来,全国上下在实践中已经形成了一系列很有效、很成熟的制度、经验和做法,并且发挥了很大的作用。应该说,这些实践的制度、经验和做法,是对口帮扶工作几十年积累起来的宝贵财富,很有针对性和操作性,如果通过立法的方式进行必要的固化,必将对未来的对口帮扶工作起到重要的推动作用。

5. 完善对口帮扶工作顶层设计

国家发改委与国务院扶贫办各自牵头对口支援和扶贫协作,存在着"小马拉大车"现象。例如,财政方面涉及财政部,人才方面涉及中央组织部、人社部、科技部,金融方面涉及"一行两会",生态方面涉及农业农村部,社会帮扶涉及工商联、民政部,健康方面涉及卫健委、残联,兜底保障涉及民政部,饮水安全涉及水利部,住房安全涉及住建部,教育扶贫涉及教育部,基础设施涉及交通运输部、能源局、工信部、农业农村部,土地方面涉及国土资源部。很多的组织、协调工作,如果用法律形式固定下来,将会起到更好的效果。

6. 解决对口帮扶工作持续问题

在调研中,有基层干部提出了"保护援助方,促进受援方"的想法。从援助方来看,在长期高强度工作压力下,容易出现勉力而行、竭泽而渔的现象;抽调合适干部可能成为一项并不容易完成的任务,放宽干部标准、增加干部来源成为趋势;过度单方面强调艰苦奋斗、无私奉献对干部精神和体力的消耗过大,也不利于保护干部成长。从受援方来看,存在目光不长远,养成依赖习惯和等靠要的现象;资源和投入项目合法合规但效率不高、效果不显著;"被动的盲目输血"与"造血遥遥无期"影响援助方的积极性,也不利于受援方真正的发展。凡此种种,都应该通过立法进行规范。

7. 对口帮扶内涵外延需要规范

在对口帮扶工作中,一些地方也反映,有时候还存在着政策的随机性,小到对口帮扶人员的探亲假时间,大到支援地对口帮扶项目等。由于政策的变化很多,随机性的状态往往会导致资源的分散,而且也会增加不确定性。特别是在基层的对口帮扶工作中,如果政策变化了,可能会造成一定的被动局面和工作失序。因此,在实际工作中需要更规范的制度安排,也需要把一些工作内容通过立法方式确定下来。

8. 凝聚对口帮扶共识实现共赢

目前,我国的对口帮扶工作主要是东部地区对口帮扶西部地区,也是涉及全国方方面面的系统性工作。只有切实对援助方和受援方都有好处,达到共赢才能长期良性运作下去。因此,最好的办法是要有共同的游戏规则,换一句话来说,也就是国家层面上需要制定相关的法律。立法之后,不再是某任领导重视就推进力度大,而是强化规定目标、规定动作、规定责任、规定效果,促进对口帮扶工作健康稳定持续地开展。

（三）对口帮扶立法的基本原则和主要内容

对口帮扶立法的基本原则：一是强调建立健全长效机制。要立足长远，充分体现对口帮扶的系统性和艰巨性，长期坚持，久久为功，推动政府和社会力量共同参与。二是强调规划先行和统筹协调。要全国一盘棋，科学规划并且有效统筹资源整合力量，避免九龙治水。要"保护支援方，促进受援方"，立足受援所需，支援所能。各类规划要和各地规划相衔接，避免各自为政和资金项目不配套。三是强调精准执行。帮扶政策从中央传导到地方，配套措施很关键。地方上要有针对性和时效性，对口帮扶地区所处的社会情况不同，要因地施策，精准帮扶。四是强调帮扶主体责任。目前，国家发改委与扶贫办以及其他部门在工作上有契合，但缺乏深度，因此，要从法律层面解决部门之间、央地之间、政府和社会之间、企业之间的主体责任和边界。五是强调对口帮扶"不能包，只能帮"。授人以鱼不如授人以渔，要讲求"助人自助"，通过"扶上马，帮一程"的前期"输血"，赋予其自我"造血"的能力，进而迈上自我发展的快车道。这就需要通过立法的制度方式，将赋能的性质确定下来，保护支援方，促进受援方，避免"养懒汉"。

对口帮扶立法的主要内容：尽管对口帮扶立法涉及面比较广，内容十分丰富，但关键还是要在立法中明确回答以下五个最核心的问题。

（1）谁来帮扶的问题。东部发达地区对口帮扶西部相对不发达地区，仅仅是一个大概念，实际上，东部地区内部也有一个不同地区支援能力如何选配的问题。在东部地区分配对口帮扶任务的时候，需要考虑各个行政区域的能力是否能够匹配，必要时进行动态调整。

（2）谁被帮扶的问题。精准扶贫的体系并非生而有之，是经过摸索以统一标准、统一程序、统一政策制作出一个庞大的数据库。为了确保精准性，建档立卡，整合税务、住房、金融、车管所、工商部门等各种信息，进行综合比对，最终形成精确数据。这套经验在后续确定帮扶主体对象的时候依旧是重要依据。同时，对口帮扶的对象也是一个动态的现象，随着经济社会发展而出现变化。

（3）帮扶目标与方法问题。一批批对口帮扶干部带着资源和自身的经验长期驻点开展工作，工作开展的原则和方向是什么？是"输血"还是"造血"？疾风暴雨的运动式帮扶或者 5 年、10 年、20 年的中长期规划，都要根据帮扶所要达到的目的因情况而论。涉及国家安全、边疆稳定则需要雷霆万钧的运动式对口帮扶,涉及产业发展、盘活资源则需要长期规划,久久为功,不能因为时间到了就半途而废。

(4)对口帮扶的标准问题。简单的经济指标虽然方便,但不切合实际。就如同无法用经济指标定义中产阶级、小康家庭。当前脱贫攻坚阶段的标准是"两不愁、三保障",即稳定实现农村相对贫困人口不愁吃、不愁穿,义务教育、基本医疗和住房安全有保障。在脱贫攻坚结束之后,我们的标准又是什么?如果标准定得太高,则会出现"养懒汉"的现象,会把好事办成坏事。同一个村里的人劳动的过得反而不如不劳动的,那就会严重挫伤对口帮扶在百姓心中的形象,且社会福利具有不可逆的特性,长远看定得过高对于整个国家的财政负担会很大,要避免陷入福利国家陷阱。

(5)对口帮扶的效果问题。从效果来看,当前阶段以脱贫为成效,2020年全面建成小康社会,从脱贫转化为奔小康是题中之义。但是,目前的动态调整从标准、操作规范、要素采集都不够明晰规范。从考核评价指标上看,组织领导、人才支援、资金支持、劳务协作、携手奔小康五大块内容下的细分考点也需要进一步优化。有干部反映在得分点中,对扶贫地区真的有效果、占用大量时间精力的产业脱贫、项目落地中的沟通协调,在考评中占比却不高。

第六篇

在各类媒体上发表的有关履职体会的主要文章

人大是个大平台

读了刘云耕主任在本刊今年第四期上发表的《铁了心"坚持",静下心"完善"——坚持和完善人民代表大会制度点滴心得》一文,作为一名新代表,不禁感慨良多。想想也是,要坚持和完善人民代表大会制度,当然也要发挥好人大代表的主体作用,而人大又恰恰是一个重要的大平台。

其一,人大是一个学习交流的平台。实际上,人大是一个信息汇总的学习交流平台,也确实能够起到一种双向的作用。一方面,人大集聚着一大批来自不同领域、不同专业、不同层面的领导、专家及成员,对于同样一个问题会从不同视角提出真知灼见,代表们看问题往往都是有观点、有思路、有建议、有对策。因此,通过参加人大组织的会议和调研活动,可以获取丰富的信息,得到很多的启发。另一方面,这些信息积累和学习机会,又为履行一名人大代表的职责提供了有利条件,从而发挥更好的作用。

其二,人大是一个团队合作的平台。我国的人民代表大会制度决定了人大代表集体行使职权的特色,因而体现了团队合作的精神和氛围。一方面,人大组织的一系列视察和调研等活动都会有相应的成果,如专题调研最终形成的调研报告等,这些成果的取得事实上都是人大各方面领导以及人大代表们纷纷献计献策、贡献智慧的直接结果。另一方面,人大代表每年在两会上提交的各项议案需要有 30 名以上的人大代表附议,实际上也在一定程度上反映出人大代表们的集体智慧。

其三,人大是一个反映民意的平台。人大代表的一个重要职责,就是要高度关注群众最关心、最直接、最现实的问题,并且把这些热点、焦点、难点问题通过议案和书面意见的方式反映出来,提出自己的意见建议。就是出于如此的思考和立场,我在去年提出的建议制定"人民调解法"的议案,已列入全国人大的立法规划,今年又提出了建议制定"国家考试法"的议案,全国人大也已开始立法调研。为此,我作为一名新代表,不仅感到十分的欣慰,而且更加意识到这是作为一名人大代表应尽的职责。

其四，人大是一个发挥作用的平台。人大代表不是一个荣誉或头衔，而是一份责任。为此，一要有高度的责任心。人大代表要把国家和人民的利益放在首位，通过人大这个平台提出意见建议，从而不辜负人大代表这个光荣而神圣的称号。二要不断加强学习。人大代表要履行好职责，需要不断学习，才能提出更具有前瞻性、时效性及可操作性的意见和建议。三要深入调查研究。人大代表要在深入调查研究的基础上提出意见建议，通过调查研究，可以掌握第一手资料和信息，汇集不同人士的观点和智慧，最终找到解决问题的方法和途径。四要注重倾听不同意见。人大代表所提的意见建议，需要倾听各个方面的不同意见，充分反映方方面面的声音，因而需要多深入社会、深入实践、深入民众。五要坚持立足本职、发挥作用。人大代表熟悉本职工作涉及的情况，掌握信息，也有发言权，因此可以立足本职发挥作用。只要围绕本职把人大代表的工作做好了，反过来对本职工作也将会是一个很好的推动。

（本文发表于《上海人大月刊》2009 年第 5 期）

全国人大代表的"有心与用心"

在我担任第十届上海市政协委员期间，上海的相关媒体曾经以《张兆安：学者委员的参政之路》为题做过整版的长篇报道，这是因为，我一直用"牢记职责，不辱使命"来鞭策自己积极履职。当选为十一届全国人大代表之后，尽管身份变了，但我依然铭记着这八个字，并且也一直想着要再接再厉。

当选全国人大代表时，我曾经说过："人大代表是一种荣誉，更是一份责任；荣誉和信任是别人给的，责任和义务是要自己去付出的。"作为一名全国人大代表，要关注人民群众最关心、最直接、最现实的问题，更要关注全国经济社会发展的热点、焦点、难点问题，并且通过议案和书面意见的形式反映出来，只有这样，才是一名真正合格的人大代表。

当然，良好的愿望与实际的效果可能不尽一致。怎么才能取得一致？我的切身体会有很多,归纳起来却很简单,那就是全国人大代表应该具有两个"心",即"有心与用心"。

说到"有心",实际上就是要牢记全国人大代表的职责,发挥好全国人大代表的作用,其关键是做到"三个积极"。

第一,积极提出议案和书面意见,是全国人大代表"有心"的重要体现之一。在5年的履职过程中,我共计领衔提交了6份议案、30份书面意见。这些议案和书面意见,有的与我国经济社会发展密切相关,有的与民生问题休戚相关,都是从小处入手看到了大格局,起到了比较好的效果。例如,我在2008年十一届全国人大一次会议上提出的建议制定"人民调解法"的议案,经2010年8月28日十一届全国人大常委会第十六次会议表决通过,已于2011年1月1日起实施;在2009年十一届全国人大二次会议上,我提出了建议制定"国家考试法"的议案,全国人大已开始立法调研,很多媒体把此项立法建议作为2009年全国两会八大立法呼声之一;在2010年的十一届全国人大三次会议上,我提出了建议制定"住房保障法"的议案,全国人大也已开始立法调研,我也应邀参加住房和城乡建设部召开的相关会议,在社会上产生了很大的反响。在所有提出的议案和书面意见中,我都会努力去追求这些意见建议效果的"三个结合"。那就是:人大或政府能够接受,社会各方面能够赞成,人民群众能够满意。如果达到了这样的结果,我会十分欣慰。

第二,积极参加各项专题调研,是全国人大代表"有心"的重要体现之二。除了每年在全会期间积极履行好全国人大代表的职责之外,我还积极参与全国人大组织的各项专题调研,并用己所长发挥了独特的作用。在历时5年的全国人大代表专题调研中,我先后两次接受重托担任了课题组的召集人。记得在2009年"加快推进上海国际航运中心建设"的专题调研中,作为课题组的召集人,从7月份开始,我和其他参与调研的代表们一起,"把脉"上海国际航运中心建设情况,对调研发现的主要问题进行了深入分析,并开出了相应的"药方"。当调研报告成文时,起草初稿的相关人员开始有各种担心,我对他们说:"没关系,不要怕,我为你们托底。"课题组成员都松了一口气,实事求是地撰写了调研报告。自1983年以来,我在上海社会科学院和上海市政府发展研究中心从事经济研究、决策咨询、新闻出版工作,在起草调研报告时,我对报告的质量要求非常高。2009年国庆节期间,我在电脑前日夜奋战,完成了"关于加快推进上海国际航运中心建设的若干建议"专题调研报告的最后冲刺工作。而在节前，我不小心扭伤了一只胳膊，为了不耽误调研工作的整体进程，我毅然放弃休息，用另一只手完成了调研报告。在专题调研总结会上，课题组的调研成果引起了各方的高度关注，我也如释重负。

第三，积极回应各类媒体的采访，是全国人大代表"有心"的重要体现之三。每年的全会上，境内外新闻媒体及记者云集，很多境内外媒体都会采访我，或者邀请我作访谈节目。面对数百次的采访和访谈，我一直是有问必答，积极配合，充分展现上海代表的水平。有时也会因为采访话题的敏感而有些忐忑。记得在2011年四次全会上，我应上海代表团的安排，在正义网作一个小时的单独直播访谈，话题是"网络民意的应对与疏导"，我实事求是畅谈了如何看待网络监督"双刃剑"，认为网络监督是民意但要用之得法；在2011年和2012年的两次全会上，又连续两年在中央电视台《小撒探会》栏目就住房问题接受了专访。2012年3月13日，《新民晚报》刊发了《人大代表：一届履职知无不言》的长篇报道，把我称为"问不倒的人大代表"。这些访谈之所以都取得了比较好的效果，是我讲真话、讲实话、讲有用话的结果。

说到"用心"，实际上就是要培育全国人大代表的履职能力，提高全国人大代表的履职水平，其关键是做到"三个需要"。

第一，需要不断加强全面学习，提高履职能力。学什么？我认为主要是三条。首先，要学习全国人大代表履职的基本功，也就是履职的方式和方法。我刚当选全国人大代表所做的第一件事，就是去登门拜访上一届的一位老代表，请老代表给我传经送宝，并把老代表以前所提交的议案和书面意见拿来好好研究，以便尽快入门。其次，要加强各种理论学习，掌握政策，了解时事，积累知识，为提出更具有前瞻性、时效性及可操作性的议案和书面意见打下比较扎实的基础。最后，要向其他代表学习。在全国人大代表中，集聚着一大批来自不同层面、不同领域、不同专业的领导及专家，对于同样一个问题会从不同视角提出各种真知灼见，代表们看问题往往都是有观点、有思路、有建议、有对策。通过参加人大组织的会议和调研活动，可以获取丰富的信息，得到很多的启发。这些信息积累，为我履职提供了有利条件。

第二，需要勤于深入调查研究，提高履职水平。通过调查研究，可以掌握第一手资料和信息，汇集各方面的观点和智慧，最终找到解决各种问题的方法和途径。同时,还要注重倾听各个方面的不同意见,充分反映方方面面的声音,深入社会、深入实践、深入民众,在不断的倾听中形成自己的议案和书面意见。例如,我所提出的建议制定"人民调解法"的议案,就是在走访政府部门、街道居委、司法机构、调解人员以及老百姓的基础上形成的。

第三,需要立足本职工作和专业特点,充分发挥代表作用。目前,我是上海民建市委的专职副主委,同时也是一名长期在研究机构和政府部门从事经济研究、决策咨询、新闻出版工作的学者。因此,在5年的履职过程中,我比较注意立足自己的本职工作和专业特点,不仅熟悉了情况,掌握了信息,而且也更有针对性。例如,民建是主要由经济界人士组成的参政党,为了推动民营经济的健康稳定发展,我分别在2010年十一届全国人大三次会议、2011年十一届全国人大四次会议、2012年十一届全国人大五次会议上,连续提出了"关于'十二五'期间应高度关注民营经济发展的建议""关于化解我国中小企业融资难的七项决议""关于中小企业发展政策要把好'七个关'的建议"的书面意见,从而发挥了积极作用。同时,也让我深切地感受到,只要围绕本职把全国人大代表的履职工作做好了,反过来对自己的本职工作也将会是一个很好的推动。

(本文发表于《上海人大月刊》2012年第10期)

人大代表的"有心"与"用心"

我连续当选第十一、十二届全国人大代表。七年多来,我的履职体会归纳起来,就是"有心"与"用心"。

身边有不少朋友好奇:每年3月全国两会,那么重大的场合,你怎么就胆子那么大,一点也不怕面对媒体呢? 没错,我总是很积极地同应各类媒体的采访。2012年3月13日,《新民晚报》刊发了《人大代表:一届履职知无不言》的长篇报道,还把我称为"问不倒的人大代表"。

我想,所有这些访谈之所以取得了比较好的效果,一定是因为我坚持讲真话、讲实话、讲有用的话。

说到"有心",就是要牢记职责,发挥好作用,关键是做到"三个积极":积极提出议案和书面意见,积极参加各项专题调研,积极回应各类媒体的采访。

在7年的履职过程中,我共计领衔提交了8份议案、38份书面意见。这些议案和意见,有的与经济社会发展密切相关,不少与人民群众的民生问题休戚相关。2008年,我在十一届全国人大一次会议上提出制定"人民调解法"的议案,已经付诸实施。在提出议案和意见时,我会努力做到"三个结合",那就是——人大、政府能够接受,社会各方能够赞成,人民群众能够满意。

要做到这"三个结合",除了每年在大会期间履行职责之外,参与各项专题调研必不可少,毕竟,没有调查就没有发言权。通过调查研究,可以掌握第一手资料和信息,汇集不同的观点和智慧,找到解决问题的方法和途径。我提出的建议制定"人民调解法"的议案,就是在走访政府部门、街道居委、司法机构、调解人员以及老百姓的基础上形成的,正因为有了充分的调查研究,提出的议案也才有了好的结果。

7年来,我先后多次接受重托担任课题组的召集人。记得在2009年"加快推进上海国际航运中心建设"的专题调研中,作为召集人和其他代表一起针对问题开出了"药方"。当年国庆假日,我完成了调研报告的最后冲刺工作。不巧的是,在节前,我不小心扭伤了一只胳膊,为了不耽误调研进程,就用一只手完成了调研报告,调研成果也受到了好评,这让我很欣慰。

有了充分的调查研究,写好议案的底气有了,发言的底气也有了,才敢面对媒体有问必答。

不过,随着时代的进步发展,公众对人大代表履职能力的要求也是水涨船高。怎么办呢?我就反复告诉自己要"用心"——用心向代表们学习,用心发挥本职专长,不断提高履职能力。

做人大代表,履职的方式方法很重要。我当选代表后,做的第一件事,就是去登门拜访一位老代表,请老代表传经送宝,使我能够尽快"入门"。同时还要向其他代表学习,代表们来自不同层面、不同领域、不同专业,他们也都是各自领域的佼佼者,看问题往往有观点、有思路、有建议、有对策,仔细倾听他们,自然会很有收获。

我是民建上海市委副主委,也是长期在研究机构和政府部门从事经济研究、决策咨询、新闻出版工作的学者。因此,在履职中我比较注意立足本职和专业特点。为了推动民营经济健康稳定发展,我提出了"关于'十二五'期间应高度关注民营经济发展的建议""关于中小企业发展政策要把好'七个关'的建议"等书面意见。我感到,只要围绕本职把代表履职工作做好了,反过来对本职工作也是一个很好的推动。

(本文发表于《新民晚报》2014 年 9 月 15 日)

代表履职和本职工作相互促进

对于中国来讲,2014 年是不平凡的一年;对于一名全国人大代表来说,2014 年同样也是值得回顾的一年。在这一年中,我在履行工作职责和代表职责等方面,都有一些可以留下记忆的内容。

作为连任两届的全国人大代表,我想的最多的是要牢记全国人大代表的职责,发挥好全国人大代表的作用。年初,为了 3 月召开的全国人代会,通过调研座谈等方式,选择好、撰写好准备在全会上提交的议案和书面意见。例如,近年来频繁出现雾霾天气,不仅给大气污染防治敲响了警钟,而且对大气污染立法工作提出了新要求,因此,我在 2014 年全国人代会上领衔提交了"关于制定'清洁空气法'的议案"。这是因为,现行的《大气污染防治法》已经施行近 14 个年头,在立法的指导思想、防治措施、公民的参与度、违法行为惩处力度等方面已不能适应现实需要,亟须修订完善。我建议,可以将《大气污染防治法》更名为"清洁空气法",向大气排放污染物的单位不仅要依法进行申报,而且要公示,接受社会的监督;建设项目的环境影响报告书应增加对周边居民的影响作出评价并接受监督的内容;法律责任条款中应当提高超标排放、违法排放、大气污染事故等违法事项法律处罚的上限;在立法中增设专项条款,支持因大气污染而提起的公益诉讼。我欣喜看到,2014 年 12 月底提交十二届全国人大常委会第十二次会议审议的《大气污染防治法》修订草案采纳吸收了我的建议,今年我还将继续关注《大气污染防治法》的修改进展情况。

每年的全国人大代表专题调研也是代表履职的重头戏之一。2014 年下半年专题调研开始之后,我分别参加了上海市全国人大代表"混合所有制经济企业发展"和"加快司法体制改革"两个专题调研组,同其他代表一起,进行实地调研、座谈交流讨论。其中,在"混合所有制经济企业发展"的专题调研中,受代表们的信任,由我担当专题调研报告的起草、修改、定稿任务。最后,调研报告归纳了混合所有制企业发展的改革实践,指出了发展混合所有制企业的重要意义,分析了推进混合所有制企业的矛盾问题,提出了发展混合所有制企业七个方面的对策建议。报告完成以后,获得了大家的好评,我也感到很欣慰。

作为民建上海市委专职副主委,2014年按照民建上海市委年初所确定的各项工作要求,我所分管的调研、提案、宣传、信息、网站、培训、联系基层等工作都完成了全年的工作目标,并取得了一定的成效。值得自豪的是,在过去的一年中,民建上海市委的网站信息工作、新闻宣传工作和重点理论课题研究工作在民建中央的各项评比中,都取得了一等奖的好成绩,社情民意工作同样取得了良好的成绩,获民建中央2014年社情民意一等奖。同时,结合民建作为经济界政党的特点,抓好民建上海市委的品牌论坛,在"2014上海中小企业发展论坛"上,第二次发布了"上海中小企业生存发展指数",各大媒体予以报道,产生了良好的社会反响。

作为长期研究经济问题的学者,我于2014年7月被任命为上海社会科学院经济研究所副所长。之前我曾经在上海社科院工作过17年,在上海市政府发展研究中心工作过7年,还担任过18年的《上海经济年鉴》主编,长期从事经济研究、决策咨询、新闻出版工作,之后又担任了7年多的民建上海市委专职副主委。在上海社科院,可以发挥我的专业特长,同样也可以更好地做好参政议政工作。例如,作为一名地方经济学者,关注全国经济发展也是分内事,我分别主持撰写了"2014年上半年度我国宏观经济形势分析与建议",提出了要重点防范宏观经济运行风险的"三碰头";"2014年下半年度我国宏观经济形势分析与建议",提出了要重点防范外资外贸"双下行"的风险。两份报告完成以后,都送交中央有关部门作为决策参考。同时,我还在各类报刊上发表了46篇论文与文章。

2014年让我感受最深切的是,我的本职工作和代表履职不仅各有侧重,而且相互促进。在2015年,我将继续把本职工作、代表工作、研究工作更好地结合起来,争取取得更好的成绩。

(本文发表于《中国人大》2015年第4期)

第七篇

各类媒体上介绍本人履职事迹的主要报道

张兆安：学者代表的为民情怀

《中国人大》（增刊）2014 年第 3 期

民建中央委员、上海市委专职副主委张兆安是位非常开放、活跃的全国人大代表。用微博微信征集意见建议、积极接受媒体采访、参加网络访谈、积极就各种经济社会热点问题发表看法并提出建议……这些都是张兆安乐于去做的事情。

关于公务员过"紧日子"，张兆安一针见血：大家都在说公务员"紧日子来了"。我认为，最关键是要过"正常的日子"。何为正常？就是劳动付出与收入相匹配，依靠公务权力带来额外利益，本来就"不正常"。关于公车改革，张兆安一语中的：公车货币化改革需要一个规范和相对统一的车补标准，这个标准应经过调查测算、严格论证，并应报请人大审核批准，最终确定。

对于互联网金融，张兆安认为，互联网金融是传统实体金融的一个补充。传统的金融机构应该发挥自己的既有优势，与互联网金融融合发展。同时，政府应该为互联网金融的发展创造一种公平、公正、合法、合规的外部环境。关于跨境电商，张兆安呼吁完善跨境电商配套政策，扩大我国的进口规模。谈到新一轮国企改革的重点和难点，张兆安也积极回应，并归纳了三个方面的问题：一是国企的管理体制问题。要从原来的管企业变成管资本，通过国资改革促进国企发展，这是一个根本性的方向。二是国企的产权结构，积极发展混合所有制经济。三是国企分类指导和治理结构。国有企业市场主体地位还要进一步加强。

对这么多不同领域的问题都能剖析得深入透彻，张兆安告诉记者，这得益于自己长期在上海社会科学院和上海市政府发展研究中心从事经济研究、决策咨询、新闻出版工作的经历和专长。

张兆安告诉记者，今年已经是他第 7 次参加全国人代会。7 年间，他向大会提交了近 10 份议案和近 40 份建议。这些议案和书面意见，有的与我国经济社会发展密切相关,还有不少与人民群众的民生问题休戚相关,但又都是从小处入手看到了大局,于是也就起到了比较好的效果。比如,他在 2008 年全国人代会上提出的建议制定"人民调解法"的议案,经 2010 年 8 月 28 日十一届全国人大常委会第十六次会议表决通过,已于 2011 年 1 月 1 日起实施。正因为如此,他在担任十一届全国人大代表期间,被代表们推举为履职积极分子。

为参加今年的全国人代会,他也做了不少功课。张兆安告诉记者,今年他向大会提交了一份"关于推进我国家庭农场发展的八个方面建议"。"看到这份建议,就能想起去年七、八月份我们十几个代表冒着 40℃ 的高温到家庭农场调研的情形。"张兆安说,去年七月,上海市人大常委会启动全国人大代表专题调研工作,并确立了四个主题,其中就包含张兆安领衔的"推进农业改革、发展家庭农场"课题。有了扎实的全国人大代表专题调研作为基础,张兆安对调研发现的主要问题进行深入分析,开出相应"药方",并负责统筹形成了调研报告。此次向大会提交的家庭农场方面的建议也是从专题调研报告中凝练而来。"闭会期间积极参加全国人大和地方人大组织的各项调研活动,能够很好地帮助自己接地气,更好地提出高质量建议。"

今年他还向大会提交了一份"关于制定'清洁空气法'的议案"。在张兆安看来,《大气污染防治法》顾名思义就是对大气可能产生的污染进行防止,指导思想是防御性的;而"清洁空气法"不仅仅对可能产生的污染进行防范,而且要对污染可能产生的温床进行治理,从改善经济结构和转变经济发展方式的高度来对大气污染进行治理。

"现实告诉我们,仅仅靠防御来治理产生的污染是远远不够的,治标不治本,要加大对污染可能产生的温床进行治理,唯有用'重典'才能从根本上改变我国现在的严重污染情况。"张兆安直言,《大气污染防治法》已不适应现实需要,应更名为"清洁空气法",并对防治措施、公民的参与度、违法行为惩处力度等多方面进行修订。

"将沉甸甸的民意带上全国人代会,并最大限度将民意表达出来,包括发挥传统媒体和新媒体平台的优势,这是人大代表与时俱进、更好履职的职责所在。"张兆安说。(文/王萍)

张兆安：多为百姓、社会干一些实事

《中国人大》(增刊)2018 年第 2 期

3 月 6 日上午，上海代表团召开分组会议，继续审议政府工作报告。全国人大代表、民建上海市委副主委、上海社会科学院副院长张兆安根据自己调研掌握的情况，专门就推进商事制度改革、优化营商环境做了发言。

他说，民建会员大多是经济界人士，会员所在的企业 70% 是中小企业，所以经常能听到企业家反映各种问题，其中一个就是企业退出机制太烦琐。"企业注销需要成立清算组，要求全部股东到场签字。可是，有的股东人在国外，当初只不过投资几千元，不可能为此再飞回来一趟。"为此，他建议有关部门简化相应流程，降低企业注销成本。

出乎意料的是，他的发言很快就引起了重视。3 月 9 日晚上，国家工商总局企业注册局相关同志来到上海代表团，与张兆安代表进行详细沟通，并对他所提建议进行研究处理。

国家工商总局企业注册局工作人员介绍，随着商事制度改革的持续推进，国家工商总局发文决定自 2017 年 3 月 1 日起，在全国全面实行企业简易注销登记改革，主要是对提交资料和注销程序两个方面进行简化。若要进一步为企业退出创造便利，就需要启动修改现行公司法。

在面对面协商后，张兆安代表为国家工商总局高度重视代表建议、快速作出回应的工作作风点赞。同时，他表示在深入调研后，建议修改完善现行公司法。

作为连任三届的全国人大代表，张兆安认真履行职责，积极反映人民群众呼声，提出了大量建议和议案。其中，不少建议和议案得到了相关部门的重视。

刚当选十一届全国人大代表时，他到基层调研时发现，人民调解员制度对于化解基层矛盾纠纷效果非常显著。同时，一些部门、居委会、调解人员及老百姓反映调解制度还存在一些问题，亟须法律作出明确规定。在收集整理和认真研究大家反映的情况后,他领衔提出了制定"人民调解法"的议案。"没想到,议案引起了有关部门的重视。2010 年,全国人大常委会审议通过了《人民调解法》。这部法律的出台,使得人民调解工作有了法律保障,调解结果也更具权威性,对促进社会和谐意义重大。当时,我感到非常高兴,也进一步认识到人大代表在参与管理国家事务中所发挥的作用。于是,我暗下决心,一定要当好代表,多为百姓、社会干一些实事。"

"后来,我提了很多建议得到重视。比如,修改《环境保护法》时,我提的一些建议就体现在法律条文中;再比如,考虑到我国人口发展现状和社会保障情况,我提出延长退休年龄的建议,得到人社部的重视。类似建议非常多。实际上,只要代表们好好履行职责,认真提出切实可行的建议,就一定能够为国家法治建设和国家治理尽一份力,不负人民所托。"谈到多年来的履职体会,张兆安向记者袒露心声,履行好代表职责,首先是要加强学习,深入了解人民代表大会这一国家根本政治制度,深入了解一些重要的法律法规,积极参加由各级人大常委会组织的培训和视察活动,不断提升履职能力;其次是在参加人大常委会立法、监督等工作调研时,一定要讲实情、建真言、献良策,敢于为民说话,敢于为民谋利;最后是要把调研掌握的社情民意、经济社会发展中遇到的瓶颈和难点问题,转化为切实可行的意见和建议。

同时,他直言不讳地向记者表示,当好人大代表同干好本职工作是相互促进的。他以自己为例,"一方面,长期在研究部门工作,后来又到政府部门工作,现在又回到研究部门,这种丰富的工作经历,对履行代表职责、提出意见和建议是有帮助的。另一方面,积极履行代表职责,参加一些具有全局性的调研、视察活动,能够更加了解国情民意,视野更广更宽,对于做好本职工作也是有利的,这是一个良性循环。"

张兆安向记者表示:"全国人大代表是一种荣誉,更是一份责任。荣誉和信任是别人给的,责任和义务是要自己去付出的。当好一名称职的代表,就要不忘初心,用心履职,切实发挥好代表的作用。"今年全国两会,他又带来了好几件建议和议案,包括建议深入商事制度改革,优化营商环境;发扬工匠精神、培育"百年老店";加强金融监督,防范金融风险;推进城镇化过程中注重生态保护和建设;制定"长江保护法"和"人民检察院法律监督法"等。(文/李小健)

张兆安：抖擞精神再出发

《中国人大》(增刊)2019 年第 1 期

张兆安是连任三届的全国人大代表,在 11 年的履职过程中,他始终立足本职工作、专业特点、倾心倾力履行全国人大代表的职责,在全国人代会上,他领衔提交了十多件议案,还提交了 40 多件个人建议。这些议案和建议,有的与国家经济和社会发展大局密切相关,有的是广大人民群众关心的民生问题。他既着眼大局,又从小处入手,注重前瞻性、可操作性,提出的不少建议都得到有关部门的重视。

张兆安深知,只有通过加强理论学习和知识积累,才能为提出更具前瞻性、时效性、可操作性的议案和建议打下扎实基础。为此,他通过各种途径加强学习,及时掌握政策,了解时事,拓宽信息,扩大知识面,千方百计充实提高自己。在深入调研的基础上,他先后领衔提出了关于制定"人民调解法""清洁空气法""饮用水安全法"和修改《拍卖法》《循环经济促进法》等议案,以及打击非法集资应疏堵结合、建立废弃药品销毁渠道消除安全隐患、适时推行弹性退休年龄等建议。

在 2018 年全国人代会上,张兆安表示,长期以来,长三角是我国区域一体化发展起步最早、基础最好、程度最高的地区,以占全国土地面积的 3.73%、占全国人口总量的 16%,创造了全国近四分之一(23.75%)的国内生产总值,建议把长三角一体化发展提升为国家战略,充分释放长三角潜能。而就在当年的 11 月,习近平总书记在首届中国国际进口博览会开幕式上发表的主旨演讲中宣布,将支持长江三角洲区域一体化发展并将其上升为国家战略,听到这个消息,张兆安感到由衷的高兴。此外,他还提出当前存在企业注销程序烦琐时间冗长、不利于改善营商环境等问题,受到国务院有关部门的重视。

除了在大会上提出多件议案和建议,闭会期间,张兆安还积极参加上海市人大常委会和相关部门组织的活动。过去一年,他应邀参加了国务院第十督查组赴江苏省开展的督查工作,还与部分在沪全国人大代表赴新疆、青海、云南开展对口帮扶工作立法的专题调研。此外,张兆安充分利用自己长期在上海市政府发展研究中心、民建上海市委、上海社会科学院从事经济研究、决策咨询、新闻出版等工作经验,精心做好组织协调工作,撰写调研报告。

今年的全国人代会临近,张兆安代表早就做好了参会准备。他认为,对已经实施了20多年的《仲裁法》进行修改十分必要。为此,他将领衔提交"关于修改《中华人民共和国仲裁法》的议案",针对我国公民个人信息收集和使用中存在的突出问题,他将向大会提出制定"个人信息保护法"的建议。作为2018年在沪全国人大代表专题调研课题组的第一召集人,他还将代表课题组提交"关于对我国对口帮扶工作立法的建议"。此外,本着"围绕中心、服务大局、关注国家大事、关心民生难事"的指导思想,张兆安还将提出关于推进"一带一路"高质量发展、关于加快构建医疗风险保险分担机制等建议。

尽管参加代表履职活动会占用自己的业余时间,甚至是本职工作时间,但在他看来,全国人大代表很多都是各个领域的专家或者社会各界有识之士,跟他们在一起交流,可以获得丰富的信息,受到很多启发,进而提升履职能力和水平,都是一次难得的学习交流机会。

"紧跟时代发展脉搏,融入改革的洪流中,唯有全情投入,才能践行人大代表的使命和担当,才能不负人民群众的信任和重托,十三届全国人大二次会议即将召开,我已做好充分准备,为民代言,抖擞精神再出发!"张兆安如是说。(文/延军)

让市场主体唱好"主角"
——张兆安代表关于商事制度改革优化营商环境的建议

《我当代表为人民——人大代表议案建议故事》(人民出版社,2022年5月)

近年来,我国结合深化改革开放和政府职能转变,大力推进了商事制度改革,营商环境得到了优化,市场主体在注册、办证、审批等环节办事效率明显提升,市场活跃度增强,主体感受度良好,受到了国际机构的肯定评价,但对标全球前沿水平仍有一定差距。全国人大代表、民建中央委员、经济委员会副主任张兆安发现,急需解决的问题主要有企业开办登记便利度不高、政府部门内部之间衔接不畅、政企沟通缺乏畅通渠道、市场监管难以适应新经济发展、企业诚信管理亟须加强、企业退出机制有待完善等。针对这些问题,张兆安代表在十三届全国人大一次会议期间提出了"关于商事制度改革优化营商环境的建议"。

张兆安代表在建议中分析指出,在推进以简化企业登记设立环节为核心的商事登记制度改革后,我国营商环境明显改善,企业注册数量爆发式增长,但我国企业开办便利度距离全球前沿水平仍有明显差距。"五证合一""一照一码"登记制度改革后,缺少对新设企业全流程办理的路线图、时间表的明确指引,企业在办理完营业执照后不知道下一步该到哪个部门办理哪项业务,办事的可预期性低。一些企业认为窗口办事人员在"熟练掌握法律法规""熟练掌握业务流程和工作规范""清晰介绍企业办事指南"等方面亟须改善。在涉及行业许可的前置审批中,企业在提交一些申请材料前不能够清晰获知该材料当中应具体包含哪些内容,导致材料提交后被反复退回,不得不聘请社会专业机构撰写,费时耗力。新经济往往具有轻资产、重知识技术、跨界融合、"互联网＋"的特点,特别是随着产业跨界融合的发展趋势,在经营过程中,企业往往会发现自身的经营范围不够,为此需要不断扩展经营范围,由于是跨界产业,有些业务无法归类,现有的营业执照经营范围和分类已经不适应当今营商环境的需要。有的地方诚信管理的代表性举措"企业年报公示和异常名录制度",企业既充分肯定其必要性,又认为"一处失信、处处受限"的处罚措施太过严厉,对于社会诚信环境还不适应。在我国企业退出市场的过程中,吊销是一个主要途径,很多地方占比几乎达到了95％以上甚至更高,仅有极少数企业会主动注销退出市场。这种现象的存在,直接导致了市场上存在大量企业"吊而不销"的情况,不仅使市场出清难,也给保护债权人权益留下诸多隐患。

张兆安代表的建议交由市场监管总局会同住房和城乡建设部、发展改革委、人民银行、税务总局研究办理。有关部门研究认为,张兆安代表从深化商事制度改革着眼,结合近年来改革进展情况,指出了在企业开办、政府衔接、政企沟通、监管方式、诚信管理、退出机制等方面存在的问题。同时,针对问题,建设性地提出了提高开办企业便利度、深化"证照分离"改革,解决准入后"办证难"问题、创新监管方式,完善事中事后监管、加快市场主体自律建设、完善企业退出机制等意见建议,对持续深化商事制度改革、优化营商环境起到了积极作用。

2018年5月2日,国务院常务会议审议通过了《国务院办公厅关于进一步压缩企业开办时间的意见》,对进一步压缩企业开办时间各项工作作出了部署,要求各地进一步简化企业从设立到具备一般性经营条件所必须办理的环节,压缩办理时间。2019年上半年,在全国范围内实现压缩企业开办时间至8.5个工作日以内。

市场监管总局全面贯彻落实党中央、国务院的决策部署,按照"放管服"改革要求,以注册资本登记制度改革为突破口,大力推进工商登记制度便利化,持续推进和深化商事制度改革,不断深化"三证合一""五证合一""一照一码"改革,全面规范涉企"多证合一"改革,协同落实"先照后证"改革,在全国推开"证照分离"改革,推进实行电子营业执照和企业登记全程电子化,推进企业名称登记制度改革,简化市场主体住所(经营场所)登记手续,实行未开业和无债权债务企业简易注销登记改革。随着商事制度改革深入推进,进一步放松了政府管制,为各类市场主体营造了宽松便捷的准入环境和良好的创新创业市场环境。

市场监管部门积极会同发展改革委、税务等部门持续推进和深化商事制度改革,陆续出台了多项扶持企业发展的政策措施,大幅降低了市场准入门槛,降低了企业进入市场的制度性成本。从2014年3月商事制度改革实施以来,随着准入环境的优化,市场主体持续活跃增长,新设市场主体998.3万户,同比增长12.5%,新设企业327.4万户,同比增长12.5%。2019年上半年,日均新设企业1.81万户。市场主体中企业总数达3133.10万户,存量企业数量较商事制度改革前翻了一番。截至2019年10月底,全国实有市场主体1.2亿户,同比增长12.05%,其中,企业3758.62万户,同比增长10.72%。世界银行公布的营商环境报告显示,中国营商便利度排名由2013年的96位上升到2017年的78位,提升18位。开办企业便利度排名由158位上升到93位,提升65位,我国的营商环境改善明显。

人民银行组织建设金融信用信息基础数据库,推动市场规范发展,组织金融机构建设了覆盖全国、集中统一的金融信用信息基础数据库,实现了银行信贷信息的全覆盖。此外,还包括了证券、保险、信托、外汇、融资租赁、担保等类金融信息,以及社保、公积金、环保、欠税、民事裁决与执行等公共信息。截至2020年12月底,数据库接入机构3 700余家,累计记录6 092.3万户企业和其他组织的信用信息。

有关部委做好跨部门联合监管顶层设计,让各项举措落地生根,为市场主体添活力,为人民群众增便利,推动市场秩序既规范有序又充满活力。

张兆安:学者委员的参政之路

《联合时报》2007年11月30日

在我们这个时代,商业资本可以在电视屏幕上制造一个又一个所谓的"明星",冉冉升起又戛然陨落。然而,在我们身处的这个社会中,有一些真正意义上的明星,他们或许并不炫目,却能够实实在在地照亮了我们的行进路途。

今天我们介绍的这位经济学家就是这样的人,他叫张兆安,现为民建上海市委副主委,上海市政府发展研究中心咨询部主任,《上海经济年鉴》主编,第十届上海市政协委员,长期集经济研究、决策咨询和新闻出版工作于一身。

张兆安认为,做经济研究,始终要牢记的是看现实问题的深度、把握研究视野的广度和提升决策咨询的高度。作为一名经济学家,同时又身兼数个重要的职位,张兆安把自己的研究成果和实践很好地结合在一起。上海市政协每年年中、年末的经济形势分析报告均由他执笔撰写,已经成为市政协的品牌报告之一,连续几年市政协关于长三角发展的常委会建议案或主席会议建议案也出自其笔耕,成了政协系列调研的特色之一,受到了中共上海市委、市政府领导以及社会方方面面的好评。他每年要参与编纂140万字的中英文两种版本的《上海经济年鉴》,仅仅是审稿就要看上6遍,相当于一年要看完80本长篇小说。难怪有不少朋友说他满脑子数据,又熟悉上海市、区两个层面的经济情况,这对于他更好地参政议政大有裨益。

一切从民生出发——两份政协提案诞生记

作为是市政协委员,张兆安连续两年执笔撰写了个人提案,受到了市政协领导的高度评价和中共上海市委和市政府领导的重视。有人会认为,经济学家的视角都是宏观的,其实不然。在他提交的政协提案中,有不少都是与市民生活休戚相关的现实问题,却又都是从小处入手看到了大格局,因此他的个人提案能够成为第十届市政协优秀提案也就在情理之中。

降低交通成本一举两得

日前,上海市交通管理部门提出,上海将根据市场需求和道路容量,研究更加完善的调控措施和合理的机动车总量规模,在适当的时候推行"道路拥挤收费"。这项措施听来只是针对私车车主,与平日里乘坐公共交通上班的市民并无关系,而事实上却是项庄舞剑,意在沛公。据了解,其目的是在部分市中心区域限制私车在特定时段行驶,从而扩大公交车的路权,提高公交车的速度。

据媒体预测,在实行拥挤收费的区域内,交通量有望降低 10%～20%,平均车速将提高 15%～25%。由于对公交车不收拥堵费,乘公交车出行成本将相对降低。与此同时,上海还将采取财政补贴、"月票""周票"等多样化票制措施,以此来降低市民乘公交车的出行成本。这样一来,公共交通可能会吸引更多的出行者,也将减缓城市交通的压力。

对于上海市民来说,这项举措无疑是件大实事,不过这项举措的直接受益者们或许并不知道,早在 2006 年的两会上,一位政协委员就已经提交了一份针对本市轨道交通及加快公共交通建设、市民从中心城区外迁至城乡接合部数量增多等情况的提案——"建议高度关注市民市内交通成本上升的问题"。

提交这份提案的正是张兆安。张兆安曾在接受媒体采访时说:"政协内各个界别不同,每个委员不同的专业背景可以提供新思路。让我这个主要研究经济问题的人开阔思路,也可以从社会、科技的角度考虑问题。"

张兆安告诉记者,当时提交这份提案是由于自己在思考未来发展的宏观战略时发现的一个微观问题:随着上海的城市发展,有一部分市民搬离了中心城区,但其工作及孩子上学仍在市区,这就导致了三口之家每人每天都有一段很长的上班、上学路,其出行成本也大大增加,一个三口之家一个月的出行成本高的要 700～800 元,成为一笔不小的开销。

张兆安指出,事实上,出行成本增加会导致城市交通拥挤,许多市民会选择自行车作为交通工具,公共交通方式多了,但自行车却没有减少,这当然同公交出行成本高有直接关系。现在的问题是,许多住得较远的市民会采取以轨道交通为主,自行车摆渡为辅的交通出行方式,这也是地面交通状况未能很好改善的因素之一。因此,地铁、轻轨、公交线路越来越多,应该成为减少自行车作为交通工具的推动力之一,关键在于降低公共交通成本。据一份资料显示,上海居民每月公交出行支出约为 175 元,约占平均工资的 7%,而这项支出在香港为 4%,在新加坡更低。上海市城市综合交通规划研究所相关研究表明,公共交通是中低收入群体的主要出行方式,票价是他们是否选择这种交通方式的最主要因素,当公交出行费用占平均工资的 5%以下时,市民更乐意选择公交。

在 2006 年两会期间,作为政协委员的张兆安就已将这个问题写成提案提交。我们看到,从去年起,上海市就推出了优惠换乘的举措,今年 10 月又进一步加大了换乘的优惠力度。在使用同一张"一卡通"刷卡付费的条件下,90 分钟时限内,乘客换乘内环线内 409 条公交线上的空调车和 5 条轨道交通线,后续支付的车资可优惠 1 元/次,70 岁以上老人也实现了免费乘坐公交。后来,政协委员张兆安的提案得到了足够的重视和实践。

改善养老金发放见机遇

今年的两会上,张兆安针对本市离退休老人领取养老金服务不到位及养老金社会化发放服务程度低的情况,提交了一份"关于改善和提高养老金发放服务社会化程度的建议"的提案,促成这件提案的是他每天上班路上看到的一种情景。张兆安的父母均在海外生活,或许同老年人的事务没有多大关系,但并未影响他对身边其他老人的生活表现出的关心。他发现,每个月总有那么一天,一大早银行门外就围满了七八十岁的老人。有一次,张兆安又看到这个情景,就停下车,上前和老人们攀谈起来。

"老伯伯,怎么这么早就来这里排队? 今天银行有什么特别活动吗?"

"今天是发放养老金的日子,我们特地来看看,养老金入账了没?"

张兆安发现,有些老人是来给养老金搬个家,转到其他银行,有些则仅仅是看看到账了没,有的是取出来拿回去。所以一到每个月固定发放养老金的日子,银行门前就排起了长龙。

回到办公室后,张兆安查阅了有关养老金领取的资料,并开始了调查研究。他发现,原来此事已经得到了媒体的关注,但媒体报道似乎都聚焦在子女对老年人照顾不周上面,并未触及问题的实质。张兆安经过调研发现,其实问题在于老年人对银行的金融产品以及 ATM 机等新生事物不熟悉。

关注老年人领取养老金问题,这原本是一份普通的提案。但作为经济学家的他并没有这么简单思考,他在看到老年人领取养老金不便的同时,还看到了另一个层面的问题。

张兆安说,老年人在银行门前排队领取养老金,其实也说明了金融系统没有利用好老年客户这一类的资源,其实这对于国内金融行业来说,是提升自己服务水平和能力的一个机遇,这既是一个民生问题,也是国有金融行业竞争力提升的问题。

张兆安指出,目前外资金融服务业正在冲击着中国国有银行的服务领域。众所周知,外资银行以服务见长,为什么我们本土银行不能在这个上面做足文章呢? 其实为老年人提供优质服务,也就拓展了该银行在老年人家庭成员当中的影响力。

他在提案中建议,改进现有的养老金发放服务方式,消除服务网络的盲区和服务时间的盲点,创新对高龄、行动不便的离退休人员养老金的发放服务,进一步改革社会化发放的服务机制等。

令人欣慰的是,张兆安的这份提案不久之后就得到了相关部门的重视和落实。今年年初,上海市邮政公司首先推出了养老金上门发送服务。目前,上海共有 300 多万户离退休老人养老金需要按月发放,其中上海邮政承担了 45％以上。上海市邮政公司和上海市社保中心共同商定,凡已在本市办理离退休手续、居住在本市并满足"年满 80 周岁以上的老人,年满 75 周岁以上的孤老、持有残疾证的老人,其他有特殊困难亟须照顾的人员,如长期卧病在床者"条件之一的人员,可享受养老金上门送发服务。

宝剑锋自磨砺出——逆境中成长起来的学者

记者见到张兆安时,留下最深刻的印象就是他谦和的学者态度,尽管他集领导、官员、学者以及许多重要的社会职务于一身,但他却全然没有官架子。

张兆安开玩笑说:"过去是坐在下面听,现在是坐在上面听。"以前他的烟瘾很大,开个会要出去抽好几次,现在减少了,因为坐在主席台上,去抽烟的间隙只有中场休息那一次。社会地位在改变的同时,张兆安的心态和工作态度并没有改变。他很坦率地告诉记者,"政协委员是一种荣誉,同时也是责任,荣誉和信任是别人给的,责任和义务是要自己去付出的"。

许多熟悉张兆安的人都知道,之所以他有这样谦和处世的心态,很大程度上得益于他在逆境中成长的经历。

1977 年,张兆安作为最后一批上山下乡的知识青年来到了位于上海奉贤的五四农场。他回忆说,自己上小学"文革"始,中学毕业"文革"终,整个大环境造成书念的不多。但他并没有因此而浑浑噩噩地混日子,到了农场后,他依旧在繁重的农活之余学习文化知识。似乎冥冥之中有一种预感告诉他,未来有那么一天在等待着他。

终于,张兆安和全国千千万万个知识青年盼来了恢复高考的那一天。1979年,张兆安在农场参加了当时的高考。并取得了 333 分的好成绩。333 分是一个怎样的概念呢? 据他回忆,当年高考上线分数是 254 分或 274 分,而北大和复旦等重点高校的分数线都在 300 分以上。

不过,人生不如意事十之八九,就在这本应金榜题名、皆大欢喜的秋天,一件戏剧性的突发事件改变了张兆安的人生轨迹。

当时,张兆安所在的生产连队是距离海边最近,同时也距离农场场部最远的一个。在成绩发榜后,张兆安得知自己的成绩远远超出报考的北大、复旦分数线,心里激动不已。接到场部招生组通知去填志愿,他一路步行,由于路途遥远,赶到场部时,就差他最后一个了。由于准备不足,招生小组用完了所有的大学志愿书,只剩下中专志愿书了。情急之下,工作人员让张兆安先把本科志愿填写在中专志愿书上,由他们带回县城再重新抄在本科志愿书上。

就这样,张兆安等待着录取通知书发放。在当时,一张北大或复旦的录取通知书可谓价值千金,蕴含着丰富多彩的人生机遇。第一个星期过去了,第二个星期过去了……张兆安的心情有些焦急,只见别人都拿到了通知书,自己却没有收到片纸。大学录取通知书发完了,各个高校即将开学了,在那个信息十分闭塞的年代,张兆安只能请假回到上海市区查询结果。一切水落石出,可能是当时工作人员疏忽,张兆安的志愿书被遗忘在中专文档里,错过了大学录取的档期。当时招办劝他明年再考,但张兆安还是选择了当年滞后招生的上海农学院(现为上海交通大学农学院)的农村经济系。大学四年,他以所有课程全优的成绩度过,毕业之后被分配到了上海社会科学院部门经济研究所从事农村经济研究,后又调至企业发展研究中心、工业经济研究中心任副主任,在此期间,他还通过考试拿到了经济学博士学位以及研究员的职称。

张兆安告诉记者,自己底子薄、起步晚,注定了一生不敢懈怠,曾经的务农生涯对真诚、坚毅、务实、耐力的磨炼又获益良多。他说在上海社会科学院工作的17年对他有很重要的影响,理论知识的深厚累积是今日随意发挥的基础。1997年,张兆安参加《上海经济年鉴》的主编工作。2000年,在时任市长徐匡迪的批示下,《上海经济年鉴》编纂工作由社科院划归到了市政府发展研究中心。2002年,张兆安加入了中国民主建国会,并遴选为第十届上海市政协委员。今年3月,张兆安被推选为民建上海市委副主委。

情系长三角及全国

今年9月,上海人民广播电台、江苏人民广播电台、浙江人民广播电台联合中央人民广播电台、新华社长三角新闻中心等共同推出大型广播新闻活动——"穿越长三角",节目播出之后广受好评。

节目播出之时,作为幕后策划者之一的张兆安正在北京学习,并不了解节目播出后的热烈反响。学习归来,节目尚未结束,张兆安就作为随行专家参与了苏州和无锡两座城市的节目制作,他对苏州的教育问题以及无锡的环境问题提出了独到的见解。之后他才知道,这档反映长三角区域经济、社会发展成就,深入探索长三角区域各城市按照国家规划进一步深化合作、促进发展的节目得到了广泛的关注。

张兆安在经济研究与决策咨询工作方面,注重结合自己的工作特点,紧紧跟上时代发展的脉搏,因而常常会在重要的时间节点和重要的命题方面发表独到的见解,并且专著、译著、论文、文章以及研究报告等研究成果颇丰。尤其值得称道的是他近年来在研究长三角区域经济上所取得的研究成果。

在今年的市政协"长三角论坛"上,张兆安就"关于长江三角洲地区产业合理分工的建议"做专题发言。其中,有关"辩证认识长三角产业结构的同构化问题"的观点得到了中共上海市委领导的肯定。

张兆安指出,长三角产业发展基本上处在同一个发展阶段,"二、三并举"推动经济增长的特征明显,产业发展长期以来重叠较多,竞争激烈,辩证认识这一现象,对长三角经济协调发展具有重要意义……产业同构化是区域产业发展的历史过程,将在区域经济市场化进程中得到化解;长三角产业结构合理化程度还不高,产业合理分工的整体态势也尚未形成。

就长三角联动发展命题,张兆安除了直接撰写市政协的常委会建议案和主席会议建议案之外,还在多家媒体上发表过自己的研究成果。比如,《实现上海与长三角经济"共赢"》(《文汇报》2003 年 3 月 8 日),《政府和市场合力推进》(《人民日报》2003 年 6 月 25 日),《上海该做"后花园"吗? 不必为现状担忧》(《人民日报》2003 年 9 月 3 日),《上海世博会重大效应》(《国际金融报》2003 年 11 月 24 日),《把握长三角经济一体化的基本特征》(《文汇报》2007 年 5 月 28 日),《把握经济增长中的战略替代关系》(《文汇报》2007 年 6 月 6 日),《长江三角洲区域经济一体化:演进、现实、趋势》(《联合时报》2007 年 6 月 15 日),《长江三角洲区域经济一体化:推进力量及上海的功能与作用》(《联合时报》2007 年 7 月 13 日),《融入长三角,亟须扫除思想的障碍》(《解放日报》2007 年 7 月 19 日),《把握国际油价抬升的挑战与机遇》(《文汇报》2007 年 11 月 12 日)。

此外,他还参加了数十次国际性、全国性、区域性和上海市举办的各类主题论坛或研讨会,并做了主题演讲或发言。同时,他还每年受邀请分赴上海市内外的政府机关、高校、团体、企业等作了数十场不同专题的经济报告,并接受了中央、上海以及外省市电视台、电台、报纸、杂志等一流媒体的数十次访谈或采访,受到了普遍的欢迎。

除了立足上海,关注长三角地区之外,作为上海市经济学家的张兆安也始终在为全国的经济社会发展进言献策。他每年都会受邀请到外省市帮助当地进行决策咨询,足迹踏遍大江南北,近年来也一直在台湾著名的学术期刊《台湾经济研究月刊》上发表数篇论文,从对中国"十一五"规划的思考到中国房地产的市场把脉乃至中国流通业、中国民营企业的发展、完善……张兆安始终将自己的目光聚焦在中国经济变革的最活跃处。

一位演讲不用稿的经济学家

除了在每年两会期间积极履行政协委员的职责之外,他还直接参与市政协组织的各项调研课题,出席市政协举办的相关论坛或研讨会,并都做了主题演讲。此外,他多次受外省市政协或上海市区县政协之邀请,参加相关的研讨会或者作专题报告,都受到了普遍的好评。

无论是演讲还是作各类专题的报告,张兆安有一大特点就是不用稿。有一回,东方讲坛请他到一个基层政府去做演讲,去之前忘了交待演讲主题,到了之后才知道是围绕"八荣八耻"教育。这让张兆安感觉很突然,自己是搞经济的,怎么来讲精神文明呢？张兆安并没有乱了方寸，出人意料的是，他先唱了一首歌，"外面的世界很精彩，外面的世界很无奈"。从这首歌他引出了演讲内容：从经济学角度阐述转型社会所带来的变化，然后又联系到"八荣八耻"。结果演讲效果十分成功，掌声不断。

另一次让张兆安印象深刻的演讲是在江苏的一个城市。请他过去时，当地市委相当重视，1 000多名当地官员前来听报告。张兆安是第一次去该市，晚上到，第二天一早上台开讲。他一开头就是两个字"责任"，这是因为沿途感受到了"高速公路上车越来越少了，农民的房子越来越矮了，路边的烟囱越来越少了……这说明发展滞后了，在座的大小官员有责任带领全市人民加快奔小康"。事后，不少当地领导十分赞同如此的开场白。在谈到该市旅游业发展时，他建议要有一些逆向思维，该市有一个国家级的鸟类保护区，深入到芦苇荡的栈道设计很有讲究。张兆安说："从市中心到那个保护区车程约半个多小时，而看鸟用不了20分钟，因为世界上看丹顶鹤能超过1个小时的恐怕只有两种人，一种是鸟类学家，另一种恐怕就是疯子了。"他的观点和思路引起了与会官员的头脑风暴。为此，张兆安想了两个点子，当场获得了当地官员的赞同，一来可以将进入芦苇荡的栈道设计成迷宫，预设走出迷宫要5个小时，如能按时走出来就有奖励，以刺激游客，造声势，这就大大增加了游客的逗留时间，增加了消费；二来可以营造氛围，如提倡游客穿着草鞋来往于芦苇荡中，然后再出售像草鞋这样有特色的旅游产品，给当地农民寻找创业的机会。

记者请教了张兆安，演讲不用稿子有没有什么诀窍，他十分谦虚地说道："哪有什么诀窍，但需要的是积累、梳理、思考和提炼，根据不同的受众，正确把握不同的表述方式和阐述内涵。"

他表示，但有所得总希望服务于民。演讲、著书立言都是把自己研究所得宣传、推广出去的手段，听众、读者越多，认真程度越高，那么自身价值也就越能在社会中得到充分体现。（文/雨辰）

附　录

未被收录在本书的部分议案建议目录

序号	议案和建议的名称	提交时间
1	关于加强教育领域外商投资监管的建议	第十一届全国人民代表大会第二次会议（2009 年 3 月）
2	关于对国家级医药卫生年鉴编纂工作给予必要支持的建议	第十一届全国人民代表大会第五次会议（2012 年 3 月）
3	关于增强我国公民国旗意识的建议	第十二届全国人民代表大会第一次会议（2013 年 3 月）
4	关于倡导生前预嘱提高生命质量的建议	第十三届全国人民代表大会第一次会议（2018 年 3 月）
5	关于建立现代殡葬礼仪体系,在生命终端实践社会情感治理的建议	第十三届全国人民代表大会第二次会议（2019 年 3 月）
6	关于推广哀伤辅导,提高全民心理健康的建议	第十三届全国人民代表大会第三次会议（2020 年 5 月）
7	关于与世界顶尖科学家协会联合国际顶尖科学资源倡议发起"传染病和耐药微生物防治国际大科学计划"的建议	第十三届全国人民代表大会第三次会议（2020 年 5 月）
8	关于加快绵羊奶全产业链战略布局,满足人们对高质量蛋白质消费需求的建议	第十三届全国人民代表大会第四次会议（2021 年 3 月）
9	关于支持粮食关键加工技术创新保障国家粮食安全的建议	第十三届全国人民代表大会第四次会议（2021 年 3 月）
10	关于纪念"东京审判"的两项建议	第十三届全国人民代表大会第四次会议（2021 年 3 月）
11	关于推动我国化妆品产业发展加快构建产业特色体系的建议	第十三届全国人民代表大会第五次会议（2022 年 3 月）
12	关于进一步优化投资制度和"集采"政策,加快推进我国生物医药产业发展的建议	第十三届全国人民代表大会第五次会议（2022 年 3 月）
13	关于将国产网络游戏试点审批权下放浦东引领区的建议	第十三届全国人民代表大会第五次会议（2022 年 3 月）
14	关于优化财产保全措施保障企业正常运行的建议	第十三届全国人民代表大会第五次会议（2022 年 3 月）